dissipada

marya hornbacher

dissipada

Memórias de
uma anorética
e bulímica

Tradução de
Cássia Zanon

EDITORA RECORD
RIO DE JANEIRO • SÃO PAULO

2006

CIP-Brasil. Catalogação-na-fonte
Sindicato Nacional dos Editores de Livros, RJ.

Hornbacher, Marya, 1974-
H788d   Dissipada: memórias de uma anorética e bulímica / Marya Hornbacher;
tradução Cássia Zanon. – Rio de Janeiro: Record, 2006.

Tradução de: Wasted
ISBN 85-01-07358-X

1. Hornbacher, Marya, 1974- – Saúde. 2. Anorexia nervosa–
Pacientes – Estados Unidos – Biografia. 3. Bulimia – Pacientes –
Estados Unidos – Biografia.

06-2519
CDD – 926.1685263
CDU – 929:616.89-008.441.42

Título original norte-americano:
WASTED – A MEMOIR OF ANOREXIA AND BULIMIA

Copyright © 1998 by Marya Hornbacher-Beard

Trecho de "Let Us Now Praise Famous Men". Copyright © 1939, 1940 by James Agee.
Copyright © 1941 by James Agee and Walker Evans. Copyright © renovado 1969 by Mia Fritsch Agee e Walker
Evan. Reimpresso com permissão de Houghton Mifflin Company. Todos os direitos reservados.

"Admonitions to a Special Person", retirado de *The Complete Poems of Anne Sexton*. Copyright © 1981 by Linda Gray
Sexton and Loring Conant, Jr. Reimpresso com permissão de Houghton Mifflin Company. Todos os direitos reservados.

"Fire and Ice", retirado de *The Poetry of Robert Frost*, editado por Edward Connery Lathem, copyright © 1951 by
Robert Frost, copyright © 1923, 1969 by Henry Holt & Co., Inc. Reimpresso com permissão de Henry Holt & Co., Inc.

Trechos de "Lady Lazarus", retirado de *Ariel*, de Sylvia Plath. Copyright © 1963 by Ted Hughes. Copyright
renovado. Reimpresso com permissão de HarperCollins Publishers, Inc.

Trecho de "You, Doctor Martin", retirado de *To Bedlam and Part Way Back*, de Anne Sexton. Copyright © 1960 by
Anne Sexton. Copyright © renovado 1988 by Linda Gray Sexton. Reimpresso com permissão de Houghton Mifflin
Company. Todos os direitos reservados.

"Bavarian Gentians" de D. H. Lawrence, retirado de *The Complete Poems of D. H. Lawrence* de D. H. Lawrence,
editado por V. de Sola Pinto e F. W. Roberts. Copyright © 1964, 1971 by Angelo Ravagli e C. M. Weekley.
Publicado mediante permissão de Viking Penguin, uma divisão de Penguin Books USA, Inc.

"Letter to Dr. Y", retirado de *Words for Dr. Y*, de Anne Sexton. Copyright © 1978 by Linda Gray Sexton e Loring
Conant, Jr. Reimpresso com permissão de Houghton Mifflin Company. Todos os direitos reservados.

"In a Dark Time" copyright © 1960 by Beatrice Roethke, administradora do patrimônio de Theodore Roethke,
retirado de *The Collected Poems of Theodore Roethke*, de Theodore Roethke. Publicado mediante permissão de
Doubleday, uma divisão da Bantam Doubleday Dell Publishing Group, Inc.

Waiting for Godot copyright © 1960 by Samuel Beckett. Reimpresso com permissão de Grove/Atlantic, Inc.

Os versos de "Diving into the Wreck" foram retirados de *Diving into the Wreck: Poems 1971-1972*, de Adrienne Rich.
Copyright © by W.W. Norton & Company, Inc. Reimpresso com permissão da autora e de W.W. Norton & Company, Inc.

Publicado mediante acordo com Harper Perennial, um selo de HarperCollins, Publishers, Inc.

Todos os direitos reservados. Proibida a reprodução, no todo ou
em parte, através de quaisquer meios.

Direitos exclusivos de publicação em língua portuguesa somente para o Brasil adquiridos pela
EDITORA RECORD LTDA.
Rua Argentina 171 - Rio de Janeiro, RJ - 20921-380 - Tel.: 2585-2000
que se reserva a propriedade literária desta tradução

Impresso no Brasil

ISBN 85-01-07358-X

PEDIDOS PELO REEMBOLSO POSTAL
Caixa Postal 23.052 - Rio de Janeiro, RJ - 20922-970

Para Brian

Introdução

Notas sobre o inferno

O maduro e sábio diz: sou inteiramente corpo, e nada mais; e alma é apenas uma palavra para algo no corpo.

— Nietzsche, *Assim falou Zaratustra*

Foi um acontecimento marcante: estávamos almoçando. Estávamos brincando de ser normal. Depois de anos no submundo, havíamos subido à superfície e estávamos olhando em volta furtivamente, respirando com dificuldade. Jane, recém-saída do hospital, pálida e de olhos assustados, deixou o cabelo cair sobre o rosto, como que para evitar ser vista enquanto cometia aquele grande pecado do consumo, aquela confissão de fraqueza, aquela admissão de ter um corpo, com todas as suas exigências impertinentes. Eu estava relaxada na minha cadeira, exaltando as virtudes da saúde e mantendo-me viva, quando ela me olhou e sussurrou:

— Meu coração está esquisito.

Endireitei-me e disse:

— O que você quer dizer? Tipo, o seu coração físico?

Ela assentiu e disse:

— Está pulando e parando.

Tomei seu pulso e então peguei as chaves com uma mão, ela com a outra e empurrei-a até o carro, a cabeça girando com as lembranças e as estatísticas enquanto corríamos em direção ao atendimento de emergência. Os primeiros meses de "saúde" são os mais perigosos, com o corpo reagindo violentamente ao choque de ser alimentado depois de anos de inanição, com o risco de ataque cardíaco muito alto, principalmente logo depois de se sair do hospital, quando o comportamento anoréxico tem mais possi-bilidade de retornar. Jane está de olhos fechados, respirando com dificul-dade. Ela tem 21 anos, e eu não posso deixá-la morrer. Conheço essa sensação: o peito apertado, o pânico, a sensação de o-que-foi-que-eu-fiz-não-eu-estava-brincando. Os transtornos alimentares ficam muito tempo despercebidos, corroendo o corpo em silêncio, e então atacam. O segredo foi revelado. Você está morrendo.

Na sala de emergência, o médico tomou o pulso dela de novo e me ignorou — primeiro estupefato, depois, irritado — enquanto eu lhe pedia para, por favor, fazer um eletrocardiograma, medir a pressão sentada e em pé, conferir seus eletrólitos. Ele finalmente se virou para mim, depois de apalpá-la aqui e ali, e disse:

— Com licença, senhorita, mas eu sou o médico.

Eu disse que sim, mas...

Acenou para que eu saísse e perguntou a Jane como ela estava se sen-tindo. Ela olhou para mim. Perguntar a uma anorética como ela está se sen-tindo é um exercício de futilidade. Eu disse:

— Olha, ela tem um transtorno alimentar. Por favor, faça os exames.

Impaciente, o médico perguntou:

— O que você quer dizer com transtorno alimentar?

Fiquei arrasada. Tudo o que via era o monitor cardíaco de Jane, mar-cando seu pulso fraco e instável, enquanto aquele homem ficava ali parado, me olhando de cima e dizendo que ele era o médico e que eu, uma simples jovem que havia passado 14 anos no inferno dos transtornos alimentares, devia ficar quieta.

Eu não fiquei quieta. Eu comecei a gritar.

No ano que se seguiu, conforme nós duas ganhávamos força, peso e voz, Jane começou a se sentar mais ereta na cadeira e começou a dizer, primeiro baixinho, depois mais alto, as palavras que tantos milhões de pessoas não suportam dizer: estou com fome.

Eu me tornei bulímica aos 9 anos de idade, anoréxica aos 15. Não consegui me decidir entre as duas coisas, e fui e voltei de uma e outra até os 20 anos. Agora, aos 23, sou uma criatura interessante, com um Transtorno Alimentar Atípico.[1] Ao longo dos últimos 13 anos, meu peso variou entre 61 e 23 quilos, aumentando um pouco e depois caindo em queda livre. Eu fiquei "bem", depois "doente", depois "bem", depois "mais doente", e assim por diante até hoje; sou considerada "moderadamente melhor", "psicologicamente estabilizada, com comportamento perturbado", "com tendência a recaídas habituais". Fui hospitalizada seis vezes, internada em uma clínica especializada uma vez, passei por intermináveis horas de terapia, fui examinada, observada, diagnosticada, arquivada, apalpada, espetada, alimentada e pesada por tanto tempo que passei a me sentir como um rato de laboratório.

A história da minha vida — uma versão dela, pelo menos — está contida em pilhas de papel e rolos de microfichas espalhadas por esta cidade em arquivos localizados em porões, guardados por mulheres com olhares suspeitos que me perguntavam por que eu queria vê-los, por que eu precisava das informações contidas em pastas etiquetadas com o meu nome e a minha data de nascimento. Assinei formulários confirmando que eu era eu mesma e, portanto, tinha o direito legal de ver a documentação a meu respeito, e formulários dizendo que eu não era uma advogada e que não pretendia de modo algum responsabilizar este ou aquele hospital por (nome do paciente) eu mesma (viva ou morta). Apresentei documento de identidade. Discordei educadamente quando fui informada, em alguns dos hospitais, que eu não existia, porque eles não haviam encontrado qualquer arquivo no nome de — como é mesmo o seu nome? — não, não há

---

[1] Ao longo deste livro, eu faço uma distinção entre as palavras anorética e anoréxica. Embora na linguagem comum a palavra anoréxica seja freqüentemente usada para descrever uma pessoa ("ela é uma anoréxica"), o uso tecnicamente correto de anoréxico é como um adjetivo — i.e., descreve um tipo de comportamento ("ela está anoréxica", querendo dizer que ela apresenta alguns dos sintomas da anorexia, enquanto que anorética é um substantivo, o termo médico para uma pessoa diagnosticada com anorexia ("ela é anorética" ou "uma anorética"). Para esclarecer melhor, o termo anorexia é usado para descrever um conjunto de comportamentos, o principal sendo a inanição voluntária (o significado etimológico da palavra é "perda de apetite", o que carece de precisão). Bulimia é um termo usado para descrever um padrão de comer compulsivamente e purgar (vômito auto-induzido, exercícios compulsivos, uso abusivo de laxantes e diuréticos). Uma combinação dos dois transtornos, que é provavelmente a forma mais comum de transtorno alimentar (rivalizado pelo comer excessivo compulsivo, agora diagnosticamente conhecido como BED, ou Binge Eating Disorder, Síndrome da Ingestão Compulsiva), é comumente conhecido como bulimarexia, embora seja raro que as duas doenças existam simultaneamente em suas formas completas. Mais precisamente, um bulimaréxico normalmente oscila entre períodos de comportamentos anoréxico e bulímico.

nenhum arquivo com este nome. Incompleta, fora de ordem, inexistente, lambi a ponta do dedo e folheei a minha vida. Mais de duas mil páginas de anotações ilegíveis.

Entre outras coisas, descobri que sou "crônica", um "caso perdido". Sentada em minha cadeira dobrável, eu li atentamente o retrato apresentado por aqueles arquivos, o retrato de uma inválida, uma garota delirante destinada, se sobrevivesse, a uma vida de camisolas e camas hospitalares.

Esse retrato é um pouco impreciso. Eu não sou nem delirante, nem inválida. Contrariando as fichas médicas que me qualificavam para expiração iminente, até onde sei, eu não expirei. Eu não faço mais cirurgias no menor dos *muffins*, dividindo-o em pedacinhos infinitesimais nem fico mordiscando como um coelho psicótico. Eu não salto mais da minha cadeira ao final da refeição e saio correndo para o banheiro. Eu moro numa casa, não num hospital. Sou capaz de viver dia após dia, independentemente do fato de, numa certa manhã, eu ter ou não a impressão de que o meu traseiro aumentou magicamente durante a noite. Não foi sempre assim. Houve uma época em que eu era incapaz de sair da cama porque o meu corpo, com os músculos se alimentando de si mesmos, recusava-se a se sentar. Houve uma época em que as mentiras saíam da minha boca com facilidade, quando para mim era muito mais importante me destruir do que admitir que eu tinha um problema, muito menos permitir que alguém me ajudasse. As pilhas de papel que eu arrastei até uma mesa nos arquivos médicos de toda a cidade às vezes pesavam mais do que a paciente em si.

Esta é uma época diferente. Eu tenho um transtorno alimentar, não há dúvidas quanto a isso. Ele e eu vivemos num desconfortável estado de antagonismo mútuo. Isto é, para mim, de longe melhor do que costumava ser, quando ele e eu dividíamos uma cama, um cérebro, um corpo, quando meu senso de valor estava inteiramente relacionado à minha capacidade de passar fome. Uma equação estranha e uma crença absolutamente comum: o valor de uma pessoa aumenta exponencialmente com o seu progressivo desaparecimento.

Não estou aqui para confessar tudo e contar sobre como foi horrível, que meu pai era mau, a minha mãe era má e algum garoto me chamou de balofa na terceira série, porque nada disso é verdade. Eu não vou repetir sem parar o quanto os transtornos alimentares "têm a ver com controle", porque todos já ouvimos isso. É uma palavra-chave, reduzida, categórica, uma forma organizada de amontoar as pessoas numa quarentena mental e dizer: Pronto. É isso. Transtornos alimentares "têm a ver com": sim, controle, e história, filosofia, sociedade, estranheza pessoal, problemas familiares, auto-erotismo, mito, espelhos, amor e morte e sadomasoquismo, revistas e religião, os tropeços de um indivíduo de olhos vendados através de um mundo cada vez mais estranho. A questão não é realmente se os transtornos alimentares são "neuróticos" e indicam uma falha na mente — até mesmo eu teria dificuldade de justificar, racionalmente, a prática de jejuar até a morte ou banquetear apenas para vomitar o banquete — mas sim por quê. Por que esta falha, o que ligou esta chave, por que somos tantos de nós? Por que esta escolha tão fácil? Por que agora? Alguma toxina no ar? Algum aborto da natureza que virou as mulheres contra seus próprios corpos com uma virulência nunca antes vista na história, de repente, sem qualquer motivo? O indivíduo não existe fora da sociedade. Há motivos pelos quais isto está acontecendo, e eles não estão apenas na mente.

Este livro também não é uma história sensacionalista sobre uma doença misteriosa nem um testemunho de uma cura milagrosa. É simplesmente a história das viagens de uma mulher a um lado mais escuro da realidade e de sua decisão de fazer o caminho de volta. Em seus próprios termos.

Os meus termos correspondem à heresia cultural. Precisei dizer: vou comer o que quiser, ter a aparência que me der na telha, rir tão alto quanto tiver vontade, usar o garfo errado e lamber a minha faca. Tive de aprender lições estranhas e deliciosas, lições que muito poucas mulheres aprendem: a amar o barulho dos meus passos, o significado do peso, da presença e do espaço ocupado, a amar as fomes rebeldes do meu corpo, respostas ao toque, a compreender a mim mesma como mais do que um cérebro ligado a um feixe de ossos. Preciso ignorar a cacofonia cultural que canta o dia inteiro, numa ladainha, muito, muito, muito. Como escreve Abra Fortune Chernik, "Ganhar peso e erguer a minha cabeça da privada foi o maior ato político da minha vida".[2]

---

[2]"The Body Politic", em *Listen Up: Voices from the Next Feminist Generation* [Preste atenção: Vozes da próxima geração feminista], ed. Barbara Findlen, 75-84. Um ensaio belissimamente escrito e extremamente perspicaz sobre o transtorno alimentar da autora.

Escrevi este livro porque acredito que algumas pessoas irão se reconhecer nele — sofrendo ou não de transtornos alimentares — e porque acredito, talvez ingenuamente, que elas possam estar dispostas a mudar seus comportamentos, a procurar ajuda se precisarem, a considerar a idéia de que seus corpos são aceitáveis, que elas próprias não são nem insuficientes nem excessivas. Escrevi o livro porque discordo de muito do que geralmente se acredita a respeito de transtornos alimentares, e queria dar a minha colaboração, qualquer que seja o seu valor. Escrevi o livro porque as pessoas freqüentemente desprezam transtornos alimentares por considerá-los manifestações de vaidade, imaturidade, loucura. De algum modo, eles são todas essas coisas. Mas são também um vício. Uma reação, ainda que uma reação bastante distorcida, a uma cultura, uma família, um ego. Escrevi este livro porque queria refutar dois mitos comuns e contraditórios sobre os transtornos alimentares: o de que eles são um problema insignificante, passível de ser resolvido com um pouco de terapia, um remedinho e um tapinha na cabeça, um "estágio" pelo qual "as meninas" passam — conheço uma garota cujo psiquiatra disse a ela que sua bulimia era apenas parte do "desenvolvimento adolescente normal" — e, ao contrário, de que eles devem ocultar a verdadeira insanidade, que acontecem apenas com "aquela gente" cujos cérebros são incuravelmente imperfeitos, que "essa gente" é irremediavelmente "doente".

Um transtorno alimentar não é normalmente uma fase e não é necessariamente indicativo de loucura. É, sim, bastante enlouquecedor, não apenas para as pessoas próximas à pessoa que sofre do problema, mas também para a própria pessoa. O transtorno é, no nível mais básico, uma porção de contradições mortais: um desejo de poder que lhe tira todo o poder. Um gesto de força que lhe despe de toda a força. Um desejo de provar que você não precisa de nada, que você não tem fomes humanas, que se vira contra o próprio desejo e se torna uma necessidade intensa pela fome em si. É uma tentativa de encontrar uma identidade, mas acaba por lhe deixar sem qualquer senso de si próprio, exceto pela triste identidade de "doente". É uma ironia grotesca de padrões culturais de beleza que acaba ironizando apenas a si mesma. É um protesto contra estereótipos culturais da mulher que, no fim, deixam-na parecendo a mais fraca, carente e neurótica de todas as mulheres. É a coisa que você acredita que esteja lhe mantendo segura, viva, contida — e, no fim, é claro, descobre que ela está fazendo exatamente o oposto. Essas contradições começam a dividir a pessoa em duas. Corpo e mente se separam, e é nesta fissura que um transtorno alimentar pode florescer, é no silêncio que cerca esta confusão que um transtorno alimentar pode crescer e prosperar.

Um transtorno alimentar é, em muitos sentidos, uma elaboração bastante lógica de uma idéia cultural. Enquanto a personalidade de uma pessoa com transtorno alimentar exerce uma função imensa — somos freqüentemente pessoas de extremos, altamente competitivas, incrivelmente autocríticas, determinadas, perfeccionistas, com tendência ao excesso — e, embora a família de uma pessoa com transtorno alimentar desempenhe um papel bastante crucial na criação de um ambiente no qual o transtorno possa se desenvolver como uma flor de estufa, eu acredito que o ambiente cultural é igualmente, se não mais, culpado da absoluta popularidade dos transtornos alimentares. Havia inúmeros métodos de autodestruição disponíveis para mim, incontáveis saídas que poderiam ter canalizado a minha determinação, o meu perfeccionismo, a minha ambição e o meu excesso de intensidade em geral, milhões de maneiras com as quais eu poderia ter reagido a uma cultura que considerava altamente problemática. Eu não escolhi essas maneiras. Eu escolhi um transtorno alimentar. Não consigo deixar de pensar que, caso eu vivesse numa cultura em que a "magreza" não fosse vista como um estranho estado de graça, eu poderia ter buscado outras maneiras de alcançar esta graça, talvez uma maneira que não tivesse danificado meu corpo tão gravemente e distorcido tão radicalmente o meu senso de quem eu sou.

Eu não tenho todas as respostas. Na verdade, tenho poucas respostas preciosas. Neste livro, farei mais perguntas do que posso responder. Posso oferecer pouco mais do que a minha perspectiva, a minha experiência de ter um transtorno alimentar. Não é uma experiência incomum. Fiquei mais doente do que algumas pessoas, mas não tão doente quanto outras. Meu transtorno alimentar não tem nem origens exóticas nem uma conclusão de conversão religiosa. Eu não sou uma curiosidade, nem a minha vida é particularmente curiosa. É isto o que me incomoda — que a minha vida seja tão comum. Não devia ser assim. Eu não desejaria essa minha jornada através de um infernal salão de espelhos cintilante para ninguém. Eu não desejaria os tristes momentos depois — aquele estágio que nunca conseguimos antever quando estamos doentes, o corpo prejudicado, a tentação constante, a compreensão de como fracassamos em nos tornarmos nós mesmas, de como tínhamos e temos medo, e de como devemos recomeçar do zero, independentemente do tamanho do medo — a ninguém. Não acho que as pessoas percebam, quando estão apenas começando com um transtorno alimentar, ou mesmo quando estão dominadas por um transtorno, que não é algo que você simplesmente "supera". Para a vasta maioria das pessoas com transtornos alimentares, é algo que irá assombrá-las para o resto da vida. A pessoa pode mudar seu comportamento, mudar as suas crenças a respeito de si mesmo e a respeito do seu corpo, desistir daquele modo particular de lidar com o mundo. Ela pode aprender, como eu aprendi, que é preferível ser um humano a ser a capa de um humano. Pode-se melhorar. Mas nunca se esquece.

Eu faria qualquer coisa para evitar que outras pessoas fossem aonde eu fui. Escrever este livro foi a única coisa em que pude pensar.

Então eu sou o estereótipo: mulher, branca, jovem, de classe média. Não sou capaz de contar a história de todas nós. Escrevi este livro porque me oponho à homogeneização, à tendência imprecisa da maior parte da literatura sobre transtornos alimentares que tende a generalizar da parte para o todo, de uma pessoa para um grupo. Não sou doutora ou professora ou especialista ou autoridade. Sou uma escritora. Não tenho diploma universitário e sequer me formei no colégio. Eu pesquiso. Leio. Falo com as pessoas. Olho ao redor. Eu penso.

Não são qualificações suficientes. Minha única qualificação, no fim, é esta: eu vivo isso.

Se entedio você, isto é o que é. Se sou desajeitado, isso pode indicar em parte a dificuldade do meu tema, e a seriedade com a qual estou tentando assumir o controle que puder dele; mais ainda, indica a minha juventude, a minha falta de domínio sobre a minha suposta arte ou técnica, talvez a minha falta de talento...

Um pedaço do corpo arrancado pelas raízes pode ser mais apropriado.

— JAMES AGEE

1 Infância
1974-1982

— Bem, é inútil você falar em acordá-lo — disse Tweedledum — quando você é apenas uma das coisas no sonho dele. Você sabe muito bem que não é real.

— Eu sou real — disse Alice, e começou a chorar.

— Você não vai se tornar um pouco mais real chorando — observou Tweedledee. — Não há por que chorar.

— Se eu não fosse real — disse Alice, meio rindo através das lágrimas, já que tudo parecia tão ridículo —, não seria capaz de chorar.

— Você não está pensando que essas lágrimas são verdadeiras? — interrompeu Tweedledee num tom de grande desprezo.

— Lewis Carroll, *Alice no País das Maravilhas*

Foi simples assim: num minuto eu era a menina padrão de 9 anos, bermuda, camiseta e longas tranças castanhas sentada na cozinha amarela assistindo a reprises de Brady Bunch, mastigando um saco de salgadinhos, acarinhando o cachorro com o pé. No minuto seguinte, eu estava caminhando, num atordoamento surreal que mais tarde viria a comparar com o zunido provocado pela velocidade, fora da cozinha, descendo a escada, entrando no banheiro, fechando a porta, levantando o assento da privada, segurando as tranças para trás com uma das mãos, enfiando dois dedos na garganta e vomitando até cuspir sangue.

Dava a descarga, lavava as mãos e o rosto, ajeitava os cabelos, subia de novo a escada da casa ensolarada e vazia, sentava-me diante da televisão, pegava meu saco de salgadinhos e acarinhava o cachorro com o pé.

Como o seu transtorno alimentar começou?, perguntam os terapeutas anos mais tarde, observando enquanto eu rôo as unhas, enroscada como uma bola numa interminável série de poltronas de couro. Dou de ombros. Sei lá, respondo.

Eu só queria ver o que ia acontecer. A curiosidade, claro, matou o gato.

A ficha do que eu havia feito só caiu no dia seguinte na escola. Eu estava no refeitório da escola Concord, em Edina, Minnesota, sentada junto com as minhas amigas pré-adolescentes e desengonçadas, apoiada sobre os dolorosos pequenos caroços dos seios, olhando fixamente para a bandeja de almoço. Percebi então que, depois de ter feito aquilo uma vez, teria que continuar fazendo. Entrei em pânico. Minha cabeça latejou, meu coração dançou desritmado, com a minha química recém-desequilibrada dando a impressão de que as paredes estavam inclinadas, e o chão ondulava sob meus pés gorduchos. Empurrei a bandeja para longe. Não estou com fome, disse. Eu não disse: prefiro morrer de fome a cuspir sangue.

Então eu atravessei o espelho e entrei no mundo subterrâneo, onde para cima é para baixo e comida é pecado, onde espelhos convexos cobrem as paredes, onde morte é honra e carne é fraqueza. Aonde é muito fácil ir. Mais difícil é encontrar o caminho de volta.

Olho para a minha vida passada como quem assiste a um filme de ação com roteiro ruim, sentada na ponta da poltrona, gritando, "Não, não, não abra esta porta! O bandido está lá dentro e vai agarrar você, pôr a mão sobre a sua boca e amarrá-la, e você vai perder o trem e tudo vai desmoronar!" Só que não há um bandido nesta história. A pessoa que saltou pela porta, me agarrou e me amarrou, infelizmente, fui eu. Minha imagem dupla, a sibilante garota magrinha má. Não coma. Não vou deixar você comer. Vou libertá-la assim que você estiver magra, juro que vou. Tudo vai ficar bem quando você estiver magra.

Mentirosa. Ela nunca me libertou. E eu nunca fui muito capaz de me desvencilhar sozinha.

Califórnia

Cinco anos de idade. Gina Lucarelli e eu estamos paradas na cozinha dos meus pais, as cabeças no nível do tampo do balcão, procurando alguma coisa para comer. Gina diz:

— Vocês não têm nenhuma comida normal.

Em tom de desculpa, digo:

— Eu sei. Meus pais são esquisitos com comida.

Ela pergunta:

— Tem batatas *chips*?

— Não.

— Biscoitos?

— Não.

Ficamos paradas juntas, olhando fixamente para dentro da geladeira.

— Temos manteiga de amendoim — anuncio. Ela puxa o pote, enfia um dedo e lambe.

— Está esquisita — diz ela.

— Eu sei — respondo — é sem sal.

Ela faz uma careta e diz:

— Eca.

Concordo. Ficamos olhando fixamente para o abismo de comida que se encaixa em duas categorias: Coisas Saudáveis e Coisas que Somos Pequenas Demais para Preparar — cenouras, ovos, pão, manteiga de amendoim ruim, broto de alfafa, pepinos, um pacote de meia dúzia de Iced Tea Diet da Lipton em latas azuis com um pequeno limão amarelo acima da palavra Tea. Refrigerante *diet* Tab na lata cor-de-rosa.

— Podemos fazer torradas — sugiro. Ela espia o pão e declara:

— É marrom.

Botamos o pão de volta no lugar.

— Podemos comer cereais! — digo, inspirada. Vamos até o armário perto do chão. Ficamos olhando para a caixa de cereais matinais.

— É esquisito — ela diz.

— Eu sei — digo. Pego uma caixa, olho as informações nutricionais, corro o dedo pela lateral da caixa e observo num tom autoritário:

"Tem só cinco gramas de açúcar. — Ergo o queixo e me vanglorio. — Não comemos cereais com açúcar. Engorda.

Gina, competitiva, diz:

— Eu não comeria nem este. Eu não comeria nada com mais de dois gramas de açúcar.

— Nem eu — digo, guardando a caixa de cereais, como se estivesse contaminada. Levanto do chão, mostro a língua para Gina. — Eu estou de dieta.

— Eu também — diz ela, com o rosto se contorcendo numa careta.

— Na-ão — digo.

— Ahn-rã — responde ela.

Viro de costas e digo:

— Bom, eu não estava com fome mesmo.

— Eu também não — diz ela. Vou até a geladeira, faço uma cena para pegar um Iced Tea *Diet* da Lipton com o Pequeno Limão Amarelo, abro, bebo fazendo barulho, ssslllluuurrrrppp. O chá tem gosto de serragem e deixa a minha boca seca.

— Está vendo? — digo, apontando para a palavra *Diet*. — Vou ser magra como a minha mãe quando crescer.

Penso na mãe de Gina, que eu sei com certeza que compra cereais matinais com açúcar. Sei disso porque sempre que durmo lá, comemos Froot Loops no café-da-manhã, com as cores artificiais deixando o leite vermelho. Gina e eu tomamos o leite com canudinhos, competindo para ver quem faz mais barulho.

— A sua mãe — digo de puro despeito — é gorda.

Gina diz:

— Pelo menos a minha mãe sabe cozinhar.

— Pelo menos a minha mãe trabalha fora — grito.

— Pelo menos a minha mãe é legal — desdenha ela.

Eu bato nela. Ela chora.

— Bebezona — digo. Corro para a varanda, subo na mesa de pique-nique e visto meus óculos escuros do Mickey Mouse, imaginando que sou a sofisticada moça de maiô dos comerciais de Iced Tea *Diet* da Lipton, bronzeada, alta e magra. Recosto-me casualmente e levo a lata até a boca. Começo a tomar um gole amargo e derramo por toda a minha camiseta.

Naquela noite, enquanto o meu pai está preparando o jantar, eu me apóio em seus joelhos e digo:

— Não estou com fome. Estou de dieta.

Meu pai ri. Com os pés pendurados na cadeira à mesa, fico olhando fixamente para a comida, brinco com ela, olho furtivamente para o prato da minha mãe e suas pequenas garfadas nervosas. A forma como ela se recosta na cadeira, pousando o garfo para gesticular rapidamente com as mãos conforme fala. Meu pai, curvado sobre o prato, come em bocados imensos. Minha mãe empurra o prato, precisamente pela metade. Meu pai diz que ela desperdiça comida, que ele detesta o modo como ela sempre desperdiça comida. Minha mãe reage, na defensiva:

— Estou satisfeita, querido.

Olhares furiosos. Empurro o meu prato e digo em voz alta:

— Estou satisfeita.

E todos os olhos se voltam para mim.

— Vamos lá, Porquinha — diz a minha mãe. — Só mais algumas garfadas. Mais duas — ela diz.

— Três — diz meu pai. Eles trocam olhares furiosos.

Eu como uma ervilha.

Eu nunca fui normal em relação a comida, mesmo quando bebê. Minha mãe não conseguiu me amamentar no peito porque sentia como se estivesse sendo devorada. Eu era alérgica a leite de vaca, leite de soja e leite de arroz. Meus pais tiveram de me alimentar com uma mistura nojenta de cordeiro moído e leite de cabra que deixava os dois absolutamente enojados. Aparentemente, eu bebia tudo avidamente. Depois, eles me deram suco de laranja na mamadeira, o que apodreceu os meus dentes. Suspeito que eu não deva ter sido normal em relação a comida já dentro do útero; os hábitos alimentares da minha mãe beiram o bizarro. Quando criança, sofri de intermináveis alergias alimentares. Açúcar, corantes alimentares e conservantes me deixavam numa órbita hiperativa, sem sono e fora de controle durante dias. Meus pais normalmente conseguiam que jantássemos juntos, que eu fizesse três refeições por dia, que não comesse muita porcaria e comesse legumes e verduras. Também eram dados a ataques repentinos de "alimentação saudável" paranóica, ou surtos de *fast-food* ou decisões impulsivas de jantar fora às 11 da noite (enquanto eu escorregava para baixo da mesa, dormindo). Tive momentos de aparente normalidade: comi pizza em festa de pijamas quando menina, um bolinho recheado no Dia dos Namorados aos 9 anos de idade, um sanduíche de queijo-quente pendurada de cabeça para baixo na grande cadeira preta da sala de estar aos 4. Só agora, contextualizadas, essas coisas parecem estranhas — o fato de que eu me lembro, com detalhes, da pizza de *pepperoni*, da forma como todas secamos ostensivamente a gordura com nossos guardanapos de papel, de quantas fatias eu comi (duas) e de quantas fatias todas as outras meninas comeram (duas, com exceção da Leah, que comeu uma, e de Joy, que comeu quatro) e do medo frenético que se seguiu, de que meu traseiro tivesse aumentado de alguma maneira e estivesse pulando fora da bermuda do meu pijama. Lembro de implorar à minha mãe que me fizesse bolinhos recheados. Lembro que, antes dos bolinhos, comemos bife e ervilhas. Também lembro da minha mãe fazendo sanduíches de queijo-quente ou ovos mexidos para mim nas tardes de sábado, quando tudo estava tranqüilo e silencioso. Eram sanduíches especiais porque ela os preparava, de modo que eu sempre associei sanduíches de queijo-quente e ovos mexidos com silêncio, minha mãe e tranqüilidade. Algumas pessoas obsessivas por comida se tornam chefes de cozinha. Outras desenvolvem transtornos alimentares.

Nunca fui normal em relação ao meu corpo. Ele sempre me pareceu uma entidade estranha e externa. Não sei se houve algum dia em que eu não tive ciência dele. Até onde consigo me lembrar, eu tinha consciência da minha corporalidade, da minha imposição física no espaço.

A minha primeira lembrança é de uma vez que fugi de casa sem um motivo especial aos 3 anos de idade. Lembro de caminhar pela Walnut Boulevard, em Walnut Creek, na Califórnia, colhendo rosas dos jardins das outras casas. Meu pai, furioso e preocupado, foi quem me apanhou. Lembro de ser carregada para casa pelo braço e de levar uma surra, pela primeira e última vez na vida. Eu berrei feito louca que ele era mau e podre e fui me esconder no cesto de roupas do armário da minha mãe. Lembro de ter ficado contente por ser exatamente do tamanho certo para o cesto de roupas, de modo que eu poderia ficar ali para todo o sempre. Fiquei sentada ali, no escuro, como uma espiã, rindo. Lembro de tudo aquilo como se estivesse assistindo a mim mesma: eu me vejo levando uma surra do outro lado do quarto e, de cima, eu me vejo escondida no cesto. É como se uma parte do meu cérebro tivesse se dividido e ficado de olho em mim, certificando-se que eu soubesse como era a minha aparência o tempo todo.

Sinto como se uma pequena câmera tivesse sido implantada em meu corpo, gravando para a posteridade uma criança curvada sobre um joelho arranhado, uma criança empurrando a comida de um lado para outro no prato, uma criança inclinada sobre a cadeira da mãe enquanto ela fazia coisas mágicas com algodão e renda. Vestidos, como anjos, apareciam e balançavam num cabide na porta. Uma criança na banheira, olhando para baixo, para o corpo submerso na água como se ele fosse uma coisa separada inexplicavelmente presa à sua cabeça.

Minha lembrança do começo da vida vai e vem do concreto à separação do corpo e da mente, de uma lembrança do cheiro do perfume da minha avó a outra de bater em meu próprio rosto por me achar gorda e feia, vendo a marca avermelhada da minha mão, mas não sentindo a dor. Não me lembro de muitas coisas de dentro para fora. Não lembro de como era a sensação de tocar em coisas, ou de como a água do banho passeava pela minha pele. Eu não gostava de ser tocada, mas era um desgostar estranho. Eu não gostava de ser tocada por querer muito ser tocada. Queria ser abraçada bem apertado para não despedaçar. Mesmo hoje, quando as pessoas se aproximam para me tocar ou me abraçar ou pôr uma mão no meu ombro, eu prendo a respiração. Viro o rosto. Tenho vontade de chorar.

Eu lembro do corpo de fora para dentro. Fico triste quando penso nisso, em odiar tanto aquele corpo. Era apenas o corpo de uma típica menininha, roliço e saudável, dada a subir em árvores, a ficar nua, às fomes da carne. Lembro de querer. E lembro de me sentir ao mesmo tempo com medo e envergonhada por querer. Tinha a impressão de que o anseio era só meu e que a culpa resultante dele também era apenas minha.

De alguma maneira, antes de poder articular essa idéia, aprendi que o corpo — o meu corpo — era perigoso. O corpo era sombrio, possivelmente viscoso e talvez sujo. E silencioso, o corpo era silencioso, não se devia falar nele. Eu não confiava no corpo. Ele me parecia traiçoeiro. Eu o observava com um olhar de suspeita.

Mais tarde, vim a aprender que isto se chama "consciência da objetificação". Há abundantes pesquisas sobre o hábito de as mulheres com transtornos alimentares verem a si mesmas com outros olhos, como se elas fossem uma espécie de Grande Observador olhando por cima dos ombros. Olhando, especialmente, para seus corpos e descobrindo, com mais e mais freqüência, conforme ficassem mais velhas, incontáveis defeitos.

Lembro de toda a minha vida como uma progressão de espelhos. Quando eu era criança, o meu mundo era definido por espelhos, vitrines de lojas, capôs de carros. Meu rosto sempre me espiava de volta, ansioso, buscando um cabelo fora do lugar, procurando qualquer coisa que fosse diferente, bermuda levantada ou uma camiseta para fora das calças, o traseiro redondo demais ou coxas macias demais, a barriga muito encolhida. Comecei a prender a respiração para deixar meu estômago côncavo aos 5 anos de idade, e às vezes, ainda hoje, eu me surpreendo fazendo isso. Quando eu corria com a minha mãe andando de lado como um caranguejo, olhando para cada superfície reflexiva, ela fungava e dizia:

— Ah, Marya, você é tão vaidosa.

Não acho que essa fosse uma avaliação precisa. Eu não estava procurando pela minha imagem no espelho por um orgulho vaidoso. Pelo contrário. A minha vigilância era outra coisa — tanto a necessidade de ver que eu parecia, ao menos na superfície, aceitável, quanto uma necessidade de me assegurar que eu ainda estava ali.

Eu tinha mais ou menos 4 anos de idade quando caí no espelho pela primeira vez. Sentei-me diante do espelho do banheiro da minha mãe cantando e brincando de me arrumar sozinha, fuçando na sua imensa caixa mágica de maquiagem de palco que exalava um cheiro de perfume meio mofado quando se abria seu fecho de metal. Pintei o rosto cuidadosamente com verdes e azuis nos olhos, fortes marcas vermelhas nas bochechas e batom laranja berrante. Então encarei a mim mesma no espelho por um longo tempo. De repente, senti uma divisão no cérebro: eu não a reconheci. Dividi-me em duas: o eu na minha cabeça e a menina no espelho. Foi uma sensação estranha e desagradável de desorientação, dissociação. Comecei a voltar com freqüência ao espelho, para ver se conseguia ter aquela sensação novamente. Se eu me sentasse bem quietinha e pensasse: Não-sou-eu não-sou-eu não-sou-eu sem parar, podia recuperar a sensação de ser duas meninas, uma olhando para a outra através do vidro do espelho.

Na época eu não sabia que acabaria tendo essa sensação o tempo todo. Ego e imagem. Corpo e cérebro. A "fase do espelho" do desenvolvimento infantil assumiu um novo significado para mim. Essencialmente, a "fase do espelho" descreve a minha vida.

Os espelhos começaram a aparecer em todo lugar. Eu tinha 4, talvez 5 anos de idade, na aula de dança. O estúdio, no começo da Main Street, era revestido de espelhos que refletiam o sol da manhã de sábado, uma porção de menininhas delicadas vestindo *collants* azul-bebê e eu. Eu estava vestindo um *collant* azul novinho, mas o meu não era azul-bebê, e sim azul-claro. Eu me destacava como um dedo azul iluminado, com o meu coque de bailarina se desfazendo o tempo todo. Eu ficava de pé diante da barra, olhando para o meu corpo de novo e de novo e de novo, eu em meu *collant* azul ali de pé, repentinamente horrorizada, presa na sala de muitos espelhos.

Eu não sou frágil. Não sou hoje, não era na época. Sou sólida. Atlética. Uma mesomorfa: pouca gordura, muito músculo. Sou capaz de chutar uma bola bastante casualmente de uma ponta à outra de um campo de futebol, ou sangrar o nariz de um cara sem fazer muita força. E se você me der um soco muito forte no estômago, provavelmente vai quebrar a mão. Em outras palavras, sou constituída para o boxe, não para o balé.[1] Eu nasci assim — até mesmo as fotos de bebê mostram meu sólido eu de fraldas no meio das rosas, inclinada para frente, a caminho do portão. Mas, aos 4 anos, lá estava eu, uma minúscula Eva, engasgada de tormento com o meu corpo, a curva e o plano da barriga e das coxas. Aos 4 anos, percebi que simplesmente não ia funcionar. Meu corpo ser sólido era demais. Naquele dia, fui para casa depois da aula de dança, vesti um dos suéteres do meu pai, enrosquei-me na cama e chorei. Naquela noite, entrei cabisbaixa na cozinha enquanto meus pais estavam preparando o jantar. O canto do balcão ficava um pouco acima da minha cabeça. Lembro de lhes dizer, mal conseguindo fazer a amarga confissão sair da minha boca: estou gorda.

Como eu não era nada disso, meus pais não tiveram motivos para pensar que eu sinceramente acreditava naquilo. Os dois fizeram aquela cara, uma cara que eu logo aprenderia a desprezar, a cara de "ah, por favor, Marya, não seja ridícula", e fizeram o som, um som terrível, aquele som de desprezo, pfff. Continuaram preparando o jantar. Bati com força na minha barriguinha de menina e irrompi em lágrimas. Com uma careta de irritação, a minha mãe me deu um olhar que eu mais tarde viria a interpretar como uma expressão mata inseto, como se, olhando para mim, ela pudesse me fazer desaparecer. Tzzz. Chutei os armários perto dos meus pés, e ela avisou: Cuidado. Eu então escapuli para o meu quarto.

E lembro da academia de ginástica feminina aonde a minha mãe me arrastava junto. Na frente da academia, parece que me lembro de uma estátua

---

[1] Há poucos cursos para aspirantes a boxeadoras de 4 anos de idade, e acho que meus pais estavam tentando fazer com que eu fosse levemente mais graciosa (síndrome do elefante-na-loja-de-cristais).

de plástico da Vênus de Milo, sem meio seio e os dois braços. Lá dentro, um prenúncio da moda "fitness" dos anos 1980: mulheres pulando, exercitando os bumbuns e levantando as pernas, portando aquela expressão tensa e assustada que transmitia o sentimento melhor definido por Galway Kinnell: "como se o inferno existisse, e elas fossem encontrá-lo". O clube também tinha uma coisa chamada Chiqueirinho Infantil. O Chiqueirinho Infantil era uma jaula. Tinha barras até o teto e pestinhas de dedos grudentos agarrados às barras, chorando por suas Mamães. A Mamãe estava vestindo algum conjunto idiota de maiô, movimentando-se de um lado para o outro no chão com um bando de moças magricelas, ficando toda ossuda e deixando o colo sem graça. Todas as criancinhas na gaiola de criancinhas choravam e brigavam por causa da única bola oferecida para a nossa interminável diversão. Dei um jeito de abrir a porta da gaiola, uma porta de barras de ferro forjado, e fiquei de pé nela, balançando para frente e para trás enquanto assistia à minha mãe e ao resto daquelas mulheres saltando e se mexendo em busca de algum estado de graça.

Lembro de observar os corpos da minha mãe e do resto daquelas mulheres refletidos nos espelhos que cobriam as paredes. Muitas senhoras com jeito de doidas. Eu as organizava na minha cabeça, formando filas mentais em ordem de beleza, cor de cabelos, cor de roupa de ginástica e, o mais divertido, em ordem de magreza.

Mais ou menos dez anos depois, eu faria algo muito semelhante durante umas férias num pequeno *resort* chamado Instituto de Transtornos Alimentares do Hospital Metodista. Só que, dessa vez, a fila de formas que alinhei mentalmente incluía a minha própria e, ossudas como estávamos, nenhuma saltava ou se mexia. Fazíamos ponto-cruz ou jogávamos paciência atiradas no chão, examinando os corpos umas das outras com os cantos dos olhos, de um jeito parecido com o que as mulheres nas academias costumam fazer, quando desviam o olhar de um quadril para o seu próprio. Achando-se, sempre, maiores do que o normal. Usando mais do que a parte que lhes cabia no espaço.

Nasci em Walnut Creek, na Califórnia, filha de duas pessoas excepcionalmente inteligentes, divertidas e maravilhosas que talvez fossem candidatos menos do que ideais à paternidade. Também é preciso observar que eu não fui muito adaptada à infância e provavelmente deveria ter nascido completamente formada, como o garoto do seriado Mork e Mindy, que nasceu velho de um ovo e ficou progressivamente mais jovem. Eu fui um acidente. A minha concepção fez com que a minha mãe se trancasse no quarto e chorasse por três semanas seguidas, enquanto meu pai acendia um cigarro atrás do outro no quintal sob a cerejeira. Parece que os dois já haviam se recomposto quando eu nasci, porque fui recebida com considerável mais alegria do que se podia esperar. Tive uma infância feliz. Pessoalmente, não fui uma criança feliz, mas pelo menos as coisas foram emocionantes. Certamente dramáticas.

Sei que houve um período em que estava tudo bem. Eu subia as encostas nos fundos de casa e escorregava em sacos de papel sobre a grama dourada, brincava no riacho, subia na cerejeira. Não lembro de uma infância de caos. Só pensando nela hoje eu a classificaria como caótica. Eu nunca sabia qual era a minha situação com as pessoas, o que elas fariam a seguir, se estariam presentes ou não, bravas ou más, alegres ou carinhosas. As cores que guardo daquele tempo são verde e dourado — as árvores e as encostas — e o calor, o calor incrível. Lembro de me revirar na cama naquelas noites de verão, quando o sol ainda não havia se posto. Pela janela aberta, podia ouvir o tinido de copos e a música das vozes e das risadas no deque lá fora. Podia sentir o cheiro do sufocante ar de verão, da poeira, do jardim, das flores gloriosas, do aroma narcótico de eucalipto invadindo os pulmões. Secas de fim de verão, o ar quente estremecido sobre a estrada, os fundos da casa, atrás do riacho, o cavalo cinza matizado no terreno no final da rua, as cerejeiras e os limoeiros, os castanheiros, as mulheres de branco. Os degraus de pedra cor-de-rosa da casa de estuque cor-de-rosa de alguém, as laranjas que comemos com uma senhora. Perfume e fumaça de cigarro, noites altas em festas em que eu caía no sono sobre os casacos em cima da cama, os sonhos fugazes daqueles cochilos, misturados com sombras e palavras. A perspectiva de um ser de menos de um metro de altura no nível dos traseiros, procurando pelo traseiro da mãe no meio das pessoas, sentindo o cheiro e observando o cintilar do vinho nas taças e os homens com barbas e as risadas, os *smokings*, a impressão de uma complexa dança de fantasias e máscaras. Foi um mundo a que eu, através do buraco da fechadura dos anos, assisti e tentei tocar esticando a mãozinha.

Não foi uma infância infeliz. Foi uma infância inquieta. Eu sentia como se estivesse vivendo e assistindo à minha vida simultaneamente, ansiosa pela permissão de me misturar, mas temendo aquilo por que ansiava. Na verdade, toda a minha vida se resumiu a isso: entrar e sair do mundo cotidiano, tanto fascinada quanto temerária por sua volúpia absoluta. Os paralelos na minha relação com a comida e o meu corpo são impressionantes: bulimia, refestelar-se e depois vomitar tudo de volta; anorexia, recusar comida e refestelar-se na própria fome.

Quando criança, eu estava sempre vagamente nervosa, como se alguma coisa estivesse se aproximando sorrateiramente, alguma coisa sombria e ameaçadora, algum lugar mais profundo na água, um lugar silencioso e frio. Eu tinha medo que o xá do Irã estivesse debaixo da minha cama esperando para me raptar e me levar embora. Eu tinha um medo absolutamente terrível do escuro e dos meus sonhos com o tenebroso bicho-papão, que me seqüestrava à noite, enquanto eu dormia. As pessoas me deixavam nervosa. Eu preferia ficar no meu quarto com a porta bem fechada, a cômoda encostada nela (era uma cômoda muito leve) e enroscada no canto da cama com um livro.

Anotações de terapia de dez anos mais tarde apontarão:

Marya quer viver num mundo particular... não é aberta a confiar nas pessoas... tende a isolar as pessoas se elas se aproximam demais.

Os terapeutas escreverão:

Hipervigilante. Medo enorme de abandono. Controla o medo do abandono através do medo de comida.

O mundo fora do meu quarto me parecia um lugar sedutor e fascinante, mas muito perigoso. Esse medo do perigo pode ter vindo em parte pela superproteção quase paranóica do meu pai. Meu próprio sentimento de imperfeição diante de um mundo ameaçador pode ter origem também em parte das tentativas da minha mãe de me fazer baixar um pouco a bola. Eu compreendi mal o conselho dela. Hoje ela me diz que se preocupava que eu sonhasse alto demais e acabasse me machucando. O que eu via, porém, eram suas céticas sobrancelhas erguidas enquanto eu a regalava com histórias de ter voado naquela tarde, suas costas estreitas andando por toda a casa comigo correndo atrás, tentando atravessar sua surdez seletiva:

— Mãe. Mãe. MÃE!

— O que é? — ela dizia, afinal. — Não grite.

Lembro dela tentando ler na sala de estar quando eu tinha 4 anos de idade, com as mãos tapando os ouvidos enquanto eu batia nas teclas do piano aleatoriamente, cacarejando:

— Mãe, ouça! Mãe, ouça!

— O que é, Marya? — perguntou ela.

— Estou tocando Bach! Mãe!

Ela se levantou do sofá e saiu da sala, com a voz e o aroma de Chanel Nº 5 seguindo-a:

— Ah, Marya — disse ela —, isso não é Bach.

Parei de bater nas teclas. Pensei, eu sei disso.

Nas anotações das terapias, meus pais são citados como tendo dito que sentiam uma necessidade de "diminuir as minhas expectativas". Aparentemente, eles mencionaram não uma, mas quatro vezes em uma única sessão, planos que eu fiz para uma festa de aniversário quando tinha 3 anos de idade que eram, confessadamente, um pouco complicados. Essa "diminuição" das minhas expectativas, que a mim me pareciam mais com uma dúvida permanente quanto à minha capacidade até mesmo de assoar o nariz corretamente, continuaria da minha primeira infância até, ah, o ano passado. Este processo produziu um efeito interessante: meu comportamento se tornou ainda mais grandioso, enquanto que eu mesma me tornei progressivamente menos segura de poder cumprir as tarefas mais simples, quanto menos alcançar qualquer sucesso significativo.[2] Meus pais, tenho a impressão, achavam que eu estava com alguns parafusos soltos. Quem sabe? Talvez tivessem razão. Nas anotações, eles dizem: medos, pesadelos, muita fantasia.

---

[2] O que quer que seja o sucesso. Para mais reflexão no inconstante significado de sucesso, veja também o capítulo 5. Minha própria incerteza sobre conquistas e sucesso, combinada com a minha agitada certeza de sua importância, levariam a uma frenética compulsão por trabalho por volta dos meus 16 anos e também alimentariam a minha idéia de que um transtorno alimentar — ou "magreza" — era o único sucesso que eu jamais conseguiria obter completamente.

O grito na noite, as lágrimas caindo enquanto eu corria tateando no escuro pela casa interminável até a porta do quarto dos meus pais, a tagarelice incoerente sobre monstros que estavam roubando moedas do meu cofrinho, o choro desesperado: não sei quantas eu tenho agora, eu uivava. Meu pai, com a cara amassada e de pijama listrado, sentava-se sonolento e me carregava de volta ao meu quarto, ficava ao lado da minha cama, cantando no escuro até eu cair no sono. O toca-fitas reproduzia livros gravados que eu deixava debaixo do travesseiro. Eu deitava a cabeça e ficava ouvindo a historinha sem parar enquanto a noite passava, certa de que, se eu continuasse ouvindo por bastante tempo, a manhã viria, mas, se não, a horrível oração se tornaria realidade: Se eu morrer antes de acordar...

Os psiquiatras rabiscaram as seguintes palavras nos blocos de anotações: pensamento mágico. Seus livros chamam isso de "uma disposição a ver o metafórico como concreto" e "a atribuir poderes mágicos primitivos" a objetos.[3] Alguém pode, por exemplo, atribuir poderes mágicos à comida. Por exemplo, se eu tenho 3 anos de idade e estou em pé numa cadeira fazendo um sanduíche de maçã, e se eu comer este sanduíche com exatamente vinte mordidas, nem mais, nem menos, ficarei feliz. Se eu comer em mais do que vinte mordidas, ficarei triste. Se tenho 19 anos e 27 quilos e estou comendo um pote de iogurte por dia e eu levo precisamente duas horas para comer esse pote de iogurte e fumo um cigarro a cada quinze minutos para provar que eu posso parar de comer, então eu estarei segura, mantendo o meu controle ditatorial sobre o meu corpo, a minha vida, o meu mundo. Por outro lado, se eu simplesmente provo um pedaço de comida perigosa com a língua, ele não vai percorrer o meu corpo do modo convencional, mas me fará crescer num passe de mágica, como Alice comendo uma mordida do bolo errado.

Não é incomum que crianças pequenas elaborem sistemas de autoproteção para lhes dar uma sensação de controle sobre o que as cerca: amigos imaginários, disposições específicas de bichos de pelúcia em seus braços na cama. Elas acabarão afrouxando o domínio sobre esses sistemas conforme desenvolverem uma noção de segurança em si mesmas e no mundo. Os meus sistemas

---

[3]Noelle Casky, "Interpreting Anorexia", em *The Female Body in Western Culture* [O corpo feminino na cultura ocidental], ed. Susan Suleiman, 183.

— disposições precisas dos enfeites na minha cômoda, de bichos de pelúcia imbuídos de "poderes mágicos primitivos", jeitos exatos de caminhar na rua e estranhos comportamentos ritualísticos ao comer, mesmo quando muito criança (número de mordidas, tamanho das mordidas, ordem das mordidas, número de mastigações) — eram sistemas que agiam como um amortecedor entre mim e o mundo. Meu foco nas minúcias me acalmava. Era uma simples recusa de olhar para o mundo maior, que sempre parecia dilatar as minhas pupilas, deixando-me de olhos semicerrados e tímida com a claridade.

Um transtorno alimentar não passa de um sistema desses. E indicou, em mim, pelo menos, uma inabilidade em acreditar que eu estava segura em mim mesma ou em meu mundo.

O problema, olhando para trás, é que havia uma porção de coisas contraditórias acontecendo de uma só vez. Eu vivia numa pequena família perfeita de três pessoas, éramos três contra o mundo, um time. E nós realmente éramos muito próximos, na maior parte do tempo. Foi a mutabilidade das coisas que nos perturbou a todos. Tudo ficava virando de ponta-cabeça e ao contrário, com a pequena família perfeita sendo demolida pelo mais leve toque, e o time se separando em múltiplos times, em que os jogadores trocavam de lado sem avisar. Meu pai, um homem brilhante e seriamente deprimido, variava entre adorável e instável. Minha mãe, uma mulher brilhante e seriamente reprimida, variava entre suave e gelada. O lar da minha infância poderia muito bem ter sido uma pista de carrinho de choque. Cada um de nós dirigia enlouquecidamente, batendo uns nos outros e saltando novamente. Pessoalmente, eu não ligava para isso. Costumava recorrer ao meu quarto ou ao banheiro, onde as coisas eram calmas e consistentes de um minuto a outro. As cortinas brancas eram sempre as mesmas, assim como os objetos das minhas infinitas coleções — pedras, caixas, penas, enfeites e patos de cerâmica, cuidadosamente arrumados e rearrumados sobre a minha cômoda, repetidamente organizadas, espanadas e dispostas de um modo obsessivo-compulsivo. Os livros e o canto no qual eu me enfiava eram sempre os mesmos.

Os meus pais nunca eram os mesmos. Quando abria a porta do meu quarto, não podia adivinhar o que encontraria: o meu pai carinhoso, alegre e disposto a brincar? O meu pai de rosto vermelho gritando com a minha mãe? Chutando o cachorro? A minha mãe alegre e querendo conversar? A minha mãe com o rosto inexpressivo sibilando para o meu pai? Saindo pela porta num murmúrio de seda? Meus pais como uma unidade, glamourosos e cheirando a perfume e uísque querendo sair para jantar às 11 da noite? Meus pais como uma unidade, correndo até mim com olhares paternos terrivelmente preocupados nos rostos, querendo saber por que eu estava explodindo num monte de lágrimas?

Ou eu encontraria uma casa vazia? A babá sentada em frente à televisão, assistindo a *O barco do amor*, oferecendo-me bolinhos ingleses clarinhos com mel. Não, obrigada, eu dizia. Esperava no quarto, debaixo de um cobertor, dentro do armário, com uma lanterna numa mão e um livro na outra até ouvir o carro estacionando, ouvir as discussões de gritos abafados, as portas batendo. Então eu podia me atirar na minha cama, puxar as cobertas por cima da cabeça, virar o rosto para o travesseiro, ferrar os olhos e fingir que estava dormindo.

Se você é bulímica, conclui-se que você vem de uma família caótica. Se você é anorético, conclui-se que você vem de uma família rígida e controladora. Casualmente, a minha família era ambas as coisas.

Na infância, todos passamos por um processo de descobrir como se autocontrolar — como se acalmar, interromper o fluxo de lágrimas, liberar medos. É um processo necessário. Normalmente, as crianças olham para os pais para terem um exemplo e imitá-los. Você meio que está numa fria se os meios de autocontrole de seus pais são um pouco esquisitos.

Meu pai comia feito um cavalo, bebia feito um peixe, fumava como uma chaminé e gritava. Minha mãe parou de comer, ficou mais magra, mais rígida, mais silenciosa. Eu olhei para os dois e decidi por ambos: comer, vomitar, passar fome, gritar, sumir, desaparecer, reaparecer muito magra e gritando, fumar, fumar e fumar. Claro que houve outros inúmeros fatores que ajudaram a criar o meu transtorno alimentar, mas eu levei o protótipo da mesa de jantar da minha família e trabalhei em cima dele. Embora o meu relacionamento com os meus pais sempre tenha sido muito complexo, há também o simples fato de que os dois usavam a comida — um o excesso, o outro a ausência — como um meio de comunicação, de consolo ou busca. A comida era um problema na minha família. Um grande problema. Os psiquiatras dizem que dois elementos comuns na família de um anorético são um foco em comida e dieta e um significativo grau de perturbação em um ou ambos os pais.[4] Meu pai era um grande bebedor periódico, comia constantemente e estava sempre obsessivo com o peso — fazia dieta, se autocensurava por sair da dieta e chamava a si mesmo de porco.[5] Minha mãe era uma ex-bulímica — ou seria enrustida? — com estranhos hábitos alimentares. Ela comia normalmente por um tempo, depois fazia uma dieta, beliscava a comida, empurrava-a para longe e olhava fixamente para o bumbum no espelho.

Assistir aos dois comerem era assim: meu pai, voraz, tentava devorar a minha mãe. A minha mãe, soberba e tensa, deixava meu pai intocado no prato. Os dois poderiam muito bem gritar bem alto: Eu preciso de você/ Eu não preciso de você.

E lá ficava eu sentada na minha cadeira — 2, 3, 4 anos de idade — recusando-me a comer, o que criava uma bela distraçãozinha da tensão palpável que zumbia entre os dois. Eu me tornei o denominador comum deles: "Porquinha", diziam, "por favor, coma."

Isso, dizem-nos os psiquiatras mais tarde, chama-se ser o "paciente identificado". Você faz uma pequena mímica dos problemas da família, interpretando todos os papéis, todo mundo aplaude e você agradece. O que realmente acontece é que todo mundo se envolve numa grande confusão por sua causa e pára um pouco de brigar. Isso só funciona em uma ou duas hospitalizações. Depois disso, eles pensam que você é maluco e você precisa inventar um novo motivo para jejuar até a morte, o que sempre acaba fazendo.

"Os pais da pessoa anoréxica normalmente estão preocupados consigo mesmos, mas evidentemente parecem preocupados ou angustiados em relação aos membros da família."[6] Eu fui filha única, o que é uma pena, porque o filho único é o orgulho e a alegria e a perdição da existência dos

---

[4]Casky, 186.

[5]Embora esses apelidos amigáveis provavelmente sejam razoavelmente benignos, ainda vale registrar que meu pai chamava a si mesmo de Sr. Porco, à minha mãe de Dra. Porca e (antes que o meu transtorno alimentar saísse do armário) a mim de Porquinha. Nenhum de nós é, ou algum dia foi, gordo, e eu não faço idéia de onde veio isso.

[6]Zerbe, 131-32.

pais de uma só vez. Ele recebe uma atenção absurdamente hiperinvestida e se torna muito manipulador. Meu pai tinha filhos adotivos gêmeos de um casamento anterior que passavam algum tempo conosco e a quem eu adorava. Quando eles não estavam em casa, não havia um fator facilitador, nenhum outro foco de atenção. A fúria que meus pais nutriam um em relação ao outro de alguma forma sempre estava relacionada, canalizada ou desviada para mim.

O tempo todo você faz números de circo para tentar fazer com que o que muito obviamente não está funcionando funcione. Imagina a si mesma como um pequeno Hércules, você ergue seus pais brigando nos ombros e os carrega de um lado para o outro. Você também começa a se cansar disso, de modo que não é tão surpreendente que um dia você resolva desistir. Que você se enfraqueça. Que, opa, deixe-os cair. Que se mude para uma cama de hospital, onde todo mundo cuida de você. Onde você, vingativa e infantil, pode voltar seus olhos fundos para eles e dizer "J'accuse".

A partir de quando eles prontamente começam a culpar um ao outro pelo horror em que você se transformou.

Que fique claro que isso decididamente não é "culpa" deles. Se alguém lhe diz para pular de uma ponte, você não precisa pular. Mas, se você pular, sempre pode culpá-lo por empurrar você. Seria muito fácil pôr a culpa de tudo nos meus pais, se eu não estivesse tão dolorosamente consciente de estar também muito curiosa quanto a descobrir como seria a sensação de cair.

Os psiquiatras chamam isso de "armadilha", chamam de "triangulação". Falam de uma "confusão de pronomes" em famílias como a minha, uma situação em que cada pessoa parece prestar mais atenção às idéias, às percepções e às necessidades das outras pessoas do que às suas próprias. Eles dizem que "anoréxicas [sic] aprenderam desde muito cedo a serem mais responsivas às percepções de necessidades dos outros do que às próprias necessidades".[7] Numa escala maior, isso se torna ventriloquismo: o papai acha que a mamãe está sendo cruel, então o papai leva a Marya para tomar sorvete. Marya fica grata e fofa, e então o papai fica contente, e a mamãe, com ciúmes. A mamãe acha que o papai a está empurrando para fora da família, e então a mamãe compra livros novos para a Marya, que o papai acha inadequados

---

[7]Hilde Bruch, CIT. Casky, 178.

para a Marya, e eles discutem na cozinha enquanto o papai está preparando o jantar.[8] A vovó Donna, a mãe da Mamãe, vem visitar e diz que a Marya não estaria tão gorda se o pai dela não lhe desse tanto de comer (a vovó Donna é completamente cega, e Marya não é gorda). A vovó Ellen, a mãe do Papai, vem visitar e dá comida para Marya sem parar durante dias e comenta maldosamente sobre como a mamãe está magra demais.

Eu não era o que meus pais esperavam que eu fosse. Meu pai esperava, ou ao menos torcia para isso, um filho que o adorasse e fizesse com que ele se sentisse necessário, que também continuaria sendo criança, eternamente, amém. Minha mãe, por outro lado, esperava um adulto em miniatura.

— Pare de agir feito criança — dizia ela.

Isso sempre me confundiu. Eu era uma criança, mas entendia o que ela queria dizer. Pare de agir feito criança. Seja o que você quiser, mas não deixe ninguém ver. Aperfeiçoe a superfície. Aprenda as suas falas. Sente-se direito. Use o garfo certo, ponha o guardanapo no colo, diga com licença, diga por favor, sorria, pelamordedeus, sorria, pare de chorar, deixe de reclamar, pare de perguntar por quê, porque sim, droga, não responda, olhe a boca, mocinha, comporte-se, controle-se. Sempre tinha essa imagem mental de mim derramando da casca da minha pele, inundando o quarto com lágrimas. Mordia meu lábio até sangrar e franzia a testa numa careta.

Quando estava com 5 anos ou mais, comecei a acreditar de algum modo inarticulado que se eu pudesse pelo menos conter o meu corpo, se pudesse evitar que ele derramasse tão longe no espaço, eu poderia, por extensão, conter a mim mesma. Se eu pudesse ser uma coisinha leve, uma coisinha delicada, arrumada e ossuda, a força do ego dentro da pele se acalmaria, recuaria, ficaria parada. Eu me trancava no banheiro, ficava de pé em cima da pia, encarava o corpo diante de mim e chorava. E então me beliscava com força, dizendo a mim mesma para deixar de ser um bebê. Bebê chorão, eu pensava. Um porquinho gordo.

---

[8]Estudos indicam que conflitos na hora das refeições podem exacerbar o comportamento de transtorno alimentar. No *front* cultural, há algumas evidências de que a especificamente moderna tendência de se comer sozinho costuma levar a uma alimentação esquisita, a escolhas alimentares que não seriam feitas numa família ou numa refeição social: pessoas que comem sozinhas tendem a comer o que se pode chamar de "comfort food", comidas de consolo, ou, no meu caso, "comidas de compulsão": com altos teores de carboidratos, sal e gordura, com pouca capacidade de saciar a verdadeira fome física e capaz de fazer com que se coma muito além do ponto de satisfação.

De certo modo, os padrões nas famílias com transtornos alimentares são tão variados e imprevisíveis quanto a imagem de um caleidoscópio. De outro modo, são tão previsíveis quanto o nascer e o pôr-do-sol. Nas primeiras pesquisas, os psiquiatras pareciam estar absolutamente convencidos de que devia haver os seguintes ingredientes necessários: uma mãe dominadora, invasiva e carente; um pai ausente e emocionalmente inacessível; uma criança materialmente mimada, mas emocionalmente negligenciada, regressiva, passiva e imatura. Essa configuração específica está tão distante da minha família, que, teoricamente, eu não tinha permissão para ter qualquer transtorno alimentar. Como ajustar o padrão acima ao retrato da minha própria família: uma mãe ausente e emocionalmente fechada; um pai dominador, invasivo e carente; uma criança estranha, movida pela ansiedade, hiperativa e agressiva tentando desesperadamente ser adulta.

Eu era muito pequena para compreender o quão significativamente os problemas matrimoniais dos meus pais fizeram com que eles não reagissem a mim, mas um ao outro através de mim. Como achava que a minha mãe não precisava dele, meu pai se voltava para mim, porque eu precisava. Como achava meu pai muito carente, minha mãe se afastou de mim. As necessidades globais do meu pai a assustavam, dizia ela, e as minhas necessidades lhe pareciam apenas uma extensão das dele. Desde então ela comenta sua forte necessidade de proteger a si mesma. Meu pai, no que a mim me parece um desejo de monopolizar a minha atenção, disse-lhe muito cedo que ela era uma mãe ruim. Ela acreditou nele. Quem disse que não existem profecias auto-realizadas?

Até onde sei, os meus pais não gostavam muito um do outro, embora eu saiba que eles se amavam. Os dois ainda estão casados. Eles gritam e se bicam e batem as asas um para outro como velhos gansos rabugentos, mas estão casados. Como muitos pais de pacientes de transtornos alimentares, eles deram notavelmente muito pouco apoio um ao outro na minha infância. Tinham ciúmes do sucesso um do outro e agiam com amargo sarcasmo um em relação ao outro. Os psiquiatras observam que um casal que não consegue se dar carinho também não consegue dar carinho a um filho com consistência. Os psiquiatras também observam que, na ausência de um laço matrimonial, cada um dos pais tentará ter o filho como aliado. O filho se torna um peão, uma peça de troca, enquanto o pai e a mãe competem para serem o melhor e mais carinhoso como se isso fosse determinado por quem a criança mais ama. A minha função era agir como se eu amasse mais um deles — quando o outro não estava por perto.

Assim, ora com o pai, ora com a mãe, eu comia. Cada um deles tinha comidas especiais, comidas que apenas ele/ela tinham permissão de me dar, todas comidinhas especiais, cada uma sendo uma declaração de cuidado, uma declaração da falta disso no outro. O domínio do meu pai eram os dias de semana e os lanches depois da escola, belos cafés-da-manhã substanciosos do Meio-Oeste, o básico, os itens obrigatórios do dia-a-dia, meu almoço balanceado dentro do saco de papel pardo. Minha mãe era a rainha das guloseimas, nossos chás com trufas à tarde, ovos mexidos no jantar quando meu pai não estava, a calda de chocolate que fazíamos no escuro quando faltava luz, *croissants* depois das compras, idas secretas ao Burger King para comprar batatas fritas, sanduíches de pepino e queijo *cottage* comidos no café-da-manhã na varanda, no verão.

Não lembro de uma época em que tenha tido certeza do significado da expressão estar com fome, ou de uma época em que lembre de comer por estar fisicamente com fome. "Estar com fome" não implicava necessariamente uma barriga roncando. Em vez disso, "estar com fome" era implorar para a minha mãe assar pão, assegurando assim uma proximidade ao perfume dela, a possibilidade de ficar de pé numa cadeira com as mãos dela sobre as minhas enquanto sovávamos a massa. "Estar com fome" era convencer meu pai a me levar para tomar um sorvete de frutas, assegurando assim suas piadas e vozes engraçadas e o ombro sólido no qual eu podia deitar a cabeça enquanto observava os pombos no parque. "Estar com fome" era o mesmo que estar sozinha, e não estar com fome era o mesmo que estar assustada.

Quase todas as minhas recordações de infância estão relacionadas à comida. A comida é, dizem os psiquiatras, "uma fonte razoavelmente consistente e disponível de atenção".[9] Isso não quer dizer que meus pais não eram atenciosos — eles eram. A minha mãe, principalmente através de livros e comidas especiais, e meu pai com seus oferecimentos constantes de comida, abraços e brincadeiras. Eu era a queridinha do meu pai, e seu

---

[9] Zerbe, 131-32.

modo de demonstrar amor era através da comida. Eu dava o meu almoço para alguém na escola, entrava no carro do meu pai e nós íamos até uma lanchonete onde, essencialmente, comeríamos compulsivamente. Ele me tirava da escola em "dias de compromisso", em que íamos ao McDonald's, pedíamos *cheeseburguers*, batatas fritas e *milk-shakes* e nos sentávamos num parque para comer e conversar. Íamos ao fliperama e nos entupíamos de pipoca e alcaçuz. Quando ele parou de fumar, comíamos M&M's de amendoim o tempo todo.

A história com a minha mãe era completamente diferente. Ela comia um pouco. Beliscava um queijo *cottage*, mordiscava pepinos e devorava chocolates See's. Mas ela, assim como eu, associava comida a amor e amor a necessidade. Enquanto meu pai era dolorosamente consciente de suas necessidades, minha mãe fazia o máximo que podia para provar que não tinha necessidade alguma. Explica-se assim a distância que ela provocou entre mim e ela própria e meu pai, a sua aversão exagerada por comida, as porções deixadas arrumadas no prato, precisamente do mesmo tamanho todas as vezes. Explica-se assim o fato de ela me juntar a meu pai, como se nós dois fôssemos outra espécie de gente, excessiva, carente, faminta, numa total oposição a ela própria.

A comida tem duas qualidades importantes para todos os humanos. Primeiro, ela incita uma sensação de cuidado. A comida física se transubstancia em nossas mentes em algo mais etéreo, de cuidado humano e emocional, uma sensação de que as nossas fomes estão sendo saciadas. Mesmo que esteja apenas enfiando punhados de batatas fritas na boca compulsivamente, você ainda sente que algum vazio está sendo preenchido, ainda que brevemente. Em segundo lugar, a comida produz um simples efeito químico de acalmar o cérebro. A comida me dava uma sensação de que as coisas iam ficar bem. Que se eu só comesse as coisas de um jeito específico, se eu só comesse comidas especiais — sopa de cogumelo, torrada, *tortillas* com queijo, ovos mexidos —, o meu cérebro ficaria parado, o mundo pararia de rodar, e eu teria um foco definido para o olhar: o livro ao lado do prato, a comida, o projeto à mão. As coisas continuariam tranqüilas.

Alguns dias eu ia à escola. No resto dos dias, eu ficava na cama, alegando alguma doença grave. Duvido que algum dos dois acreditasse em mim. Acredito que eles me deixavam ficar em casa porque estavam tentando diminuir o meu nível de ansiedade limite histérica a respeito da escola. A minha mãe havia passado a maior parte da própria infância em casa, na cama com seus livros. Eu ficava em casa para ler e comer, ou, mais precisamente, para ser alimentada — tempo passivo — e desaparecer no mundo existente dentro da minha cabeça, o mundo sobre o qual eu lia nos livros.

Eu lia principalmente contos de fadas, peças, livros de Ramona Quimby, Anne of Green Gables. O volume de 900 páginas de *Fábulas italianas* de Ítalo Calvino. Eu o lia do começo ao fim e começava de novo. Era o meu preferido. Ele parecia ser tão poderoso, um livro tão pesado (e realmente era — eu comecei a lê-lo quando tinha 5 anos), uma espécie de distração interminável, o tipo de livro capaz de manter à distância o mundo em geral por um pouco mais de tempo do que os outros. Eu sempre ficava deprimida quando terminava um livro. Escorregava da posição sentada na cama, pousava o rosto no travesseiro e ficava suspirando durante um longo tempo. Parecia que jamais iria haver outro livro. Tudo havia acabado, o livro estava morto. Fechado em sua capa, ao lado da minha mão. Qual era o sentido? Por que me incomodar em arrastar o peso do meu pequeno corpo até lá embaixo para jantar? Por que me mexer? Por que respirar? O livro havia me abandonado, e não havia por que seguir em frente.

Talvez você possa antever uma série de relacionamentos espantosamente dramáticos no meu futuro, todos terminando comigo encolhida de modo Ofeliano debaixo das cobertas. Eu tinha um caso de amor com os livros, com os personagens e seus mundos. Os livros me faziam companhia. Quando as vozes do livro desapareciam, como acontecia com o último acorde de um disco, com a capa de trás se fechando, amarrotada, eu podia jurar que ouvia uma porta se fechando.

Mas os livros eram de longe melhores do que a escola, e quando se conseguia ler muito rápido, fazendo pausas apenas para atravessar o corredor correndo para fazer pipi, e se mantinha uma pilha de livros ao lado da cama e se pousava a mão direita sobre a pilha enquanto lia outro livro, era ainda melhor. Terminava-se um livro, fechava-o, pegava o seguinte, lia a capa interna, tomava um gole d'água e abria a primeira página. Nenhuma pausa na fantasia, nenhuma fissura pela qual a realidade pudesse se infiltrar. Então eu ficava em casa e gritava periodicamente:

— Papai!

E às vezes de novo, com mais urgência:

— Papai!

E o papai vinha e dizia:

— Que que você quer, Porquinha? — Eu respondia:

— Sopa. E refrigerante de gengibre. Por favor.

E pasmem! A sopa chegava em sua tigela, com biscoitos de água e sal esmagados com uma colher. Eu comia a sopa de cogumelo sentada na cama, conversando com o meu pai. E ele levava a tigela embora e fechava as persianas, enquanto eu escorregava em meus lençóis e deixava o barulho da brisa da tarde ninar meu sono.

Quando eu acordava, havia sempre o pânico. O que houve? Onde estão as coisas, que dia é hoje, que horas são, eu preciso ir à escola, onde está o papai, todo mundo foi embora? Não tem mais ninguém aqui? Eu forçava os ouvidos atrás do som de uma cadeira sendo arrastada ou de um suspiro. Nenhum som. Certamente todos tinham ido embora. Mas havia os livros e o copo d'água. Tudo em seu devido lugar. Não havia com o que se preo-cupar. Bastava ler.

Descer da cama, ir pé ante pé até a porta do quarto, espiar. Olhar em volta, à procura de monstros. Chamar "Papai"?

Nenhuma resposta. Correr até a cozinha, abrir a geladeira, procurar por alguma coisa para comer. Rápido. Antes que desse tempo de ficar triste.

Um fato importante: eu cresci no teatro. Meus pais eram atores e diretores, e eu mesma comecei a atuar aos 4 anos.[10] Não há lugar na Terra que estimule o narcisismo como o teatro, mas, da mesma forma, em ne-nhum lugar é mais fácil acreditar que somos essencialmente vazios, que precisamos nos reinventar constantemente para manter a platéia dominada. Eu era fascinada pelas transformações, as ilusões de ótica, a fumaça e os espelhos. Ficava grudada ao cotovelo da minha mãe diante do espelho

---

[10]Interpretei Want em *Um conto de Natal*, de Charles Dickens. Eu era a menininha vestida com trapos e empoeirada com talco branco, gritando com os braços estendidos quando surgia da capa do Fantasma do Natal Presente. Uma performance apaixonada.

enquanto ela pegava sua caixa de maquiagem, prendia os cabelos para trás e se pintava para virar outra pessoa. Ficava bem parada enquanto ela passava pó no meu nariz e encaracolava meus cabelos. Cresci nas coxias do teatro, enroscando-me nas cortinas aveludadas enquanto assistia aos meus pais no palco, desaparecendo em blecautes e subindo na fumaça.

Eu adorava os camarins. Espelhos cercados por lâmpadas ofuscantes, figurinos, alvoroço, redes, perucas, máscaras, caixas, chapéus, mulheres, o ambiente zunindo com vozes, risos e trechos de uma canção, uma nuvem de tecido e pele. Eu vestia o meu figurino, e alguém fechava o zíper e amarrava a faixa na minha cintura. Eu sentia os cheiros, ouvia as conversas, sentava diante da longa parede de espelhos para passar batom. Eu tinha 5 anos de idade. Uma mulher se virou para mim e se ofereceu:

— Ah, querida, deixe que eu faço isso. — O batom não estava exatamente bem passado e era um pouco vermelho demais. Lembro da fragrância do perfume e do *spray* de cabelo dela, daquele cheiro de veludo mofado. Farfalhando, ela se inclinou para perto de mim e me mostrou como fazer biquinho:

— De leve, assim — mostrou-me. E soltou os meus cabelos, escovou-os e os encaracolou: o calor do frisador na nuca, a sensação macia dos cachos na bochecha. Ela os puxou para trás, prendendo-os com um laço de tafetá e me virou para o espelho:

— Está vendo? Agora você está toda linda.

Fiquei encarando aquela menina nova e distante no espelho, contente com a minha aparência de adulta. Não era o bebezinho ansioso e de olhos arregalados que eu via no espelho de casa. Toda linda, agora. Uma Nova Eu.

Na época, todas as mulheres se misturavam numa criatura perfumada. Elas me sentavam no colo, e eu caía no sono quando os ensaios atrasavam. Essas mulheres eram particularmente calorosas. Lembro do agitar dos meus cílios, de suas mãos segurando uma escova macia perto do olho, pintando riscos e passando sombras e rímel:

— Fique paradinha — diziam elas. — Estou quase terminando.

Eu ouvia tudo. Fazia anotações mentais. As pessoas me davam barras de chocolate recheado e davam risada quando eu plantava bananeira. Eu comia as barras de chocolate assim: comia o chocolate em volta, depois o meio. Beliscava primeiro a parte achatada debaixo. Depois, comia as laterais, a parte de cima, e então, com os dedos grudentos por causa do chocolate, comia a parte caramelada do meio, fazendo uma grande bagunça. Quando se come do jeito errado, alguma coisa ruim acontece.

Meu pai era um diretor muito severo. Por acaso, era também um diretor fantástico. Uma noite, eu estava impossível. Fiquei correndo atrás dele, escondendo o rosto na parte de trás dos seus joelhos. Ele ficava dizendo, "Droga!" Eu ficava chorando e passando as mãos nos olhos, borrando a maquiagem. Afinal, ele se virou para mim, segurou-me pelos ombros, sacudindo-me, e aconselhou:

— Criança, quando você entrar aqui, deixe os problemas na porta.

Era uma máxima que eu havia escutado antes, normalmente atirada para algum membro do elenco que estivesse resmungando ou choramingando a respeito disso ou daquilo. A voz do meu pai percorria todo o ambiente.

— Deixe de bobagem — berrava ele. — Quando vier para o ensaio, deixe os problemas na porta.

Tudo ficava em silêncio durante um minuto, e eu ficava bem parada, vermelha de vergonha, querendo me desculpar por ele e deixar tudo bem de novo. Em algumas noites em que ele fazia isso, eu me escondia dentro de um armário. Mas ele nunca havia dito aquelas palavras para mim antes.

Parei de chorar. Limpei o nariz com as costas da mão. Ele me pôs de pé em cima de uma cadeira, arrumou a minha maquiagem e disse:

— Está vendo? Assim. O *show* não pode parar.

A minha família e eu levávamos a metáfora do teatro um pouco longe demais. Como eu era muito pequena, tive a impressão de que nada era o que parecia ser. Não se devia confiar nas aparências. Na verdade, não se devia confiar em nada. As coisas existiam em camadas, e debaixo de uma camada havia outra camada, como as minhas bonequinhas Petruschka russas, que se dividiam na altura da cintura para revelar outra boneca, e mais outra e mais outra. Tudo estava relacionado ao contexto. Tudo era figurino e maquiagem, e o papel que se interpretava. Quando um de nós seguia por muito tempo com o próprio monólogo, alguém começava a aplaudir lenta e sarcasticamente e dizia, sem rodeios: "Maravilhoso, maravilhoso." O insulto preferido de todo mundo era: "Ah, saia do palco." Mas ninguém jamais saía.

Em algum lugar escondido do meu cérebro existe a seguinte certeza: O corpo não passa de um figurino, que pode ser modificado conforme a vontade. Que a troca de corpos, como a troca de figurinos, me transformaria num personagem diferente, num personagem que poderia, finalmente, ficar bem.

Aprendi muito cedo a escolher as minhas falas com muito cuidado. Ainda tenho uma mania terrível, quando as pessoas fazem pausas muito longas entre uma palavra e outra, de lhes assoprar as suas falas. Eu sei as minhas falas com antecedência. Visto-me para ocasiões, para personagens. Há mulheres em meu armário, penduradas em meus cabides, uma mulher diferente para cada terno, cada vestido, cada par de sapatos. Acumulo roupas. Minha maquiagem transborda das gavetas do banheiro, e há mulheres diferentes para batons diferentes. Aprendi isso muito cedo. Eu não era o que aparentava ser. Gostava disso. Eu era uma mágica. Ninguém podia ver o que eu escondia por baixo, e eu não queria que vissem, porque o que eu escondia parecia ferido. Excessivamente quente e vermelho.

Assumíamos as nossas marcas e interpretávamos os nossos papéis. Eu era a filha maluca, incontrolável e tiquetaqueando como uma pequena bomba. Minha mãe era a mulher presa numa família que não queria, amarga e ressentida. Meu pai era o cara sensível incompreendido, dado a ataques de ira incontrolável. Era uma graça. Todos éramos incrivelmente melodramáticos. Mas, é claro, em meio a tudo isso, éramos também simplesmente três pessoas que se amavam e que não sabiam como negociar a convivência.

Quando eu tinha entre 5 e 7 anos, o casamento dos meus pais se deteriorou mais rapidamente, assim como a flutuação entre a tranqüilidade e o caos. Minha mãe voltou a estudar para concluir a sua graduação em administração educacional. Feito isso, ela começou a trabalhar durante a semana na Secretaria da Educação de dia e continuou atuando e ensaiando à noite. Ela dirigiu muitos espetáculos e ganhou vários prêmios por eles. Meu pai estava ficando cada vez mais irritado com a sua ausência, e ainda mais com o seu sucesso. Estava também entrincheirado numa guerra generalizada com as pessoas em seu teatro. Falava-se em separação, em divórcio. Havia brigas aos berros na cozinha sobre quem iria ao mercado, sobre quem era mais mártir. Havia também agradáveis passeios juntos, de mãos dadas, retratos de grandes sorrisos. E havia jantares em que todos conversávamos alegremente, dando risada enquanto eu caía no sono em cima da sopa. Havia viagens para fora da cidade feitas improvisadamente por um deles ou os dois juntos por motivos misteriosos. Às vezes, eu era despachada para a casa dos meus avós com uma malinha simples que tinha.

Lembro vagamente de uma guerra na sala comigo sentada no banco do piano balançando as pernas. Aparentemente, minha mãe e eu estávamos a caminho de Portland. Meu pai gritava com a minha mãe, implorando para que ela não o deixasse. Minha mãe replicou em voz alta que nós íamos embora e que ele não podia nos impedir. Eu fiquei cantarolando mentalmente canções da catequese, torcendo para que eles se beijassem e fizessem as pazes. Quando o nível de decibéis tornou impossível cantarolar, levantei a voz e comecei a berrar além das vozes deles, dizendo-lhes que eu os amava, mandando que ficassem quietos e anunciando que tudo ia ficar bem. Meu pai chorou, me pegou no colo e me abraçou, e então minha mãe e eu saímos. Minha mãe se lembra daquela briga e daquela viagem. Meu pai, não. Pelo telefone, ele suspira e diz:

— Houve muitas daquelas.

Pegamos um trem. Lembro de rir da cama dobrável que saiu da parede do nosso quarto no trem, do cochilo que tirei, das árvores passando voando do lado de fora da janela. Lembro da minha avó me dando torrada e chá quando chegamos lá. Minha avó então me disse que eu ia ficar gorda e tirou rapidamente a torrada do meu alcance.

Nas caixas de papéis velhos, encontrei coisas estranhas dessa época: cartas, desenhos, boletins, recortes de jornais e uma placa que eu devia ter pendurada na porta do quarto em que se lia: SE VOCÊ ESTÁ PENSANDO EM ENTRAR AQUI, MUDE DE IDÉIA BEM RÁPIDO! EU NÃO QUERO VER VOCÊ. Dentre esses papéis, duas coisas me deixaram curiosa. Uma, um cartão meu para a minha mãe, escrito quando eu estava na pré-escola, considerando a ortografia e a pontuação: Na frente, uma bonequinha triste desenhada com caneta roxa, com as palavras: "para a mamãe". Dentro, as linhas entortavam acentuadamente para baixo: "QueRida mamãe./Eu Não Gozto [rabisco]./De qando Você Está/lonje. Eu quero você de volta!/Eu não concigo dormir qando/Você fora! com amor, marya." Na parte de baixo do cartão, há um coração roxo. Eu detestava desenhar corações. Meus corações sempre pareciam tortos e magrelos, nunca eram os corações redondos e simétricos que as outras meninas desenhavam. Este coração mutilado em especial está chorando lágrimas roxas.

Perguntei à minha mãe — por *e-mail*, que é o nosso jeito — se ela lembrava desse cartão. Ela não lembrava, e me respondeu dizendo: "Pode ter sido aquela viagem para Londres. Pode também ter sido as noites que eu estava com as peças.... argggghhhh... Eu algum dia recebi esse cartão? Se não, por que não? Se sim, onde estava a minha cabeça? Evidentemente enfiada no meu rabo." Meu pai também não se lembra do cartão. Eles também não sabem explicar a estranha carta que meu pai me mandou quando eu tinha 6 anos. Foi escrita num verão em que ele estava dirigindo num teatro em Scottsdale, no Arizona. A carta menciona muitas vezes sua repentina compreensão de que ele não suportava ficar longe de nós, que ele sentia terrivelmente a nossa falta e que precisava da gente perto dele. Depois de encontrá-la, liguei para perguntar se ele planejava ficar no Arizona sem a gente.

— Acho que não — ele disse, e fez uma pausa. — Talvez sim. No fundo da minha mente.

Depois ele explicou que, no ano seguinte, quando eu tinha 7 anos, a merda bateu no ventilador. Isso pode explicar por que eu não tenho nenhuma recordação daquele ano, exceto por vagas lembranças das brigas aos berros e dos objetos quebrados na sala de jantar tarde da noite, quando meus pais voltavam do teatro. Eu normalmente estava lendo embaixo das cobertas. Numa noite, segui um forte cheiro estranho de álcool vindo da cozinha e encontrei a minha mãe vertendo um monte de garrafas de bebida dentro da pia. Aquele ano é um vazio, com exceção do meu aniversário de 7 anos (entrou um estilhaço no meu nariz). A próxima coisa de que me lembro vem um ano mais tarde, quando fui informada repentinamente de que iríamos nos mudar, sem motivo aparente, para Minnesota. Os protestos do meu pai em relação a algumas políticas profissionais corruptas em seu teatro acabaram fazendo com que ele fosse caluniado e vetado no meio. Ele conta que chegou à dolorosa conclusão de que jamais seria o que havia sonhado ser ("excelente"). Diz que de repente viu a si mesmo como apenas "um cara que arrastava a vida do melhor jeito que podia, mas eu não conseguia respeitar aquilo pelo que era. Tudo o que eu via era que eu era um fracasso. Então, fiquei maluco". Ele estava bebendo muito além da conta, "principalmente para entorpecer a dor", diz. Lembro de seus acessos de raiva. Minha mãe se tornou ainda mais obsessiva com a aparência, preocupada em perder a beleza. Ela começou a tingir os cabelos, a usar unhas de porcelana de dois centímetros de comprimento (disso eu também me lembro), a gastar mais dinheiro com roupas, a emagrecer e, aos olhos do meu pai, a flertar muito (eu lembro de algumas blusas muito decotadas). Meu pai estava, conforme as palavras dele, "louco de ciúmes, no pé dela o tempo todo". Embora não estivesse envolvida com ninguém mais, minha mãe estava se afastando dele. Ele achava que ela estava pensando em ir embora.

— Claro que eu a estava afastando — diz ele. — Mas eu tinha a impressão de que ela estava me vendo passar por uma crise mental e pensando 'Eu não tenho nada a ver com isso'. Tudo o que eu fiz naquele ano foi hiperemocional. Eu era um nervo exposto. Não tinha pele.

Eu lhe pergunto se ele era suicida, e ele ri.

— Provavelmente o tempo todo, sabe? Sem realmente pensar em fazer alguma coisa. Eu precisava cuidar de você. Você e as suas necessidades me seguraram naquele ano. Você era a única coisa estável na minha vida — ele faz uma pausa. — Foi como se eu tivesse dito: "Muito bem, agora você vai ser a minha estabilidade. Eu sei que você só tem 7 anos de idade, mas..."

— Faça o melhor possível — eu o interrompo.

— Isso — ele suspira. — Eu era pesado demais.

Eu e as minhas necessidades mantínhamos meu pai estável. Eu e as minhas necessidades estávamos afastando a minha mãe. Eu e as minhas necessidades nos recolhíamos para dentro do armário e desaparecíamos para dentro de contos de fadas. Eu comecei a inventar um mundo em que as minhas necessidades simplesmente não existiam.

Todos nós levamos para lá e para cá inúmeras malas de enfeites empoeirados da infância: ressentimentos reunidos, longas listas de machucados de maior ou menor importância, lembranças glorificadas, certezas absolutas que mais tarde se demonstram equivocadas. Os seres humanos são colecionadores emocionais. Essas malas nos definem. A minha bagagem fez de mim alguém que eu não queria ser: uma menina submissa, uma planta sensível, uma coisinha carente e mesquinha. Muito cedo, comecei a tentar me livrar das minhas malas. Comecei a construir um novo papel.

Fiz um plano. Quando tinha 6 anos de idade, escrevi este plano com a minha caneta verde de caligrafia e o enterrei no quintal de casa. Meu plano: Ficar magra. Ser excelente. Ir embora.

Mesmo naquela época, eu acreditava que assim que eu emagrecesse, saísse de casa e me tornasse excelente no que quer que fosse, assim que eu fosse mais parecida com a minha mãe, que eu finalmente teria alguma coisa minha — alguma coisa, embora eu não pudesse ter articulado isso na época, parecida com uma identidade. Só quando olho para trás posso dizer que eu estava tentando fugir do que parecia ser o meu destino: ser uma réplica de um dos meus pais, provocando com isso a ira do outro. Cada um deles, alternadamente, bradava: "Ah, você é igualzinha a seu pai/a sua mãe" e então exultava quando eu fazia algo de que gostavam, dizendo, "Ah, você é igualzinha a mim".

Quando eu tinha 8 anos, a guerra entre os meus pais atingiu seu apogeu, desconhecido para mim. Meu pai informou à minha mãe que a estava deixando e me levando com ele para Minnesota, onde havia sido criado. Minha mãe disse que iria junto também. Ele respondeu grosseiramente que não lembrava de tê-la convidado. Fiquei sabendo que ela tinha medo que ele me mantivesse longe dela, uma preocupação não completamente infundada. Hoje, ele diz que é "grato pela sabedoria dela". Os dois me disseram que iríamos nos mudar. Em 4 de julho de 1982, a minha família se mudou para Minnesota. Um ano e três meses depois, eu estava comendo meus salgadinhos, acarinhando o cachorro com o pé e, de repente, correndo para o andar de baixo.

2 Bulimia

Minnesota, 1982-1989

Mas, quando o Coelho realmente tirou um relógio do bolso do colete, olhou para ele e se apressou, Alice se levantou, porque lhe ocorreu que nunca antes ela havia visto um coelho vestindo colete com bolso quanto menos com um relógio para tirar de dentro, e, ardendo de curiosidade, ela correu pelo campo atrás dele, e foi bem a tempo de vê-lo disparar para dentro de uma grande toca sob os arbustos.

Em outro instante, lá se foi Alice, descendo atrás dele, não considerando sequer por um instante como, afinal, sairia de lá depois.

Entramos num grande caminhão de mudança — era um dia ensolarado, e as fotos nos mostram protegendo os olhos semicerrados com as mãos — e seguimos para o leste, para Edina, um subúrbio muito pequeno e muito rico nos arredores de Minneapolis.

Minhas lembranças mais relevantes da viagem através do país — com o meu pai dirigindo um caminhão Hertz de 18 rodas pela primeira vez na vida e a minha mãe dirigindo o velho Ford — são as seguintes: meu pai se engasgando com um osso de galinha em Reno e quase morrendo (comida, morte). A vista da cabine do caminhão nas Montanhas Rochosas, dando para um penhasco desprotegido que descia para o infinito. Na ocasião, juntei os bichos de pelúcia em volta de mim e pus suas orelhas por cima dos seus olhos para que eles não pudessem ver (morte). Lembro da torta de sorvete que meus meio-irmãos comeram, em Yellowstone, no aniversário de 15 anos deles (comida). Há uma lembrança de mim de pé diante do espelho de um quarto de hotel no Wyoming, em pânico por causa dos meus cabelos e olhando para o meu corpo e "percebendo" que eu era gorda, gorda, gorda. Minhas coxas, a minha barriga e o meu rosto eram gordos (corpo, comida). Desatei a chorar. A foto daquele dia no álbum dos meus pais — eu vestindo um macacão florido, com os cabelos molhados da oitava ida à pia enquanto eu tentava obsessivamente deixá-lo como queria — me mostra com um meio-sorriso, as costas arqueadas e o rosto inchado de tanto chorar.

No ano em que nos mudamos para Minnesota, a frágil amarra de minha família à estabilidade se desfez. Meus pais estavam juntos unicamente porque os dois queriam cuidar de mim. Ponto. Além disso, nenhum deles tinha um emprego em vista. Estavam ambos um pouco estressados.

No fim, depois que a confusão da mudança se acalmou, os dois se entenderam e começaram a gostar um do outro de novo. Eu, por outro lado, fiquei completamente neurótica. Minha neurose surpreendia até a mim mesma. De repente, eu estava um horror. É bem possível que eu tivesse algum transtorno de depressão e/ou ansiedade e/ou uma mania preexistente, e a confusão simplesmente lhe deu a chance de se manifestar. E se manifestou. Quase que imediatamente após a chegada, eu desenvolvi um medo acentuado e esquisito de tudo. Eu era um esqueleto ambulante de ansiedade que chorava fácil e tinha medo do escuro, das crianças da escola, dos professores, do sol, da lua, das estrelas. Enfiei na minha cabeça que rezar ajudaria. Comecei a rezar constantemente, freneticamente, enquanto espiava em volta para ver se alguém estava vendo. Caía de joelhos, apertando as unhas nas palmas das mãos, rezando enlouquecidamente para que Deus me perdoasse, murmurando orações maníacas que fariam pouco sentido para qualquer deus: "Por favor, Deus, perdão. Não me deixe engordar. Perdão, Pai, porque eu pequei. Abençoe o meu pai e a minha mãe e o cachorro e os meus amigos e perdão e obrigada pelos livros e perdão e não me deixe engordar. Perdão, eu agüei a minha planta com refrigerante..."

De repente, todos os objetos inanimados estavam imbuídos dos já mencionados "poderes primitivos mágicos", das escadas às cadeiras, dos livros aos garfos, das cortinas aos abajures. Tudo tinha que ter uma ordem extremamente precisa: a cama arrumada de um jeito específico, o relógio observado de modo que as coisas acontecessem na hora. Lembro de ficar deitada na cama dos meus pais observando os números do velho relógio digital virarem como cartas: 5h21, 5h22, 5h23. Eu me certificava de que o tempo não parasse, que o jantar fosse na hora em que eles diziam que seria.

— Já faz 45 minutos! — eu gritava pelas escadas para o andar de baixo, caindo no choro quando o jantar ainda não estava pronto. O tempo havia falhado comigo. Nada estava acontecendo na ordem certa. Eu conversava sozinha o tempo todo, na cama, no banheiro, no parque, no pátio. Fazia listas, uma forma primitiva de agenda diária rabiscada nos meus papéis de carta de ratinho, com cada dia cuidadosamente planejado. Os dias que diziam "nada" me deixavam numa confusão maníaca; o que eu ia fazer? Com quem iria brincar? Quem me faria companhia e me ajudaria a passar o tempo? Eu guardei as nossas placas da Califórnia para que elas não ficassem tristes de serem jogadas no lixo. Deitava na cama com um boneco de arlequim, presente de amigos da Califórnia, dando-lhe corda para que tocasse "Send in the Clowns" sem parar. O tilintar terrivelmente triste do boneco e a lágrima prateada pintada em seu rosto me faziam chorar. Eu conversava com ele, quase o deitava nos travesseiros, dizia-lhe para não ficar triste. Tudo ia ficar bem.

> Num estudo de pacientes [anoréticos], a maioria havia sofrido de transtornos de ansiedade na infância aproximadamente cinco anos antes do começo da doença.[1]

No primeiro ano em Edina, moramos num apartamento dúplex marrom alugado, de telhado plano e terrivelmente feio, numa rua movimentada. O carpete do meu quarto era verde-vômito. Ganhei roupas novas para ir à escola. Eu não usava calças jeans de modelo *slim*, mas sim "regulares", e a minha prima, de quem eu andava atrás como um cachorrinho e a quem eu pretendia imitar de todas as maneiras, usava *slims*, um fato que foi, segundo eu lembro, discutido detalhadamente pela minha mãe e a minha tia. Eu desenvolvi um medo profundo e permanente de jeans, que ainda tenho. Prendo a respiração e fecho os olhos quando visto um, com medo de que, como naquela época, eles prendam nos quadris e eu fique ali parada, ridícula, olhando para o excesso de quadris que deveriam, se eu fosse uma boa pessoa, caber numa calça *slim*. *Slim* (magro, em inglês) é um tipo de palavra muito estranha e alegre, que escorrega da boca, terminando num zum-

---

[1]*International Journal of Eating Disorders* [Jornal Internacional de Transtornos Alimentares], Abril de 1995, v. 17, n. 3:291.

bido labial de "immmm". É o som da garota dos comerciais dos jeans Chic dos anos 1980, entrando como uma cobra em seu chique jeans Chic *slim*. *Slimmmmm*.

Eu não era. Eu era regular. Eu tinha um vestido cinza que a minha mãe dizia ser "um amor". Eu não queria ser um amor. Eu estava cansada de ser um amor. Eu queria ser *slim*. Ou chique. O vestido era um quadrado amorfo de lã cinza com duas listras amarelas em torno dos quadris. Quando a minha mãe trouxe o vestido para mim, eu o experimentei, fiquei de pé na privada e gritei, "ESTOU PARECENDO UM ELEFANTE!". Ela disse: "Não, querida, você está um amor."

Chorei copiosamente enquanto ela fazia tranças nos meus cabelos. E desmanchei as tranças porque não estavam perfeitas.

— Tem partes tortas — eu disse.

Ela ergueu as mãos, atordoada, e saiu do quarto, sacudindo a cabeça. Voltei a subir na privada e levantei o vestido, olhando fixamente para o meu corpo de todos os ângulos.

Podia ter ocorrido a alguém que eu estava às portas da puberdade. Eu havia chegado a essa fase terrivelmente cedo, de modo que imagino que ninguém estivesse realmente procurando por isso. E fui pega de surpresa mais do que ninguém, já que apenas havia tido explicações sobre sexo em termos abstratos. Ainda assim, teria sido bom receber alguma informação quanto a por que, na madura idade de 8 anos, sentada um dia no banheiro, encontrei três pêlos completamente desnecessários no ponto mais inconveniente do meu até então macio ser. Peguei a pinça e os arranquei, imaginando se estaria me transformando em alguma espécie de macaco. Quanto mais eu arrancava, a cada dia mais pêlos apareciam. Pelinhos esquisitos e duros, até que eu acabei com o que só poderia ser descrito como uma barbinha entre as minhas pernas. No final, ao perceber que aquele era um esforço inútil, abandonei a pinça. Alguns anos depois, quando as outras meninas nas festas de pijamas de shortinhos e rabos de cavalo confessavam em jogos da verdade encabulados que haviam contado os pêlos pubianos, eu pensava comigo mesma: "contá-los? Por onde começar a fazer isso?" Aos 8 anos, eu ficava de pé na borda da banheira para me enxergar no espelho e observar meus quadris se alargarem de repente, com meus punhos, meus ossos e a minha barriga ficando mais pesados. A minha vaga surpresa com o fato de os meus braços e as minhas pernas estarem lá e a minha tendência a bater com toda a força nas coisas como um caminhão-caçamba se transformaram num virulento ódio pelo meu corpo. Eu tinha manchas roxas nas saliências dos quadris, que se sobressaíam onde nunca haviam se sobressaído antes. Tive uma crise de relação espacial, ficando cada vez mais desorientada dentro da minha própria pele, incomodada por minha altura, minha largura, meus cotovelos e meus joelhos. Virei a Alice depois de comer os cogumelos.

Os anos que passei na escola primária em Edina são um borrão de tormento. Na terceira série, comecei a passar o tempo com as meninas da vizinhança no porão, debaixo da escada, alimentando o meu autoflagelo noturno furioso com infinitos pecados. Sexo era um assunto tabu na minha casa. Ninguém nunca havia me explicado de onde vinham os bebês — embora eu evidentemente houvesse descoberto — e, como as crianças costumam fazer, tornei-me muito interessada na coisa toda. Esse interesse, porém, conflitava seriamente com a minha ansiedade verdadeiramente desvairada e, de repente, as inocentes esfregações e os risinhos em que eu estava envolvida assumiram o ar de mau-errado-sujo-perverso, deixando-me deitada em silêncio na minha cama, as mãos apertadas nas têmporas para diminuir a dor de cabeça e os pensamentos alucinados. Em meu peito, abriu-se um grande buraco, amplo como o triste céu ensolarado para o qual eu olhava fixamente.

Supõe-se comumente que as mulheres com transtornos alimentares tenham um medo neurótico do sexo e que este medo se manifesta numa tentativa desesperada, na puberdade, de protelar os sinais sexuais cada vez mais visíveis em seus corpos. Algumas mulheres realmente têm esse medo, mas, em alguns casos, os motivos talvez estejam menos relacionados ao medo de sexo do indivíduo em si — eu, pessoalmente, não tinha medo de sexo, mas apenas sentia vergonha por ele me fascinar tanto — do que a um medo de que outras pessoas os vejam e os julguem como indivíduos sexuais. Pessoas com transtornos alimentares freqüentemente se preocupam mais com as percepções das outras pessoas do que com seus próprios sentimentos. O medo da sexualidade pode muito bem ter algo a ver com uma cultura altamente ambígua, uma visão conflituosa da sexualidade feminina, bem como de uma família que compartilhe dessa percepção. A reação dos meus pais à minha maluquice em geral — os relatos da escola de que eu estava dizendo obscenidades a outras meninas, a impressão de que eu e as minhas amigas estávamos aprontando algo indecente no porão — não foi a de se sentar comigo e me dizer que os sentimentos sexuais eram normais, mas eram também algo que eu devia guardar comigo. Eles me encararam desconcertados e furiosos e me mandaram parar de usar "palavras sujas".

Quarta série, e eu estava terrivelmente preocupada com os estranhos e doloridos inchaços em meu peito, as saliências dos mamilos. Arrastei minha mãe até meu quarto, levantei a camiseta e disse:

— Olhe! Tem alguma coisa errada! Estou com câncer!

Ela olhou para eles e me levou ao médico. O médico, que foi muito bacana em relação a toda a história, disse:

— Ela só está começando a se desenvolver.

— Ah — disse a minha mãe.

— Ah — concordei.

Entramos no carro e voltamos para casa. Depois de um tempo, perguntei:

— O que isso quer dizer?

— Quer dizer que você vai ter seios — ela respondeu.

— Ah — eu disse. — Ah, meu Deus.

Olhei pela janela do carro, vi passar o McDonald's, a sorveteria Bridgemann's, a confeitaria Poppin' Fresh Pies. Era um dia ensolarado, e o cinto de segurança machucava o meu peito. Eu o mudava de lugar o tempo todo. Deus do Céu, perdão por tudo. Contava as garagens das casas, os carros, a minha respiração, contava, contava e contava o latejar firme e constante na minha cabeça.

Tenho consciência de que a puberdade não é uma ocorrência particularmente incomum, mas eu não estava (a) preparada nem (b) interessada. Meu corpo, que eu já achava incontrolável, para começo de conversa, de repente fez o que eu sempre temi que ele fosse fazer: ele pifou. Sem a minha permissão e sem aviso, meu corpo começou a "desabrochar". Acordei numa manhã com um corpo que parecia ocupar todo o quarto. Muito tempo depois de ter resolvido que eu era gorda, foi uma crise total quando o meu corpo, como o corpo de todas as meninas, adquiriu um número significativamente maior de células de gordura de verdade do que eu jamais havia possuído. Na puberdade, o que havia sido um desconforto irritante e secundário com o meu corpo se tornou uma obsessão constante e completa.

Com a quarta série, junto a um corpo repulsivo que crescia constantemente, veio uma nova casa, uma ansiedade redobrada, insônia, pesadelos, comilança compulsiva, dores de cabeça e um medo desesperado de ficar sozinha. Como sou masoquista, implorava aos meus pais para que me deixassem sozinha em casa depois da escola. Os dois estavam trabalhando muito, e eu normalmente ficava com babás. Eu não era um bebê (gritava) e não precisava de ninguém cuidando de mim. Era uma questão de princípios. Queria que eles pensassem que eu era responsável. Queria que eles confiassem em mim. No fim, eles acabaram concordando que eu já era suficientemente crescida para ficar sozinha.

Na verdade, a última coisa que eu queria era ficar sozinha. Quando virava na esquina da Nancy Lane, os olhos inexpressivos da casa me encaravam. Eu começava a imaginar o seu interior: o espelho no meu quarto, no meu banheiro, no banheiro do andar de baixo, na lavanderia. Começava a pensar no que comer depois que entrasse lá. Estava com fome? Não absurdamente. Sentia-me dominada pelo tempo, todo aquele espaço vazio diante de mim, algumas horas se transformando em eras silenciosas, a casa tão vazia e cheia de luz triste como o meu peito. Conforme eu percorria a quadra a caminho de casa, o pânico crescia. Eu corria o resto do caminho, abria a porta, largava no chão a mochila e buscava alívio na frente da geladeira, com o coração batendo forte no peito. Derretia queijo sobre uma torrada e comia. E mais queijo, mais torrada. Sucrilhos. Cogumelos fritos em manteiga e conhaque. Enchia a boca, o buraco em meu peito, as horas intermináveis com o estupor dormente da comida.

Previsivelmente, essas tardes passadas assistindo a Three's Company e a reprises de A ilha de Gilligan, da mão à boca, renderam-me alguns quilos a mais. O tempo que eu passava diante do espelho, à noite, encontrava-me beliscando as coxas com força, com mais força, até deixar uma marca, e dando tapas na bunda para ver se ela sacudia, para que eu pudesse dizer "cadela gorda", girando e girando como uma boneca de caixinha de música diante do espelho, com o rosto tenso.

E então aconteceu que um dia, entupida de salgadinhos, fiz uma pequena viagem até o banheiro do andar de baixo. Ninguém me deu a idéia. Só me pareceu óbvio que, se a gente bota para dentro, pode botar para fora.

Quando voltei, tudo estava diferente. Tudo estava calmo, e eu me sentia em ordem. Tudo como deveria estar. Eu tinha um segredo. Era um segredo culpado, por certo. Mas era o meu segredo. Eu tinha algo a que me apegar. Era uma companhia. Ele me preenchia e me esvaziava.

Mas, como sempre ocorre com a bulimia, ela é algo ao mesmo tempo tentador, sedutor e apavorante. Ela divide o cérebro pela metade: você aceita, você rejeita; você precisa, você não precisa. Não é uma divisão confortável, mesmo no começo. Mas, no começo, os prós parecem preponderar sobre os contras. Você tem um foco específico, e seus pensamentos não correm tanto. Eles ficam numa seqüência organizada: ir para casa, comer, vomitar. O problema da sua vida é o seu corpo. É definido e tem um começo e um fim. O problema será resolvido encolhendo o corpo. Contenha a si mesmo.

Você não enfrenta mais a ameaça de, ao abrir a porta, cair de cabeça na luz branca das horas silenciosas e das preocupações frenéticas enquanto anda de um lado para o outro no corredor e fica sentada no sofá olhando pela janela para a luz que vem do lago. Perdendo-se na luz e na falta de limites, ali sentada, escutando palavras passarem assoviando pelos ouvidos, ouvindo a própria respiração ou o vento ou a luz batendo no buraco ecoante em seu peito. Esquecendo de quem você é e onde você está e se você está lá. Perdendo-se na idéia de que você pode estar imaginando tudo, você pode estar sonhando a própria vida. Você olha para a própria mão diante do rosto, cercada de luz, e o seu coração bate forte, e você pensa: estou sonhando, eu nem estou aqui, eu não existo. É fascinante demais a idéia de que você não é. A idéia de que, se você observar o lago por bastante tempo, poderá desaparecer nas chamas brancas da luz sobre o azul, que parece estar a apenas centímetros do seu rosto. Elas a sugam, e você olha fixamente, com apenas um pouco de medo. E então você grita, assustada, quando a sua mãe entra pela porta. Você cai novamente na terra. Está escuro. Já é noite. Você está aqui, e a sua mãe está olhando para você e perguntando: "O que foi?"

Chega disso. Menina maluca. Você está ficando louca. Entre em casa, coma. Preencha o espaço. Mantenha-se no chão.

Poder sentir o mundo como estranho e despersonalizado... Para a pessoa bulímica, o que está fora ou dentro do corpo costuma ser bastante confuso... comer compulsivamente é uma tentativa de experimentar a contenção ao exercer controle sobre o que ocorre internamente... purgar define o corpo ao manter certos conteúdos do lado de fora... A missão de sentir-se viva e satisfeita ao aceitar... substâncias... é alimentada por experimentar o próprio eu — e o corpo — como inerentemente vazio ou morto.[2]

Pouco depois que eu me tornei bulímica, fui à biblioteca um dia para tirar um livro sobre anorexia nervosa chamado *The Best Little Girl in the World* [A melhor menininha do mundo].[3] Eu queria ser ela: fechada, reservada, fria, completamente absorta em sua própria obsessão, perfeitamente pura. Deixar tudo para fora. É na verdade um relato bastante romanceado, escrito pela intenção de um médico de demonstrar não a experiência de se ter um transtorno alimentar, mas o seu próprio talento para curá-lo. O livro dizia que se podia morrer por causa de um transtorno alimentar. Isso não me incomodou. O que o livro não dizia era que, se o transtorno não lhe matasse imediatamente, ele conviveria com você pelo resto da vida, e então lhe mataria. Gostaria de ter sabido disso. Resolvi que se não fizesse mais nada com a minha vida, eu seria anorética quando crescesse. A bulimia pareceu um bom começo.

Acontece que eu me saí muito bem nisso.

A minha babá da noite, Kelly, me observava e ria enquanto eu me gabava:

— Aposto que eu consigo comer este pacote de pão inteiro.

— Você não consegue — ela dizia.

Determinada, eu começava a enfiar o pão na torradeira, com o coração aos pulos. Lembro da torrada, da manteiga que passava sobre ela, do barulho da torrada nos dentes e do carinho da manteiga na língua, lembro de devorar pedaço após pedaço, da minha fome violenta e insaciável, da

---

[2]Zerbe, 155-56.

[3]O filme feito para TV baseado neste livro, que detalha o breve período de anorexia de uma menina no começo da adolescência (e que, portanto, não é abertamente representativo da população com transtornos alimentares), costuma ser exibido em unidades de transtornos alimentares e nunca deixa de provocar uma certa excitação entre um grande número de pacientes sobre como a atriz (que passou fome para interpretar o papel) está magra e como elas precisam ficar iguais a ela.

ausência absoluta de satisfação. Lembro de sair alegremente rumo ao meu banho. "Boa noite", eu dizia. Lembro de trancar a porta do banheiro, ligar a água, debruçar-me sobre a privada e de vomitar numa elevação de contentamento.

Mas o contentamento não durou muito tempo. Comer compulsivamente todos os dias estava me deixando mais pesada e, embora eu não fizesse a ligação, estava me deixando também cada vez mais inconstante. Embora inicialmente a purgação fosse rara — talvez apenas uma ou duas vezes por semana —, foi mais ou menos nessa época que comecei a ter problemas na escola. Com freqüência. Eu me envolvia em brigas. As minhas notas flutuavam, meus pais recebiam bilhetes sobre o meu comportamento contestador: responder de modo agressivo, ser sarcástica, causar tumulto. Comecei a passar mais tempo sozinha no quarto quando meus pais estavam em casa fazendo desenhos de mulheres magras como esqueletos. Meus pais e eu começamos a brigar. Começou a surgir, da minha parte, um nível de raiva desnecessário, que se agravaria durante os anos seguintes até eu ficar parecendo, segundo o meu pai, "uma bomba-relógio".

Aos 9, 10, 11 anos de idade, eu folheava as revistas para adolescentes na loja de conveniência Clancy's. Enquanto as minhas amigas se concentravam diante dos expositores de batons Wet'n Wild de 99 centavos, eu ficava lendo atentamente *Dicas de Dietas para Adolescentes*, olhando fixamente para as bonecas de papel de garotas limpas, sem pêlos e sorridentes ("Mandi está usando brilho labial Shell Pink", e suas macias pernas de palito de dente estão chutando o ar como num balé. As minhas pernas dentro das calças regulares são muito grandes, muito peludas). Eu fechava a revista num golpe e via meu rosto no espelho de maquiagem: bochechas redondas, bochechas redondas e sardentas, olhos de vaca. À noite, ficava deitada na cama fazendo os exercícios localizados para pernas, "Coxas Duras!", da revista. Lambia o dedo e virava as páginas, olhando para os rostos delas. Elas eram Mandi, Sandi, Kari e Shelli com suas peles Shell Pink e seus bumbuns durinhos, olhando de um jeito *sexy* para as câmeras, agitando seus corpos infantis. Eu ensaiava os olhares no espelho, lançando olhares provocantes para o reflexo, jogando os cabelos e os quadris para o lado. Meu corpo estava era errado — com seios se insinuando através da camiseta, o bumbum se sobressaindo, todo curvilíneo e terrivelmente errado. Tudo estava errado.

Durante meus anos do meu primeiro grau, eu acordava num salto às seis e meia da manhã, quando o rádio-relógio começava a tocar uma terrível música *pop* dos anos 1980. Entrava no banho, saía do banho, subia na privada com um espelho na mão: olhava, observava, examinava, criticava. Primeiro uma visão frontal. Pernas curtas demais, redondas demais, coxas que encostavam uma na outra. A revista *Seventeen* aconselha que as coxas não devem encostar uma na outra. As minhas se encostam. Eu sou um horror. Não tem jeito. Como esconder isso? Como posso ficar de pé sem ficar tão esquisita? Como fazer para me encurvar para dentro, como se estivesse me preparando para implodir? Lado esquerdo: bumbum redondo demais, sobressaindo-se, um horror total, ahmeudeus, o bumbum, o terrível bumbum, o bumbum que é tão inegavelmente um bumbum. Vista por trás: quadris que fazem uma curva a partir da cintura. Aquilo ali já são pneus? Bumbum, o bumbum! Com dois palmos de largura. Ah, foda-se tudo!!! Lado direito: a porra do bumbum! Quem disse que eu queria um bumbum? Por que eu não posso ter um bumbum chato, do tipo que parece afundar direto dentro do bolso dos jeans Guess quando a perna vai para trás? Eu não quero esta coisa, não este bumbum redondo, altivo e orgulhoso.

Levanto de manhã. Estou com 9 ou 10 anos. Eu me sento no sofá e pego o jornal. Há uma reportagem na primeira página da seção de generalidades: uma menina da minha cidade, Edina, cometeu suicídio.

Vamos aprofundar um pouco isso. Eis o que eu sei: Há uma menina, de 16 anos de idade, da cidade em que eu vivo, que implodiu. Ela entrou no carro da mãe, dirigiu até um pico (não há picos em Minnesota, sou eu que imagino a coisa assim, um pico James Deanesco). Ela estacionou o carro. Ela está vestindo jeans (a reportagem dizia isso? Por que a reportagem diria isso? Eu a imaginei de calças jeans? Com longos cabelos castanhos). Ela derramou um círculo de gasolina em torno dela. (A gasolina estava no porta-malas? Fósforos ou isqueiro?) Ela ateou fogo na gasolina. Ela queimou a si mesma até a morte.

Eu sei que ela era anorética. Sei que ela deixou um bilhete dizendo que não podia continuar porque não agüentava mais viver dentro do próprio corpo. Um fardo pesado demais para suportar.

Meu primeiro pensamento: posso compreender isso.

Li a reportagem, depois os quadrinhos, o horóscopo, a previsão do tempo, as notícias nacionais, a parte de artes. Levantei-me do sofá quando meu pai me chamou para tomar o café-da-manhã, tomei o café, tchau, Papai, virei à esquerda na Nancy Lane, virei a direita até a barragem de um lago no final da rua, caminhei até um bosque, segurei o rabinho de cavalo para trás, enfiei os dedos na garganta, chutei algumas folhas por sobre a sujeira, cuspi, enfiei dois pedaços de chicletes na boca. Saí do bosque, segui pela St. John's Avenue em direção à escola primária Concord pensando no peso, no peso insuportável, e compreendi. Fiquei triste pela garota. Fiquei triste pelo fato de que ela nunca iria se casar nem teria filhos. Também compreendi, tristemente, e pedi perdão a Deus por não ter pensado: Ah, não! Que horror! Como ela pôde fazer aquilo? Como isso pôde acontecer? Que desperdício! Que pena! Em vez disso, pensei: eu poderia fazer aquilo.

Eu poderia fazer aquilo. Este é o choque. Ele me paralisou. Narcisista. Carente de atenção. Sempre pensando em mim mesma. Reze pela garota!

Mas não consigo. Estou pensando no peso insuportável. Estou pensando em como conseguir gasolina.

A cidade em que eu vivia operava à base de dinheiro. Dinheiro — classe, na verdade — e transtornos alimentares estão diretamente relacionados. Na nossa cultura, a magreza é associada à riqueza, mobilidade social ascendente e sucesso. Talvez eu nem precise chamar atenção para o fato de que essas coisas estão associadas a autocontrole e disciplina: a yuppificação do corpo e da mente, pessoas perfeitas com empregos poderosos e *personal trainers*, sorrisos de dentes perfeitos e vidas muito, muito felizes. Ao mesmo tempo, a gordura é associada a fraqueza, preguiça e pobreza. A magreza se tornou "um ideal simbolizando autodisciplina, controle, liberação sexual, auto-afirmação, competitividade e afiliação com uma classe socioeconômica mais alta".[4] Para ser mais específica, a tendência

---

[4]Horesh, Stein, et al. "Abnormal Psychosocial Situations and Eating Disorders in Adolescents" [Situações Piscossociais Anormais e Transtornos Alimentares em Adolescentes", *Journal of the American Academy of Child and Adolescent Psychiatry* [Jornal da Academia Americana de Psiquiatria Infantil e Adolescente], Julho de 1996, v.35, n.7:921. Ver também *A Hunger So Wide and So Deep* [Uma Fome Tão Grande e Tão Profunda], de Becky Thompson.

muito recente de "se exercitar", a necessidade de estar "tonificada", e não simplesmente magra, expressa sexualidade — mas "uma sexualidade controlada, que não está sujeita a irromper numa exibição indesejada e constrangedora".[5] Participar da mania *fitness* exige tempo e dinheiro, um privilégio disponível apenas com os meios necessários. O "corpo perfeito" se torna uma vitrine pública desses meios. O corpo como um objeto caro.

A minha geração foi criada com a mídia popular, a televisão, as revistas adolescentes e os *outdoors* que bradavam "Se você pudesse escolher o seu corpo, qual escolheria?" com fotos de corpos firmes ficando ainda mais firmes em academias muito chiques. Bom, que diabos você acha que eu escolheria? O corpo perfeito, é claro. Nossas revistas estavam repletas de receitas para alcançá-lo. *Perca as gordurinhas infantis! Plástica de nariz como presente de 16 anos!* Nós líamos a chata e interminável série de livros de bolso *Sweet Valley High* como se fossem Bíblias, com suas histórias absurdamente animadas das irmãs gêmeas que eram, evidentemente, as meninas mais populares do colégio do sul da Califórnia. Elas eram inteligentes e legais e sempre ficavam com o carinha. Conforme cada um dos livros fazia questão de nos lembrar, elas também eram loiras, de olhos azuis, bronzeadas e um "perfeito tamanho 38". Uma dupla de bonecas Barbie literárias. Líamos os livros na aula, escondendo-os atrás dos livros de matemática. Ficávamos nos banheiros da escola discutindo as tramas enquanto comparávamos as nossas coxas.

— Olhe para isso — dizíamos, dando tapas tão fortes no corpo que acabávamos deixando marcas. — Olhe como a minha gordura sacode. Mas você — dizíamos, virando para outra garota —, você tem, tipo, o corpo *perfeito*.

É fundamental perceber a linguagem que usamos quando falamos sobre corpos. Falamos como se houvesse um corpo coletivo perfeito, uma entidade singular a que todas perseguimos. O problema é que eu acho que nós *estamos* atrás desse único corpo. Crescemos com a impressão de que debaixo de toda essa carne normal, enterrado no fundo dos recessos excessivos dos nossos corpos saudáveis, havia um Corpo Perfeito só esperando para surgir de repente. Seria exatamente como o corpo perfeito de todo

---

[5]Bordo, *Unbearable Weight* [Peso insuportável], 195.

mundo. Um clone das modelos amorfas e andróginas, das estrelas pornôs sem pêlos e com implantes de silicone. De alguma forma, nós, desafiando a natureza, teríamos coxas de palitos de dentes e traseiros explosivos, bumbuns de aço e deltóides delicados e firmes. Como escreveu Andy Warhol, "Quanto mais você olha para a mesmíssima coisa... melhor e mais vazio você se sente".

Eu cresci num mundo de crianças que pareciam artificialmente limpas, vestindo roupas combinando compradas na mesma seção da mesma loja. Elas estavam brincando de serem adultas — havia esposas-troféu em miniatura e seus maridos miniadvogados andando arrogantemente pelo *playground* com os dentes e os cabelos perfeitos e o bronzeado das férias em Mazatlán ou das sessões em cabines de bronzeamento durante o inverno. Havia notas dobradas à perfeição e dramas psiconovelescos de escola primária. Eu era algo indeterminado. As pessoas gostavam de mim, mas eu não era especialmente bacana. Eu era anticonvencional demais, falante e irascível demais, inteligente o bastante a beirar o *nerd*, extravagante demais.

Havia um sistema de castas sociais na minha escola. Eu era da parte errada da cidade, onde as casas eram mais simples e menores, grandes casas térreas dos anos 1950. Eu morava na parte da cidade perto da piscina pública, onde as mães trabalhavam, e as crianças ficavam fechadas em casa. Na outra parte, perto do clube de campo, as casas eram antigas mansões vitorianas com governantas e jardineiros, entradas imensas de pedra, grandes carvalhos e BMWs nas garagens para três carros. As mães saíam para fazer compras e decoravam obsessivamente. Seus filhos esbeltos se vestiam de Ralph Lauren e Laura Ashley. Os pais pareciam estar escondidos no sótão, aparecendo só para fazer carinho nas filhas na hora do jantar. As meninas faziam manicure desde a quinta série, não falavam palavrões, comiam pão branco no almoço no horrível refeitório e riam um tipo de risada muito meiga que combinava com seus Keds meigos decorados com rabiscos de esferográfica que diziam "Eu amo (nome)".

Assim que chegamos a Minnesota, eu entrei numa cruzada desesperada para fazer meus pais comprarem todas as coisas que "todo mundo" tinha: microondas, videocassete, reproduções de arte ruim em molduras douradas, sofás de *plush*, carros esportivos, roupas caras que certamente deixariam de me servir em poucas semanas. Eles se recusaram a fazer isso tudo. Abandonei a minha causa e me resolvi, finalmente, pela meta de ficar magra.

O ano é 1984. É outono, e estou na aula da quinta série da Sra. Novakowski. Estou vivendo na terra da Menina Loira Bonita de Branco. Não sou uma menina loira bonita. Sou baixinha, cheinha, de cabelos castanhos, sardenta, com nariz empinado e falante. Não consigo evitar. Tento ser meiga, agradável e doce. Funciona mais ou menos cinco minutos por vez, quando eu de repente dou uma risada muito alta, ou grito na sala de aula, ou me meto em alguma briga. Toda vez que isso acontece, na seqüência envergonhada, eu estou, de repente, absurdamente gorda. Puxo meu blusão para baixo porque meu bumbum é muito grande. As minhas coxas também são muito grandes, e os meus peitos saltam através da blusa. Cruzo os braços sobre o peito e ponho a mão na boca para calar a mim mesma. Eu sou muito tudo. Há muito de mim. Meus pais são esquisitos, e eu uso calças Lee, e não Guess. Além disso, eu vomito no banheiro durante o intervalo, e isso definitivamente não é meigo. É definitivamente nojento. Eeeca, dizem as meninas loiras durante a aula de educação sexual quando vemos a tela mostrando a estranha parte inferior do corpo feminino cortada transversalmente. O corpo está contornado de cor-de-rosa e começa a sangrar de repente, enquanto a narração maternal diz às meninas loiras que elas também irão sangrar, e que elas devem vigiar o que comem em sua Viagem à Feminilidade, senão ficarão cheias de espinhas. Enquanto isso, debaixo da mesa, eu estou sangrando furtivamente. Imagino a mim mesma cortada transversalmente. Cruzo os braços sobre o peito e digo, muito alto, Eeeca.

Naquele ano, comecei a mandar cartas para a minha mãe: um bilhete na sala de costura, uma correspondência de 11 páginas do meu melhor papel de carta dobradas cuidadosamente em sua caixa de jóias. Foi mais ou menos nesta época que o meu pobre pai me disse que eu precisava de um sutiã porque, de camiseta branca (disse ele, olhando para os sapatos) eu ficava um pouco (ele esfregou a barba cerrada no queixo), eu ficava um pouco (ele se contorceu e puxou a orelha), bem, peituda. Não houve resposta às cartas que escrevi para a minha mãe solicitando formalmente algumas informações a respeito do corpo feminino e do que, teoricamente, podia estar acontecendo com o meu corpo. A única resposta veio do meu pai. Ele pirou. Ficou com ciúmes por estarem circulando cartas marcadas como PARTICULAR. Começou a me evitar. Minha mãe desviou o olhar quando perguntei:

— Você leu a minha carta?

— Sim.

— E então?

— Falamos mais tarde.

Alguma coisa precisava ser feita. Finalmente, eu a interpelei na sala de estar e exigi que ela me levasse para comprar um sutiã.

— EU PRECISO DE UM SUTIÃ — declarei.

— Por quê? — ela perguntou.

Caí no choro porque ela não conseguia ver que eu estava balançando e sacudindo para tudo quanto era lado e que o que eu realmente queria era uma boa faca de açougueiro para cortá-los fora, o que eu realmente ameacei fazer um dia, sentada triste com o meu pai no carro. Ele acreditou em mim. Mas a minha mãe, bufando, disse: "então tá bem". Tudo ocorreu em silêncio: a ida até o *shopping*, a caminhada pelas lojas, o exame cuidadoso do departamento infantil da loja Dayton's, onde, evidentemente, nenhuma das malditas coisas servia. Mas compramos, mesmo assim, um sutiã esportivo branco e feio que coçava e pinicava. Ficava muito apertado. Minha mãe estava inexplicavelmente furiosa, então pensei que era melhor eu simplesmente calar a boca.

Aos 10 anos eu também fiquei menstruada pela primeira vez. Peguei uma nota de cinco dólares das economias que estava fazendo para fugir de casa e fui caminhando de cabeça baixa até a farmácia Valley View. Atirei uma caixa de absorventes internos no balcão, fiquei olhando para o teto e paguei. Em casa, tranquei a porta do banheiro e li as instruções com muito cuidado. Eu detestava aqueles diagramas; mais meios-corpos cortados transversalmente. Mas, para dizer a verdade, fiquei contente. Por algum motivo, eu tinha uma sensação inata de que a menstruação era uma coisa boa. Toda a literatura a respeito de transtornos alimentares diz que as anoréticas detestam a menstruação. Eu a adorei. Pensei que significava que eu estava mais perto de ser adulta e poder sair de casa. Senti muita falta da menstruação quando ela parou, dois anos depois.[6] A essa altura da minha vida, nada tinha validade até que a minha mãe a confirmasse com elogios. E esse era absolutamente o lugar errado para se buscar elogios. Eu mantive a minha perversa satisfação de sangrar para mim mesma. Na verdade, mantive em segredo e só falei sobre isso com a minha mãe depois de mais de um ano, quando fiquei sem dinheiro e tive que confessar. Murmurei que tinha acabado de ficar menstruada pela primeira vez e perguntei se ela podia, hm, comprar, hm, coisas. Ela comprou absorventes e, naturalmente, não deu seqüência ao assunto.

Quase 12 anos depois, descubro que ela acha que a menstruação é, na melhor das hipóteses, uma enorme chateação, dificilmente algo a ser comemorado. Assim, na quinta série, sangrando como um porco esfaqueado e com apenas um absorvente no caminho da escola, perguntei casualmente se ela achava que um absorvente só bastava. "É claro", ela respondeu, estalando os lábios para a minha estupidez absoluta. Naquele dia, vestindo minhas novas calças Guess brancas e camiseta que eu havia comprado com o meu próprio dinheiro, fiquei de pé na primeira fileira do coral, no ginásio da escola. Algum idiota gritou: "Ei, Marya, no que você se sentou?" Eu me virei e olhei para o meu bumbum: havia sangue da cintura até os joelhos. Caminhei o que pareceu um milhão de quilômetros do coro até a porta do ginásio com o queixo erguido e fui até a enfermeira, que me informou que eles não tinham absorventes porque (criança idiota) esta é uma escola primária. Ooopa! Desculpe, achei que eu estivesse na faculdade. Ela pegou o telefone para ligar para a minha mãe. Eu disse que a minha mãe não estava em casa. "Onde ela está?" No trabalho. "*Ah.*" (Esse tipo de mãe.) "Bem, quem está em casa?" Meu pai. "*AH*, entendo. *Bem.*" Ela ligou para o meu pai que foi correndo até a escola de olhos arregalados e perguntou se eu não queria ir ao médico e depois perguntou se eu não queria um sorvete. Ele recuou quando eu entrei no quarto batendo a porta. Arrastei-me para a cama, fechei as cortinas e não saí do quarto por uma semana. Podia ouvir vozes sussurradas através da parede: "O que há com ela?" Sussurro, sussurro. Sussurro maluco. Sussurro.

---

[6]"Amenorréia", que é a perda da menstruação devido a desnutrição e/ou falta de gordura no corpo. Provoca deterioração de massa óssea por causa da retenção insuficiente de cálcio. Fratura nos quadris é uma causa comum de morte em anoréticas.

No verão seguinte, eu tinha 11 anos e fiz uma viagem sozinha para a Costa Oeste. Fiquei com o meu vô e a minha vó postiça, que bebiam sem parar e literalmente não comiam nunca. Lembro de comer um aperitivo (eles me disseram que eu não precisava pedir uma entrada, que era muita comida) de mexilhões em vinho branco enquanto eles se embebedavam e confraternizavam com o proprietário. Pedi licença para ir ao banheiro, comprei um absorvente interno da máquina. Custava dez centavos. Lembro de me olhar no espelho, com meu vestido cor-de-rosa listrado comprado especialmente para a viagem, e pensar como eu parecia adulta. Perdi peso na casa deles, subsistindo basicamente de balas de hortelã e Shirley Temples,* quando fazia competições de bebida com o meu avô (martínis). Uma carta para os meus pais, escrita com meus rabiscos inclinados para baixo, termina: "P.S. Não estou engordando nada!!!"

De volta em casa, meus pais e eu berrávamos uns com os outros. Eu gritava sem motivo e tinha ataques. Ficava "doente" cada vez com mais freqüência e ficava em casa comendo, enroscada no sofá, assistindo a novelas e programas de auditório. Quando o que eu estava comendo acabava, eu vomitava, subia até o andar de cima e pegava mais comida. E vomitava. Etc. A minha bulimia se desenvolveu junto com o meu corpo. Logo eu estava vomitando quase todos os dias. Quando ficava em casa "doente", eu vomitava várias vezes ao dia. Aos 11 anos de idade, eu me encaixava completamente no diagnóstico de bulimia nervosa (grave e fora de controle); e, aos 11 anos de idade, meu corpo estava completamente formado.

"Completamente" era a palavra-chave aqui, para o prazer dos meninos mais velhos da escola, que puxavam meu sutiã nos corredores ou se aproximavam na hora do almoço, olhando maliciosamente e dizendo, "Marya, você usa sutiã?" Não, eu dizia, olhando fixamente para o meu prato, a bola grudenta de purê de batata, as ervilhas acinzentadas, o estrogonofe que formava um monte com aparência de vômito na minha bandeja. "Usa, sim. Admita", provocavam, rindo. Um deles percorria o caminho do sutiã nas minhas costas de um modo suave, quase sedutor, e então puxava com força. "O que é isso?" diziam. "Hein? Hein? É um *sutiã*? Você está ficando com

---

*Drinque não-alcoólico à base de refrigerante de gengibre e xarope de romã. (*N. da T.*)

seios? Diga!" diziam, falando cada vez mais alto. "Diga, estou ficando com tetinhas." Eles davam risada. Eu ficava vermelha de raiva da cabeça aos pés. "Aaaaaa, ela está vermelha! As suas tetinhas também ficaram vermelhas, Marya? Qual é o tamanho deste sutiã?" Olhava para o que estava na minha frente, um filho da mãe loiro vestindo uma jaqueta de *hockey* de Edina, ou um garoto magricela de cabelos castanhos e com cara de rato cujo pintinho aparecia sob as calças jeans, ainda que ele ficasse com uma mão no bolso para cobri-lo. Não importava. Todos eram a mesma criatura horrível. Eu procurava mentalmente por uma resposta inteligente, mas, antes que conseguisse impedir, explodia, "Vão se foder". Eeeeeeee, diziam eles, e contavam o que eu havia dito à moça do refeitório, que agarrava o meu braço com força e me arrastava para fora. Eu olhava para trás e os via rindo de mim. Um deles enfiava dois dedos em forma de vê na boca e balançava a língua entre eles. Eu não fazia idéia do que isso queria dizer. Eu tirava o sutiã no banheiro, enfiava no meu armário e cruzava os braços sobre o peito.

Há uma abundância de informações recentes tratando da relação entre a puberdade e os transtornos alimentares. Os pesquisadores estão finalmente se voltando contra a consagrada suposição de que os transtornos alimentares são resultado unicamente de neuroses inatas e observando a cultura e a família. A primeira, a cultura, é relativamente óbvia: quando a forma de uma pré-adolescente é tida como um ideal para meninas (impressionáveis e pubescentes), elas podem repelir a repentina recusa muda de seus corpos a aderir às imposições culturais. Se sua química pessoal estiver correta, elas podem ficar frente a frente com a natureza e fazer de tudo numa campanha para derrotar suas próprias biologias. Um corpo que começa a ficar exatamente o oposto do que "deveria" ser é realmente um corpo desconfortável. Em vez de sentir uma alegria feminista quanto aos seus Ciclos e Curvas, ela provavelmente vai pirar.

A puberdade é um rito de passagem perverso na cultura contemporânea. A simpática enfermeira da escola vem falar com a turma e dizer como você vai "Virar uma Mulher". A vontade que dá é de gritar de horror com a visão de celulite dançando na mente. As meninas, "Virando Mulheres", começam a imitar as mulheres mais velhas de suas vidas: elas fazem dieta. Pegam emprestado o vocabulário, as expressões e os maneirismos das mães. Entre meditar sobre os mistérios da divisão longa e jogar bola no recreio, elas também discutem, em vozes estranhamente adultas, sobre como "manter o peso", com aquele sorriso pesaroso e sábio. Apertam as barrigas e dizem "Não vou almoçar hoje. Ah, não, hoje não". "Virar uma Mulher" significa virar alguém dissociada de seu corpo e vingativa em relação a ele. Alguém que está sempre querendo alguma coisa.

Até mesmo o *timing* da puberdade é importante. Muitas pesquisas sustentam a afirmação de que a puberdade precoce pode predispor significativamente algumas jovens a problemas alimentares, enquanto que meninas que se desenvolvem junto com as colegas ou mais tarde do que a maioria das meninas da sua idade têm uma imagem corporal mais positiva e apresentam menos problemas alimentares. Eu não era a única que me sentia dolorosamente consciente do meu corpo repentinamente sexual no meio de um bando de garotas desengonçadas, nem era a única que tentava vencer o próprio corpo. Meu corpo era uma prova visível de tudo o que estava errado comigo: eu tinha quadris, bunda, peitos, tudo aquilo, e era, portanto, uma pessoa que evidentemente comia. Eu era uma pessoa do tipo humano em oposição a um tipo manequim etéreo e pálido ou um tipo escandinavo modelo de biquíni alta, magra e loira de olhos azuis pelos quais o meu mundinho de corredores de escola era majoritariamente populado. Pior ainda, eu era sexualmente desenvolvida e era, portanto, um ser evidentemente sexual numa época em que os meninos ainda costumavam bater no seu ombro e gritar "piolhos!".

Acrescida à grande pilha de contradições mentais estava a associação de sexualidade feminina com voracidade sexual, fraqueza, incapacidade de controlar os apetites, as fomes, as necessidades. Tem-se argumentado que a comida e o ato de comer substituíram o sexo como o nosso maior tabu cultural.[7] Concordo com isso até certo ponto, mas acho importante ressaltar que o tabu não é contra comida, sexo ou carne, mas contra a perda do controle. A virtude mais consagrada da sociedade moderna

---

[7]Ver Jeremy Iggers, *Garden of Eating: Food, Sex and the Hunger for Meaning* [Jardim da fartura: comida, sexo e a fome por sentido]. Crítico gastronômico do *StarTribune* de Minneapolis com Ph.D. em filosofia, ele oferece uma excelente discussão sobre a tradução de tabus culturais em questões de comida e corpo.

é o autocontrole, o "poder" pessoal (também a virtude mais consagrada na minha família). Ao folhear os cânones da filosofia, encontramos Agostinho e companhia falando de mulheres com o mesmo medo e a mesma virulência que hoje usamos para falar de comida, como algo "pecaminoso", algo "tentador", algo que provoca uma perda de controle. "Os desprezíveis desejos da carne", escreve Agostinho. Note-se: não a carne em si, mas seus *desejos*, surgindo da carne, desmantelando o nosso controle.[8]

Isto é, o *meu* controle, o pouco que eu tinha. O amadurecimento sexual foi assustador para mim. Não pelos motivos que os psiquiatras costumam citar, mas porque eu já estava totalmente apavorada com as minhas necessidades, as minhas paixões e, confessadamente, o meu traseiro. A última coisa que eu queria era *mais* de qualquer uma dessas coisas acima. Crente de que eu já era vista como incontrolável, fiquei extremamente assustada ao descobrir o meu corpo saindo do controle, interna e externamente — e também assustada pela reação que isso estava provocando. Era como se as pessoas pudessem *ver*, pela simples presença dos meus seios, que eu era má, sexual e carente. Eu me retraí do meu corpo, como se ele fosse me devorar.

A cacofonia na minha mente não era apenas cultural. A minha família, sempre nervosa quando o assunto era sexo, ficou cada vez mais esquisita nos meus anos de puberdade, dos 8 aos 12. Meus pais pareciam tão surpresos, e incomodados, pelo seu advento como eu. Anos mais tarde, meu pai me disse que eu me tornei "uma espécie de animal estranho" para ele naquele período. A minha mãe simplesmente não sabia o que fazer. Isso não é incomum. Os pais freqüentemente se sentem desconfortáveis com o amadurecimento das filhas, e meu pai talvez tenha ficado desconfortável demais. Meu desenvolvimento físico assustou demais a minha mãe e a fez desenvolver uma mania de ler sobre a Criança Superdotada e a Criança que Cresce Rápido Demais. A proximidade que eu havia compartilhado com a minha família, por mais estranha e hesitante que fosse, desapareceu completamente — e eu via a minha iminente

---

[8]Susan Bordo, "Psychopathology as the Crystalization of Culture", *The Philosophical Forum* ["Psicopatologia como Cristalização da Cultura", O Fórum Filosófico], Inverno de 1985-86, v.17, n.2:79.

maturidade sexual como responsável por isso. Isto é, eu culpei o meu próprio corpo.[9]

Meus desenvolvimentos físico e intelectual estavam muito adiantados em relação ao meu desenvolvimento emocional. A minha mãe estava preocupada, e com razão, porque eu não tinha as ferramentas emocionais para lidar com a nova confusão das possibilidades tanto sexuais quanto intelectuais. Cheia de hormônios, eu tagarelava como uma maníaca à mesa do jantar sobre as minhas notas na escola e sobre como, depois que terminasse o secundário aos 15 anos, eu iria para a Escola de Medicina de Columbia me tornar uma neurocirurgiã e descobrir como curar todas as doenças do mundo antes dos 20 anos de idade. Meus pais me olhavam e me sugeriam que eu fosse um pouco mais realista. Eu tinha então um ataque de raiva bastante adequado para a minha idade.

Uma pesquisa recente sugere que um desejo extremamente forte por conquistas acadêmicas pode ser tão significativo como o amadurecimento sexual, se não mais, no desenvolvimento de transtornos alimentares em jovens mulheres.[10] Há uma combinação de questões em ação neste caso: uma família com grandes expectativas de sucesso (diferentemente do encorajamento genuíno e do estímulo para que o filho desenvolva suas habilidades intelectuais); uma criança que tenha tendência para uma excessiva pressão auto-imposta; e uma criança que demonstre níveis incomuns de capacidade acadêmica e inteligência. A combinação costuma resultar em paralisia mental. A criança pode desertar das expectativas — suas próprias acima de todas as outras — e se refugiar num plano completamente irracional de comportamentos que têm, na verdade, uma estrutura altamente organizada.

Eis a minha própria experiência: eu fiquei repentina, profunda e apaixonadamente interessada em tudo. Eu não conseguia parar de pensar. Acordava à noite com o coração batendo e a cabeça girando com

---

[9]Numa família com ausência de "dependência saudável", uma situação em que as necessidades são expressas, aceitas e resolvidas quando se mostra adequado, uma filha pode interpretar os relacionamentos de um modo muito doentio: "a dependência será igual à escravidão; a intimidade significará abrir mão da integridade, e *sexualidade significará uma perda de controle sobre seus próprios desejos.*" (Zerbe, 132; itálicos acrescentados).

[10]Casky, 182; Zerbe, 338.

idéias. Acendia a luz e começava a planejar as coisas em blocos de anotações. Planejar era — e na verdade ainda é — a única maneira de diminuir a velocidade dos pensamentos, de planejar a minha vida passo a passo, fazer tudo a tempo e de tudo ficar bem. Na maior parte das vezes eu planejava carreiras — médica, atriz, política, escritora, geóloga, cantora, violinista, jogadora de futebol, nadadora olímpica, professora. Tudo parecia possível. Tudo também parecia extremamente *necessário* e, evidentemente, eu precisava começar a me preparar para todas as carreiras possíveis *agora mesmo*, ou seria tarde demais. Eu basicamente provoquei em mim mesma um estado de ansiedade absoluta. Eu ia a ensaios, treinos esportivos, aulas de música demais, lia debaixo das cobertas de madrugada, lia na aula, lia no banheiro e fazia perguntas sem parar aos meus pais. Você acha que eu posso fazer isso? E isso? E isso? Claro, eles diziam. Por que não? Quando estava com mais ou menos 12 anos, desenvolvi uma obsessão com o tempo, sempre certa de que ficaria sem tempo, que o tempo estava passando, e eu ainda não era Ótima. Comecei a ler catálogos de universidades e a infernizar meus pais para me deixarem ir para um internato, na esperança de que isso me levasse a Algum Lugar mais rápido.

Diante do que parecia um número impressionante de possibilidades, eu desisti. O mar cada vez maior de pensamentos que flui num ponto específico de desenvolvimento mental é, na verdade, um pouco impressionante para alguém que ainda está tentando entender os absorventes internos e a etiqueta de bilhetes amorosos na escola primária. Eu queria ser uma cirurgiã e queria que Chad me desse um cartão de Dia dos Namorados. Queria que a minha mãe me deixasse sentar em seu colo e queria que ela me mandasse para a faculdade, *imediatamente*. Neste ponto, a dissonância no cérebro é extrema. Algumas crianças têm a capacidade de suportar tudo isso. Eu não tinha. A idéia do meu futuro me emocionava e apavorava simultaneamente, era como estar na beirada de um despenhadeiro muito íngreme — eu podia voar, ou cair. Eu não sabia voar, e não queria cair. Então, afastei-me do despenhadeiro e fui em busca de algo que tivesse uma trajetória clara e sólida que eu pudesse seguir, como um jogo de amarelinha. Como uma dieta.

[Mulheres jovens] podem viver [a liberação profissional] como uma exigência e sentir que *precisam* fazer algo fora de série. Muitas das minhas pacientes expressaram o sentimento de que havia escolhas demais e que elas tinham medo de não fazer a escolha certa.[11]

Na sexta série, eu comecei a tirar "folgas" de comer para "limpar o meu corpo". Jogava o almoço na lata de lixo do refeitório e ficava só com os palitos de cenoura ou a maçã. Quando penso nisso agora, posso perceber como comecei a me retirar para dentro de mim mesma, para longe das risadas e do barulho dos meus amigos, concentrando-me, em vez disso, nas sensações de fome, na agradável sensação da minha mente girando, e no modo como eu entrava e saía das conversas. Enquanto a minha boca tagarelava, os meus olhos se perdiam no espaço e os meus pensamentos voltavam à dor na boca do estômago, à sensação de poder absoluto que deixa o coração a mil.

No fim, eu me rendia e acabava comendo. Parava no mercado do bairro no caminho de volta para casa para comprar potes de caldas de chocolate e caramelo e creme de *marshmallow* e comia todos de colher. Comer compulsivamente fornecia uma desculpa perfeitamente razoável para parar de comer de novo. Ou então, eu voltava a pé para casa com duas amigas da vizinhança e ia para a casa da Sarah ficar sentada em sua cozinha aconchegante. Lá, fazíamos uma pequena comunhão de risos histéricos, seguida por repentino silêncio e comida. Enquanto conversávamos fazendo a lição de casa ou nos esparramávamos sobre o sofá branco diante da televisão, comíamos bisnaguinhas com manteiga, sorvete com calda de chocolate, batatinhas *chips*, Oreos com recheio duplo, hambúrgueres congelados preparados no microondas, bolinhos de frutas, vitaminas dos Flintstones. No fim, as duas paravam de comer. Eu não. Pouco antes da hora do jantar, nós nos despedíamos. Eu ia para casa, vomitava, jantava com os meus pais, brigava com eles, fazia a lição de casa, comia um lanche, tomava banho (vomitava) e ia para a cama.

Ficava deitada sem sono. Virando de um lado para o outro. O coração batia forte. Com os dedos inchados e a garganta inchada como um sapo-

---

[11]Hilde Bruch (1978), viii-ix.

boi. A luz apagada, e a escuridão e os pensamentos constantes tomavam conta. Os medos. As orações.

> Depois de purgar, a pessoa bulímica às vezes reterá fluidos... provocando edema das mãos e das pernas... Distúrbios de eletrólitos provocam uma constelação de sintomas de que os pacientes devem se prevenir, incluindo fraqueza generalizada, confusão, problemas de memória e raciocínio e instabilidade emocional.[12]

Eu era amiga de algumas meninas incríveis, a maioria delas um pouco diferente, todas tremendamente inteligentes e imaginativas. E tristes. Éramos uma panelinha de meninas que crescemos juntas, tateando o caminho através de um mundo de casa de bonecas, trocando segredos, dormindo umas nas casas das outras e talvez nos tocando algumas poucas vezes. Meninas que expunham peças selecionadas da roupa suja da família em vozes cuidadosas e sussurradas. As famílias do nosso grupo tinham segredos sobre os quais nenhuma de nós sabia com certeza: uma mãe louca, um pai incestuoso, dinheiro que provocava mais dores do que alegrias, um catolicismo um pouco exagerado, uma pitada disso e outra daquilo. A minha própria família era um mistério para elas, assim como as delas eram para mim. Sabiam que eu brigava com o meu pai e falava pouco com a minha mãe. Sabiam que eu odiava o meu corpo. Sabiam, depois de mais ou menos cinco anos, que eu tinha um transtorno alimentar. Mas o que uma menina pode fazer? Virávamos o rosto e esperávamos que houvesse algo a dizer, mas nunca havia. Deitávamos umas ao lado das outras na cama e falávamos dos assuntos de sempre relacionados à angústia adolescente: garotos, escola, futuro, sexo, corpos, vida. Elas me ajudaram a manter uma relativa sanidade por muito tempo.

A infância, por assim dizer, terminou, e, com ela, a experiência imediata do medo. O medo, olhando para trás com compreensão perfeita, foi sublimado, engolido, vomitado, jejuado. Num verão no meio do ginásio, eu me metamorfoseei numa jovem mulher e me tornei Impossível. Não lembro do que aconteceu naquele verão. Mas a foto do meu primeiro dia de

---

[12]Zerbe, 261.

aula da sexta série me mostra de pé vestindo uma saia azul na altura dos joelhos e uma camisa simples, com meias soquetes e tênis, rabinho de cavalo preso com fita e sorrindo para a câmera infernal. Um ano depois, estou encostada na casa, com os cabelos soltos, vestindo uma longa saia preta e uma miniblusa, séria, com o rosto mais magro, de batom, à luz da manhã. Tenho 12 anos de idade. Aparento 22.

Durante essa minha transição, lembro de penetrar no espelho. A minha mãe me dizia que eu parecia uma vagabunda, meu pai oscilava entre raiva, preocupação e silêncio. Meu rosto estava se fundindo do rosto de uma criança e virando algo mais estreito, mais definido. Meus ossos estavam virando algo quase bonito, com o meu corpo perdendo o jeito desajeitado dos seios arrebitados numa moldura infantil conforme eu ficava mais alta. Eu ficava horas parada na frente do espelho, puxando os cabelos para cima e deixando-os cair, experimentando um vestido depois do outro. Observando o movimento infinitesimal da pele se esticando numa moldura mais fina, ouvindo o estranho barulho do deslizar de uma blusa de seda sobre a pele nua das costas. Eu via tudo isso e achava que era bom.

Meus pais não concordavam. Pensando nisso hoje, é compreensível — ver a filha crescendo rápido demais é assustador — mas, na época, eu não compreendia. Durante toda a minha vida os meus pais haviam agido como se a infância devesse ser um estado constante de agir como alguém mais velho. Quando eu finalmente comecei a ser irrevogável e realmente mais velha, eles tiveram uma reação que interpretei como repulsa. Pareciam evitar olhar para mim. Eu fazia de tudo para atingir um ponto em seus campos de visão, discutia com eles, OLHEM! Eu dizia, OLHEM, eu estou crescendo, por que isso é tão terrível? Onde estão vocês? Por que ninguém olha para mim? Assim como sempre temi que meu corpo fosse ser defeituoso (e ele acabou sendo), meu medo de que os meus pais um dia desapareceriam sem aviso prévio se tornou realidade.

Um dia, entrei no banheiro, abri a gaveta de maquiagem da minha mãe, puxei os cabelos para trás e fiz um estranho *revival* do que fazia quando era muito pequena: pintei meu rosto. Delineador preto no estilo Cleópatra, sombra verde, batom vermelho brilhante, muito rímel. Dei um passo para trás e observei meu trabalho no espelho. Passei a língua pelos lábios. A caminho da porta para ir à escola, meu pai olhou para mim e disse:

— Você está usando maquiagem?

— Sim — respondi.

— Tire — ele ordenou.

Saí pela porta de lado enquanto ele ficou gritando para mim na porta, de pijamas.

Eles me cheiravam quando eu entrava pela porta. Você está usando perfume? O que é isso que você está vestindo? Minha mãe repetia uma frase de sua avó: Você pode estar vestida, mas o seu traseiro não sabe disso. Eu ficava em meu quarto com pilhas de roupas no chão, sobre a cama, na cadeira, experimentando isso e aquilo, todas as combinações possíveis de roupas, qualquer coisa que me fizesse parecer mais velha, qualquer coisa que acelerasse aquele interminável intervalo entre aqui e lá.

Olhando para trás, consigo entender o medo dos meus pais. Eles me disseram mais tarde que estavam preocupados que eu estivesse usando drogas, que eles não tinham certeza de onde as oscilações de humor e rebeldias adolescentes terminavam e começava o distúrbio de verdade. Minha mãe me disse que eles ficavam aumentando os limites do normal, querendo acreditar que realmente estava tudo bem comigo. Na verdade, eu *era* muito nova para ter a aparência que eu tinha e falar como eu falava. Quando penso nisso agora, sinto-me dividida entre a desaprovação meticulosa de um adulto ao ver uma criança de saltos altos e cabelos provocantes (vagabunda) e as minhas próprias lembranças daquela época. Eu não parecia nem me sentia como uma criança. Tinha alguma outra coisa acontecendo, algum veneno havia se infiltrado no meu sangue. Na minha cabeça, as coisas ficam sombrias: as cores dessa época são profundas e predominantes, vermelhos-sangue e sombras, ambientes escuros, corredores escuros, um desejo muito sombrio.

Eu ficava na cozinha depois da escola, devorando comida sem sentir o gosto, olhando para a televisão sem enxergá-la. Realizava os movimentos superficiais: lavava a louça, ia para o banheiro, vomitava. No quarto, ficava olhando fixamente para o espelho. Quando entrei para a sétima série, aos 12, eu estava vomitando quase que diariamente havia três anos. Naquele ano, isso aumentou para duas ou três vezes por dia. Comecei a fazê-lo sempre que surgia a oportunidade.

Até os 12 anos, eu provavelmente ainda tinha medo da bulimia, embora a minha bulimia se tornasse cada vez mais grave, a ponto de eu comer compulsivamente e purgar todos os dias depois da escola no silêncio mórbido da casa dos meus pais. A minha mente se afasta dos primeiros anos, não quer assistir àquilo. Meu cérebro diz: isso ainda é o aquecimento. Ainda é o cursinho. As coisas estavam bem. Eu tinha as paixonites normais, as brigas no pátio e as crises melodramáticas. Eu tinha muitas amigas, amigas próximas que eu amava muito e que acabei perdendo. Nada era *tão* ruim, eu dizia a mim mesma. Nada que emagrecer não pudesse curar.

Mas eu fiquei com menos medo, e aí é que está o problema. É preciso ter muito medo da autotortura. Mas ela me tentava. Implorava. A coisa sombria que era a minha mente estava rapidamente se misturando, na minha lembrança, ao útero sombrio da igreja: os cantos, a fuga da oração, a estranha energia erótica que havia surgido ao entalhar uma pequena cruz em minha coxa com a unha.

No sol deslumbrantemente brilhante de livro de fotografia daquela cidadezinha, eu estava construindo cuidadosamente o meu próprio inferno particular.

Aqui é quando o filme começa a esquentar e a derreter, com espaços brancos ausentes na tela. A cronologia termina — o tempo e a linguagem se misturam com eles mesmos e se tornam uma outra coisa. Tempos verbais, passado, presente e futuro, perdem o significado. Aqui a minha vida se tornou um teatro vivo do absurdo: as identidades equivocadas, as terríveis coincidências, os gestos exagerados, as discussões inúteis, dois planos circuncêntricos, deixando de entrar em contato por uma fração de segundo teatral. Havia o ego do dia e o ego da noite. Havia a vida entre as quatro paredes floreadas do quarto da minha infância e a vida nos corredores ecoantes, imaculados e brancos da casa dos meus pais, na escola, na igreja. Nos bastidores e no placo. Atrás das cortinas aveludadas das coxias, eu me sentava diante do espelho, pegava o frio creme branco e lenços de papel, limpando primeiro o preto dos olhos, depois o *blush* cor-de-rosa e o pó branco das bochechas, depois o vermelho-sangue dos lábios. Eu ficava sentada olhando fixamente, em silêncio, para o nada branco vazio que restava. A ausência oval, emoldurada por cabelos negros desordenados.

Alguma coisa mudou no ano em que eu fui para a sétima série. Antes de mais nada, a bulimia tomou conta da minha vida. Deixou de ser um showzinho noturno, uma coisa que eu simplesmente tinha vontade de fazer quando as coisas na minha cabeça ficavam um pouco loucas ou quando eu me sentia brava, solitária, triste ou entediada. Ela começou a ganhar força e assumiu uma vida própria. Deste ponto em diante, não há lembranças que não estejam relacionadas à comida, ao meu corpo ou a vomitar. Ela se tornou uma força centrípeta que me sugava para dentro, algo que eu conhecia e de que precisava. Muito. O tempo todo. Eu não punha um pedaço de comida na boca sem pensar se, quando e onde eu iria vomitá-lo. Eu nunca me olhava no espelho sem pensar *Gorda*.

Pense, por exemplo, nas festas da época. Elas começavam às sete e terminavam às dez. Com sorte, terminavam um pouco mais tarde. Você usava um vestido que te deixava parecendo magra. Você experimentava absolutamente todas as peças de roupa sua ou da sua mãe em busca daquela que te deixasse parecendo magra. Mais ou menos 15 garotos se reuniam sem jeito no porão da casa enorme e maravilhosa de alguém. Todos começavam a comer. Isso é relativamente normal, é o que as pessoas fazem nas festas. Todos comem os Doritos e os *pretzels* e as batatas Ruffles, e ninguém come os vegetais. Você belisca os biscoitos e os bombons kisses da Hershey's que a mãe de alguém pôs numa tigela de cristal. A mãe de alguém fica pairando na porta, olhando nervosamente para a mistura de meninos e meninas. Alguém pede uma pizza. Alguém põe um filme no videocassete.

Porém, se você for bulímica, quando as luzes se apagarem e casaizinhos bonitinhos de adolescentes formarem pares e ficarem trocando beijos babados e carinhos nos sofás, você vai subir a escada acarpetada com o coração a mil e o rosto vermelho de medo que a comida seja digerida antes que você possa fazê-la sair. Você vai perguntar à mãe doce e perfeitamente maquiada onde fica o banheiro. Ela vai apontá-lo para você, sorrindo com doçura. Você vai entrar no banheiro, observar os enfeites de metal sobre a pia, o papel de parede Laura Ashley, as flores frescas num vaso Waterford, o porta-revistas de vime com exemplares da *Condé Nast Traveler* e da *Forbes*. Você fará um inventário mental de todas essas coisas e examinará o próprio rosto no espelho. Você vai implorar a Deus que mantenha o seu rosto normal depois que você vomitar enquanto liga a torneira no máximo para encobrir as ânsias e o barulho do vômito, torcendo muito para que as paredes sejam grossas e ninguém consiga ouvir nada. Você vai levantar o assento da privada, enfiar os dedos com cuidado para dentro da boca e garganta abaixo e vomitar até ver cor-de-laranja. Os Doritos. Você os comeu primeiro porque, assim como a maioria das pessoas bulímicas, desenvolveu um sistema de "pontos" e come comidas muito coloridas primeiro, para saber quando tudo tiver saído. E tudo sai em ordem inversa: a pizza, os biscoitos, as Ruffles, os *pretzels* e os Doritos, tudo nadando em redemoinhos escuros de Coca-Cola.

Você se levanta, dá a descarga. Diminui a força da água e põe as mãos sob a corrente, esfrega com o sabonete que está numa saboneteira especial combinando. Você esfrega com força, cheirando as mãos e os antebraços. Olha para o próprio rosto. Obrigada, Deus. Nada de inchaço, os olhos estão lacrimejando, mas nem um pouco vermelhos ou inchados. Você enxágua a boca com água e procura por enxaguante bucal debaixo da pia. Encontra e bochecha um pouco. Passa o batom de novo. Sorri para o espelho com os olhos brilhantes e bem abertos. Abre a porta e desce.

Seus amigos se viram para você e perguntam, rindo: "Por que a água estava ligada?" Nas casas de Minnesota, os canos de água descem através do centro da casa e desembocam no porão. A três andares de distância dá para ouvir a água correndo. Você ri e diz "Tenho paranóia de as pessoas me ouvirem fazendo xixi". Todo mundo ri. Para provocar, o seu namorado diz: "Nós ouvimos mesmo assim."

Você congela, ainda sorrindo.

"Não, eu estou brincando", ele diz. Você ri, nervosa, e assume o lugar ao lado dele, senta sobre as mãos para esconder o tremor e os machucados nos nós dos primeiros dois dedos da mão direita.

> O vômito auto-induzido(...) provoca abrasões nas costas da mão ou das articulações dominantes. Formam-se calos, criando o que é chamado pelo jargão médico de Sinal de Russel.[13]

Meu namorado era um doce. Vivíamos um romântico namoro adolescente. Meus pais e os pais dele entraram em pânico. Vocês são jovens demais para tudo isso, disseram. "Tudo isso" se resumia a ursinhos de pelúcia no Dia dos Namorados, tardes de sábado passadas sentados no sofá de mãos

---

[13]Ibid., 263.

dadas enquanto o meu pai achava inúmeras desculpas para perambular pela sala, espiando-nos com ar suspeito. Beijos de despedida, sussurros de coisas dramáticas em longos telefonemas tarde da noite e bilhetes de amor passados nos corredores. Era tudo muito casto. Comecei a ter a impressão de que estava carregando uma placa na testa dizendo garota-problema em grandes letras de néon. Não havia um motivo visível para que os pais dele desconfiassem de mim nem para os meus pais desconfiarem do meu envolvimento com ele. Eu tinha a sensação de que eles sabiam que havia alguma coisa errada comigo, algum motivo pelo qual eu era problemática, mas eles não conseguiam identificá-lo.

O mesmo acontecia na escola. Durante a sétima série, voaram boatos a meu respeito — que eu estava grávida, era galinha, estava usando drogas — que me enfureceram, porque nenhum deles era verdadeiro, ainda. A escola era um inferno. As minhas notas caíram de As para Cs e Ds e um F de vez em quando. Eu estava o tempo todo com problemas. Eu respondia atravessado, sentava no fundo da sala com a cabeça sobre a carteira, lia romances apoiados nas pernas, cochichava, passava bilhetes e me envolvia em brigas aos berros com meninos que me incomodavam. Eu desenvolvi uma séria intolerância a qualquer tipo de garoto irritante, principalmente os "populares", que eram as principais fontes daqueles boatos cochichados. Eram garotos que tinham dinheiro, jogavam *hockey*, beliscavam as bundas das meninas, contavam piadas sujas para encabular as pessoas e nunca deixavam de provocar uma longa seqüência de obscenidades berradas por mim. Eu passava uma razoável quantidade de tempo em detenção, suspensão na escola ou simplesmente expulsa.

Um dia, sentada na detenção depois da aula, eu estava lendo e comendo um saco de batatas *chips*. A professora não sabia que aquela era a primeira coisa que eu estava comendo naquele dia nem que seria a última. Ela não sabia que eu era bulímica. Ela era uma pessoa legal que me encorajava a escrever e me chamava com freqüência até a sua sala para dizer, numa voz muito preocupada, que eu não estava correspondendo ao meu Potencial. Não havia nada de errado com ela, então eu não a culpo por isso. Sacudiu o dedo para mim enquanto eu mastigava o conteúdo do saco de batatinhas e disse:

— Te faz um minuto feliz, mas fica para sempre nos quadris.

Parei no meio da mastigação. Olhei para os quadris dela. Ela tinha quadris grandes. Ela sorriu para mim. Eu respondi com um sorriso. A caminho da porta, joguei o saco de batatinhas na lata de lixo, segui direto para o banheiro e vomitei no cubículo mais longe da porta. Fiquei completamente zonza ao percorrer o corredor, com os passos ecoando de um jeito esquisito. Tropecei descendo a escada e bati a cabeça na parede. Passei a mão no galo e fiquei olhando para os desenhos no chão de cerâmica que pareciam deslizar para mais perto do meu rosto e em seguida se afastar.

Foi mais ou menos nessa época que eu comecei a ter regularmente enxaquecas muito fortes que me derrubavam na cama e me deixavam tiritando na noite artificial de persianas fechadas e tecidos frios. Comecei a ter cólicas menstruais intensas e a reclamar de tontura durante as aulas de educação física. Saía para o vestiário, onde podia vomitar e me deitar em paz. Comecei a sair no meio das aulas com pontos pretos dançando diante dos olhos e a ir até a enfermeira da escola, que me fazia deitar. A sala dela era muito silenciosa. Ela ficava mexendo em papéis. Comecei a sentir dores impressionantes nas costas. Minha mãe me fazia massagens, pressionando nós do tamanho do punho dela. Meus pais me levavam a médicos. Eu passei os muitos anos seguintes falando com neurologistas, especialistas em *biofeedback*, ortopedistas, ortodontistas, ginecologistas, pediatras, especialistas em coluna. Ficava sentada nas salas de espera folheando revistas femininas, lendo reportagens sobre dietas e anúncios de lipoaspiração. As pessoas me davam remédios e tentavam definir uma causa provável, mas nenhuma estava disponível. Uma doença rara e misteriosa. Reclamações psicossomáticas.

> Pacientes [bulímicas] tendem a somatizar para outros sistemas do corpo. Essas pacientes costumam ser enviadas para vários subespecialistas médicos por causa de suas reclamações de dor de cabeça, dor nas costas, dificuldades respiratórias, cólicas abdominais e náusea, dores musculares e nas juntas e coisas semelhantes... Não há dúvida de que a dor seja real, mas mal localizada. Emoções internas irrompendo no corpo... [a paciente] preferiria muito mais ter uma doença concreta e tratável a uma doença psicológica difusa, potencialmente sem tratamento e constrangedora.[14]

---

[14]Ibid., 267-68.

Uma noite, eu apareci para jantar, sentei, olhei para a minha mãe e a vi abrir a boca e gritar.

— O que houve? — perguntei, e pedi desculpas.

— Meu Deus — disse o meu pai, olhando para mim como se eu estivesse com chifres.

— O QUÊ? — perguntei.

— Querida, o que houve com os seus olhos?

Ele estendeu a mão na minha direção. Olhei num salto para o espelho que ficava acima do bufê: a parte debaixo do branco dos meus olhos estava vermelho profundo. Parecia que meus olhos estavam cheios de lágrimas de sangue. Na verdade, eu havia estourado todas as veias dos olhos vomitando naquela tarde, e o vermelho líquido ficara abaixo da pele. Gritei e corri para o quarto.

Olhando para trás, posso dizer: pronto. A minha vida se dividiu ao meio, afinal e definitivamente, bem ali, na sétima série. O mundo externo começou a se fundir na meia distância, e então mais ao fundo. Bem ali, comecei a correr em direção ao ponto de fuga com suor frio escorrendo pelo rosto. As coisas não pareceram assim na ocasião. Pareceu mais com um dia ruim, um acontecimento constrangedor, chegou muito perto — eu quase fui pega. Às vezes penso em como a minha vida teria sido se eu tivesse feito o que devia fazer naquele dia: eu devia ter confessado. Deviam ter me assustado. Eu devia ter entendido a deixa do universo de que aquilo só iria piorar.

Eu não fiz nada disso. Vomitei de novo naquela noite, com um pouco de medo que os meus olhos fossem explodir. Mas era, de longe, mais importante que eu me livrasse do jantar. É claro que, àquela altura, vomitar era a única maneira que eu conhecia de lidar com o medo. Esse paradoxo começaria a comandar a minha vida: saber que o que eu estava fazendo estava me machucando, talvez me matando, e ter medo deste fato... mas me apegar à idéia de que aquilo iria me salvar, de que aquilo iria, no fim, fazer com que tudo ficasse bem.

A uma certa altura, um transtorno alimentar deixa de ser "por causa de" alguma coisa. Deixa de ser por causa da sua família ou da sua cultura. Muito simplesmente, ele se torna um vício não apenas emocional como químico. E ele se torna uma cruzada. Se você é sincera consigo mesma, deixa de acreditar que alguém poderia "obrigar" você a fazer tal coisa — quem, os seus pais? Eles querem que você morra de fome? Dificilmente. O seu ambiente? Ele não dá a mínima. Você também está fazendo isso para você mesma. É um atalho para algo que muitas mulheres sem transtornos alimentares conseguiram: respeito e poder. É um ataque de raiva visual. Você está fazendo uma declaração inútil sobre isso e aquilo, uma imitação grotesca e autodestrutiva de padrões culturais de beleza e misoginia social. É um golpe para os seus pais, com quem você está furiosa.

E é muito sedutor. É tão reconfortante, tão exaustivo, tão divertido. No começo.

> — *Bem!* — *pensou Alice consigo mesma.* — *Depois de uma queda como esta, eu não vou achar nada de despencar da escada! Como vão me achar corajosa em casa! Bom, eu não diria nada a respeito, mesmo se caísse de cima da casa!... Para baixo, para baixo, para baixo. A queda não termina nunca?*

O final do ensino fundamental é uma experiência desagradável para muita gente. Certamente não foi agradável para mim. A família estava uma confusão furiosa. Meus pais, como sempre, não estavam se dando muito bem entre eles, e eu não estava me dando muito bem com ninguém. O meu pai e a minha mãe estavam extremamente voláteis. Quando falo hoje com a minha mãe sobre isso, ela me diz que não se sentia bem-vinda na família. Isso faz, pelas minhas contas, com que fôssemos três na mesma situação. Entrávamos e saíamos de casa. Nós nos empoleirávamos nos sofás, esforçando-nos no absurdo ritual do jantar em família, batendo os talheres nos pratos. Como eu, a minha mãe é uma *workaholic* de proporções impressionantes, e desaparecia no abismo de reuniões e conferências. Meu pai trabalhava em horários estranhos e ficava mais em casa do que ela. Mas meu pai e eu estávamos numa guerra não-declarada a respeito de tudo. Nada era idiota o suficiente para que não tivéssemos uma briga encolerizada, aos berros. Descobri que quebrar coisas — inclusive, mas não somente, batentes, que sofriam desnecessariamente com o meu interminável bater de portas — era muito catártico, assim como o meu salto da porta até a cama, enterrando o rosto nos travesseiros, chorando e batendo nas paredes.

Anos depois, enquanto gritávamos uns com os outros na terapia familiar, chamariam a nossa atenção de um jeito não muito delicado para o fato de que brigávamos tanto e com tanta freqüência por um motivo muito simples: aquele era o único modo de ligação sobre o qual conseguíamos concordar. Implicávamos uns com os outros, nos insultávamos e agredíamos... mas havia um ponto de contato, havia uma segurança de que o outro estava *lá*, que eles sabiam que *nós* estávamos lá, que todos estávamos recebendo o momento de atenção que nos era devido, que *estamos todos juntos aqui*, mesmo que estejamos todos aqui apenas para provocarmos uns aos outros. Na ausência do carinho, a briga era preferível ao lento afastamento uns dos outros que viria com o silêncio. O ódio é muito mais próximo do amor do que a indiferença. Conforme eu fui crescendo, as brigas ficaram cada vez mais intensas, como se todos estivéssemos com medo do momento inevitável no qual a nossa aconchegante zoninha de guerra fosse ficar em silêncio, e a cidadezinha da nossa família se reduzisse aos campos arrasados e os prédios queimados das vidas separadas.

Alguém pode se perguntar qual era, exatamente, o problema. Esta é uma pergunta interessante e talvez irrespondível. Não havia um problema articulado. Não havia nada errado, afirmava a linha ideológica do grupo. As pessoas na igreja nos viam como a família perfeita. Os meus amigos achavam os meus pais uns amores. Os amigos dos meus pais me achavam uma graça, ainda que um pouco hiperativa, um pouco desbocada. Mais tarde, um terapeuta diria: "A sua família foi muito bem construída para dizer: Somos uma família boa e sólida. Não há nada de errado aqui". E eu acho que nós queríamos acreditar nisso desesperadamente. Da minha mãe, não discutíamos a ausência emocional, o sarcasmo, os comentários cáusticos sobre o que eu vestia ("você está parecendo uma prostituta" era o meu preferido), observações debochadas sobre a minha angústia adolescente, imitações melodramáticas das minhas lágrimas ("Não DEBOCHE de mim, Mãe", eu gritava, e, num choramingo agudo, imitando o meu sotaque de Minnesota, ela dizia, "Não DEBÓÓÓCHE de mim, *Mããããe*"), suspiros irritados ao menor pedido — ou silêncio absoluto. Do meu pai, não discutíamos o pânico inacreditável em relação ao meu arremesso à feminilidade, nem mencionávamos suas necessidades emocionais inarticuladas e mal direcionadas ou os seus acessos de raiva sem motivo. Desde os meus 13 anos até quando saí de casa, aos 15, nós discutimos, isso sim, com incrível riqueza de detalhes, o meu melodrama, as minhas exigências, o meu mau humor, o meu gênio, meu mau comportamento, minha irresponsabilidade, infantilidade, precocidade excessiva, atitude, tagarelice, maluquice etc. *Eu* era o problema. Mas nunca nos perguntamos por que eu era o problema.

Assim como não mencionamos, ou talvez não tenhamos notado, que não apenas eu *era* o problema, como eu *tinha* um problema. Eu sabia, a esta altura, que eu tinha problema. Sabia disso assim como os alcoólicos sabem no fundo que têm um problema. Eles sabem, mas não acreditam que esteja fora de controle. A conveniência de se ter um transtorno alimentar é que você acredita, por definição, que o seu transtorno alimentar não pode *sair* de controle, porque ele *é* o controle. Você acredita que ele seja seu único meio de controle, assim, como ele poderia controlar você?

Você sabe, por exemplo, que fazer uma caixa inteira de macarrão nadando em manteiga numa noite e enfiar tudo na boca é algo fora de controle. Mas na verdade não tem problema, você diz a si mesma, porque você vai vomitar, você vai ser dominada por uma vontade-opa-incontrolável de vomitar, assim reassumindo o controle. Você vai respirar com mais facilidade, o seu estômago não vai mais ficar distendido, ou o seu rosto, inchado. A sua alma estará descansada. Você vai ter a brilhante idéia de tomar uma bebida. Você vai entrar na cozinha e beber vinho tinto ruim até ficar bêbada e feliz como um pinto no lixo. Vai ficar andando de um lado para o outro no corredor fazendo malabarismo com laranjas até lembrar que vinho tem calorias. Vai voltar para o banheiro, vomitar e ir dormir. Problema? É, comer é definitivamente um problema. Melhor parar de comer.

Preciso responder à pergunta óbvia: como os meus pais puderam *não* notar? Eles notaram que havia alguma coisa errada comigo — a minha raiva estava completamente fora de controle, eu estava ficando mais e mais maluca a cada dia —, mas, bulimia, principalmente em alguém tão jovem, não é a primeira coisa que vem à mente de um pai ou uma mãe quando a filha de 13 anos está ficando louca. Eu fazia as coisas quando eles não estavam em casa, quando eu estava fora ou quando estava com a porta do banheiro trancada e a torneira da banheira aberta. Eu estava ficando cada vez mais consciente de que sabia mentir excepcionalmente bem. O meu transtorno alimentar era para mim, como para muitos de nós, uma das únicas coisas que eu podia considerar minhas, algo que podia manter só para mim. Meu pai era extremamente intrometido na época. Era o jeito dele de lidar com seus próprios medos a respeito da minha maturidade física e a miríade de problemas que ela poderia me trazer. Para ser justa, eu estava de fato agindo de um jeito um pouco estranho, e meus pais estavam se perguntando que diabos podia estar acontecendo. Ele me enchia de perguntas inconvenientes. Vasculhava as minhas gavetas e o meu lixo, lia os meus bilhetes e me deixava de castigo por transgressões realmente desimportantes. Temia que eu estivesse com algum problema sério e tinha medo de perder a sua garotinha. Compreendo isso. Mas eu reagi.

Os psiquiatras chamam isso de "incesto emocional". Pessoalmente, considero a expressão um pouco excessiva, um pouco exagerada. Meu pai, como muitos pais, pirou quando eu cheguei à puberdade e começou a suspeitar de uma enorme licenciosidade da minha parte. Acho que se ele tivesse simplesmente me dito que se preocupava comigo, as coisas poderiam ter sido melhores. Do jeito que foi, agiu como um amante rejeitado. Ele se tornou mais superprotetor, mais ansioso, mais raivoso. Como faria a maioria dos adolescentes, eu rejeitei o envolvimento dele na minha vida. Ele levou a atitude para o lado pessoal e fez das tripas coração para me mostrar quem estava no comando. Nós nos retroalimentamos na nossa mania cada vez maior até um nível tão alto que me surpreende o fato de que ainda estejamos vivos, quanto mais, sejamos amigos.

Um ambiente que apóia a autonomia, dizem os psiquiatras, gera um senso maior de auto-estima, autodeterminação e separação das outras pessoas. Em resumo, se a sua família supõe que você é capaz de fazer as coisas sozinha, você irá internalizar essa suposição e agirá de acordo com ela. Você desenvolverá uma firme noção de personalidade, uma crença em sua própria capacidade. Enquanto que se você crescer num ambiente controlador, onde a sua capacidade de tomar decisões e agir com independência for constantemente minada, você provavelmente acabará internalizando um nível profundo de falta de autoconfiança e "desenvolverá um senso de valor próprio dependente de recompensas extrínsecas e avaliações alheias".[15]

Com muita freqüência os psiquiatras supõem que um transtorno alimentar seja uma forma de evitar a feminilidade, a sexualidade, a responsabilidade, ao interromper o crescimento físico num estado pré-adolescente. Mais recentemente, porém, algumas pessoas mais perceptivas se deram conta de que algumas de nós podem estar atrás de algo muito diferente, como espaço para respirar ou, por mais maluco que possa parecer, *menos* atenção, ou um *tipo* diferente de atenção. Algo como poder. Um transtorno alimentar parece ser uma reação perfeita à falta de autonomia. Ao controlar a quantidade de comida que entra e sai do seu corpo, você imagina estar controlando até onde os outros podem ter acesso ao seu cérebro e ao seu coração. Você também deixa a família uma bagunça, distraindo-a direitinho das brigas intermináveis, concentrando a preocupação de todos na sua "loucura" enquanto você mesma sai discretamente pela esquerda do palco. Os psiquiatras têm prestado atenção demais no resultado final dos transtornos alimentares — isto é, eles olham para você quando você se tornou completamente impotente, delirante, o centro das atenções, regredida a um estado passivo e infantil — e tratam você como uma criatura passiva e infantil, destruindo assim seu próprio objetivo. Este resultado final *não* é a sua intenção no princípio. A sua intenção era se tornar super-humana, com a pele grossa como aço, resoluta diante da adversidade, fora do alcance das garras alheias. "A anorexia se desenvolve quando o grito de independência da criança falha."[16] Não é uma luta para voltar para *dentro* do ninho. É um salto para voar para *fora*.

E não, ele não funciona. Mas pareceu ser uma boa idéia na época. A anorexia foi a minha Grande Idéia, meu grito de independência, identidade, liberdade, redentor etc. É impressionante quantos ovos dá para pôr em uma cesta, quanto investimento simbólico e emocional se pode conferir a uma doencinha. A anorexia — não apenas uma "dieta", não apenas perder um

---

[15]Frederick e Grow, "A Mediational Model of Autonomy, Self-Esteem, and Eating Disordered Behaviors and Attitudes", *Psychology of Women Quarterly* ["Um modelo intermediário de autonomia, auto-estima e comportamentos e atitudes de transtornos alimentares", Psicologia Feminina Trimestral, V.20 (1996): 218-19.

[16]Casky, 180.

pouco de peso, mas um problema completo, total *big bang* morrer-de-inanição — pareceu ser o caminho da minha salvação. Isto é relativamente comum com bulímicas que pulam a cerca. A bulimia me repugnava, e eu já estava suficientemente repugnada comigo mesma sem ela. Aos 13 anos de idade, comecei a avançar lentamente na direção da anorexia.

Não é algo que você simplesmente *pega*, como se *pega* um resfriado; você a põe na cabeça, considerando-a primeiro como uma idéia, brinca um pouco com os comportamentos e vê se eles criam raízes. A maioria das pessoas desenvolve a anorexia de um modo mais abrupto do que eu, mas muita gente se move perfeitamente entre a bulimia e a anorexia, dividida entre dois amantes. Foi o que eu fiz. Eu queria ser uma anorética, mas já estava seriamente viciada na bulimia e não podia simplesmente parar e abandoná-la. Sentia como se estivesse ficando louca. A minha cabeça nunca se acalmava. A calma é um ponto no meio, implicando um equilíbrio entre o barulho e o silêncio, entre os estranhos desmaios que comecei a ter — silêncio puro, não como o sono, mas como a morte — e a barulheira infernal dos meus próprios pensamentos e das vozes do mundo.

E o sibilar agudo da voz que começou baixinho, como se debaixo de camadas de musgo, ou carne, e se tornou gradualmente tão alta que se sobrepôs a todo o resto: *Mais magra*, dizia a voz. *Você precisa ficar mais magra.*

Mas, sabe, mesmo naquela época, a palavra estava errada. É mais do que a Magreza, per se, que se quer. É a implicação do Magro. A ameaça tácita do Magro. A houdinesquice do Magro, de caminhar sobre carvão sem hesitar, de dormir sobre uma cama de pregos. O desejo que se tem é o de carregar a Magreza nos braços com seu sorriso bacana. Você deseja um fio, zumbindo entre você e a Magreza, numa festa, na rua, zumbindo baixinho entre você e a morte.

No intervalo de tempo entre o agora e o mais magro, saí procurando por algo mais para preencher o vazio. No verão de 1987, perdi a minha frágil compreensão de uma espécie de amor-próprio. Com ela caiu a última das minhas precauções. Parei de me importar muito a respeito de qualquer coisa, exceto pela autodestruição. Isso me interessava muito.

Na oitava série eu me cansei de oscilar entre duas personalidades — boa aluna/encrenqueira, boa menina/vaca má — e joguei a toalha. Mergulhei na galinhagem com determinação. Tingi meu cabelo de preto mais escuro, comprei batom novo, parei de contestar os boatos na escola. A foto da minha turma de oitava série me mostra com o olhar inexpressivo, os lábios brilhantes e os cabelos pretos encaracolados caindo sensualmente sobre um dos olhos. Eu tinha 13 anos. No verão, eu e o meu namorado havíamos brigado por que eu havia tido uma história (trepado, na verdade, embora ninguém soubesse disso) com um imbecil completo durante o acampamento de férias. A minha nova personalidade me obrigava a erguer a cabeça nos corredores quando os amigos do meu ex-namorado me chamavam de puta. Eu passava deslizando. Fiquei presa numa porta-giratória de paqueras e trepadas. Das paqueras, as minhas amigas sabiam. Eram paqueras da idade, o garoto novo bonitinho de óculos bacanas e nome moderno. Das trepadas eu não falava. Eram extracurriculares. Eram imbecis nojentos da cidade ou dos subúrbios vizinhos que usavam o cabelo formando um bico atrás e bigodinhos obscenos. Eu os conhecia nos *shoppings* ou no cinema. Eles iam até os subúrbios à procura de menininhas. A conversa é sempre assim: Oi/Oi. Rola uma paquera de rotina e você fica ali parada piscando os olhos e pensando em como eles são horrorosos. Trocam-se números de telefone. Marcam-se encontros. Eles dizem "Oi, você está bonita". Então eles enfiam a língua na sua garganta, e o resto dá para imaginar.

Escolhas, escolhas. Tantos meios de autodestruição e tão pouco tempo. Eu diversifiquei. Expandi meus horizontes. Por que ser apenas bulímica quando dá para ser um problema na escola todos os dias sem que ninguém perceba? Por que não levar vodca numa garrafa de água mineral para o coral e beber entre uma música e outra? Por que não, já que todo mundo parece achar que você é uma vagabunda mesmo, simplesmente provar que todos têm razão? Por que não paquerar e trepar com estranhos por aí? Por que não dormir com estranhos que vendem drogas ou ter um amigo de um amigo que venda drogas e perguntar, fazendo biquinhos sensuais (você andou ensaiando poses *sexy* na frente do espelho) se você pode experimentar um pouco? Por que não choramingar, o que é justo é justo...? Animar-se alegremente quando conseguir um papelote cheio de pílulas ou pó, enfiá-lo no bolso, saltar do carro e dizer, com meiguice, "obrigada". Caminhar o resto do trecho até sua casa passando a mão no cabelo desgrenhado e pensando que precisa de um banho.

Eu não parei de comer compulsivamente e purgar. Continuei direto com isso, normalmente duas vezes por dia. Eu simplesmente me entretinha com o delírio de que a bulimia não era tão interessante como algumas outras coisas. Acabou se tornando tangencial, uma parte do dia tão básica e previsível como respirar. Eu tinha coisa melhor para fazer do que perder meu tempo com distrações tão insignificantes como comida. Aquele ano é um borrão para mim. Só consigo lembrar, com extrema clareza, dos banheiros da escola (no andar de baixo, no andar de cima, no vestiário), dos banheiros em casa, dos banheiros na igreja. De beber sozinha qualquer coisa alcoólica que eu conseguisse pegar, das drogas. Da sensação da parte de trás da minha cabeça batendo na maçaneta de uma porta traseira e do som da respiração do corpo sobre mim. Meus boletins mostram uma seqüência constante de notas D. Eu fui expulsa do programa de talentos da escola e chamada, com tristes suspiros e profunda solidariedade para com os meus pais, de aluna abaixo da média. Foram realizadas reuniões terrivelmente preocupadas entre meus pais e os professores. Eu ficava olhando para cima, contando os pontinhos dos painéis no teto enquanto todo mundo falava sobre como eu não estava correspondendo ao meu potencial. Meus pais receberam bilhetes dizendo: "Conversa demais na aula. Não se esforça o suficiente. Apresenta comportamento contestador. Apresentou trabalho incompleto." O meu preferido, um boletim de meio de semestre com um grande F horroroso diz: "Marya... simplesmente parece se dissociar... A qualidade dos seus trabalhos diminuiu. Ela passa a impressão de estar 'indiferente' à situação."

Eu estava indiferente. Lembro de me desligar durante as aulas, de ficar olhando pela janela, escrevendo histórias na minha cabeça, fixando o olhar na forma específica de um galho de árvore do lado de fora. Completamente parada. Ficava olhando fixamente. A aula terminava. Eu vagava para fora, até o refeitório, comia uma pequena minipizza e um sorvete, parava no banheiro para vomitar e ia para a aula seguinte. Às vezes eu vagava para fora da escola e seguia caminhando pela rua, sozinha. Apenas me deixava levar. Voltava para ensaios musicais ou o jornal depois das aulas. Em seguida, parava no centro comunitário ao lado da escola, comprava um doce, batatas fritas e Mr. Pibb.* Comia num cubículo do banheiro do edifício vazio e vomitava.

---

*Marca de refrigerantes. (N. da T.)

Enquanto eu dançava e cantava com um grande sorriso feliz nos musicais da escola e escrevia ridículos editoriais afetados para o jornal da escola, enquanto eu dizia aos meus pais "Vou ao *shopping* com umas amigas", a minha sombra escapulia, fechava a porta do quarto, abria a gaveta do criado-mudo, enfiava a mão por trás dela, abria o saquinho plástico de cocaína, enfiava a unha longa do mindinho no nariz e aspirava com força: cacos de vidro infinitesimais voavam para a massa cinzenta do meu cérebro.

> Pelo menos 30% e até 50% dos pacientes com bulimia nervosa também apresentam um histórico de uso abusivo de drogas atual ou pregresso... Freqüentemente, esse uso abusivo não é restrito às drogas ilícitas... Valium, Librium, Dalmane, Xanax e Halcion também podem ser usadas por esses pacientes por causa de sua propensão à insônia.[17]

Tremendo de frio, eu ficava deitada no escuro num campo de capim e urtiga, olhando as estrelas girarem como cata-ventos de papel, mordendo o lado esquerdo do lábio inferior para não gritar. Eu nunca gostei de agulhas. Com a saia levantada, a terra seca e as ervas daninhas pinicavam as minhas coxas. A faixa áspera de borracha em volta do meu braço beliscava a pele. Inclinei-me para trás, tensa, sobre o apoio desajeitado de cotovelos e joelhos de algum garoto, que cantava baixinho para mim. Lembro de pensar que ele daria um bom enfermeiro. Dei uma risada esquisita, e ele fez "psiu". O polegar dele percorria a curva interna do meu braço para cima e para baixo. Na luz azul, a articulação parecia meio torta, parecia quebrada, tristemente removida do meu corpo, e eu comecei a chorar pela perda do braço. Batendo suavemente com o polegar sobre a veia saltada, ele disse psiu. A agulha picou meu braço. Senti a ferroada afiada do líquido na veia e imaginei que podia senti-lo percorrendo o caminho até meu cérebro, um labirinto, como o que tem nos jogos americanos infantis dos restaurantes do Meio-Oeste. Levantei-me, saí cambaleando e me sentei perto de um banhado. Ele veio e se sentou ao meu lado. Observei o reflexo sombrio dos nossos rostos na água turva, rostos muito pálidos. Ele disse:

— Incrível, né?

Eu disse:

---

[17]Zerbe, 224, 265.

— Incrível.

Ele era um garoto qualquer. Eu lembro é das mãos deles. Ou nem tanto das mãos deles, mas do meu corpo debaixo das mãos deles. Da forma como eu deslizava o meu corpo para debaixo das mãos deles, como se desliza um bilhete por debaixo da porta. De querer as mãos deles, as mãos desajeitadas de garotos que desconhecem o peso de seus corpos ou o peso de suas palavras, de modo que soltam essas coisas sem pensar, e machucam, querendo apenas tocar.

Eu queria que eles me machucassem. Queria saber que eu estava lá. Queria tocar e ser tocada, ainda que apenas pela intensa explosão de terminações nervosas que diziam *eu estou aqui ele está aqui nós estamos aqui*. E eu queria me sentir usada. Ou pelo menos me sentir útil. E, como a eterna masoquista, eu queria ir embora depois, olhar para as minhas coxas, a minha bunda, os olhos concentrados em mim mesma, balbuciando palavrões para mim mesma no espelho.

> O sexo, como comer compulsivamente, é uma tentativa de preencher um vazio... pacientes bulímicas tendem a ter mais envolvimentos sexuais passados e correntes [do que as anoréticas]... tendem a ser mais ativas sexualmente do que indivíduos sem transtornos alimentares... não procura tanto por um parceiro compatível e complementar por estar tentando se sentir mais completa e viva... alivia uma ansiedade assustadora e traz a outra pessoa para perto... a tal nível que a paciente perde a noção de quaisquer limites entre ela e seu parceiro... uma experiência assustadora... perda temporária de identidade... corpo começa... termina... fragmentação...[18]

Eu passava as noites acordada até tarde: uma toalha ficava pressionada contra a abertura abaixo da porta para bloquear a fina lâmina de luz, uma lâmpada, acesa sobre a mesa-de-cabeceira. Ficava deitada de lado sobre o carpete verde do chão do meu quarto, na frente do espelho, observando as minhas pernas subindo e descendo, subindo e descendo, em exercícios intertermináveis, um número preciso de cada. Mesmo que os músculos, enfraquecidos, começassem a tremer, eu continuava levantando, pensando

---

[18]Ibid., 183.

vaca preguiçosa. Lado esquerdo primeiro, depois o direito, depois de pé, de costas, de barriga. Observava cada centímetro da minha carne flexionando e relaxando, perdia-me na repetição, ficava excitada com a imagem, imaginava a mim mesma menor e menor e menor, até que eu não passava de uma coisinha. Afastava as minhas coxas para ver como elas seriam quando eu ficasse magrinha, beliscava com força o excesso e tentava sufocar a nascente de terror que se formava em meu peito quando pensava: *estou gorda*. Se o terror não diminuía, eu prometia a mim mesma: nada de comida amanhã. Nada. Isso permitia que eu respirasse um pouco melhor. A punição parecia justa, como se pudesse tornar as coisas melhores, mais organizadas, o tranqüilizador rolo de fome no peito podia me lembrar de que estava tudo bem. Deitava na cama e abria a gaveta da minha mesa-de-cabeceira.

Dentro da gaveta, pílulas para a noite e pós para o dia, meu saquinho de truques, a minha expansão da mente, a minha grande experiência, o meu Mr. Hyde. O sorriso vidrado que se espalhava em meu rosto todas as manhãs, a vida não é emocionante, do que vamos brincar hoje, não é tudo simplesmente tão traumático, tão dramático, simplesmente tão alto e estridente, o som desse zumbido confuso das engrenagens dentro da minha cabeça.

Os meus amigos olhavam para mim e talvez se perguntassem de vez em quando sobre os extremos maníacos da minha voz, do meu humor, da minha risada e dos meus gritos, praticamente entre uma respiração e outra. Eu era animada, rebelde, antipática, freqüentemente doente, às vezes cruel e às vezes desmoronando no chão do vestiário, normalmente agitada por causa de alguma coisa, fugindo de casa à noite. Escapulia pela porta dos fundos, para a tranqüilidade branca do lago congelado atrás da casa dos meus pais, a calma luz azulada dos gramados cobertos pela neve, as ruas iluminadas pelos postes, tremendo de frio. Às vezes ficava parada no acesso congelado da auto-estrada, agarrada à cerca protetora de correntes sem luvas, observando os carros passarem.

Meus pais se perguntaram, depois, onde eu conseguia as drogas. Ficaram imaginando com quem e como. Queriam saber quando. Ficavam sentados no sofá do terapeuta me encarando, perplexos, incrédulos, querendo saber como a menininha de rosto corado e nariz empinado de que eles lembravam pudera ser capaz de fazer aquele truque fantástico sob o teto deles. Meus pais atores na minha casa teatro ficavam sentados olhando por janelas separadas querendo, absurdamente, saber onde eu havia aprendido a mentir tão bem. Eles resolveram que não acreditavam em mim. Muito justo.

Aprendi sobre sexo como se aprende a fazer reportagem: simplesmente fazendo. Ninguém nunca me explicou nada. As aulas de educação sexual eram na verdade aulas de menstruação. Ninguém jamais mencionou controle de natalidade na minha presença. Os psiquiatras dizem, aliás, que há uma forte ligação entre a interação precoce com o sexo oposto e a preocupação com o peso. Pela minha experiência, havia uma grande ligação entre o sexo, uma carga de adrenalina temporária e uma sensação imensa de estar gorda e precisar vomitar. Apesar do meu nível não apenas de comportamento sexual como de fascinação sexual, eu sabia poucas coisas preciosas sobre os detalhes técnicos. Quando eu tinha 9 anos, e era indiscutivelmente virgem, fiquei na frente do espelho forçando a barriguinha para a frente, imaginando, em pânico, se eu podia ter engravidado por ter brincado de médico com um menino quando eu tinha 5 anos e, se eu ainda estava grávida, como eu ia explicar aos meus pais? O que eles diriam?

Cinco anos mais tarde, aos 14, fiquei parada na frente do espelho e percebi que eu *estava* grávida.

Como eu ia explicar aos meus pais? O que eles diriam?

Perguntei às minhas amigas o que elas fariam se eu ficasse grávida. Elas estavam acostumadas com as minhas perguntas esquisitas, mórbidas e hipotéticas. Eu perguntava com uma certa regularidade o que elas fariam se eu morresse. Não, é sério, eu disse. O que vocês fariam? Tentei casualmente obter opiniões sobre aborto: um unânime não, refletindo a certeza moral de meninas católicas que nunca haviam feito sexo na vida. Aborto é errado, todas concordávamos. Perguntei à minha mãe o que ela me diria para fazer se eu estivesse grávida. Claramente desconfortável com o assunto, ela respondeu que gostaria que eu abortasse.

Então, uma noite, durante o jantar, enquanto construía cidadezinhas de purê de batata e ervilhas, senti alguma coisa *estalar* de algum modo. Foi um tipo estranho de estalo, não como o estalar das juntas. Foi mais como o estalar pequenininho de um fio, mais como um *picote*. De repente eu me senti muito pálida e enjoada. Pedi licença. Fui ao banheiro me apoiando na parede. Tranquei a porta, sentei na privada e me curvei. Liguei a água da banheira com dificuldade. Não conseguia fazer as minhas mãos pararem de tremer. Vi meu rosto, de um cinza feio, no espelho. Senti uma coisa forte, penetrante e estranha dentro de mim. Então aquilo ficou agudo e dolorido. Lembro de pensar, muito claramente "Bom. Esta foi fácil." Lembro de me levantar no banheiro quando tudo terminou, levantar a saia e olhar para a camada de sangue na parte interna das coxas. Então lembro de me distrair. Virei de lado e examinei o meu bumbum. Bunda gorda, pensei. Porca.

As coisas se movimentam em *fast-forward* daqui por diante. Para conseguir drogas, eu dormia com um amigo-de-um-amigo-de-um-amigo quando podia. Acordava de manhã e tomava estimulantes com a água morna que ficava na minha mesa-de-cabeceira, tomava tranqüilizantes no almoço, nos cubículos dos banheiros depois de vomitar. Abria a porta da geladeira depois da escola, a parte mais temida do dia. Bebia um pouco de vinho, goles das garrafas raramente usadas no bar de casa, dormia ou lia, jantava, vomitava, tomava tranqüilizantes e dormia. No meio desse redemoinho, em algum ponto da história, há os seguintes *flashes*: um menino no banco traseiro de um carro, a mão na minha barriga, dizendo "Que barriga bonita, que corpinho bonito." E o pensamento que me passou pela cabeça: livre-se da barriga. A sensação úmida da parede de concreto dos cubículos do banheiro do vestiário, as palmas das mãos suadas agarrando mais para cima, à procura de alguma coisa em que se segurar, a cabeça girando, o almoço e sangue girando esgoto abaixo. De algum modo, ainda hoje, sabendo que eles ocorreram, esses *flashes* não estão de acordo com quem eu era, com quem eu acreditava ser ou quem eu parecia ser, nem com os comuns corredores ensolarados da Southview Junior High, onde eu era apenas mais uma adolescente-problema.

Meus pais achavam que eu estava ficando louca. Fui então para o psiquiatra.

A Lagarta e Alice se olharam por um tempo em silêncio: afinal, a Lagarta tirou o narguilé da boca e se dirigiu a ela numa voz lânguida e sonolenta.

— Quem é você? — perguntou a Lagarta.

Não foi um começo animador para uma conversa. Alice respondeu, bastante timidamente:

— Eu... eu não sei direito, neste momento. Pelo menos eu sei quem eu era quando acordei nesta manhã, mas acho que devo ter mudado várias vezes desde então.

— O que você quer dizer com isso? — perguntou a Lagarta, com severidade. — Explique-se!

— Infelizmente acho que eu não posso me explicar — respondeu Alice — porque eu não sou eu mesma, entende?

— Não entendo — disse a Lagarta.

— Infelizmente acho que não tenho como ser mais clara do que isso — replicou Alice, muito educadamente — porque eu mesma não consigo entender, para começo de conversa; e ser de tantos tamanhos diferentes num único dia é muito confuso.

— Não é não — disse a Lagarta. ...

— Bem, talvez os sentimentos possam ser diferentes — disse Alice. — Só sei que é muito esquisito para mim.

— Você! — disse a Lagarta com desprezo. — Quem é você? ...

Como a Lagarta parecia estar num estado mental muito desagradável, ela deu as costas.

— Volte! — chamou a Lagarta. — Eu tenho uma coisa importante a dizer.

Isso certamente pareceu promissor. Alice deu meia-volta e voltou até ela.

— Mantenha a calma — disse a Lagarta.

— Só isso? — perguntou Alice.

O psiquiatra, que me odiava porque eu o chamava de Dokter Freud, ou possivelmente por outros motivos, era um homem grisalho muito pequeno que usava belos ternos e sapatos pretos absolutamente brilhantes. Eu não tinha muita certeza de por que estava me consultando com ele. Ele era o psiquiatra da minha mãe, então imagino que tenha sido mais fácil simplesmente me levar nele do que em qualquer um outro. As minhas dores de cabeça ainda eram um mistério, assim como as minhas idas ocasionais à sala da enfermeira da escola por causa de desmaios. O problema, pensei, não era médico. Imaginei se eu estaria indo a um psiquiatra por causa das minhas notas, mas não podia imaginar como ele poderia me ajudar com isso. Eu ia às consultas, bastante amigavelmente, porque podia deixar de ir à escola.

Na primeira visita, ele abriu a porta, estendeu o braço em direção à sala e me disse para entrar. Eu fiquei parada dura, sem sair do lugar. Ele apontou para uma cadeira. O local era muito silencioso, e o ar condicionado fez meu nariz arder. Sentei-me na cadeira. Era de couro preto, e eu acho que tinha rodas. Ficava de frente para a mesa dele. Acho que havia uma planta perto das janelas à minha direita que davam para o estacionamento do complexo comercial em que estávamos, o parque bem podado, o viaduto da auto-estrada e o primeiro *shopping center* dos Estados Unidos, o Southdale, construído em 1958, um fato importante que aprendemos repetidamente na escola primária.

Na parede à minha frente havia estantes de livros, principalmente Freud ou sobre Freud ou fazendo uma abordagem freudiana sobre alguma coisa. Um pouco de Jung, os manuais de critérios DSM, diferentes livros de psicologia. Um dos livros, reconheci com horror: *A criança superdotada*, que a minha mãe estava lendo e eu havia roubado e dispensado por considerar completamente ridículo, principalmente porque eu tinha certeza de que ela o estava lendo porque havia alguma coisa errada comigo. Muitos livros com títulos difíceis de enxergar, de modo que eu estiquei o pescoço num esforço para lê-los.

— O que você está fazendo? — ele perguntou.

Dei um salto. Ele tinha estado sentado em sua cadeira me observando.

— Estou olhando os livros — respondi.

Ele usava grandes óculos pretos quadrados dos anos 1950 que o dei-xavam com uma aparência um pouco má e excessivamente paternal.

— Por quê? — ele perguntou.

Fiquei perdida.

— Por que não? — respondi.

Ele fez uma anotação. Ele escrevia num papel amarelo pautado tama-nho ofício usando uma caneta preta de ponta grossa. Estiquei o pescoço para ver o que ele estava anotando. Ele afastou o bloco. Havia mais ou menos dois metros e meio entre nós, e eu precisava de óculos, mas não havia dito nada a ninguém. Sua letra era muito pequena, muito quadrada, de fôrma, toda em maiúsculas. Podia ver a forma de onde eu estava, mas não o que ele estava escrevendo. Mais tarde vim a perceber que ele escrevia em apenas um dos lados do papel, virando cada página usada para cima com um floreio um pouco dramático demais e recomeçando num ritmo ensandecido. Eu observava que ele estava desperdiçando papel. Ele me olhava e fazia uma anotação.

À minha esquerda havia um sofá de couro preto. Meio brincando, eu disse:

— Eu vou ter que deitar no sofá?

Ele olhou para mim, as fartas sobrancelhas grisalhas arqueadas.

— Você quer? — perguntou.

Fiquei mortificada.

— Não — respondi. — Por que eu iria querer deitar no sofá?

Ele me olhou.

— Não sei — respondeu. — Por que você *iria* querer deitar no sofá?

— EU NÃO QUERO — eu disse, olhando para ele. Ficamos sentados em silêncio por alguns minutos. Olhei para o estacionamento.

— Você quer sair? — ele perguntou.

— Como?

— Você quer sair?

— Não faz diferença — respondi, e era verdade. Ele ficou sentado. Fez anotações.

— O que você está escrevendo? — perguntei.

— Anotações.

— Obrigada — eu disse, como uma ratinha tagarela. — Isso ajudou muito. Anotações sobre o quê?

— Observações.

— Observações sobre mim?

Ele parou de escrever e olhou para mim.

— Você dá importância para como as pessoas observam você?

— Não muito — respondi, o que era uma mentira deslavada — mas eu estou achando estranho, já que não disse nada ainda.

Ele não respondeu. Peguei uma revista e comecei a folheá-la. *National Geographic.* Girafas.

Ele se recostou na cadeira, que rangeu.

— Mayra — disse ele, reflexivamente.

— *Marya.*

— Perdão?

— Marya. Meu nome é Marya. Não Mayra. *M-A-R-Y-A.*

— Ah — disse ele. — Maria...

— MARYA. MA-RY-A. Três sílabas. Não Maria. Não Myra, nem Mayra ou Mara. Marya.

— Você se incomoda quando as pessoas pronunciam o seu nome errado?

— SIM.

Ele fez uma anotação. Comecei a escorregar na cadeira.

As coisas ocorreram dessa maneira nas primeiras visitas: eu entrava. Ele me olhava. Eu olhava enfurecida para ele. Eu olhava pelas janelas. Ele fazia o que mais tarde eu aprenderia no curso de jornalismo serem perguntas guias. ("Então você tem medo de cobras, é verdade?") Eu respondia com outra pergunta. Então comecei a ficar entediada e, por não ter nada melhor a fazer durante uma hora, comecei a dizer-lhe, bastante abruptamente, a verdade.

— Sobre o que você quer conversar hoje? — ele perguntou.

— Bom, eu acho que eu tenho um transtorno alimentar. — Levantei os joelhos na cadeira de couro preto e fiquei mexendo na lona cinza esfiapada dos meus Keds.

— Ah, é?

— Sim, eu acho. Eu li alguns livros.

Ele fez anotações.

— E também eu bebo muito. Pelo menos, tipo, muito para, tipo, acho, a minha idade, ou coisa parecida.

Pausa.

— E também eu ando dormindo com uns caras e também uso drogas às vezes.

Longa pausa.

— Como heroína.

Ele me olhou por cima dos óculos.

— E? — perguntou ele, confuso.

— Hm. Bom, eu não sei. — Puxei onde a sola estava se soltando dos meus tênis. Atirei os cabelos para trás com arrogância. — Acho que, tipo, está tudo bem. Quer dizer, sei lá. Quer dizer, quem se importa? Tipo, não é uma grande coisa.

Ele fez anotações. No restante das sessões eu falei. Eu lhe contei tudo o que veio na minha cabeça, tagarelei alegremente, dizendo palavrões como um marinheiro. Levantei as mangas da camisa para mostrar as marcas nos meus braços, abri a boca o mais que pude para mostrar a ferida aberta no fundo da minha garganta que ardia terrivelmente quando eu tomava suco de laranja. Esfreguei a fileira uniforme de cicatrizes, marquinhas pequenas, marcas de dentes feitas com afobação na primeira e na segunda articulações da mão direita. Depois fiquei em silêncio, atirei-me para trás na cadeira, de queixo erguido, desafiando-o a dizer que eu estava blefando.

Mas eu não estava blefando.

Ele nunca disse nada — quer dizer, até o último dia, quando eu estava gritando, como costumava fazer, que ele nunca dizia nada. Por que ele nunca dizia nada? Isso me deixava NERVOSA, porra, tipo, o que você está escrevendo aí, afinal? Você não vai, tipo, consertar as coisas? Isso NÃO ESTÁ AJUDANDO, seu BOSTA e, tipo, POR QUE você está COBRANDO dos meus PAIS toda essa porra de DINHEIRO? Só para ficar SENTADO aí e TIRAR SARRO DA MINHA CARA?

— Você acha que as pessoas tiram sarro da sua cara, Maria?

— MARYA! MEU NOME É MARYA, seu MERDA! Você vai me dizer qual É O MEU PROBLEMA ou O QUÊ? Me diga! Só ME DIGA o que há de ERRADO comigo! — Eu berrei, o rosto vermelho, tremendo, furiosa com o equilíbrio interminável daquele imbecil.

— Eu acho — disse ele, calmamente, recostando-se na cadeira com um sorriso no rosto — que você — disse, fechando a tampa de sua sofisticada caneta preta com um clique — é uma jovem muita brava.

A meio caminho da porta, dei meia volta e comecei a rir como uma hiena, uma terrível risada áspera.

— Isso é tudo? — perguntei. — Você levou todo esse tempo para descobrir ISSO? Brilhante! Você é brilhante! Ah, meu DEUS! — Bati a porta com força, esperando que ela despencasse das dobradiças. Não despencou. Mas eu nunca mais voltei.

Na verdade, eu não voltaria a fazer terapia em três anos, só depois de ser hospitalizada pela primeira vez.

Os anos são importantes aqui. As pesquisas mostram que um dos principais fatores nos transtornos alimentares crônicos é a duração. Quando eu afinal obtive ajuda profissional, aos 16 anos, já havia passado havia muito a marca dos cinco anos, a marca em que os médicos olham para as suas anotações, erguem as sobrancelhas, sacodem a cabeça e dizem: "Desde os 9 anos, é?" Você assente e olha para a balança, fria e prestes a ferir as solas dos seus pés machucados. "Você quer melhorar?" eles perguntam. Você dá de ombros e olha para a balança, imaginando o quanto ela está errada, se ela vai mentir e dizer que você está com um quilo e meio a mais do que realmente está. Você será obrigada a corrigi-la, em princípio, para salvar a sua alma e, para sua desgraça, você vai se descobrir com um novo endereço, Unidade de Transtornos Alimentares, Oitavo Andar, tendo confirmado as suspeitas deles, porque quem, com 43 de pulso e uma pressão sistólica caindo vertiginosamente, dá a mínima para o fato de a balança estar errada em um quilo e meio? Uma anorética, eis quem. Ela está preocupada com o fato de estar morrendo? Claro que não.

Perto do final da oitava série, uma amiga da igreja me dedurou. Eu a conhecia fazia muito tempo. Não éramos muito próximas, mas durante as aulas de crisma ela passou a me conhecer melhor do que a maioria das minhas melhores amigas. Ela contou à orientadora da escola que eu estava vomitando. Por mais brava que eu tenha dito que estava na época, nunca fiquei tão grata por mais nada na minha vida. Fui chamada na sala da orientadora. Enquanto fiquei lá, olhando pela janela por cima dos ombros dela, não senti vergonha. Não senti nem medo. Fiquei lisonjeada. E, Deus me perdoe, eu estava orgulhosa. Algo havia sido confirmado: eu valia um pingo de atenção; eu estava conseguindo me tornar uma bem-sucedida pessoa doente. *Doente* é quando alguém diz alguma coisa. Claro, eu estava doente havia cinco anos. Mas agora, talvez agora eu estivesse realmente doente. Talvez eu estivesse ficando boa nisso, boa o suficiente para assustar as pessoas. Talvez eu quase morreria, e me equilibraria ali, na beira do precipício, balançando enquanto eles arfavam e se agarravam uns nos braços dos outros, e seria aclamada por meus atos de desafio à morte.

Mas quem diabos eram eles? Exatamente o que eu estava tentando provar, e para quem? Esta é uma das terríveis e banais verdades dos transtornos alimentares: em nossa cultura, quando uma mulher é magra, ela prova o seu valor, de um jeito que nenhuma grande conquista, nenhuma carreira estelar, absolutamente nada pode superar. Acreditamos que ela fez o que séculos de uma inconsciência coletiva insiste em afirmar que mulher alguma consegue fazer: controlar-se. Uma mulher capaz de se controlar é quase tão boa quanto um homem. Uma mulher magra pode ter tudo o que quiser. No espelho, eu esticava a pele do meu rosto e sorria um sorriso exagerado e prognata.

A orientadora ficou muito preocupada, daquele jeito que ficam as pessoas que não têm a mais remota idéia do que fazer, nem mesmo de qual é o problema. Ela disse que uma de nós teria que contar aos meus pais que eu andava vomitando, ou eu ou ela. Pensei no assunto. Disse que iria contar a eles, imaginando que eles levariam a história menos a sério se eu contasse. Imaginei certo.

Naquela noite, durante o jantar, eu disse MãeePaieutenhoumacoisapradizerpravocês. Olhando fixamente para o meu prato, eu disse, eu tenho provocado vômitos.

Houve uma longa pausa, e a luz estava baixa. A janela à minha esquerda dava para a noite. O espelho à minha direita refletia a parede de pedra. O jantar estava parado no meu prato. O garfo na minha mão sacudia e batia no copo.

A minha mãe disse:

— Eu costumava fazer isso.

O meu pai disse:

— Eu sabia!

Fiquei sentada sem qualquer expressão no rosto. Meu pai disse "Está vendo?", e bateu na têmpora com o indicador.

— O Sr. Porco sabe — disse ele. — Lembra do outro dia, quando eu entrei no seu quarto e perguntei se você estava ficando obsessiva sobre o seu peso?

Eu disse sim. Eu disse, hm, você tinha razão.

Chorei. Disse que havia parado com aquilo. Por algum motivo, todos demos uma boa risada.

Eu não havia parado. O meu transtorno alimentar havia feito uma curva acentuada para pior. Eu estava comendo compulsivamente, sozinha, sempre que podia, com qualquer dinheiro que tivesse. Lanchonetes, restaurantes, comida de casa, comida da casa dos outros. Estava fazendo horas de exercícios no meu quarto, imaginando se, aos 14 anos, eu poderia fazer um cirurgião plástico lipoaspirar cada centímetro do meu corpo, sugando todas as moléculas de gordura, deixando-me com apenas um alegre e barulhento conjunto de ossos. Deitava na cama todas as noites e olhava fixamente para o meu corpo com um ódio que ainda hoje traz bile até a minha língua. Da mesma forma, crescia gradualmente o meu ódio pela bulimia. Esse ódio se tornou, em pouco tempo, um compromisso absoluto em tornar-me anorética. Eu comia menos normalmente e comecei a "fazer dieta", mentindo para as amigas que me perguntavam por que eu não estava comendo, se eu estava vomitando, que diabos estava acontecendo. Comecei a desmaiar na escola. Gripe, eu dizia. Dor de cabeça. Alergia a glutamato monossódico, cansaço, poucas horas de sono, resfriado forte, bronquite.

A bulimia é difícil de ver porque ela não muda necessariamente o tamanho do seu corpo. É também mais imediatamente perigosa. Trocava um garoto por outro, ficava trepando por telefone até altas horas da madrugada e dando amassos nos cinemas. Havia começado a ficar objetivamente bonita, com aparência de mais velha. Tinha perdido a gordurinha de bebê e estava firme no meu peso natural, uma bela silhueta de violão que eu cobria com blusões decotados e saias curtas.

A minha vida havia começado a girar em torno dos homens, como as vidas de muitas mulheres. Ficávamos — algumas garotas cuja reticência sobre sexo estava, por necessidade, desaparecendo rapidamente — discutindo pintos. Até certo ponto, eu fingia ignorância, mas até outro ponto, eu simplesmente era ignorante. Eu sabia pagar um boquete passável e sabia fazer barulhos nos momentos certos, mas eu provavelmente não saberia definir *testículo* se alguém me pedisse nem poderia explicar o fundamento biológico do estranho fenômeno de uma ereção. A natureza dos pintos era um mistério para nós — a mecânica dos pintos, o tremor da barriga quando as mãos hesitantes deslizavam para baixo como uma aranha. Discutíamos as direções dos pintos: Peter, para cima e para a direita, David, reto para a esquerda, Brian, uma linha dura para baixo, uma flecha. Tínhamos certeza de que eles deveriam apontar *para cima*. Dávamos muita risada. Discutíamos: era possível engravidar pagando boquete? Uma garota disse que sim; outra disse que não, não se você não engolir. Eu insisti que só seria possível se a menina tivesse uma úlcera e a porra de algum jeito *saísse*, e nós imaginamos todos aqueles girinos cegos passando rebolando pelas nossas vísceras, as cabeças batendo contra o fígado e o baço, dando toda a volta. Leslie opinou, na questão da direção dos pintos, que eles apontavam na nossa direção. Eles apontam, sim, dizia ela, balançando a cabeça afirmativamente. A mãe dela havia dito isso. Os pintos deles apontam diretamente para nós. Pensei em voz alta: E se a gente se levantar e ficar andando de um lado para o outro na frente deles, os pintos vão nos acompanhar? Como um radarzinho? Imaginei a minha cadela seguindo o osso provocador acima da cabeça.

A simples idéia de que podíamos controlar o corpo de um homem era encantadora; o fato de poder virar a cabeça dele, de fazê-lo seguir os nossos passos, de que bastava se inclinar assim, ou falar assim, ou simplesmente olhar e jogar a cabeça para ele ser apanhado. A maravilha do corpo feminino, em todo o seu segredo impossível, é compreendida de algum modo inato, mas não pode ser facilmente articulada. Não podemos explicar, com as limitações da língua e da inexperiência, por que o seu corpo pode provocar uma reação tão repentina e mexer tanto com outra pessoa, nem conseguimos descrever com as palavras corretas o que *nós* sentimos em relação ao nosso corpo, explicar a pulsação que toma conta dele com a proximidade de outra forma de pele quente. O que sentimos é uma mistura de contradições: poder, prazer, medo, vergonha, exultação, um estranho desejo de fazer algum barulho. Não conseguimos dizer como essas coisas se costuram em algum lugar no baixo ventre e palpitam.

Sabíamos o que podíamos fazer e sentir, mas não sabíamos dizer por quê. Não acho que compreendêssemos na época que o corpo feminino é mais do que a soma de suas partes mudas. Compreendíamos mal o poder que sentíamos, o nosso cheiro e a nossa forma. O que estávamos descobrindo, com as pernas cruzadas umas sobre as outras, era físico, sensual, sexual, material, e era poder. Por que o poder do corpo feminino precisa cancelar o poder da mente feminina? Temos tanto medo assim de possuirmos ambos? O que significaria para as mulheres terem ambos? Uma mulher pode ser inteligente, desde que seja feiosa, de óculos, tímida, porque ela então não é mais o evidente objeto do desejo. Não há problema em uma mulher ser sexual, balançando as tetas e exibindo a bunda, porque ela não é mais uma concorrência óbvia para a glória intelectual. E se ela for ambas as coisas? Reclamávamos que o padrão duplo não era justo: se uma garota faz sexo, é uma vagabunda; se um cara faz sexo, é um garanhão. Mas nós provavelmente acreditávamos nisso até certo ponto.

Eu estava a anos-luz de ler uma palavra que fosse de literatura feminista, quanto menos de desenvolver a minha própria compreensão de feminismo, sexualidade, intelecto e, afinal, saúde. Chamava a mim mesma em voz alta de feminista, mas era principalmente por princípio. Eu não fazia idéia do que o feminismo realmente significava, além do fato de que eu achava ser bobagem babarem em todos os meninos no programa de talentos por causa de suas paginazinhas encardidas de Incríveis Invenções Científicas enquanto que as análises anotadas do sistema jurídico americano, os trabalhos de arte e a poesia das minhas amigas e os meus contos ganhavam sorrisos, prêmios de Criatividade e eram então ignorados. De onde eu venho, "feminista" é um insulto. As minhas amigas — muitas das quais entraram para a academia feminista depois de adultas — às vezes me puxavam de lado e me diziam que eu estava ficando, tipo, uma militantezinha com toda essa coisa de "feminismo". Eu já havia ficado em detenção mais de uma vez por chamar o maluco professor de arte de machista e também por dar um soco em Jeff Seick quando ele insistiu em me chamar de militante feminista. Para dizer a verdade, eu não ouvi direito o que ele disse, de modo que não importava muito o termo.

O meu corpo, sem qualquer motivo, era um objeto de considerável interesse para os garotos desagradáveis e grosseiros da minha escola e os filhos-da-mãe nojentos que eu apanhava como moedinhas cheias de limo das sarjetas das cidades vizinhas. Eu acreditava que o meu poder — era uma idéia meio que geral — se desenvolveria progressivamente a cada quilo perdido. Há muitas pesquisas sugerindo que eu não estava sozinha nessa crença. Estudos sobre garotas mostram que elas associam a magreza tanto ao sucesso acadêmico quanto ao social.[19] Eu via isso mais como um pré-

---

[19]Ibid., 119.

requisito para qualquer tipo de sucesso. Via isso como a passagem para fora da minha sufocante vida suburbana, para fora da torrente de pensamentos desagradáveis na minha cabeça, para fora do eu que simplesmente não era suficientemente bom.

O corpo anoréxico parece dizer: eu não preciso. Ele diz: poder sobre o eu. E a nossa cultura, num período assustadoramente breve de tempo, passou a compreender literalmente a idéia de que o poder sobre o corpo tem um efeito propagador: poder sobre o corpo, sobre a vida, sobre as pessoas ao redor, poder sobre um mundo enlouquecido.

Estamos prestes a assistir à sistemática e total perda absoluta de controle de uma pessoa.

Quatorze anos de idade, no final da oitava série. Seguiu-se um verão surreal e quente-como-o-diabo. Eu ouvia canções de amor sentimentais dos Beatles e de Simon e Garfunkel deitada no sofá do porão, me refrescando nas tardes longas e ofuscantemente claras. Vagava até a cozinha, comia, vomitava, deitava de novo. Deitava sob o sol lendo um livro. Os dias se derretiam uns nos outros, numa progressão de refeições, banheiros e cochilos. Começou a nona série, o último ano do ensino fundamental, e eu comecei a planejar, a sério, como ir embora. Eu odiava Edina e não tinha qualquer interesse em freqüentar o ensino médio lá. Implorei que meus pais me deixassem ir para um internato, me mudar para um apartamento sozinha, me deixassem ir para algum lugar, qualquer lugar menos ali. Queria cortar meus laços com onde eu estava e com quem eu era e inventar alguém novo.

A menina se levanta todos os dias e cria a si mesma com roupas e pintura. Ela escreve à noite sobre homens que olharam e garotos que tocaram, e se pesa. Ela escreve sobre a grande fraqueza que a levou até o armário da cozinha e a fez comer. Ela nunca escreve o suficiente. A confissão é insuficiente. A absolvição nunca vem na articulação, apenas na penitência. Ela pensa nas santas: seus flagelos, suas camas de pregos, suas desculpas com séculos de atraso por Eva, que condenou todas as mulheres às dores da carne ao ceder aos prazeres dessa carne. Elas laceram a própria carne em penitência por Eva, pelos pecados do mundo, que carregam nos ombros como se fossem seus. Vestem cilício ou navalhas perto da pele.

Ela lê livros sobre as santas. As anoréticas santificadas, que, em seu ascetismo sagrado, insistiam que Deus as estava mandando jejuar. Ela pensa em Deus. Ela determina que, se os dois estivessem se falando, ele a mandaria jejuar pelos pecados em geral. O cilício é a sua própria pele, raspando a crueza do que há por baixo. Ela se dispõe a se erguer acima da carne: sem comida, sem sexo, sem toque, sem sono. Ela cheira cocaína em seu quarto floreado para não sucumbir ao sono, uma fraqueza, e ela, já fraca demais, recusa-se a sucumbir. A bulimia e as drogas levam à insônia e ao desequilíbrio químico. A insônia leva à mania, um fluxo de pensamentos constantes e imagens sadicamente realistas brotando no cérebro — "a atroz lucidez da insônia", definiu Borges —, os pensamentos girando para cima, num assovio agudo, enquanto uma chaleira apita dentro do cérebro.

Ela passa tempo demais sem dormir e pira.

Ela não lembra de quando começou. Volta a sentir um violento medo do escuro. Está velha demais para isso, lembram os pais. Toda noite, ela faz o pai conferir cada fechadura, cada janela e cada porta, vasculhar o porão atrás do homem que ela tem certeza que veio pegá-la, o homem com a faca. Ela fica deitada na cama, dura como um cadáver, esperando pelos passos na escada. Ela não consegue dormir. Cada movimento e suspiro da casa, cada rajada de vento nas paredes e nas árvores, faz com que ela dê um salto na cama, gritando pelo pai. O pai vem correndo e se esforça muito para compreender. Ela não pode ficar sozinha em casa. Ela fica sozinha em casa desde os 9 anos de idade. Aos 14, isso se torna impossível. Ela se senta nos degraus na frente da casa quando chega da escola e espera até alguém chegar. A tremedeira: ela lembra principalmente da tremedeira, de todo o seu corpo, tenso e trêmulo, esperando pelo homem que vai encurralá-la no quarto e despedaçá-la com sua faca.

Olhando para trás, ela pensa que aquilo era uma premonição. Foi o último ano que ela morou em casa. Ela quer que a mãe e o pai a salvem. Ela diz isso, e o pai pergunta a sério: de quê?

De mim mesma.

Meus medos noturnos terminaram tão de repente como começaram. Comecei a me inscrever em colégios secundários de artes. Eu havia ganho vários prêmios de redação nos últimos três anos de escola e interpretado papéis principais em algumas peças. Todo mundo dizia que eu cantava bem, todo mundo dizia que eu acabaria na Broadway, blablablá. Eu só queria sair daquela porra, e "talento" era uma desculpa tão boa como qualquer outra.

A essa altura, estava tão fortemente convencida como qualquer um de que eu não era especialmente inteligente. Conforme me lembro, eu me achava uma garota-problema com belos peitos, útil para sexo e risadas.

No inverno da nona série, datilografei cuidadosamente os meus poemas e os meus contos, botei-os numa pasta-arquivo azul e preparei dois monólogos. Meu pai fechou as cenas. Foi a primeira vez que eu pedi um conselho para ele desde pequena. Em março, mandei a minha inscrição para a Academia de Artes Interlochen, uma escola pequena no norte de Michigan, e cheguei para o teste. Fiquei apaixonada pelo lugar: as vozes altas e teatrais, as árvores, os alojamentos, os alunos, as salas de aula, os teatros. Na minha primeira noite lá, acompanhada da minha mãe, virei-me para ela e disse insistentemente: "Adorei. Preciso entrar. Preciso."

E entrei.

3 O Papel da Atriz

Michigan, 1989-1990

> Cuidado com os jogos, o papel do ator,
> o discurso planejado, conhecido, preparado,
> porque eles revelarão seu segredo
> e você ficará parado como um garotinho nu,
> urinando na sua própria cama infantil.

— Anne Sexton, "Advertências a uma pessoa especial", 1974

Verão de 1989. Eu estava com 15 anos e me sentia terrivelmente madura. Foi um verão grudento e suarento em Minnesota. Atravessei a nona série chapada e bêbada. Finalmente, dizia aos amigos em restaurantes 24 horas enquanto tomava café, jogava os cabelos para trás e soprava fumaça no rosto dos meninos, eu estava me mandando de lá. Estava me preparando para ir para o colégio interno, sem nenhuma intenção de algum dia voltar. Passei noites preguiçosas de verão andando no carro do pai de alguém com as janelas abertas, gritando mais alto do que a música, observando o meu reflexo no espelho retrovisor, experimentando novas caras, caras mais adequadas a uma menina-do-mundo, uma menina-em-seu-caminho, uma menina-sozinha: olhos sonolentos, olhares casuais, sorrisos lentos. Eu me imaginava ligando para os meus pais da escola, contando casualmente para eles as minhas grandes conquistas. Pensava em voltar para Edina deixando um rastro de perfume, com as maçãs-do-rosto salientes. Todos olhariam maravilhados para aquela nova criatura — você perdeu tanto peso! Já era capaz de ouvi-los dizendo isso — e eu acenaria e falaria casualmente de uma palestra, de uma escritora e da absoluta futilidade da comida para a artista, que se alimenta apenas de seus pensamentos. Eu tinha 15 anos, estava triste, em busca de equilíbrio e me esforçando muito para me tornar alguém diferente de mim. Não é algo incomum em adolescentes. Adolescentes como eu, que apertam o acelerador desesperadamente para ir de zero a oitenta em segundos passarão por cima de qualquer coisa no caminho para saírem do inferno pequeno-burguês, incluindo o passado. Incluindo elas mesmas. As adolescentes não sabem que tanto o passado quanto o ego surgirão como desenhos animados achatados na estrada, desachatando a si mesmos, e as seguirão por onde elas forem. Uma sombra, ou um fantasma.

Naquele verão, eu consegui um emprego no McDonald's. Eu gostava de ficar de pé no balcão, com os homens da loja de ferragens que ficava ao lado me paquerando. Eu vivia por aquela velocidade, com as oito horas delineando primorosamente o meu dia. Dava uma sensação de arrumação. Eu gostava da sala de *break*, da conversa desbocada através de uma nuvem de fumaça mentolada, e do turno da manhã, com velhos vestindo casacos pretos arrastando-se com suas bengalas e pedindo café com creme duplo e uma água, querida, e piscando. Eles me chamavam de Polly Olhos Verdes. Eu gostava de ser um dos caras, e forçava uma risada alta quando algum garoto com cara de fuinha dizia, bem alto, "as bocetas são feias como o diabo". Todas as mulheres enrubesciam, menos eu. Meus olhos endureceram naquele ano. Eu os observava no espelho, observava meu desdém ensaiado. Jogava água no rosto, lavava o resto de vômito da boca, apalpava as glândulas para ver se estavam inchadas, retocava o batom e sorria com ar *blasé* para o espelho. Envolvendo os dedos nos pulsos enquanto caminhava pelo corredor para sentir os ossos.

Eu era Adulta. Eu ia estudar fora. Eu tinha um emprego. Eu ia deixar todo mundo para trás. Havia uma pontada de tristeza. Uma pontada muito grande, mais como uma faca sendo torcida entre duas costelas. Eu estava chateada por deixar os meus amigos, sabendo, no fundo, que as amizades terminariam com o fim do verão, quando eu fosse embora. Encruzilhadas no caminho etc. Prometemos mandar cartas. Eles haviam sido as únicas coisas que haviam me mantido marginalmente sã por todos aqueles anos, e eu os amava um monte. Claro que eu estava triste por deixar os meus pais, ainda que menos — eles ainda seriam meus pais quando o verão terminasse — e claro que estava com medo do que iria acontecer quando ficasse sem a rede de segurança. Tive os medos que as pessoas costumam ter quando caem no mundo. Junto à tristeza e ao medo, havia um surto de necessidade. Uma necessidade de ir embora. Uma necessidade tão violenta que encontrou paralelo, na minha vida, em apenas duas outras necessidades: comer e vomitar.

A minha impressão era de que duas coisas eram a essência da prova do meu valor e do meu controle e que uma sem a outra não tinha valor: "Sucesso", aquele termo sem significado, e perda de peso. A libertação daquilo que parecia me empurrar para baixo: as preocupações do meu pai, a dúvida da minha mãe, a minha cidade pequena e o meu próprio corpo. Eu provaria que eles estavam errados, aqueles Grandes Eles para quem eu sempre tinha vivido. Eu provaria que não havia uma criança ali, não havia uma criaturinha choramingona e fraca, nenhuma sorridente adolescente inteligente-mas-preguiçosa rá-rá, nenhuma menina maluca, nenhuma das coisas que eles viam. Eu iria desaparecer, para simplesmente voltar reinventada. Estaria irreconhecível em meus retornos fugazes.

Essa fantasia se realizou, mas não exatamente da forma como eu havia planejado. Ao decidir me refazer, consegui evitar o fato de que eu iria também, por definição, ter de apagar qualquer ego que houvesse para começo de conversa. Comecei a me perguntar, muitos anos depois, se apagar completamente havia sido a minha intenção o tempo todo.

Eu me sentia sem peso à noite, desligada da minha cama branca. Sentava-me de repente depois de sonhar, meio acordada, meio dormindo, que descia do meio-fio, procurava pelo chão com o pé e encontrava apenas o nada sob o meu sapato. Acordava pouco antes de cair, tateando a mesa-de-cabeceira em busca do copo de água morna e bebia. Pressionava o corpo na cama, agarrando o travesseiro, algo sólido, lembrando a mim mesma. "É só um sonho." Esta é a coisa boa dos sonhos, o fato de que acordamos antes de cair.

Foi um período de espera. Espera no limbo do fim da infância e do advento da Vida. De um modo que eu sentia, mas não conseguia articular, aquelas foram as últimas horas suspensas de um período em que eu ainda podia voltar. Eu planejava parar de comer assim que cruzasse a divisa estadual de Minnesota. Estava cansada da bulimia. Ela parecia tão obtusa, tão grosseira, tão diferente da pessoa que eu queria me tornar: uma mulher, sombria e misteriosa, imperial. Como a minha mãe. Eu queria virar a cabeça não com olhares lascivos e maliciosos de estupefação, mas com admiração. Eu queria me tornar intocável, cruel, esplêndida, insinuante e esnobe como um gato. Queria dar um salto à distância, pular sobre a adolescência, pousar impecavelmente no mundo dos adultos, onde, pelo menos, eu seria boa o suficiente.

Tinha uma mulher com quem eu trabalhei no McDonald's, muito mais velha do que eu, com dois filhos e abandonada pelo marido, de sombra azul nos olhos e acima do peso. Ela e eu comíamos juntas e ficávamos conversando sobre dieta e peso. Agora, quando paro para pensar, vejo que a maioria das mulheres com quem eu trabalhei falavam sobre dieta e peso. Mas essa mulher em especial, que provavelmente tinha 25 ou 30 quilos a mais do que eu e a mesma altura um dia me disse:

— Você é meio gordinha. Mas você é uma gordinha *bonitinha*. Fica bem em você. Você se parece comigo.

Não é incomum pessoas acima do peso dizerem a pessoas mais magras que elas estão acima do peso também. Eu não sabia disso na época. Desde então, passei a associar *bonitinha* com *gordinha*. Quando as pessoas me dizem que eu sou "bonitinha", eu ouço "gordinha", independentemente do quão distante eu esteja de uma ou outra coisa. Eu as ouço me dizendo que eu ainda sou uma menininha de nariz empinado com peitos grandes e bunda redonda que é muito barulhenta e intensa e completamente muito tudo. Naquele verão, eu resolvi que "bonitinha" era a última coisa que eu queria ser.

No meu intervalo de almoço, eu comia um Quarterão com Queijo, batata frita grande e uma torta de cereja. Depois vomitava no banheiro com aroma de anti-séptico, lavava o rosto e voltava para o trabalho com os olhos vidrados e hiperativa. Depois do trabalho, eu comprava um Quarterão com Queijo, uma batata frita grande e uma torta de cereja, comia tudo no caminho de volta, vomitava em casa com a água da banheira ligada, jantava, vomitava, saía com os amigos, comia, vomitava, ia para casa e desmaiava.

Meus pais assistiram à minha transformação naquele verão, com a purgação constante me emagrecendo rapidamente. As bulímicas normalmente oscilam entre comer "normalmente" com outras pessoas e comer compulsivamente e purgar solitariamente, o que as mantém num peso médio. Eu já havia parado a parte "normal". Estava usando drogas que deixavam meus olhos com um brilho estranho e fazendo sexo em bancos traseiros de carros com caras burros feito portas, enrubescendo as bochechas e ficando perpetuamente nauseada. Eu ignorava os meus pais, cheia de uma certeza delirante de que um dia, em breve, eu voltaria para casa alta como uma modelo de revista, bacana e controlada, uma nova mulher, você foi muito longe, querida, e *daí* eles iam ver. *Daí* eles saberiam que nunca tinham me entendido, eu entraria deslizando na sala perfeitamente branca deles e me sentaria no sofá, cruzaria as (magicamente longas) pernas e os encararia com um ar entediado. *Daí* eles ficariam impressionados.

Pouco provável.

Fui fisgada pelo grande sonho norte-americano, versão feminina, anzol, linha e peso. Como muitas outras jovens, eu acreditava piamente que assim que Simplesmente Perdesse Alguns Quilos, de alguma forma eu seria de repente uma Nova Você, teria homens parecidos com o boneco Ken correndo atrás das minhas pernas magras com buquês de flores nas ruas, eu ficaria rica, famosa e glamourosa, perderia as sardas e ficaria loira, com 1,75m de altura. Usaria óculos semi-intelectuais muito bacanas e uma camisa de malha masculina num apartamento ensolarado em Nova York, tomaria café dizendo "Hmmm", dobraria meu jornal com todo cuidado e Ele surgiria por trás de mim e me olharia com adoração. Entraria sensualmente no meu cupê vermelho, e o vento sopraria nos meus cabelos comigo dirigindo até uma incrível cidade grande, sairia do elevador e caminharia (num passo feminino, mas autoconfiante) até o meu escritório, onde todos ficariam impressionados com todas as minhas palavras femininas, mas autoconfiantes. À noite eu iria para casa e faria refeições de *gourmet*, daria três garfadas, e Ele olharia para mim à luz de velas. E eu seria uma deusa supermulher dos anos 1980, com certeza. Isso tudo assim que eu saísse da minha cidade e perdesse alguns quilos.

De algum modo eu consegui acreditar nessa porcaria toda (deitada de lado no macio carpete verde do meu quarto suburbano lendo reportagens sobre dieta na revista *Seventeen* e fazendo incessantes e intermináveis exercícios para as pernas), muito embora estivesse bem consciente de dois fatos: (1) Tudo o que eu realmente queria fazer era escrever poemas e (2) Eu conheceria esse bem-apessoado Ele dos meus sonhos acordada, e ele me mataria de tédio. Isso sem mencionar o fato de que na época eu tinha 1,52m de altura, de sapatos, e não tinha um futuro imediato como uma mulher calma, tranqüila e controlada, dada a minha personalidade básica. Mas não tinha importância. Nos Estados Unidos você pode ter o que quiser se trabalhar por isso, caramba, e eu estava absolutamente pronta para trabalhar.

Os filhos, pelo menos é o que diz a literatura, se separam dos pais gradualmente. Não é um processo indolor, mas as pequenas feridas no coração cicatrizam com o tempo. Eu me levantei abruptamente e me arranquei pela raiz. Isso, claro, me deixou sem raízes. Mas, para os meus pais, imagino, deve ter sido pior. A sensação de o-que-deu-errado, o-que-está-acontecendo, de saber no fundo que *há alguma coisa errada com a minha filha* é algo que eu só posso imaginar vagamente. Não tenho filho, não sei o que significaria assistir uma parte de você mesmo começar a apodrecer, murchar e morrer.

Eu tinha uma certa consciência de que os meus pais estavam preocupados. Tento imaginar as conversas no quarto deles, o que passava por suas cabeças, no ano que antecedeu a minha partida. Talvez fossem coisas assim: "Ela fica no escuro o dia todo como um vampiro. Eu entro e digo 'Abra as persianas, abra as janelas, você precisa de luz.' Ela diz: 'eu odeio luz. Me deixe sozinha'. O quarto fede a vômito e suor. Ela fica deitada na cama, muito magra, com o rosto virado para a parede. Tem comprimidos na bolsa dela. O que ela anda tomando? O que ela anda usando? O que está errado? Por quê? Por quê? Por quê? Tem alguma coisa errada com os olhos dela, o que é? Ela grita e chora por qualquer motivo. Ela está mentindo. Sei que está mentindo. *Mas sobre o que ela está mentindo?*"

Sou de uma família de divinos mentirosos. Sempre há o cheiro de uma mentira, o cheiro de coisas não ditas. Nunca compreendi o que era, mas, naquele verão, eu fui a mentira, a mentira ambulante, o elefante na sala que ninguém mencionava porque seria deselegante. Eu estava vomitando até três ou quatro vezes por dia. Estava tomando uma combinação de drogas de revirar o estômago e estava bebendo. Comecei a ser bastante ostensiva sobre a minha "dieta". Os meus pais não deixaram de dar algum apoio a essa dieta, considerando-se que eu repetia constantemente como eu me sentia saudável agora, considerando-se que o meu pai estivera fazendo uma ou outra dieta durante a maior parte da minha vida (batendo na barriga e dizendo "Preciso me livrar dessa coisa") e considerando-se que a minha mãe sempre, ainda que de um jeito implícito, se preocupou com o meu peso, e o dela, e o de todo mundo. Um almoço num café com a minha mãe num dia de verão foi assim: eu pedi o prato de dieta, queijo *cottage* num "ninho" de alface murcha e duas fatias de pêssego em calda. Lembro de dizer:

— Mamãe, é tão legal, eu posso comer uma comidinha saudável como esta aqui e ficar, tipo, totalmente satisfeita!

Ela assentiu:

— Pode, sim.

A bulimia, agora que eu estava boa demais para ela, estava sendo anulada em fases. Esse foi o meu último viva na montanha russa de ingestão e eliminação.

O que estou prestes a dizer é delicado e é uma declaração sobre o meu próprio relacionamento com a bulimia e a anorexia. A bulimia está ligada, na minha vida, a períodos de paixões intensas, paixões de todos os tipos, mas, mais especificamente, de paixões emocionais. A bulimia reconhece o corpo explícita e violentamente. Ela ataca o corpo, mas não o *nega*. É um ato de repulsa e de necessidade. Essa repulsa e essa necessidade estão relacionadas tanto ao corpo quanto às emoções. A bulímica é emocional demais, apaixonada demais, excessivamente. Esta noção de excesso está presa ao corpo. O corpo carrega a culpa, mas *não é* o problema principal. A bulímica tem uma sensação de desesperança, um ah-foda-se-tudo-então, é melhor eu comer compulsivamente, afinal. Esta é uma declaração perigosa, mas o impulso bulímico é mais realista do que o anoréxico porque, com todo o seu terrível niilismo, ela compreende que o corpo é *inescapável*.

A anorética funciona com a impressionante ilusão de que pode fugir da carne e, por associação, do domínio das emoções. A última vez em que tive a total compreensão de que era um ser humano e cheguei a gostar de mim mesma como tal foi no verão antes de ir para o colégio interno. Eu estava prestes a me tornar anorética. Isso quer dizer que a garota que eu conhecia como eu mesma estava prestes a desaparecer. Estava prestes a se tornar nada mais do que os espaços vazios do espelho onde meu corpo um dia havia estado. Estava prestes a se tornar não mais do que uma vozinha muito pequena.

Qualquer que seja o modo como as pessoas sabem sobre si mesmas, por premonições, suspeitas ou planos específicos, eu sabia disso. E estava com medo. Ainda assim, queria isso mais do que qualquer outra coisa.

A certa altura, a intensidade da minha paixão pela vida, o erotismo infantil, as fomes naturais, todas as reações instintivas da infância para expressar esses apetites se tornaram o meu maior medo. A minha mente e o meu corpo começaram a me apavorar. Eu era uma criança incontrolável. Eu não podia, não importava o quanto tentasse, controlar a minha mente, as suas investidas em realidades distantes, a sua curiosidade sombria. A profundidade e a amplitude da minha imaginação se tornaram uma ameaça em si mesmas. A paixão é estranha. A minha é violenta, ampla, um desejo intenso por vida. Quando eu era criança, sabia que ela estava lá, e eu a vivia, uma tendência a explosões, chamas, barulho. Este lado da paixão foi a minha primeira perversão. A tendência para o excesso oscilava entre o controle e a bulimia, aquele estado de medo e desejo, variando entre a fome e o aborto da fome, entre ingerir e vomitar aquilo que mais se necessita e se deseja mais instintivamente: a comida. O pão da vida.

Há também o outro lado da paixão. O lado de mim que temia o fogo e queria o gelo, que se encolhia com o barulho e ansiava pelo silêncio, que se assustava com o toque e desejava se entorpecer até o nada. Implodir. Esse lado foi o segundo a dar errado em mim, talvez em reação ao primeiro lado. Com medo da velocidade e da força da vida e do ego, eu me voltei para a morte. Com medo do trovão mental constante trazido pela bulimia, eu me voltei para o silêncio da anorexia. Com medo das paixões explícitas da bulimia, eu procurei pelo que interpretei erroneamente como o desapaixonado estado da inanição.

Eu não sabia que a paixão iria se apresentar sob qualquer forma. Eu não sabia que a fome por comida, e os poderes revigorantes que ela tem, pudesse se tornar seu próprio oposto quando contrariada e se tornar um tipo diferente de fome: uma fome pela própria fome, uma fome pelos poderes debilitantes que a fome tem.

Durante muito tempo, eu acreditei que o oposto da paixão era a morte. Eu estava errada. A paixão e a morte estão implícitas uma na outra. Além da fronteira de uma vida intensa está o inferno. Sou capaz de traçar essa estrada, que me levou a lugares tão quentes que o ar queimava os pulmões.

Eu não me virei. Segui em frente e acabei atravessando a fronteira, além da qual há um local silencioso e frio, tão frio que, como o mercúrio, queima uma chama azul congelada.

> *Alguns dizem que o mundo acabará em fogo,*
> *Alguns dizem que será em gelo.*
> *Pelo que provei do desejo,*
> *Fico com aqueles que defendem o fogo.*
> *Mas se fosse para perecer duas vezes,*
> *Creio que sei o bastante sobre o ódio*
> *Para dizer que para destruir, o gelo*
> *Também é muito bom*
> *E bastaria.*

— ROBERT FROST, "FOGO E GELO", 1922

À luz azul tremeluzente do porão dos meus pais, em junho de 1989, o governo de Pequim massacrou os estudantes de seu próprio país. Inclinei-me sobre a lata de lixo e fiquei violenta e involuntariamente enjoada. Duas semanas depois, embarquei num avião com o meu coral para uma turnê no Extremo Oriente. No Havaí, a nossa primeira parada, fomos à praia. Na minha cabeça, eu estava terrivelmente gorda, pelo menos em comparação às outras meninas. Fotos nossas mostram sorrisos cheios de dentes e peles brilhando de suor, umas com os braços sobre os ombros das outras. Eu estou com a aparência cansada, pálida e muito magra. Tive a brilhante idéia de me deitar na praia de biquíni por 12 horas sem filtro solar. Eu sou extremamente branca. Naquela noite, dormi sob uma enorme folha de aloé, com a pele cheia de bolhas e queimaduras de segundo grau do rosto aos pés.

Quando voamos para o Japão, a minha pele estava sarapintada de bolhas e descascando. A lembrança que tenho das antigas cidades do Oriente é distorcida pela forma como o meu sutiã machucava a minha pele ferida e pelo modo como os assentos do avião arrancaram partes da minha pele. A minha lembrança também é distorcida pela culpa perturbadora na minha barriga. Não comer seria um insulto para as minhas famílias anfitriãs, mas, se eu comesse, onde iria vomitar? Lembro de absolutamente cada uma das malditas refeições: o que foi servido, o que eu comi, o que eu vomitei. Isso me assusta. Já faz quase oito anos, e eu lembro do Kentucky Fried Chicken que eu vomitei numa estação de metrô, dos bolinhos de peixe que escondi no guardanapo e joguei pela janela à noite enquanto a minha companheira de quarto dormia. Lembro claramente da truta inteira, fria, que foi servida numa bandeja no café-da-manhã, da mesa de meninas que ficaram sentadas olhando para ela, de palitos na mão, tentando descobrir como cortar a cabeça fora.

Eu sofria muito por essa falta de oportunidades de vomitar com a minha amiga, também bulímica, nós duas sentadas de calcinha e sutiã numa cama de um quarto de hóspedes no Havaí, fazendo caretas enquanto passávamos aloé nas costas uma da outra. Em Osaka, eu infelizmente me apaixonei por ela. Ficava de boca fechada e virava o rosto quando ela ficava nua na banheira alta no banheiro compartilhado, reclamando das coxas. Eu olhava para as suas coxas e depois virava o rosto. Não tinha ânimo de comparar coxas enquanto estava tendo dificuldades de manter as minhas mãos longe das dela. Implorei para que ela parasse de vomitar, disse que ela estava maravilhosa, virei-a para que se olhasse no espelho enquanto ela gritava que tinha acabado de comer. Eu quase desmaiei pelo contato da minha pele com a dela. Deve ter sido a primeira vez na minha vida em que eu realmente *vi* uma mulher nua, vi a forma feminina elementar, vi o corpo dela não em comparação ao meu, mas numa terrível *conexão* potencial com o meu. Na esperança de fazê-la comer sem vomitar, eu disse um dia que não iria mais vomitar e que não a deixaria vomitar também. Comecei a vomitar em segredo. Imagino que ela deva ter feito a mesma coisa.

Nós estávamos num intercâmbio internacional, espalhando a boa vontade e a fraternidade, cantando "Home on the Range" com harmonia de seis vozes, cantando o hino nacional japonês, que não compreendíamos, mas sorríamos mesmo assim. De certa forma foi muito triste. Tenho fotos minhas com a minha colega de quarto, sorrindo, vestindo fantasias tradicionais que os nossos anfitriões nos fizeram vestir. Nossa aparência era profundamente branca. A crise de Pequim pairava, tácita, entre nós. Estávamos a caminho de Cantão, então chamada Guangzhou. Tenho fotos de nós duas com a mulher com quem estávamos hospedadas, uma mulherzinha minúscula com dois filhos e um marido que não olhava para nós, todas mostrando dois dedos levantados. Quando o *flash* disparou, ela disse "Paz".

Fomos a uma danceteria que tinha um enorme Buda de gesso cor-de-rosa na porta, com a tinta descascando das gorduras de gesso do corpo dele e um sorriso exagerado no rosto. Lá dentro, uns garotos com permanente no cabelo fumavam Capris e nos tiraram para dançar. Era dolorosamente constrangedor ser norte-americana. Então dançamos, com a bola de espelhos girando no teto. Fazíamos longas apresentações, e éramos alertadas diariamente para dobrarmos os joelhos para não ficarmos tontas e despencarmos do palco num amontoado de tafetá cor-de-rosa. Eu os dobrava sempre, e ainda assim balançava, agarrando o grande laço nas costas da garota ao meu lado. Salas de concertos imensas, um borrão de rostos indistintos atrás das luzes do palco, um calor infernal, pouco ar. Eu não estava comendo quase nada. Arroz, pedacinhos de peixe. Aperfeiçoei a arte do vômito silencioso: sem tosse, sem ânsia, apenas me inclinava e mentalmente mandava a comida voltar.

Em Hong Kong, ficamos num hotel. As meninas se espalhavam pelas ruas, cochichando umas para as outras que era melhor comprar as coisas rápido porque Hong Kong logo seria propriedade da China. Compramos feito loucas, percorrendo as ruas estreitas cheias de gente, com os arcos amarelos do McDonald's lançando uma estranha luz amarela na noite escura. Num dia ensolarado de calor, comprei num mercado várias porções de lula frita, que comi enquanto caminhava pelas fileiras estreitas de barracas cobertas por tecidos coloridos. Agachei-me num beco atrás de um prédio, abaixei-me e vomitei. Ajeitei-me de novo. No final do beco, um homem muito velho estava me observando, inexpressivamente. Tive a impressão de que devia dizer alguma coisa. Não disse. Corri de volta para o calor do dia, com a cabeça girando pela desidratação sob o sol inclemente e sentindo um terror inexplicável. Achei que devia rezar. Mas tudo o que consegui pensar em dizer, para os ouvidos de algum deus surdo, foi "sinto muito".

Quando a turnê terminou, voei para Seattle para me encontrar com a minha mãe. Fomos visitar o meu avô alcoólatra e a mulher alcoólatra e anoréxica dele. Eu não via nenhum dos dois desde os meus 10 anos. Nesse meio tempo, eu havia, claro, ficado mais velha e, com isso, perdido o meu fator mimininha fofa. Agora era considerada uma ameaça pela madrasta da minha mãe. Ela me deu uma roupa de tamanho 10 anos, que ficou muito apertada e me deixava parecendo uma salsicha. Sozinha no quarto de hóspedes com a minha mãe, eu chorei e disse que estava gorda. Ela bufou e me mandou parar com aquilo.

Guardei a roupa. Eu a vesti quase todos os dias no hospital alguns anos mais tarde, aos 17, e ela pendia dos ossos dos ombros e dos quadris, amontoando-se nos tornozelos e na bunda.

A tensão na casa do meu avô zuniu como uma corda de violino naquelas férias. Minha mãe passou toda a vida tentando agradar o pai, e eu, por minha vez, passei toda a minha vida tentando agradar a minha mãe. Ficou muito evidente para mim que tentar obter aprovação era um exercício exaustivo e infrutífero. Eu sapateava para ela, ela sapateava para ele, e ele estava olhando para o céu, bêbado feito um sacristão. Três mulheres — minha mãe, a madrasta dela e eu — competíamos pelo prêmio de Mulher Mais Perfeita. Minha mãe insultava a mim e eu a ela; Jeanne, a madrasta dela, insultava tudo o que andasse de saias, e o meu avô só continuava bebendo. Nós beliscávamos a comida, competindo para ver quem conseguia comer menos.

Quando a minha mãe era criança, as pessoas gordas eram vistas pela família dela como seres levemente inferiores. As pessoas gordas eram de classes mais baixas e, por isso, eram desprezadas. Na opinião deles, as pessoas gordas não conseguiam se controlar, não como a perfeita familiazinha Williams com seus perfeitos genes magrinhos. A minha mãe me contou que a minha bisavó, uma mulher corpulenta, era ridicularizada. Comer era visto como uma chateação. As refeições eram na verdade apenas uma desculpa para se tomar uns drinques. O certo era beliscar a comida. Não é de se admirar que a minha mãe tivesse hábitos alimentares malucos. Não é de se admirar que todos os outros também tivessem. E não é de se admirar que eu sempre tenha tido a suspeita oculta de que a minha mãe me achava gorda. Pobre mulher, ter dado à luz uma criança de tamanho normal. Será que eu poderia ter saído de seu corpo, aquele serzinho redondo que fazia coisas totalmente desagradáveis como gritar, se sujar e chorar? Você é exatamente como o seu pai, ela dizia.

Agora, aos 56 anos, minha mãe me diz que o problema não era eu ser como o meu pai, mas eu ser como ela. Intensa. Temperamental. Determinada. Bulímica. Aflita.

A minha mãe e eu saímos para uma caminhada. Eu lhe contei sobre a minha viagem ao Extremo Oriente, sobre como ela me havia mudado, sobre como eu tinha a impressão de ter aprendido uma ou outra coisa sobre o mundo e sobre mim mesma, sobre como agora eu me sentia mais pronta do que nunca para ir para o colégio interno. Ela ficou em silêncio. Perguntei qual era o problema. Ela disse:

— Você fala demais sobre você mesma, Marya.

Isso era verdade. É comum em adolescentes que (1) ficaram sem ver a mãe por um tempo, (2) estão prestes a sair de casa e (3) viajaram recentemente a uma parte politicamente explosiva do mundo. Questionada sobre isso mais tarde, ela me disse que eu estava muito hiperativa, muito excitável, nervosa, falante, e que ela ficou preocupada. A minha mãe funciona de forma misteriosa.

Saímos para almoçar, os quatro. Depois do primeiro drinque, a madrasta da minha mãe começou a me insultar, fazendo-o sem interrupção e sem pausa para comer na chegada das saladas, do segundo e do terceiro drinques, da chegada das entradas, do quarto e do quinto drinque. Ela o fez enquanto eu desenvolvia um repentino e intenso interesse no guardanapo sobre o meu colo. Eloqüente e imaginativa, ela detalhou a minha arrogância, o meu comportamento presunçoso, agora que eu estava indo para uma escola de artes metida a besta, falou como eu ia ficar convencida, como eu ia achar que era *alguma coisa* agora, como os meus pais estavam me mimando terrivelmente e como eu acabaria me tornando uma pessoa terrível se eles continuassem me deixando pensar que eu era talentosa e inteligente.

Eu fico verdadeiramente fascinada pelas dificuldades que a minha família sempre enfrentou para me proteger de exagerar uma auto-imagem que sempre se pareceu com um monte de merda.

Quando tive certeza de que ela tinha acabado, pedi licença, fui ao banheiro e vomitei. Quando voltei, a minha mãe e o meu avô estavam conversando amenidades enquanto a madrasta da minha mãe bebia, com a cabeça tremendo naquele estranho jeito constante e me observando pelo canto do olho.

Foi a última vez que vi os dois. Ela morreu um ano depois, de um câncer que ninguém sabia que tinha. Meu avô morreu há dois anos, três meses depois de se casar com a terceira mulher. Ele e eu falamos brevemente algumas vezes nos anos seguintes. A conversa era sempre parecida:

— E então, a sua cabeça ainda está no lugar?

— Ha ha. Acho que sim, Vô.

A minha mãe e eu voltamos para Minnesota, onde arrumei as malas para ir para a escola, disse adeus, entrei no carro com os meus pais e comecei o que se tornaria uma interminável série de partidas e chegadas, idas e vindas, a mais recente grande busca por algo que eu jamais encontraria.

Atravessamos Wisconsin de carro até a Península Superior de Michigan, seguindo para o sul e depois para o oeste até Interlochen. No hotel, peço uma salada do *chef*. Meu pai reclama que eu não estou comendo o suficiente, que eu mal comi desde que deixamos Edina. Meus pais haviam desenvolvido uma repentina consciência do fato de que eu beliscava a comida. Eu havia desenvolvido um repentino desinteresse em esconder isso. No quarto, naquela noite, meu pai faz seus exercícios, eu faço os meus. Temos uma estranha troca competitiva sobre exercícios noturnos. Meu pai diz:

— Você não faz todas as noites.

Digo:

— Faço, sim. Como você poderia saber?

Ele responde:

— Hmmm — e alonga as costas. A inconsistência com que meus pais reagiam ao meu problema continuaria. Um ano mais tarde, logo depois da minha liberação do Hospital Nº 1, vou ficar diante do espelho enquanto a minha mãe permanece sentada numa cadeira. Estarei pesando aproximadamente 46 quilos. Tentando obter alguma perspectiva visual de mim mesma e, praticando as minhas afirmações, vou declarar: estou bem magra. E a minha mãe irá responder: eu não chamaria você de magra.

Chegamos à minúscula cidade onde ficarei por um ano, um dos melhores anos da minha vida. Interlochen, Michigan, é: um posto de combustíveis, duas pizzarias, um restaurante Flap Jack Shack, uma lavanderia e um bar. É quilômetros e quilômetros de floresta estadual. É o Green Lake, opaco e pontuado por pequenos barcos imóveis, delimitado por uma grossa e escura cerca de pinheiros. É um colégio interno cercado por muitas árvores, com ruas em miniatura contornando os alojamentos, a capela, a sala de concertos, os estúdios. Mais adiante, no bosque, o prédio da dança, o teatro, o prédio da escola, cabanas vazias no meio das árvores onde garotos de cabelos longos e aparência de mais velhos se encontravam, aos pares, secretamente, e faziam uso do silêncio vazio sobre colchões velhos, manchados pelo tempo.

Levamos as minhas caixas de roupas e livros para o Mozart-Beethoven, o meu alojamento, que ficava ao lado do Brahms e do outro lado da ruazinha de Hemingway e Picasso, os dois alojamentos masculinos. O quarto era em miniatura. Ao longo da parede, debaixo da janela, havia uma longa mesa com estantes de livros dos dois lados e duas cadeiras de metal dobráveis. Havia uma cômoda muito pequena com um espelho acima, um pequeno banheiro, um pequeno armário.

A minha colega de quarto já havia se mudado. Sua presença se fazia aparente com um enorme baú preto que ocupava metade do quarto. Não lembro dos meus pais indo embora. Mas eles devem ter ido, porque a próxima coisa de que lembro é de uma menina esguia, com um monte de cabelos vermelhos, a quem mais tarde eu viria a chamar de Tigrão, entrar no quarto, absolutamente tensa, e, depois de olhar em volta do quarto rapidamente, disparar: ainda não escolhi a minha cama, então você pode escolher, para mim não faz diferença.

Ela tinha umas pernas incrivelmente longas. Estava vestindo um enorme moletom e calças jeans. Ela caminhou, galopou, saltitou — tenho muito poucas palavras para descrever precisamente o modo como as suas pernas funcionavam — até o armário, abriu a porta e começou a mexer nas roupas que havia pendurado. Ela disse, mais para as roupas do que para mim:

— Aliás, meu nome é Lora.

— O meu é Marya — respondi.

Virou-se abruptamente do armário, olhou para mim e virou o rosto, dizendo:

— É, eu sei.

Era certo que seria difícil. Antes da minha chegada, havia levado em consideração questões sérias que alguém pudesse ter antes de se mudar para uma pequena comunidade, dividir um espaço infinitesimal com outra pessoa: como vou vomitar sem ser ofensiva? Como vou fazer os meus exercícios lendo um livro à noite? Imagino que não fosse a única menina lá com essas preocupações. Soube de uma menina que freqüentou Interlochen cuja bulimia grassava pelos alojamentos. Ela havia me contado que ela e a sua colega de quarto costumavam pedir pizzas e depois vomitar nas caixas vazias. Vim a descobrir depois que os colégios internos são, em geral, terrenos férteis para transtornos alimentares. Ouvi histórias de conselheiras residentes ("mães de alojamento") postadas nas portas dos banheiros para puxar fisicamente as cabeças das meninas das privadas. Mais tarde, descobri que os boatos eram verdadeiros: os banheiros dos alojamentos universitários raramente funcionavam porque os canos estavam sempre entupidos de vômito.

Deve haver alguma validade na premissa comum de que sair de casa desperta ondas de medo e insegurança, de que os transtornos alimentares são concomitantes à separação da mãe. Pessoalmente, considero mais preciso dizer que, escondidas do periscópio da casa da infância, as pessoas — eu, inclusive — botam para quebrar e não se preocupam mais em esconder o problema. Sair de casa não é tão traumático a ponto de estimular um transtorno alimentar em pessoas cujos lares eram perfeitamente edênicos. Pelo contrário, sair de casa acaba sendo um enorme alívio, uma sensação de liberdade. É algo visto, por muitas de nós, com uma passagem para a liberdade despreocupada e autodestrutiva.

Não havia contado com a possibilidade de dividir o quarto com Lora. Acho que esperava acabar num quarto com uma menina esnobe e pretensiosa vestindo saias transparentes que poderia, se fosse o caso, ser suscetível a passar algum tempo de joelhos diante do deus de porcelana.

A mãe de Lora era uma renomada terapeuta de transtornos alimentares. Demorei um pouco a descobrir isso, e Lora demorou um pouco a descobrir que isso era relevante, pelo menos até o meu transtorno alimentar ficar tão fora de controle que ela começou a pirar. Naquele momento, nos ativemos à questão das duas estreitas camas de solteiro. Eu disse que queria dormir perto da porta. Ela disse que queria dormir perto da janela. Arrumamos as camas desse jeito. Independentemente de como as arrumássemos, as camas (junto com o baú) ocupavam todo o quarto. No fim, amontoamos os três juntos para maximizar o espaço. Isso significava que eu teria ou que engatinhar por cima dela para sair da cama, o que ela não permitiria, ou engatinhar até o pé da cama, porque eu acabaria enfiando todas as minhas roupas sujas entre o meu lado da cama e a parede, deixando-as lá até Lora ameaçar se mudar. Ela era o contrário. Lavava roupas constantemente, dobrando-as em pilhas perfeitas: jeans, moletons, camisetas, meias. Ela cheirava a baunilha e mar.

Era outono. Eu estava absolutamente apaixonada pelo outono, por Michigan e por Interlochen. As folhas caíam das árvores que demarcavam os passeios e se amontoavam sobre a grama. Frutos dos carvalhos eram esmagados por nossas botas. O lago brilhava à noitinha, quando o sol se afundava nele, emitindo ondas de um calor vermelho, com o vapor subindo no ar gelado.

A anorexia começou lentamente. Levou tempo para eu entrar no delírio exigido pela doença. Havia uma quantidade incrível de meninas dolorosamente magras em Interlochen, a maioria bailarinas. A obsessão com o peso parecia quase universal. Cochichos e olhares desejosos seguiam aquelas que eram visivelmente anoréxicas. Sentávamos às mesas do refeitório e discutíamos apaixonadamente as calorias da alface, do aipo, de um pãozinho, do arroz. Movimentávamo-nos entre dois mundos. Quando empurrávamos as cadeiras e nos espalhávamos entre os departamentos, nós nos transformávamos. Eu via garotas que até pouco tempo antes estavam à beira das lágrimas diante dos espelhos dos quartos do alojamento se tornarem repentinamente cheias de vida, os dedos voando sobre as cordas de uma harpa, um violino, corpos elásticos com o movimento, vozes passeando pela floresta de palavras de Shakespeare.

No departamento de redação, eu ficava chupando dropes de menta sem açúcar, os dedos da mão esquerda agarrados à beirada de uma mesa, o rosto a poucos centímetros do papel, a mão direita enroscada em torno da caneta apertada como o punho de um bebê. Ao final da oficina, meu corpo estava todo duro, a mão, artrítica, a cabeça, zumbindo enlouquecidamente. Nunca consegui explicar o que aconteceu comigo naquele ano, naquelas oficinas, nas aulas de literatura. Eles nos faziam ler, e ler, e ler mais, e depois escrever até eu achar que nunca mais seria capaz de escrever novamente. Páginas inteiras eram manchadas com borrachas furiosas, anotações, descobertas triunfantes da *palavra exata*, *exatamente aquela palavra*, caderno após caderno, todos irregulares, com páginas rasgadas ao meio, fotocópias grampeadas de qualquer coisa, pedaços de papel com idéias aleatórias presos com clipes.

Em biologia, geometria e alemão, eu ficava sentada tensa, como se estivesse prestes a agredir alguém, com o cenho transformado numa trincheira de rugas. Eu não entendia. Não conseguia manter a mente naquilo. Tentava me concentrar, mas a caneta desviava para as margens, traçando e retraçando pequenos desenhos, rabiscando pedaços de poemas. Eu havia mantido uma seqüência constante de notas abaixo da média em matemática, ciências e línguas nos meus anos de Edina. Originalmente, foi durante essas aulas que escrevi a maior parte do trabalho que me fez ser aceita em Interlochen. Jurei aos meus pais que não seria reprovada nas minhas aulas acadêmicas em Interlochen. Tentei de verdade não bombar em todas as aulas não relacionadas com a minha disciplina principal. O colégio tinha aulas particulares noturnas em disciplinas acadêmicas, a que eu comparecia religiosamente e que mal deixaram uma marca. Lora ficava sentada na cama com os meus livros enquanto eu caminhava enlouquecidamente pelo quarto, tentando ouvir suas explicações sobre provas e células e o caso subjuntivo.

— Mar, você quer ajuda com isso ou não?

— SIM.

— Então SE SENTE.

— EU NÃO CONSIGO.

O outono se despediu na entrada do inverno. As manhãs ficaram mais escuras, os dias, mais curtos, as noites longas, insones e negras. A primeira neve caiu e derreteu. Percorríamos a pé os três quilômetros de estrada deserta até a cidade, comprávamos cigarros e fazíamos tempo na lavanderia, fumando e conversando. Nós nos sentávamos no café, dividíamos os cigarros mentolados, tomávamos o nosso café e esperávamos pela chegada do inverno. Caminhávamos de volta ao pôr-do-sol, com as últimas folhas secas nos longos galhos de árvores delicadas, agarrando-se à vida no vento forte. Uma caminhonete passava depois da outra. Íamos até o *pub* no final da estrada e jogávamos sinuca.

Lora e eu não passávamos muito tempo juntas fora do quarto. Ela havia estado em Interlochen no ano anterior e tinha seu próprio grupo de amigos. Eu andava com uma turma dispersa que mudava com as estações, alguns bailarinos, alguns músicos, muita gente do teatro, um ou dois escritores. Com o começo do inverno, alguma coisa se intensificou. O frio nos empurrou para dentro, mais próximos, nos obrigou a ficar andando em círculos, perdidos no trabalho. Fiquei completamente maníaca. E não fui a única.

Não é de surpreender que um lugar assim fosse ficar fora de controle com garotos impressionantemente intensos. A intensidade sobre as nossas respectivas áreas foi o que nos havia levado até lá em primeiro lugar. A carga de trabalho era intensa. Muitos de nós, inclusive eu, tínhamos tantas aulas, oficinas, períodos de treinamento isolado e ensaios, que passávamos estudando dez horas por dia, seis dias por semana. O fato de que havíamos saído de casa na idade em que havíamos saído, em troca de um mundo que superava de longe o nosso desenvolvimento emocional em termos intelectuais e artísticos, era notável em e de si mesmo. O lar e a infância não eram suficientes. Queríamos mais. E encontramos mais. Muitos de nós estávamos perdidos e nos voltamos para a arte em busca de um rumo. O que se buscava, em muitos casos, era uma religião.

Se tivéssemos um deus, poderia ter sido Dionísio. Nós, as suas seguidoras, imaginávamos a nós mesmas como bacantes, meio que acreditando em possessão divina, meio que a fingindo. De qualquer modo, foi uma época meio dionisíaca. Dizem que Dionísio/Baco enlouqueceu por causa da sua educação. Havia mais informações sobre o mundo, sobre as nossas oportunidades, sobre os limites e sua elasticidade, do que provavelmente sabíamos como processar. Muitos de nós acreditávamos na velha história romântica do artista louco, do gênio feito *idiot savant* pelas subidas e descidas da música, da linguagem, da cor na tela, tocando sem parar e de modo maníaco dentro da cabeça. Queríamos ser esse gênio, esse idiota louco com o mundo da sua mente. Uma batida de autodestruição, raiva e alegria tudo junto percorria os corredores, os passeios, os alojamentos.

Éramos todos muito famintos.

Mais no começo do ano, eu havia decidido perder 10 quilos. A maioria de nós tinha decidido isso, depois de ouvir aqueles irritantes alertas sobre os 7 quilos que dizem que as meninas costumam ganhar quando entram na faculdade. Imaginamos que o mesmo aconteceria conosco. Parecia ser um rito de passagem além do nosso controle, 7 quilos aterrissando magicamente no bumbum, um evento contra o qual era preciso ficar sempre vigilante. No meu corredor do alojamento moravam várias bailarinas, uma violinista, uma estudante de canto, uma harpista, Lora e eu. Fiquei amiga logo no começo da aluna de canto e da harpista, que eram colegas de quarto. Concordamos que todas queríamos emagrecer e juramos pela nossa morte que ajudaríamos umas às outras a fazer isso, embora insistíssemos que as outras duas não precisassem realmente emagrecer. Falávamos sobre comida e peso sem parar, sobre quanto queríamos perder e perguntávamos umas às outras: Parece que eu engordei? Emagreci? O meu bumbum fica grande com esta saia, com estes jeans, quando eu paro assim? O meu estômago salta para fora, as minhas coxas sacodem? As duas tinham um frigobar no quarto contendo sucos Crystal Light, caixinhas de atum ("É um ótimo almoço", uma delas me disse. "São só sessenta calorias, e você fica totalmente satisfeita."), sacos de mix de amêndoas e frutas secas e iogurte. Pegamos o ônibus de sábado até a cidade, fomos até o Meijer's, um daqueles hipermercados, e compramos sacos de comida em grandes quantidades: passas de banana, balas sem açúcar, passas de uva (qualquer coisa de efeito laxante). Compramos um monte de refrigerantes *diet*, miojo e pipoca e ficamos horas no corredor dos produtos dietéticos, pesquisando os produtos. Debatemos as vantagens dos suplementos alimentares Dexatrim sobre os Fiberall. Pensamos em voz alta quanto tempo uma pessoa poderia agüentar só bebendo Crystal Light.

Não é possível enganar o próprio corpo. O corpo, por mais estranho que possa parecer para nós que estamos saturados com uma doutrina de dualismo, está na verdade ligado ao cérebro. Há uma coisa muito simples e inevitável que acontece com quem está fazendo dieta: Quando não se está comendo direito, o processo mental muda. A pessoa começa a ficar obsessiva com comida. Já fizeram muitos estudos sobre isso, e ainda acreditamos que se cortarmos gordura, açúcar e ingestão de calorias, vamos emagrecer rapidinho e tudo ficará como antes, só que mais magro. Nada fica como antes. Queremos falar sobre comida o tempo inteiro. Queremos discutir sabores: Qual é o sabor daquilo? Perguntamos umas às outras enquanto devoramos nossas refeições bizarras. Salgado? Doce? Você está satisfeita? Você quer provar alguma coisa o tempo todo. A gente masca chiclete, come um pacote depois do outro de pastilhas Certs sem açúcar, mastiga Tic Tacs (menos de duas calorias cada!). Queremos que as coisas sejam *intensas*.

Toda abordagem normal à comida se perde na frenética busca por uma explosão de sabor livre de culpa na boca, uma tentativa de fazer a boca, se não o corpo, sentir-se satisfeita, enganar a mente com uma falsa saciedade. Pomos sal e pimenta nas coisas. Comemos tigelas de sucrilhos cobertos de açúcar (sem gordura). Pomos mel e passas no *arroz*.

Transtornos alimentares são vícios. A pessoa se torna viciada numa quantidade de seus efeitos. As duas mais básicas e importantes: a adrenalina pura que bate quando se está morrendo de fome — alta como uma pipa, sem dormir, cheia de uma energia frenética e instável — e a intensidade aumentada da experiência que os transtornos alimentares induzem inicialmente. No começo, tudo tem gostos e cheiros intensos, a experiência tátil é intensa, até mesmo o impulso e a energia são intensos e concentrados. A sensação de poder é muito, muito forte. A pessoa não tem consciência, porém, de que está se tornando rapidamente viciada. E aí está o problema. Assim como com as drogas, quanto mais se faz, mais é necessário para atingir o barato do começo.

Acredita-se que todo mundo queira emagrecer, de modo que ninguém nota quando os velhos assuntos da conversa da hora do jantar — aulas, especialização, garotos — são trocados por comida, quase que exclusivamente. No começo, ninguém considera isso especialmente estranho. Mais tarde naquele ano, algumas meninas irão desertar: Estamos ficando muito obsessivas, ela vai dizer, mordiscando a maçã, estou cansada disso. Mas não no começo. No começo, há um fervor religioso, um tipo de comportamento cultista,[1] um pacto.

Eu fiz um pacto com uma menina alta e magra que se ofereceu para me ajudar a emagrecer. Quando cheguei a Interlochen, eu estava perto do meu *set point*, o termo técnico para o peso natural — o meu é em torno de 55 quilos. Mas 55 pareciam muito, e eu decidi perder aqueles 10 que não me pertenciam e chegar até 45 como as bailarinas e as artistas famintas e passei a andar para lá e para cá dizendo para quem quisesse ouvir que

---

[1]Para uma discussão mais completa dos pontos em comum entre o comportamento de culto e a obsessão ocidental com a dieta, bem como uma excelente interpretação das novas pesquisas sobre transtornos alimentares e a influência comercial sobre as atitudes norte-americanas em relação ao peso e ao corpo, ver Sharlene Hesse-Biber, *Am I Thin Enough Yet?: The Cult of Thinness and the Commercialization of Identity* [*Já estou magra o bastante?: O culto da magreza e da comercialização da identidade*].

estava de dieta. Uma menina veio até o meu quarto à noite, conversou comigo sobre o que comer, encorajou-me num tom extremamente superior e me disse como eu estava com uma aparência melhor. Então, numa noite, eu "escorreguei". Havia *sundaes* na lanchonete naquela noite. As meninas tinham passado o dia falando sobre aquilo — as futuras virtuoses do mundo, a nata, as melhores, tínhamos discutido em cochichos se iríamos nos render e comer um *sundae*. Não poderíamos ser fortes e comer só a cobertura, sem o sorvete? Isso teria menos gordura, né? E se não comêssemos o dia todo e todo o dia seguinte, tudo bem? Perdão, padre, porque pequei: eu comi um *sundae*. Demos risada — para variar tínhamos açúcar suficiente nos nossos organismos, para variar estávamos comendo comida normal como qualquer outra adolescente — até que a Srta. Polícia Dietética chegou por trás de mim, inclinou-se, pegou o meu *sundae*, foi até a lata de lixo e o jogou lá dentro.

A menininha furiosa dentro de mim ficou indignada. Empurrei a cadeira para trás e corri atrás do meu *sundae*. A menina se virou e eu *bati* nela.

— Quequeéisso? — ela gritou, os olhos arregalados. — Marya, eu só estou tentando ajudar você. Você disse que queria ajuda para emagrecer, mas está aqui chafurdando num sorvete!

Saí à beira das lágrimas, sentindo-me uma idiota completa. Qual é o meu problema? pensei, voltando para o meu alojamento. Sou tão vaca assim que não posso viver sem uma porra de um *sundae*? Sem nenhum autocontrole. Porca.

Às vezes a gente sucumbe. O corpo e a alma protestam contra a privação. Nós sucumbíamos de vez em quando, pedíamos pizza ou sanduíches e ficávamos no salão principal do alojamento comendo sentadas na frente da televisão. Às vezes eu vomitava, às vezes não. Havia um estranho acordo tácito: se comêssemos juntas, não havia problema, todas tínhamos permissão de comer. Eram momentos bons aqueles em que a parte de nós que queria ser normal e saudável e amava comida como qualquer outra pessoa se revelava, e nós ficávamos sentadas no chão dando risinhos e mastigando. Aqueles momentos se tornaram, para mim, poucos e raros. Marya, você quer pedir uma pizza? Não, obrigada, eu já comi. Eu desaparecia no meu quarto para trabalhar. Às vezes saía, sentava com as minhas amigas e comia as bordas deixadas de lado.

Claro que na época eu não sabia que tinha todos os sinais óbvios de um transtorno alimentar: fazer combinações estranhas de comida, comer as sobras dos outros, pular refeições. Parte do motivo pelo qual eu não percebia isso era porque o que eu estava fazendo não era nem um pouco exclusivo da minha parte. Um dia, no final do outono, de pé no salão principal depois das aulas, uma menina estava comendo um saco de pipoca de microondas e me ofereceu um pouco. Peguei um punhado sem pensar e enfiei na boca. Ainda mastigando, pedi para ver o saco. Li as informações nutricionais e cuspi a pipoca numa lata de lixo. Ela disse:

— Marya, isso foi *muito* esquisito — disse ela.

Eu respondi:

— Não tem nada de esquisito, essa porra de pipoca está *cheia* de gordura.

Outra menina, sentada no sofá, concordou.

— Eu também cuspiria — disse ela.

— Isso é bulimia — disse a menina da pipoca.

Respondi:

— O caramba que é! — Eu saberia se fosse, eu *era* bulímica, e cuspir comida *não* é bulimia.

Ela deu de ombros.

— Pois para mim parece.

Eu nitidamente não queria ser vista como bulímica. Queria ser uma anorética. Estava numa missão para ser outro tipo de pessoa, uma pessoa cujas paixões fossem ascéticas em vez de hedonistas, que conseguiria Ter Sucesso, cujas energia e ambição fossem concentradas e puras, cujo corpo viesse em segundo lugar, sempre, em relação à sua mente e à sua "arte". Eu não tinha paciência com o meu corpo. Queria que ele fosse embora para que eu pudesse ser uma mente pura, um cérebro ambulante, admirada e aclamada por meu incrível autocontrole. A bulimia simplesmente não cabia na minha imagem do que eu iria me tornar. Ainda assim, eu *era* bulímica e já fazia 7 anos. Não é um vício fácil de superar. Mas o meu foco havia mudado.

Até aquele ponto, a bulimia havia tido vida própria. Era puramente uma resposta emocional ao mundo — sob pressão, comer compulsivamente e purgar; triste e solitária, comer compulsivamente e purgar; com fome, comer compulsivamente e purgar — e na verdade tinha pouco a ver, acredite se quiser, com algum desejo de emagrecer. Eu sempre quis ser mais magra, claro, mas eu também queria comer. No ano em que fui para o colégio interno, na verdade comecei a odiar o meu corpo com uma força tão incrível que o meu amor por comida foi obrigado a cair na clandestinidade, o meu lado masoquista emergiu, e a anorexia se tornou a minha meta.

Parte disso tinha a ver com a natureza de autopreservação dos transtornos alimentares: as preocupações com o peso não diminuem, independentemente do quanto se emagreça. Ao contrário, elas aumentam. E quanto mais a pessoa se preocupa com o peso, mais ela se dispõe a agir em relação a essa preocupação. É realmente necessário ter um nível excessivo de desprezo pelo próprio corpo para se convencer racionalmente de que a inanição é um meio razoável para se obter a magreza. Normalmente, há um mecanismo de autoproteção na psique que desestimula o cérebro de alguma atividade realmente perigosa, independentemente do quão desejáveis possam ser os efeitos de tal atividade. Por exemplo, uma mulher pode desejar emagrecer, mas ter um respeito essencial por seu eu físico e, portanto, privar-se de uma alimentação não saudável. Eu não tinha esse mecanismo de autoproteção, esse amor-próprio essencial. Quando não se tem noção de integridade física — uma noção de que a sua própria saúde é importante, de que o seu corpo, independentemente da forma, é algo que exige cuidado e alimentação e um respeito básico pelo organismo biológico que é —, acontece uma coisa muito simples, absolutamente comum e verdadeiramente assustadora: atravessa-se a fronteira entre um vago desejo de ser mais magro e um ataque sem limites contra a sua carne.

A pessoa deixa de ver o próprio corpo como seu, como algo valioso, algo que a leva de um lado para outro e pensa e sente por ela e demanda uma carga de energia para isso. Em vez disso, a pessoa começa a ver o próprio corpo como um apêndice indesejável, uma verruga que precisa ser removida. "A pessoa pode dizer eu *tenho* um corpo, se pelo menos falar sobre personificação; ela não diz eu *sou* um corpo. Um corpo é uma entidade separada que pode ser controlada pelo 'eu'; o 'eu' e o corpo não são, como a conjunção os tornaria, gramaticalmente indistinguíveis... Os corpos são tratados como mulheres voluntariosas que precisam que lhes mostrem quem está no comando, ainda que isso signifique levar alguns tapas."[2]

Quando você acredita que *você* não tem valor em e de si mesma, no fundo você também começa a acreditar que a *vida* não tem valor em e dela mesma. Ela só vale alguma coisa enquanto estiver relacionada com a sua cruzada. É uma missão camicase. A vida e o ego são muito menos importantes do que a sua meta obstinada. "Magreza" era um nome tão bom como qualquer outro para a minha meta. Dez quilos, eu disse. A qualquer preço.

No inverno, eu estava jejuando. A subnutrição não é uma brincadeira. Quer você esteja magra ou não, seu corpo está morrendo de fome. Conforme a temperatura caía, eu comecei a ganhar pêlos, o que é tecnicamente chamado de lanugo. Isso cresce no corpo quando não se está consumindo calorias suficientes para criar calor interno (é interessante como pensamos nas calorias como o Anticristo em vez de considerá-las como uma fonte de energia). Eu gostava dos meus pêlos. Eu me sentia uma ursinha. Cresceram pêlos na minha barriga, nas minhas costelas, na nuca, nas bochechas. Pêlos felpudos, muito claros. A minha pele ficou mais branca, mais do que o normal, quando o sol se tornou translúcido, como ocorre no inverno do extremo norte. Comecei a ficar com uma aparência um pouco assustadora. No chuveiro, ficava sentindo os ossos na parte inferior das minhas costas, dois pequenos pontos acima do traseiro. Eu segurava os meus ossos pélvicos como se fossem machadinhas gêmeas. Comia Fiberall e Dexatrim. Bebia litros de água. Estava sempre com frio.

De manhã, eu me arrastava para fora da cama às cinco horas, vestia os tênis de corrida, caminhava pela luz púrpura que atravessava os braços negros das árvores, abria as portas que davam para o longo corredor do edifício principal e corria. Essa era a coisa mais estranha. Eu sempre detestei exercícios solitários. Quando era mais nova, joguei futebol e tênis e nadei na equipe de natação, mas sempre, sempre detestei correr sozinha. Estava muito orgulhosa de mim mesma por forçar o meu corpo a correr. E correr. A desnutrição precipita a mania. Assim como a velocidade. E as duas estavam presentes em grandes doses. Mas o masoquismo também estava — a sujeição do ego e/

---

[2]Nancy Mairs, "Atos Carnais", em *Minding the Body* [Pensando no corpo], ed. Patricia Foster, 270.

ou do corpo à dor e ao medo, resultava em última instância numa sensação transitória de domínio sobre a dor e o medo. Todas as manhãs, eu corria oito quilômetros, de um lado para outro do corredor, tocando a porta em cada ponta, a marca de uma obsessão. Eu precisava tocar na porta, senão não valia. Você inventa as regras e, se não as cumpre, Deus o livre, você precisa correr mais um quilômetro e meio para compensar. Quando terminava, eu descia até a sala de ginástica e me pesava.

A sala de ginástica estava cheia de meninas. Na balança, nas bicicletas ergométricas, nos pesos, na máquina de remo. Não havia nada de errado com um pouco de exercício. Mas numa comunidade tão pequena, não se pode deixar de notar as mudanças. As mesmas meninas, encolhendo, dia após dia. Eu as via, mais tarde, no *campus*, tiritando nas salas de aula, nas leituras, nos concertos, enroladas em lã. Eu me pesava e saía. Não havia um reconhecimento mútuo. Você pode falar sobre comida o dia todo com as amigas, mas guarda os seus segredos. Na superfície, vocês estão fazendo isso sociavelmente, são um maldito exército de dieta indefectível, e todas dançarão juntas. Na verdade, todas estão competindo umas com as outras para ser a mais magra, a mais controlada, a menos fraca, e você tem a sua própria cruzada particular, na qual ninguém pode lhe fazer companhia, a não ser que seja tão problemática como você.

No meio do inverno, eu corria de manhã, comia *grapefruit* sem parar no café-da-manhã (alguém havia me dito que tinha apenas 8 calorias. Quando descobri que não era verdade, corri 15 quilômetros para compensar todas aquelas *grapefruits*) e ia para a aula. No almoço, eu caminhava rápido pelo corredor lendo um livro e depois ia para a aula. No fim do dia, corria de novo, mais oito quilômetros, ia até o refeitório e comia palitos de cenoura com mostarda. Logo criei uma nova regra: agora eu precisava correr *depois* do jantar também. Em janeiro, eu estava correndo quarenta quilômetros por dia, com um joelho que estava começando a estourar.

No hospital, as anoréticas sempre se espantam de como podiam ter tido a energia para correr, ficar horas sentadas na bicicleta ergométrica, pedalando enlouquecidamente em direção ao ponto de fuga em suas cabeças. Elas falam disso em grupos, dependendo do estado de espírito em que se encontram, com um tipo triste de orgulho ou choque. Este último é raro. Só se ouve a segunda opção de mulheres que tenham alcançado alguma compreensão de que vinham vivendo num estado alterado, um estado que não pode ser mantido. A primeira opção tende a manter a grandiosa ilusão de que elas são super-humanas.

Eu estava começando a alimentar esse delírio, de que eu era super-humana. Quando se fica sem comer um tempo significativo, e se continua viva, começa-se a ridicularizar os tolos que acreditam que precisam comer para viver. Parece muito evidente que isso não é verdade. Você acorda de manhã, faz o seu trabalho, corre, não come, vive. Você começa a esquecer o que significa viver. Você esquece coisas. Esquece que costumava se sentir bem. Esquece como é se sentir bem porque se sente uma merda o tempo todo e não consegue lembrar como era antes. As pessoas não valorizam a sensação de *satisfação*. Elas não valorizam a sensação de firmeza, de mãos que não tremem, cabeças que não doem, gargantas sem a sensação de crueza por causa da bile e pequenas feridas feitas por unhas enfiadas às pressas até o ponto da ânsia. Estômagos que não começam a se dissolver com uma mistura ácida de cafeína e remédios. Elas não acordam no meio da noite, com as panturrilhas e as coxas formando nós de músculos que começam a consumir a si próprios. Elas podem ou não acordar à noite com seus próprios soluços inexplicáveis.

Você começa a contar com a sensação de fome, a rebeldia ruidosa do seu corpo às pequenas torturas das próprias mãos. Quando você afinal começa a melhorar, a saúde vai parecer errada, vai deixá-la tonta, confundi-la, e você vai ficar doente de novo, porque a doença é o que você conhece.

Não consigo explicar por que lembro desse ano com tanta alegria. Talvez seja porque tenha sido só o começo. É o último ano em que lembro de ter me sentido inteira. O meu auto-ultraje particular é ofuscado pela minha lembrança de Interlochen, sem dúvida magnificamente glorificado na minha cabeça, mas, ainda assim, glorioso ao seu modo. Lembro do zumbido da paixão palpável nos estúdios, nas salas de concertos, da música constante saindo pelas aberturas das salas de ensaio no porão do alojamento, das vozes dramáticas e dos braços agitados no refeitório na hora do jantar, dos risos, da inegável loucura, dos extremos.

Talvez seja porque, pela primeira e provavelmente pela última vez na minha vida, os meus extremos não eram exatamente uma novidade. Na comparação, os meus extremos eram secundários.

Naquele ano, por vários motivos, saí com garotos muito jovens, frágeis, inofensivos. O ódio que eu sentia pelo meu corpo, que aumentava constantemente com o passar do tempo e, claro, não diminuía apesar do fato de eu estar perdendo peso, tornava literalmente impossível que eu tivesse qualquer contato minimamente físico com alguém sem me sentir repulsiva, exposta, suja, gorda. À noite, num quarto de alojamento com a porta entreaberta (regulamento de "quartos abertos", aplicável apenas com um visitante do sexo oposto), eu fazia os barulhos mecânicos, fazia o que devia fazer, exceto sexo, e depois saía para tomar uma ducha, sentindo os meus ossos dos quadris durante uma hora, de olhos fechados.

Considerando-se o meu histórico, isso era um pouco estranho para mim. Mas talvez não. Talvez eu estivesse cansada de sexo. Triste, mas talvez verdadeiro. E talvez eu tivesse medo da intimidade, da exposição, da vulnerabilidade. Ou talvez tenha sido o que muitas mulheres com transtornos alimentares relatam: um medo de que seus corpos sejam vistos como excessivos, que seus rostos mostrem alguma reação, que suas vozes se sobressaiam, espontâneas, descontroladas, com suas paixões sendo desviadas do foco escolhido — a morte — para algo mais assustador: a vida. Um dos garotos disse ao seu colega de quarto, preocupado, que eu "fazia muito barulho". Eu estava fingindo, claro, mas me senti humilhada mesmo assim e guardei as minhas reações, forjadas ou reais, para mim mesma na outra vez em que ele esfregou seu corpo magricela em mim, ofegando e gozando nas calças jeans, e desviei o olhar. Fiquei ouvindo as risadas e os gritos das pessoas que passavam pelo corredor. Agradeci pela gravidade e pela forma como ela empurrava a minha barriga para baixo, em direção à minha coluna, formando um vazio côncavo entre os meus ossos pélvicos.

Um ano depois, no hospital, escondo o rosto nas mãos quando uma mulher bonita começa a chorar num grupo enquanto dispara que tem medo da própria paixão, de sua paixão física, do desejo que sente por seu amante. O resto do grupo, em silêncio constrangido, fica olhando para o chão, cada uma de nós fingindo não saber do que ela está falando, cada uma de nós insistindo consigo mesma que não entende, que nunca se sentiu assim. Mais tarde, vamos fazer piadas, "O sexo não é só para queimar calorias?" e dar risada. Eu entendi o que a mulher quis dizer. Senti o rosto queimar, como se a minha compreensão me marcasse como uma delas, uma dessas mulheres que sentem coisas de dentro para fora, uma dessas mulheres cujos corpos às vezes se elevam numa alegria silenciosa. Eu não queria ser uma dessas mulheres. No ano que passei no colégio interno, fiz tudo o que pude para tirar essa parte de mim jejuando. A aceitação da comida, assim como a aceitação de um amante, é vista como uma admissão de fraqueza e necessidade, uma admissão de desejo por prazer físico, a submissão à "inferioridade", os lados subservientes do ego. Uma mulher frouxa, é o que você é, com as paixões fora de controle. A etiqueta da nossa cultura diz que uma boa mulher deve aceitar a comida e o sexo com um suspiro de submissão, um olhar para o teto, uma beliscada na ferida.

Além disso, o sexo sempre me deixava com fome. Assim como fumar maconha. Eu evitava as duas coisas.

Lora e eu ficávamos deitadas nas nossas camas lado a lado à noite. A luz de inverno é brilhante e azul e lança sombras lúgubres para dentro do quarto. Os canos batiam. Ela tinha insônia, mais ainda do que eu. Ficávamos lá conversando intermitentemente, sobre poesia, histórias, escritores e palavras, alvoroços confusos e tempestuosos de palavras sobre palavras. Conforme as horas avançavam, as nossas vozes ficavam mais baixas e falávamos mais devagar. Conversávamos sobre aonde iríamos. O que escreveríamos. Raramente falávamos da vida que havíamos deixado. Conforme o relógio se aproximava do amanhecer, nós tagarelávamos coisas sem sentido. Ela me chamava de Max.

Conforme o inverno continuava, mais do que longo, nós duas piramos. Minha mania atingiu proporções insanas. Eu ficava sentada na sala de estudos à noite, datilografando enlouquecidamente contos surrealistas. Ficava sentada na escrivaninha, no quarto, tomando chá, viajando com estimulantes. Ela invadia o quarto ensandecidamente. Ou invadia o quarto rindo feito uma maníaca. Ou invadia o quarto e se sentava debaixo da escrivaninha comendo biscoitos recheados Nutter-Butters. Era viciada em açúcar. Virava pacotes de açúcar garganta abaixo, ou devorava longos puxa-puxa. Estava em constante movimento. No começo, perguntei-me se ela também tinha problemas com comida, subsistindo principalmente à base de açúcar e sanduíches de geléia e manteiga de amendoim com pão de sanduíche, mas a minha preocupação (conforme ela observou) era "transferência total, Max, de verdade. Talvez você só esteja com *fome*". Em alguns sábados, íamos juntas para a cidade, comprávamos sacos e mais sacos de balas Toffe (nós duas gostávamos mais dos de baunilha; ela sempre tinha um perfume delicioso e usava extrato de baunilha puro como perfume, o que me deixava com fome), minhocas de goma, coisas azedas de entortar o rosto e doce de manteiga. Deitávamos de costas nas camas e ficávamos ouvindo The Who e Queen, berrando, "I AM THE CHAMPION, YES I AM THE CHAMPION" com as bocas cheias de coisas grudentas ou ficávamos balançando penduradas nos canos acima das camas e caíamos no chão dando gritinhos.

As pessoas têm uma idéia de que quem tem um transtorno alimentar simplesmente *não come*. Errado. Quem tem um transtorno alimentar tem regras sobre o que come e come "comidas seguras", como as chamaríamos no hospital dentro de alguns meses. O açúcar era uma escolha óbvia: sem gordura e, ainda por cima, capaz de deixar a pessoa hiperativa. Imagine quanto trabalho você pode fazer quando está ligada até as orelhas de cocaína, cafeína e açúcar! Uma seqüência constante de estranhos contos saía da minha máquina de escrever, mais e mais estranhos, mais e mais ofegantes e abstratos.

Lendo-os novamente, anos depois, quase consigo me ver me erguendo da cadeira, levitando no ar, olhando para o espaço, as palavras que saíam completamente cerebrais, sem ligação com a realidade física, tudo realismo mágico, tudo imagens alucinatórias, uma progressão clara e bizarra de histórias sobre mulheres que ficavam cada vez mais quietas, cada vez mais pálidas, mais e mais magras, formando o meu lamentável desenlace literário daquele ano. Escrevi sobre uma mulher que desaparece completamente. Depois de uma que, caminhando, descobre-se se desmanchando numa pilha de pó de porcelana. *Perturbador e realista*, observavam os professores, *misterioso, irreal*. No último: *Marya, volte para o chão. Você foi longe demais com esta.*

Lora escrevia enlouquecidamente com uma caneta roxa e entrava em estados incríveis, tentando deixar os versos de seus poemas EXATAMEN-TE PERFEITOS. Eu estava zunindo com uma energia esquisita. A mania é fácil quando não se está comendo, porque, claro, é preciso manter a mente afastada da comida o máximo possível. A comida é um obstáculo muito grande para o seu progresso, e é preciso se manter acordada porque, se você cair no sono, não estará queimando nenhuma caloria e não estará fazendo nada. O tempo é de suma importância quando se é maníaca, você PRECISA FAZER AS COISAS, qualquer coisa, todas as coisas, e você precisa FAZER TUDO NA HORA, o coelho Baco correndo de um lado para outro, olhando para o relógio de bolso, "Estou atrasado! Estou atrasado!" O mundo não vai parar para mim, e eu preciso pegá-lo antes que ele passe voando e EU PERCA A MINHA CHANCE de ser INCRÍVEL. Há um *deadline* na incredibilidade, e o relógio está andando. Os meus dias e noites eram planejados nas minhas agendas em espaços de 15 minutos. Eu estava sempre conferindo as agendas para ver o que tinha que fazer a seguir.

Lora e eu começamos a brigar por qualquer coisa. Bom, na verdade não era por qualquer coisa.

Eu estava tirando a camisa, de costas para ela.

— Max, deixe eu ver as suas costas.

Sua voz estava aguda. Eu havia parado de me trocar na frente dela. Havia cometido um deslize.

— O quê? Não.

Vesti a parte de cima do pijama, entrei no banheiro e tranquei a porta.

— Max! — ela bateu na porta. — Que merda está acontecendo com as suas costas?

— Do que você está falando? — As minhas mãos percorreram o caminho por cima dos ossos das minhas costas, das clavículas, dos pulsos, dos joelhos.

— Max, você *não está comendo! Saia daí!*

Saí e fiquei na frente do espelho, escovando os cabelos. Eles caíam no chão em finas nuvens escuras.

Ela ficou na escrivaninha, batendo nas coisas.

— Sabe, Max, isso é papo furado.

Eu não disse nada. Me olhei de lado no espelho. Estava mais magra, mas ainda não o suficiente.

— Quer dizer, tipo, você podia conversar com alguém sobre isso, ou alguma outra coisa.

Deitei na cama e abri um livro com raiva.

— MAX — ela gritou.

Levantei o olhar e fiquei esperando.

— *Vá se foder* — ela disse. — Quero dizer, quanto a isso. Só vá se *foder*.

Ela saiu batendo a porta do quarto.

Comecei a acender um cigarro atrás do outro. Ficava nos fundos dos banheiros dos alojamentos, encostada em outra menina, com o rosto levantado, como um filhote de passarinho, segurando o cigarro, ilícito e passível de expulsão, contra o vento. Pedi autorização para sair do *campus* e caminhava, às vezes sozinha, às vezes não, pela estrada gasta que levava até o bosque. Foi a primeira vez na minha vida que comecei a gostar de ficar sozinha. Eu sempre havia tido um medo agudo da solidão, mas agora as caminhadas eram necessárias. Eu queria o exercício. As meninas e eu havíamos discutido a extensão da caminhada do *campus* até a faixa de lojas no começo de Interlochen. Estimamos em mais ou menos três quilômetros e debatemos detalhadamente sobre se a queima de calorias era estimada pela extensão da caminhada ou pelo tempo que durava. Imaginei que pela extensão, porque significaria mais calorias.

Eu queria a solidão. Caminhava com os passos combinando com o ritmo das palavras na minha cabeça. As palavras, uma companhia repentina infalível: virava à esquerda no portão da escola, respirava, andava um pouco, e então as palavras vinham, balançando como um metrônomo na minha cabeça. Eu caminhava e inspirava a cada frase, e expirava a cada frase, e passo, e passo.

Nos finais de semana, éramos 350 garotos arrumados para assistir a apresentações noturnas, a maioria dos quais eu não vi desde então. Parados como neve, ficávamos sentados na platéia, prendendo a nossa respiração coletiva, ouvindo a música no escuro. Os dedos seguravam com força os programas no colo, os músculos acompanhavam, involuntariamente, com admiração, as silhuetas que dançavam. Nas noites de terça-feira, balançávamos as cabeças no ritmo do grupo de *jazz* de pés descalços e barba por fazer, cujas mãos calejadas seduziam o sax e o contrabaixo numa música que se movia, profunda, pelo salão movimentado e suado.

O inverno penetrou lentamente no mundinho em que vivíamos, entrando através das pequenas fissuras nas paredes, com o vento recostando os ombros nos edifícios, fazendo-os gemer e suspirar, o chão alto e branco, as ruas estalavam sob os nossos pés. A neve caía em pequenas convulsões, colchas brancas flutuando acima das nossas cabeças. Vestindo lã e cachecóis, nós corríamos de uma aula para a outra, com a respiração saindo em pequenas explosões brancas das nossas bocas. Nos ambientes internos, com falta de ar, grandes flocos de neve ficavam presos nos cabelos, com suas perfeitas geometrias se derretendo em estampas de pingos cristalinos.

No refeitório, eu me servia de café e gotejava um terço de uma colher de chá de creme por cima. Um prato pequeno: palitos de cenoura, aipo, mostarda. Com o tempo, passei a encher uma tigela com uma quantidade ridícula de mostarda e comer mostarda direto, usando um palito de cenoura mais como colher do que como algo comestível. Na época isso não me pareceu exatamente estranho, por mais que as pessoas me dissessem que era esquisito e fizessem piadas a respeito. Eu estava antes de tudo e principalmente preocupada com a perda de peso e, caramba, se mostarda e cenouras não tinham gordura nem calorias e me deixavam satisfeita, que porra aquilo me importava? Ninguém mais estava comendo normalmente, então, quem eram eles para dizer alguma coisa? Na maior parte do tempo, um grande grupo de meninas, inclusive eu, falava sem parar sobre as nossas dietas, sobre o quanto havíamos perdido. Às vezes parecia que alguém estava ganhando distância do bando: fulana está vomitando, diz uma menina, e todas piramos. "Ah, não!" gritávamos, como se não estivéssemos todas fazendo a mesma coisa. "Que horror!" Ou a famosa anorética do *campus*, uma bailarina que (cochichávamos) havia estado no hospital uma vez (espanto) e tinha (chegávamos mais para perto) só *quatro por cento de gordura corporal!* Dizíamos, "De jeito NENHUM. É SÉRIO?" (A faixa saudável de gordura corporal para a maioria das pessoas é entre 18 e 25 por cento. Chegou a nos ocorrer que quatro por cento era potencialmente fatal? Não. Nós ficamos com inveja.) Claro, havia o dia de exame de gordura corporal para as bailarinas, e todas saíam chorando. Ou se havia alguém que normalmente comesse mais do que nós, mas que só comesse aipo no jantar alguma noite, ficávamos todas em volta dela como uma matilha de cachorros, falando alto e resmungando que "Isso é MUITO perigoso, você

vai ficar completamente sem energia, PARE COM ISSO AGORA MESMO!"
Ela caía no choro e dizia que o namorado queria que ela emagrecesse.
"Foda-se ele! Quem precisa disso?" gritávamos e a abraçávamos.

Se eu estivesse terrivelmente com fome, comia alguns *pretzels*, um pouco
de milho ou um pouco de arroz com um monte de sal. Tipo, uma quantidade de sal realmente repugnante. A desidratação, induzida tanto pelos
vômitos incessantes quanto pela falta de nutrientes, faz com que você sinta
necessidade de sal da pior maneira possível. Ela torna a mostarda deliciosa.
Faz você querer lamber sal. As pessoas encaram e depois tentam desviar o
olhar enquanto você sacode e sacode e sacode o saleiro. Você olha para cima
e diz "O que foi?" Quando chegar ao hospital, você vai gritar com a enfermeira, a nutricionista, o médico, o rapaz da lavanderia, porque você só
recebe um daqueles minúsculos saquinhos de sal com a comida. Você quer
punhados e mais punhados de sal.

Aos domingos, nós comíamos compulsivamente. Várias de nós, em
silêncio. Aos domingos havia um *brunch* elegante no refeitório, bufês de
pãezinhos açucarados, *muffins*, bolinhos, bolo de café, enormes bandejas de
aço inoxidável de purê de batata coberto por uma casquinha, ovos, salsi-
chas, batatas. Comíamos e comíamos e comíamos. Mas comíamos coisas
estranhas: sete *muffins* de mirtilo, um prato inteiro de purê de batatas
salgado, 14 biscoitos com gotas de chocolate. Nos domingos à tarde era
possível nos ver, com os rostos tensos, saltando aerobicamente para cima
e para baixo e pedalando ensandecidamente em velhas bicicletas ergométricas. Num domingo, comendo *frozen* iogurte de pé no refeitório com
a Lora, uma amiga dela me disse:

— Meu Deus, você faz alguma outra coisa além de correr e comer?
Respondi, na defensiva:

— Eu não como tanto assim.

O exibicionismo era o pior. Ouço isso em escolas de todo o país, em
cafés e restaurantes, em bares, na Internet, pelo amor de deus, nos ônibus,
nas calçadas: Mulheres chiando sobre como comem pouco. "Ah, estou
faminta, não comi o dia todo, acho que vou comer um pedação de alface,
não estou com fome, não gosto de comer de manhã" (de tarde, à noite, às
terças, quando não estou com as unhas pintadas, quando estou com dor
na perna, quando está chovendo, quando o dia está ensolarado, nos feriados

nacionais, antes ou depois das duas da manhã). Ouvia isso no hospital, aquele terrível choramingo irônico dos lábios rachados de mulheres morrendo de fome, "Mas eu não estou com *fo*-meeee." Pelo que dizem as mulheres, nunca estamos com fome. Vivemos das bolinhas de força da Ms. Pac-Man. A comida nos deixa enjoadas, a comida nos deixa agitadas, a comida é complicada demais, tudo o que eu realmente quero comer é aipo. Pelo que dizem as mulheres, somos seres etéreos que comemos com a maior das aversões, raspando tiquinhos de comida entre os dentes com os lábios superiores enrolados.

Para a sua informação, é tudo papo furado.

Passar fome é a maior moda feminina dos dias de hoje, assim como desmaiar foi nos tempos vitorianos. Nos anos 1920, as mulheres fumavam com longas piteiras e mostravam de relance as pernas finas. Nos anos 1950, as mulheres coravam e diziam "xi". Na década de 1960, elas se balançavam, de olhos fechados, com um sorriso bobo no rosto. A minha geração e a anterior fingem desinteresse em relação à comida. Estamos "muito ocupadas" para comer, "muito estressadas" para comer. Não comer, de certo modo, significa que você tem uma vida tão ocupada, que a sua ocupação é tão importante, que a comida seria um fardo no seu tempo precioso. Alegamos perda do apetite, uma condição física sagrada, supermulheres, conquistamos o domínio feminino do material e finalmente obtivemos acesso ao domínio masculino da mente. Ainda assim, esta máxima não é exatamente nova. Uma dama come como um passarinho. Uma dama deve parecer um passarinho, com ossos frágeis, mas poderosa no vôo, erguendo-se sem peso no ar.

Nós fingimos desinteresse e rimos e entramos escondidas na cozinha em algumas noites, com um triângulo de luz derramado no chão diante da geladeira, e devoramos cozido frio, sorvete, gelatina, queijo, engolindo sem mastigar enquanto ouvimos o constante e ecoante *tique-tique-tique* do relógio. Eu fiz isso. Milhões de pessoas fizeram isso. Há um espaço vazio em muitas de nós que consome as nossas costelas e não pode ser preenchido por nenhuma quantidade de comida. Há uma fome por alguma coisa que nunca sabemos exatamente o que é, só que é uma fome, então comemos. Não é possível negar a reação do corpo à inanição, e isto é parte do motivo pelo qual, em algumas noites, eu ficava no porão dos alojamentos trancada num banheiro me olhando no espelho enquanto enfiava doces, batatas fritas, qualquer coisa que tivesse nas máquinas de guloseimas na boca e depois vomitava. Há também uma fome maior e mais sinistra, e eu não era e não sou a única a senti-la. Ela se contorce embaixo do esterno, arranhando a garganta.

Na escola, éramos famintas, perdidas, assustadas, jovens e precisávamos de uma religião, uma salvação, alguma coisa para preencher o vazio ansioso do peito. Muitas de nós buscamos essas coisas na comida e na magreza. Éramos muito jovens numa época das nossas vidas em que a procura por identidade, presente e futura, estava ficando mais intensa, com a fome de conhecimento e certeza chegando ao extremo. Muitas de nós vínhamos de famílias absolutamente desestruturadas. Estávamos morando numa panela de pressão, com uma forte concorrência, apostas muito altas, sem qualquer certeza sobre o futuro, sabendo claramente que estávamos escolhendo uma vida difícil e conscientes de que as chances de "vencer" eram muito poucas. Isso criou, muito simplesmente, uma fome pela certeza.

Vivíamos num mundo maior onde há também uma sensação de fome e uma sensação de falta. Podemos chamá-la de perda da religião, perda da família nuclear, perda da comunidade, mas o que quer que seja, ela criou uma fome profunda e insaciável em nosso inconsciente coletivo. A nossa eterna busca por alguma coisa que vai ser grande o suficiente para nos satisfazer nos levou para uma estranha idolatria do consumo e da inanição simultaneamente. Nós executamos "oscilações complicadas... entre a auto-adoração e a autodegradação",[3] o pêndulo oscila para frente e para trás, perdendo o ponto de equilíbrio o tempo todo. Sabemos que precisamos, então adquirimos e adquirimos e compramos e compramos, além do ponto da satisfação do corpo, tentando saciar uma necessidade maior. Envergonhadas disso, transformamos esqueletos em deusas e olhamos para elas como se elas pudessem nos ensinar como não precisar.

Nem todo mundo na escola tinha obsessão por comida. Havia os outros. Por incrível que pareça, os meus amigos mais próximos de lá eram marginalmente saudáveis em relação a dietas (claro, muitos eram garotos), e simplesmente graças à virtude de serem jovens, muito poucos dos meus amigos

---

[3]Ibid., 270.

sabia alguma coisa a respeito de transtornos alimentares além da sua existência conceitual. Esse problema, por mais abundante que fosse, não compartilhava da mesma esfera pública das drogas e da bebida em Interlochen. Quando o forte do inverno se instalou, as minhas amigas começaram a se preocupar. Eu comia de um jeito estranho. Nas refeições, diziam, muito casualmente, "Mar, você não quer um pouco?" Elas me empurravam comida. "Você precisa de proteína", dizia Anna. "Coma um pouco de queijo *cottage*, coma um pouco de feijão, coma alguma coisa, você deve estar com fome." Em dezembro, eu havia decidido ingerir cem calorias por dia. Parecia um bom número, um número certinho, uma "dieta" em vez de um transtorno, um Plano. Cenouras, mostarda, dois *pretzels*, o leite no meu café. Os meus amigos se sentavam no café-da-manhã dizendo em voz alta: "Nham, eu adoro aveia. Mar, coma um pouco de aveia. Está muito boa hoje, Mar. Aveia tem pouca gordura", diziam, numa voz monótona, passando as tigelas de aveia na frente do meu rosto enquanto eu franzia o rosto, recuando como um bebê fazendo beicinho. "Mar, você vai ficar com fome", diziam. Eu mudava de assunto.

Chegou o feriado de Natal. Fui para casa de avião. Ficamos no aeroporto de Traverse City nervosos e tristes, distraídos, rindo de um jeito exagerado. Poucos de nós queríamos voltar para as nossas cidades. Fiquei bêbada no aeroporto de Detroit e ainda mais bêbada no avião. A contagem de calorias foi deixada de lado em favor do esquecimento. A minha mãe foi me pegar. Seu rosto estava tenso, a boca apertada numa linha fina. Minha aparência era a de uma mulher de 30 anos. Minha pele estava assustadoramente pálida, o batom vermelho, berrante, as roupas pretas muito largas e muito velhas. Ela me deu um abraço duro. Caminhamos até a esteira das bagagens falando muito pouco. Ela certamente estava preocupada, era só isso. Mas eu só tinha 15 anos, e a minha mãe é uma mulher difícil de se interpretar. Seu rosto estava tenso de... desgosto? Irritação? O que eu havia feito agora? Então eu disse, com sarcasmo:

— Bom, *você está* feliz de me ver.

Ela estalou os lábios e disse:

— Ah, Marya.

Eu disse:

— O quê?

Ela estalou os lábios de novo e virou a cabeça, movendo-se rápida, profissional e eficientemente. Nós duas atravessamos o aeroporto como bruxas em vassouras iguais.

Janeiro foi um mês frio, fevereiro, mais frio ainda. Durante as minhas férias, eu havia conquistado a aprovação que queria na forma de elogios por ter emagrecido, o que me deu uma sensação estranhamente vulgar e fugaz de realização. Não conseguia pensar em como dizer "não quero jantar de Natal, obrigada" sem causar uma comoção e, com a minha volta à escola, resolvi comer uma vez por semana, em penitência pelas refeições mínimas que eu havia feito em casa. Eu comia aos domingos. Arroz.

Fiz isso até começar a comer compulsivamente e purgar quase que autonomamente. Isso parece muito estranho para quem nunca ficou subnutrido, talvez até mesmo para quem já tenha ficado, mas, cientificamente falando, o corpo irá literalmente acionar o cérebro e *obrigá-lo* a comer. Você de repente se flagra desligando o telefone depois de pedir uma pizza, sem ter como esconder nem a pizza nem a fome que ela indica. Você se tranca no quarto, come a pizza e vomita. Ou então se descobre sozinha no refeitório, enchendo um prato depois do outro, e está com uma fome tão imensa que o cheiro da comida, a existência dos bufês livres, a luz brilhante, as risadas e as centenas de bocas se abrindo e ingerindo comida assumem o controle, e você come e come e come e corre até o banheiro e vomita. Ou então um dia você está caminhando e pára impulsivamente num restaurante, pede um jantar enorme e vomita no bosque.

Talvez a questão seja que o seu corpo se lembre de um período em que você comia normalmente. Quando você sentia fome, parava num restaurante e comia. Há um tipo de zumbido que ocorre no cérebro e que você esquece milagrosamente, pelo menos pelo tempo suficiente para comer, de que você está tentando persistentemente ser uma boa anorética. No meio da refeição você lembra, mas não é tarde demais, e você ainda está com uma porra de uma fome e continua com fome mesmo depois de ter comido tudo, mas então você se sente tão inacreditavelmente culpada e abominável que precisa, você *precisa vomitar*, e então você vomita e tudo fica melhor.

Esta é realmente a pior parte disso tudo. É o que me deixa mortificada quando ouço mulheres no meio do processo me dizendo como se sentem melhor depois que vomitam, quando falam sobre a liberação, o alívio, o poder, por mais ilusório e passageiro, de ser capaz de vencer a natureza. De ser capaz de cuspir na cara, ou vomitar nos sapatos, desse reinado material. Eu lembro daquele alívio, daquele poder. Sinto falta deles. Dói para cacete. É nojento, mas foi a minha salvaguarda, a minha certeza, a minha segurança, a minha vida durante todos aqueles anos. Era algo em que eu sabia com certeza, sem dúvida alguma, que eu era boa. Eu sabia que estaria lá para mim quando eu precisasse. E aí é que está: ainda está lá. E ainda me seduz, depois do jantar: "Vamos lá, você está estressada, você não vai se sentir melhor? Você não vai se sentir tão estufada. Vamos lá, só desta vez?" Está sempre lá, todos os dias. O banheiro é logo no final do corredor, a exatamente dez passos de onde estou sentada — e eu contei esses passos, andando para lá e para cá em algumas tardes, dez passos, dez minúsculos passinhos. Se a necessidade fosse suficientemente grande, eu poderia percorrer a distância com três passos largos.

Logo no final do corredor de onde estou reside a certeza, o alívio, mas é um alívio que eu não posso mais ter. Todo maldito dia eu preciso lembrar a mim mesma de que bem no final do corredor, logo depois de um certo alívio, vem uma morte grotesca. Imagino o meu marido me encontrando daquele jeito — no chão, numa poça de sangue e vômito, morte por ruptura gástrica ou ataque do coração ou ambos — e volto a me sentar na minha cadeira.

Isso é controle para mim, por mais triste que possa parecer. Mas o fato é que, alguns anos atrás, eu não teria sido capaz de fazer esta escolha diária. Eu teria acreditado que o vômito, talvez até mesmo a própria morte, era o controle. Eu teria estado muito errada.

Fevereiro foi claustrofóbico, e as coisas ficaram ainda mais estranhas. Varreu o *campus* uma moda repentina de sexo desesperado, cocaína e bebida, fazendo com que muitos alunos fossem expulsos da escola depois de serem apanhados. Uma única violoncelista tocando uma sonata na neve. As pessoas iam para as aulas de pijamas, com os cabelos desgrenhados e os olhos cansados. Uma noite, houve a minha própria mania — tudo o que sei é que queria fazer todas as coisas da minha cabeça pararem de dar voltas e me atormentarem, e que talvez eu tenha tomado só um pouco demais de estimulantes — que me levou até o armário do banheiro e me fez tomar todos os remédios que tínhamos, Fiberall, vitamina C, codeína, Motrin, aspirina. Lembro do jeito curioso como o chão voou na minha direção. Eu me arrastei de manhã cedo até a enfermaria e pedi dispensa da aula, porque não estava me sentindo bem. A dispensa foi negada. A semana seguinte foi uma bruma de aulas que entravam e saíam de foco, closes e planos abertos alternando furiosamente em meus olhos.

Comecei a estocar restos de comida no quarto. Tinha uma caixa de lápis em que mantinha bolachas, balas, *pretzels* amolecidos, um ou outro palito de cenoura borrachento. Lora me trazia comida das refeições, às quais eu raramente comparecia. Atirava pacotes de bolachas no livro sobre o qual eu estava debruçada. Eu as estocava na minha caixa. Eu as guardava, por precaução.

Esse é um hábito comum dos anoréticos. Parece haver um fundamento biológico nisso. Quando se fez um estudo com um grupo de *homens* jovens e saudáveis cuja ingestão diária de calorias foi cortada para menos de mil, eles começaram a estocar comida furtivamente, falar sobre comida constantemente, mascar chicletes e chupar dropes o tempo todo e ler receitas de pratos que não sabiam fazer. Com a continuidade da pesquisa, eles eram freqüentemente apanhados vasculhando latas de lixo e entrando escondidos na cozinha do hospital para comer compulsivamente. Começaram a purgar e — curiosamente — tornaram-se incrivelmente preocupados com o peso, a forma do corpo e começaram a *fazer dieta*. Preocupavam-se com ficarem sujos, tinham nojo das próprias funções biológicas e não queriam mais tocar em comida.

Hmm.

Não sei onde começa o corpo e termina a mente. Talvez uma das falácias endêmicas tanto em relação aos especialistas em transtornos alimentares quanto a nossa cultura em geral seja a de que haja *ou* uma causa biológica *ou* uma causa emocional para os transtornos alimentares. Mas as duas se misturaram. Você mesma acaba terrivelmente enrolada em ambas e não sabe como sair.

Quer a causa fosse subnutrição, neurose ou uma inefável combinação de ambas, o que mudou muito repentinamente naquele ano foi o modo como a minha mente funcionava. Desde que eu tinha começado a ser bulímica — havia sete anos àquela altura — eu nunca havia atingido o estado de obsessão completa e constante que começou naquele ano na escola e caracterizaria os anos que estavam por vir. Uma amiga que eu conheceria depois, que nunca havia tido um transtorno alimentar, contou que havia se inclinado diante de uma privada uma vez e começado a vomitar. Mas ela disse que foi dominada de repente por uma sensação repentina de que o que estava fazendo era *errado*. Não errado no sentido de pecaminoso, mas errado no sentido humano — um crime contra a natureza, o corpo, a alma, o ego. Ela parou. Acho que antes do meu décimo sexto ano eu sempre compreendi no fundo que isso era verdade. Eu tinha um conhecimento claro e absoluto de que o meu transtorno alimentar era uma crueldade. Nós esquecemos isso. Pensamos em bulimia e anorexia ou como uma psicose bizarra ou como um hábito estranho qualquer, uma fase, ou como uma coisa que as mulheres simplesmente *fazem*. Esquecemos que é um ato violento, que ele evidencia um nível profundo de raiva e medo em relação ao próprio eu. Naquele ano, a voz questionadora que sussurrava na minha cabeça se calou.

Sem aquela voz, os meus olhos mudaram e, subseqüentemente, o meu mundo também mudou. Eu atravessei o espelho e as coisas viraram de cabeça para baixo, ficaram às avessas. As palavras davam voltas em si mesmas, e eu ouvia as coisas ao contrário. Dentro do espelho, você se torna o centro do universo. Todas as coisas se reduzem à relação delas com você. Você bate no vidro — as pessoas se viram e vêem você, sorriem e acenam. A sua boca se mexe em formas mudas. Você perde uma dimensão, vira uma boneca de papel com olhos pintados.

Você fica destemida de um modo muito distorcido. Imprudente, descuidada, um personagem de desenho animado girando as pernas de modo hilário enquanto cai de um penhasco, bate no chão e salta de volta para cima. Você espirra e, do seu nariz, despedaçado pela cocaína, pinga sangue. Isso agrada você, assim como lhe agradam as faquinhas de dor de quando você corre, a dor aguda de cada passada, assim como as palavras preocupadas e abafadas dos amigos lhe agradam, assim como a sua própria voz lhe agrada quando você diz a eles, "Eu não consigo parar." Você tomou uma decisão: Você *não vai* parar. A dor é necessária, principalmente a dor da fome. Ela reafirma que você é forte, pode suportar qualquer coisa, que você não é uma escrava do próprio corpo, que não precisa ceder às suas queixas.

Na verdade, você gosta da dor. Você gosta da dor porque acredita que a merece, e o fato de estar se submetendo à dor significa que está fazendo o que, por todos os meios, deve fazer. Você está fazendo uma coisa certa. É difícil descrever como essas duas coisas podem acontecer na mesma mente: o orgulho arrogante e ensimesmado de você mesma pela sua incrível façanha, e a crença de que você é tão má a ponto de merecer a inanição e qualquer outra forma de automutilação. Elas coexistem porque você se dividiu em duas. Uma parte é a parte que você está tentando matar — o ego fraco, o corpo. A outra parte é a parte que você está tentando se tornar — o ego poderoso, a mente. Isso não é psicose, essa divisão. É a história da cultura ocidental manifestada. A sua capacidade de suportar a dor é a sua afirmação para a fama. É ascética, sagrada. É autocontrole. É masoquismo, e o masoquismo é prazeroso para muitos, mas não gostamos de pensar nisso. Não gostamos de pensar que uma pessoa possa ter uma vida auto-erótica distorcida, uma experiência de altos e baixos simultaneamente: o prazer de dar uma surra dos infernos num corpo algemado nos pulsos e o prazer de ser o corpo e saber que se merece cada golpe.

O ano se tornou psicodélico. O inverno começou a ceder em março, com o sol passando de branco para um amarelo pálido e a luz do dia aparecendo mais cedo, começando a derreter a neve acumulada nos passeios. Eu estava seriamente subnutrida e me movia cada vez mais rápido, com a valentia peculiar aos tolos, em direção à doença, buscando a doença com paixão. Não que eu *pensasse* que queria ficar doente. Eu simplesmente estava fazendo ativamente de tudo para ficar doente. De um lado, eu queria muito ser apanhada. Mas eu não queria ser apanhada para ser salva. Eu queria ser apanhada para ser vista como alguma coisa, para reivindicar a grandiosidade, para ter a admiração doente que é dedicada àqueles capazes de se destruírem com competência. "Meu Deus!" as pessoas dizem. "Você tem tanto *autocontrole!*"

E depois: "Meu Deus. Você está muito, muito doente." Quando as pessoas dizem isso, quando elas viram o rosto, você ganhou o seu joguinho. Provou a sua tese de que ninguém-me-ama-todo-mundo-me-odeia, acho-que-vou-comer-minhocas. Você pode afundar novamente na sua cama de hospital, berrando uma indignação moral. "Está vendo?", você pode dizer. "Eu *sabia* que vocês desistiriam de mim. Sabia que vocês iriam embora."

Mas daí o que você faz? Qual é o valor se ninguém estiver olhando? Como você sabe que eles sequer estão *lá*? Você volta para o espelho, procurando por outra coisa além de ossos, outra coisa além da sombra da morte às suas costas. Leva muito tempo para aprender a ver.

A morte é uma coisa fascinante. A mente humana volta continuamente para a morte, a mortalidade, a imortalidade, a danação, a salvação. Alguns temem a morte, alguns a procuram, mas é da nossa natureza pelo menos nos questionarmos sobre os limites da vida humana. Quando se é doente assim, começa-se a questionar demais. A morte está no seu ombro, a morte é a sua sombra, o seu cheiro, a sua companhia quando está acordada e quando está dormindo. Quando o sono começa a tocar em seus olhos, você não consegue deixar de pensar: E se? E se? E nesta pergunta há também um anseio, muito parecido com o anseio de uma menina apaixonada. A doença ocupa todos os seus pensamentos, respira como um amante em seu ouvido; a doença fica ao seu lado no espelho, absorta com o seu corpo, com cada centímetro de pele e carne, e você a deixa dominá-la e tocá-la com mãos ásperas que excitam.

Nada vai estar tão perto de você novamente. Você nunca encontrará um amante tão cuidadoso, tão atencioso, tão incondicionalmente presente e preocupado apenas com você.

Alguns de nós usamos o corpo para comunicar as coisas para as quais não conseguimos encontrar palavras. Alguns resolvem pegar um atalho, resolvem que o mundo é muito ou muito pouco, que a morte é tão fácil, tão simples; e a morte é dramática, um foda-se final para o mundo.

Padre, não tenho intenção de fazer um pacto de paz com o meu corpo e a minha mente, e também não pretendo voltar atrás. Sendo assim, permita que dome o meu corpo ao não alterar a minha dieta; não pretendo parar pelo resto da vida, até que não haja mais vida. O senhor não deve pensar que o meu corpo está tão torturado e fraco como parece; ele age assim para que eu não cobre a dívida que ele contraiu no mundo, quando gostava do prazer... Ah, meu corpo, por que não me ajuda a servir ao meu criador e redentor? Por que não é tão rápido para obedecer como era para desobedecer aos Seus desígnios? Não lamente, não chore; não finja estar meio morto. Você irá suportar o peso que ponho sobre seus ombros, todo ele... Não apenas desejo me abster de alimento para o corpo como desejo morrer mil vezes por dia, se fosse possível, nesta minha vida mortal.

— SANTA MARGARIDA DE CORTONA, NUMA CARTA AO
SEU CONFESSOR QUE MANDARA QUE ELA SE ALIMENTASSE.
MORTA EM FEVEREIRO DE 1297, DE INANIÇÃO.

Março. Duas amigas e eu estamos deitadas numa cama de um quarto. Conversamos sobre sexo, exibindo-nos umas às outras com o que havíamos feito. Deitadas de costas, contamos vantagem sobre o uso descuidado do nosso corpo, falamos do nosso desdém comum por garotos ou homens. "Eu não senti nada", dizíamos com orgulho. Conversamos sobre comida e peso, conversamos sobre dieta e perda.

O ar ficou mais quente, e pequenos botões verdes começavam a florescer nas árvores. Era uma primavera ensolarada e fresca. Eu caminhava pelas ruas nos finais de tarde até um pátio vazio, atravessando o bosque até um riacho, com outras duas meninas ou sozinha, tirava os sapatos e dobrava as calças, enfiava os pés no arroio, na água gelada da neve derretida. O sol brincava nas ondulações e nas pedras molhadas, brilhando através da água clara até o chão coberto de pedrinhas do riacho. Em dias corajosos, tirávamos a roupa e nadávamos, ficando sem fôlego e rindo por causa do choque do frio, do choque do movimento da água depois de meses da imobilidade do gelo.

O meu amigo Jeremy lembra dessa época, do assalto de primavera e pólen, de como as pessoas se mexiam mais rapidamente, os corpos degelando, o sangue correndo nas veias como correntezas frias. Ele lembra de bater na minha janela uma noite. Lora lhe disse que eu estava em cima do Auditório Kresge, um enorme coliseu com chão de pedra e sustentações de aço, uma rede de metal e cabos que mantinham o teto abobadado.

— Em cima? — ele perguntou.

— É — ela disse. — Ela sobe até a cobertura para fumar.

Eu me imagino lá em cima — certamente não fui a primeira a ir —, uma menina pequena com um monte de moletons encarapitada numa viga de metal ao lado do teto, com a fumaça formando rolos em volta da minha cabeça, a sensação vertiginosa do peso da cabeça empurrando em direção ao piso de pedras dezenas de metros abaixo.

O ruído de vento do lago varria o *campus*, agitando os cabelos de todos, e a loucura voltou. Eram constantes as conversas sobre concursos e audições e formaturas. Houve trabalhos até tarde da noite e oficinas intermináveis. A Lora e eu ganhamos prêmios nacionais de redação naquela primavera. Ficamos cada vez mais distantes, comigo passando mais e mais tempo na companhia de outras meninas em dieta que não faziam perguntas ou sozinha. Lora tinha visto muita coisa e estava muito brava, e eu estava muito empenhada em não comer. Para ela era impossível ignorar isso, e ela ficava furiosa. As brigas ficaram mais freqüentes. Ela sabia o que estava acontecendo. Às vezes, me arrastava até o refeitório e ficava sentada me olhando enquanto eu comia gelatina. Ela contou para a conselheira residente, que falou rapidamente comigo sobre o assunto. No café-da-manhã, uma menina me disse, admirada:

— Meu Deus, você emagreceu tanto! Você está ótima! Que inveja.

Furiosa, Lora disse:

— Pelo amor de Deus, não a encoraje.

Empurrou a cadeira para trás e começou a juntar suas coisas fazendo muito barulho. A garota passou a mão em torno do meu braço, com o indicador tocando o polegar.

— Nossa — suspirou.

Lora empurrou a cadeira para baixo da mesa, disse "Não pense que eu vou ao seu enterro" e saiu.

Alguém perguntou:

— O que deu nela?

Sacudi a cabeça.

— Nada — respondi.

Havia uma parte de mim que não conseguia entender, na época, por que ela estava tão brava comigo. Havia uma parte de mim que acreditava que ela não tinha nada a ver com aquilo, que não era problema dela. Era estranho, porque a preocupação das outras pessoas, os abraços e conselhos delas, apenas alimentavam o processo. Eu só queria ficar mais doente. A raiva da Lora me assustava. Acho que ela me lembrava que eu não tinha o direito. E assim como eu ainda faria durante anos, eu fiquei brava com quem mais me amava e, portanto, não usava meias palavras. Eu queria ser mimada. Queria que alguém dissesse, "Ah, coitadinha, tudo vai ficar bem, vai melhorar." Eu não queria que alguém dissesse "Isso é papo furado." Ninguém quer ouvir a verdade sobre si mesmo. A Lora estava me dizendo a verdade, e eu me mudei.

Aconteceu depois do feriado da primavera.

Aconteceu no final da manhã, algumas semanas depois que voltamos. Fui para o café-da-manhã, com o meu gosto pela inanição renovado por semanas de bulimia. Eu estava vestindo uma calça de moletom cor-de-rosa e um agasalho branco. Lembro que o dia estava frio, mas claro, incrivelmente claro. A luz machucava os meus olhos, a repentina luz branca dispersa por entre as folhas que se mexiam com a brisa ficou muito clara. Eu devia estar olhando para cima, porque lembro das árvores, da luz e da dor na testa, meus olhos cerrados. Lembro dos três copos d'água que tomei no café-da-manhã, da dor no peito, da satisfação enjoativa que eu sempre sentia depois da água. Até hoje eu odeio água. O gosto da água é vazio, faminto, doente. Tomei café, duas xícaras. Tinha parado de usar creme. Bebia café preto. Quando terminamos o café-da-manhã, parei na fila do bufê e peguei 12 biscoitos com gotas de chocolate e os enfiei no bolso interno da minha mochila. Lembro dos biscoitos de gotas de chocolate: arqueados, borrachentos. Fazia meses que não os comia, mas gostava de tê-los por perto. Saí pela porta da frente do refeitório, virei para a direita e atravessei a praça principal do *campus*. Entrei pela porta do edifício das salas de aula, andei pelo corredor, fui até o departamento de Inglês, virei à esquerda, entrei na oficina de ficção, disse "olá" e desmaiei.

Não foi a primeira vez que eu caí. Não foi nem mesmo a primeira vez que eu perdi as forças, escorreguei e caí, não foi a primeira vez que eu senti a minha visão anuviar e escurecer. Mas antes sempre tinha havido algumas coisas que me alertaram: os joelhos se entortam, o centro de gravidade se desmancha e parece que os braços começam a flutuar, há uma campainha nos ouvidos, as pálpebras se agitam. É exatamente como no cinema. Eu sempre conseguia me ver caindo, eu sempre sabia. Desta vez, tudo simplesmente ficou preto.

Não sei o que aconteceu depois. Minha lembrança seguinte é de alguém me ajudando a subir a escada do alojamento. Uma amiga minha estava na mesa e me viu carregada pelos ombros, sem conseguir me equilibrar. Ela me pegou e gritou por ajuda. Alguém veio correndo e me levou até a enfermaria. Lembro de tentar andar e não conseguir. Lembro da sensação da gravidade nos empurrando para trás. Pedi desculpas por ser tão pesada. Deitaram-me numa cama. Alguém mediu a minha temperatura, outra pessoa me sentou e chegou perigosamente perto do meu rosto com suco de laranja num daqueles copos descartáveis de banheiro de enfermarias. Alguém estava com uma das mãos na minha nuca e a outra no copo e estava me forçando a abrir a boca, empurrando a minha cabeça para trás e derramando o suco pela minha garganta. Disso eu lembro: enquanto eles estavam ali, segurando a minha cabeça, eu devolvi o suco para o copo de propósito. Caí de novo na cama e disse: "estou gripada".

Os transtornos alimentares têm a força centrípeta dos buracos negros. Lembro de, naquele dia, me recolher para dentro de mim mesma e não me preocupar com quem eu estava levando comigo — os amigos ao lado da cama, as enfermeiras. Lembro de me enroscar debaixo do cobertor branco fininho, dormitando, em pânico por causa do gosto fraco de suco de laranja na língua, tranqüilizada pela lembrança de que eu o havia vomitado, que estava tudo bem, que ele não havia entrado. Disso eu lembro: do pequeno mantra deprimente que eu cantei mentalmente, da canção de ninar mentirosa, está-tudo-bem, está-tudo-bem, está-tudo-bem. Lembro do dia ensolarado do outro lado da janela, dos topos das árvores que batiam nas vidraças.

E lembro de ter ficado absolutamente contente comigo mesma.

Por quê?

Porque eu estava desaparecendo. Um ato de desaparecimento, o ato de se tornar invisível é, na verdade, um ato visível, que raramente passa despercebido. Há um estranho tipo de lógica nisso: neste mundo, esperamos que os seres humanos suportem um peso e uma força humanos — existe um fascínio em relação a todas as rebeldias humanas contra os limites materiais, com aquele pequeno passo em direção ao sobrenatural, ou o que imaginamos ser sobrenatural. Não estou dizendo que o ato de apagar o corpo *seja* mágico, mas ele *parece* mágico. Houdini, de pés descalços, caminha sobre o carvão em brasa, e a multidão reunida prende a respiração. Houdini desaparece no ar; a multidão reunida sussurra e olha ao redor, espantada.

Há uma atração ainda mais urgente em relação ao corpo anoréxico. Sabemos disso porque aprendemos pela doutrinação da baboseira cultural que também podemos nos livrar da carne, também podemos perder quilos "magicamente", "derreter" quilos, ver os quilos "desaparecerem". O corpo esquelético pode ser nosso por uma taxa mínima. Enquanto o norte-americano médio fica cada vez mais pesado, o fascínio apaixonado e a fetichização do corpo anoréxico também aumenta. As mulheres se atiram rapidamente na toca do coelho, todo mundo está entrando, não pode ser tão perigoso assim. Tem gente lendo isto que pode estar pensando: E se eu só experimentasse? E se eu perdesse mais alguns quilos? Afinal, *ela* ainda está viva.

Não exatamente.

Passei alguns dias na enfermaria. Os meus amigos e o menino com que eu estava ficando foram me visitar. Encontramos uma caixa velha de bolinhos de manteiga Girl Scout Trefoils numa gaveta. Eu comi tudo e vomitei. Fiquei desconcertada, mesmo na época, com o fato de que as enfermeiras não ficaram histéricas com isso. Elas mediam periodicamente a minha pressão e a minha temperatura e me cumprimentavam pela minha (perigosamente baixa, eu descobriria em breve) pressão arterial — eu não sabia, na época, que a minha pressão estava relacionada à minha saúde — e me botavam de volta na cama. Eu não sabia, na época, que os únicos profissionais médicos familiarizados com os sinais de um transtorno alimentar eram os especialistas.

As amigas iam me visitar no meu pequeno ninho na enfermaria nos fins de noite, quando a luz amarelada de um abajur vagabundo se derramava sobre a cama em que todas nos aninhávamos. Eu estava cheia de ânimo, era o quadro do arrependimento, jurando me comprometer com a saúde. Fiz uma coisa engraçada. Concordei com uma amiga que precisava entrar para o AA. Na verdade, eu realmente tinha um problema com drogas: eu as usava como substitutas para comida havia anos. Na verdade, o que eu queria era um grupo de pessoas que não me julgasse, que não recuasse nas cadeiras assustadas quando eu dissesse: sou doente. Havia um pequeno grupo do AA para alcoólatras e viciados menores de idade em recuperação na escola. Eles tinham permissão especial para pegar o ônibus até a cidade nas manhãs de domingo e ficarem na sala em que o AA se reunia, fumando o quanto quisessem. Telefonei para os meus pais naquele dia e contei que ia entrar no AA. Meu pai disse apenas o seguinte: "Por quê?"

Nas manhãs de domingo nós saíamos do *campus*, e o céu de repente parecia mais amplo. As risadas no ônibus eram, mais tarde eu notaria, muito parecidas com as risadas das meninas na unidade hospitalar quando podíamos dar uma caminhada de três quadras, quando as minimalucas do hospício faziam um passeio até a piscina. Era um tipo de risada impulsiva, como se uma repentina carga de oxigênio houvesse atingido o cérebro. Ficávamos sentados na sala com a fumaça tão espessa que não dava para enxergar. Depois de alguns encontros, eu me sentei ereta e anunciei:

— Oi, meu nome é Marya. (Oi, Marya.) Eu sou viciada. — Fiz uma pausa e disse: — E eu acho que sou bulímica.

Quando as palavras saíram da minha boca, pareceram mentira. Eu senti, Deus me perdoe, como se estivesse *contando vantagem*.

Eu adorava o grupo. Adorava a sensação de que as coisas iam ficar bem, que se eu simplesmente fosse aos encontros, e cumprisse o programa, tudo ficaria bem. Eu adorava principalmente o passo que dizia: Sou impotente perante esta doença.

Acho que essa premissa da impotência é a coisa mais perigosa que uma anorética pode ouvir. Ela é uma licença, uma exoneração. Eu gostava de ficar sentada na minha cadeira, fumando um cigarro atrás do outro, suspirando de alívio e pensando: Isto está além do meu controle. A mente tira as mãos da direção e diz: entrego isto para um poder maior. Deus, não me deixe entrar em colapso.

Pessoas que estiveram no inferno e voltaram desenvolvem um certo tipo de sentimento de superioridade moral. Existe uma tendência de dizer: tenho uma personalidade dependente, sou terrivelmente sensível, fui tocada pelo fogo, tenho cicatrizes. Há uma crença que se autoperpetua de que a pessoa simplesmente não consegue evitar, e isso é muito perigoso. Torna-se uma identidade em si mesma e de si mesma. Torna-se a sua própria religião, e a pessoa fica esperando pela salvação, e espera, e espera, e espera, e não salva a si própria. Se você salvasse a si próprio e não ficasse esperando pela salvação, seria auto-suficiente. Que desinteressante.

Em Interlochen, não há um *prom* (baile de fim de ano), mas um Morp, que é *prom* ao contrário. Eu havia convencido várias orientadoras do alojamento que eu estava bem o suficiente para ir. Tinha jurado que estava dizendo a verdade e sabia que, se alguma coisa desse errado, eu estaria numa grande merda. Lembro de uma mulher, uma mulherzinha pequena e durona, que me olhou nos olhos e disse: se você estiver mentindo, será expulsa daqui. Era uma ameaça que pairava, com razão, sobre a cabeça da maioria dos alunos. A expulsão espreitava no fundo, esperando para apanhá-la fazendo sexo, fumando, bebendo, usando drogas e, agora, doente. Fiz manha e chorei. Estava ficando muito boa nas duas coisas. Acabei indo à festa.

As roupas estavam fantásticas. Um bando se vestiu no nosso quarto. Houve um debate sobre raspar ou não as axilas. Acabamos fazendo isso e, em seguida, ficamos desoladas. Pegamos um ônibus até um restaurante na baía e jantamos. Comi uma batata, pedi licença e fui vomitar em silêncio enquanto as minhas amigas retocavam o batom. O meu acompanhante e eu caminhamos pela praia, curtindo o barato do cheiro de sal e do pôr-do-sol. Tirei os sapatos (o amor adolescente é terrivelmente dramático). A minha cabeça começou a girar, bem de leve. Pegamos o ônibus até o clube. A pista de dança pulsava, a pele brilhava molhada e vermelha sob as luzes coloridas, com os olhos vidrados. Meus amigos e eu andamos pelo clube, das mesas de bilhar à pista de dança e de volta às mesas de bilhar. Eu me encostei numa parede, tentando respirar. Dei um sorriso muito radiante. Meu vestido de cetim preto começou a se agarrar, frio e úmido, à minha pele.

Dançando, tropecei. Caminhei com dificuldade em meio às pessoas até o banheiro, sentei num cubículo e apoiei o rosto no metal frio da parede. Recuperei as forças. Fiquei de pé. De volta à pista, as luzes estroboscópicas piscavam, e eu não consegui me equilibrar. Tudo estava girando, tinha muitas luzes piscando, os rostos de repente ficaram brilhantes, sorrisos se acendiam e se apagavam, braços e pernas se mexiam muito rápido e muito perto. Comecei a me esquivar, levei as mãos ao rosto, tentando fazer um foco e saí tropeçando da pista até o banheiro, com as minhas amigas atrás. Inclinei-me para a frente e comecei a tossir. O sangue respingou no azulejo branco e eu falava com a voz áspera "Estou bem, estou bem", enquanto minhas amigas gritavam. Encostada na parede, escorreguei até o chão: uma distinta queda na altitude, uma sensação de escorregar debaixo d'água, a temperatura caindo, a gravidade perdendo a força.

Uma amiga saiu correndo do banheiro e chamou uma das damas de companhia. Ela ficou acima de mim, ouvindo o barulho caótico das minhas amigas contando com vozes estridentes o que havia acontecido, e eu insistindo que estava tudo bem. Ela finalmente interrompeu dizendo:

— Fiquem quietas, todas vocês. Marya, você está mentindo. Vamos embora.

Ela me puxou pelo braço e me arrastou para fora enquanto eu gritava e tentava me afastar. Foi muito difícil não rir. Tudo aquilo parecia uma grande piada.

No carro, eu desmaiei. Voltei à enfermaria. Meus pais foram chamados. Disseram a eles que não era obviamente nada bom, eu estava absolutamente magra e provavelmente vinha tomando remédios para emagrecer que não estavam me fazendo bem. Era maio. O ano escolar estava quase no fim, e acho que eles devem ter decidido que eu podia terminá-lo. É muito provável que eu tenha convencido os meus pais de que era muito barulho por nada. Apesar de tudo, tive de ir a um psicólogo fora do *campus*.

Não acredito que transtornos alimentares fossem a especialidade da minha terapeuta. Eu era *profundamente* desagradável. Lembro de ir de táxi até o consultório. Acho que ela me perguntou se eu tinha um transtorno alimentar. Eu disse que não. Então o que está acontecendo? Dei de ombros. Não lembro de mais nada da terapia.

O ano começou a passar mais rápido. A primavera virou começo de verão, começaram as preparações para a semana de formatura, com todo mundo trabalhando enlouquecidamente para se aprontar para as apresentações, as leituras e as mostras. Dávamos risada de tudo. O céu estava azulíssimo, o ar, quente e doce. Com o segredo exposto, eu tive de mudar um pouco a minha ladainha. Convenci as amigas de que o problema "real" era a minha bulimia e, como eu não estava vomitando, na verdade estava tudo bem. Além disso, tenho problemas no estômago, e a comida me deixa enjoada, de modo que eu não posso comer muito, então eu não posso comer nada hoje. Estou tentando, juro por Deus que estou tentando mesmo. Com isso, dava uma mordida numa torrada, começava a chorar e a botava de volta no prato. Eu não consigo, dizia, e elas choravam, e eu chorava, e elas me diziam como eu estava me esforçando, sem vomitar e tudo. Eu assentia, secava as lágrimas de crocodilo e ainda assim não comia. Caí uma outra vez, voltando do auditório onde havia ido fumar com uma amiga. Foi no começo da manhã, o ar ainda estava fresco. Estávamos subindo a ladeira em direção ao refeitório quando perdi o equilíbrio e caí.

Pela primeira vez, fiquei com medo. Mas só por um minuto. Disse:

— Só estou cansada. Talvez eu tenha fumado um cigarro ruim.

— Venha comer alguma coisa — disse ela.

— Ah, não, isso me faria vomitar, não estou me sentindo bem — e ela me ajudou a caminhar até o refeitório. Tomei meu café e fiquei segurando a cabeça.

As últimas semanas são um borrão. As amigas choravam nas salas da administração, tentando fazer com que eles *fizessem alguma coisa*! Eles responderiam, muito compreensivelmente, "O que vocês querem que nós façamos?" Eu ficava atirada na cadeira, de braços cruzados, e dizia quase acreditando que as coisas não eram tão ruins quanto pareciam. Eu não estava tão magra assim. Tinha gente muito mais magra do que eu, e era isso. Quer dizer, todas sabemos os perigos de jejuar, mas, bulimia? Não pode ser ruim. Só é ruim quando a pessoa fica muito magra. Quem se preocupa com bulímicas? Elas só são desagradáveis.

Empacotamos as nossas coisas, planamos pelas provas finais e conquistamos alguns prêmios. A Lora e eu não tínhamos muito o que dizer uma à outra, então não falamos nada. Havia um zunzunzum sobre destinos pelos alojamentos, Julliard, NYU, Oxford, Harvard, Oberlin, Rhode Island School of Design, Yale, Los Angeles. Conversas sobre quem voltaria, quem agüentaria, quem iria se tratar, quem faria turnê pela Europa, quem tinha assinado contrato, quem tinha vencido, quem não tinha. Eu estava planejando voltar, planejava arrebatar todos os prêmios de redação no ano seguinte.

Parte de mim, a parte que ainda estava presa ao chão, foi até a sala de um professor, bateu, fechou a porta atrás de mim e disse a ele que eu ia me tratar. O estranho é que eu não sabia disso na ocasião.

Meu professor de ficção, que havia trabalhado próximo a mim durante todo aquele ano, fazendo uma pressão tão forte que às vezes eu achava que ia morrer, que acreditava no que eu escrevia, recostou-se na cadeira, um boné de beisebol enfiado na cabeça, e cofiou a barba. Ele disse:

— Sinto que isto esteja acontecendo. — Inclinando-se para a frente, continuou: — Quero você aqui de volta no ano que vem. Entendeu?

Assenti, desviando o olhar, tentando não chorar. Ele disse:

— Certo, moleca. Não pare de escrever.

Sacudi a cabeça e disse:

— A gente se vê.

Não que eu soubesse que não iria voltar para Interlochen. O problema era que eu tinha a estranha sensação de que não iria voltar para lugar algum.

O meu cérebro havia se dividido em dois pólos. Num pólo estava o instinto básico de sobrevivência, o desejo comum aos animais, além da linguagem e da razão, de viver. É com este lado, a necessidade biológica inata de sobreviver, que as anoréticas estão em guerra. É o instinto de sobrevivência que enlouquece as anoréticas e as bulímicas mais do que jamais serei capaz de articular. Enquanto a maioria das pessoas, quando tem fome, come, e quando está doente, vai para a cama, eu ficava assustada e enfurecida com a compulsão cega, a repentina queda no chão, ambas indicando as necessidades e fraquezas do meu corpo e um domínio completo sobre *mim*. Recusando-se a jejuar, o meu corpo comia; recusando-se a continuar de pé, o meu corpo se dobrava e caía. O terrível paradoxo é que, para mim, parecia que a minha sobrevivência emocional, a minha integridade pessoal básica dependia do meu controle, se não da eliminação completa do meu eu físico.

No pólo oposto do meu cérebro estava um desejo de atirar a toalha muito cedo. Vire o instinto de sobrevivência, e você encontrará o seu ponto fraco, o instinto que tende à morte. Eu não sentia raiva desse instinto e, curiosamente, tinha pouco medo dele — ainda — e voltei-me para ele como a um aliado na minha guerrinha.

Pessoas com transtornos alimentares têm uma consciência limitada de que seu comportamento é perigoso. Podemos ser enganadas de diversas maneiras, mas não somos tão malucas a ponto de não vermos que a nossa cruzada — sobrevivência emocional, morte física — anula totalmente a si própria. Muitas descobrimos, para nosso grande desalento, que o corpo sempre irá vencer. Ou ele sobrevive apesar dos nossos maiores esforços, ou ele morre, tornando a sobrevivência emocional absolutamente irrelevante. Pessoas com transtornos alimentares são todas muito diferentes. Tenho certeza de que há gente que simplesmente tem transtornos alimentares e que não está necessariamente tentando morrer de fome. Eu não era uma dessas pessoas. Eu estava tentando morrer de um modo curioso e casual. Algumas mulheres com quem conversei dizem que estavam apenas testando os limites do corpo humano — especialmente as atletas com transtornos alimentares têm essa idéia —, mas elas falam num tom esquisito, quase proativo, como se sempre tivessem tido a intenção de parar. O transtorno alimentar só fugiu do controle.

Eu não pretendia parar. Eu não estava testando os limites do corpo humano — o que implica um certo respeito por esses limites —, tanto que me perguntava o que seria necessário para rompê-los. Eu queria ver o que havia do outro lado.

Minha corrida maníaca em direção ao sucesso estava baseada na crença — no conhecimento? — de que eu tinha só uma pequena janela de oportunidade em que obter sucesso. Uma noite, no começo do ano escolar, Lora tinha me perguntado quanto tempo eu achava que ia viver. Fiquei deitada na cama pensando na pergunta por um minuto. Respondi "Talvez vinte".

Imaginei que levaria esse tempo para que eu morresse de fome. Cheguei muito perto. Três anos depois, dois meses antes do meu décimo nono aniversário, os médicos me deram uma semana de vida.

Particularmente, eu não queria viver muito mais do que isso. A vida me parecia bastante assombrosa. Ainda me parece assim. A vida parecia muito tempo para se ficar por aqui, um imenso período de anos através dos quais se teria que sapatear, sorrir. E ser Ótima! E ser Feliz! E ser Incrível! E ser Precoce! Eu estava cansada da vida aos 16 anos. Estava cansada de ser demais, muito intensa, muito maníaca. Estava cansada das pessoas e estava impressionantemente cansada de mim mesma. Queria fazer qualquer que fosse a coisa incrível que esperavam que eu fizesse — pode-se observar que essas expectativas eram minhas, só minhas — e pronto. Ir dormir. Ir para um céu onde não houvesse nada além de banheiras e livros.

A voz corrente sobre os transtornos alimentares é que eles são uma tentativa de voltar a ser criança, uma regressão. Em vez de olhar para os transtornos alimentares como um desejo infantil de voltar para uma simbiose *ex utero* com a mãe, acho que é importante registrar que eles podem ser um fenômeno cultural e geracional do bom e velho *burnout*. A minha geração foi alienada por propaganda subliminar, televisão burra, filmes violentos, uma insípida literatura de balcão, MTV, videocassetes, *fast food*, informes comerciais, anúncios em papel cuchê, auxílio a dieta, cirurgia plástica, uma cultura *pop* na qual a supermodelo hiper*blasé* de olhos inexpressivos era uma heroína. Isso é o equivalente intelectual e emocional de não comer nada além de doces industrializados — você fica subnutrida e cansada. Crescemos num mundo em que a superfície da coisa é infinitamente mais importante do que a sua substância — e no qual a superfície da coisa precisa ser "perfeita", urbana, sofisticada, *blasé, adulta*. Eu diria que se você crescer tentando ser constantemente um adulto, um adulto de *sucesso*, você estará cansado de ser adulto quando atingir a maioridade.

Eu cansei de tentar ser esse tipo de adulto. Não acho que tenha sido a única. Não conseguia imaginar que diabos eu iria fazer comigo mesma depois que conquistasse o "sucesso", mas também não podia desistir da necessidade apavorada de conquistá-lo. A minha idéia de sucesso estava prestes a dar uma guinada perversa.

Tenha em mente que as pessoas com transtornos alimentares tendem a ser tanto competitivas quanto inteligentes. Nós somos incrivelmente perfeccionistas. Freqüentemente nós nos sobressaímos na escola, nos esportes, nas artes. Também temos a tendência de desistir sem aviso prévio. Recusamo-nos a ir para a aula, abandonamos a escola, saímos de empregos, deixamos amantes, nos mudamos, perdemos todo o dinheiro que temos. Enjoamos de sermos impressionantes. Ou melhor, cansamos de *termos de parecer* impressionantes. Via de regra, a maioria de nós nunca acreditou de verdade que era boa, para começar. Eu cansei da sensação de estar sempre no palco, vestindo as roupas de outra pessoa, dizendo as falas de outra pessoa. Desisti do jogo da excelência e saí em busca de algo que me pareceu um caminho fácil para o respeito que eu queria, um respeito *real*: um transtorno alimentar.

Não me dei conta de que iria aplicar as mesmas expectativas irreais à minha doença. Não soube antecipadamente que nunca me sentiria boa o suficiente, como se eu fosse uma "bem-sucedida" portadora de transtorno alimentar até estar às portas na morte. Na verdade, nem aí.

Minha mãe chegou na última semana de aulas com a mãe dela a reboque. Eu estava vestindo uma coisa branca transparente. Ela me abraçou. Enquanto caminhávamos, sorrindo, passando pela multidão de alunos e pais, ela disse:

— Você está um horror.

— O quê? — perguntei, acenando para os amigos. Ela disse:

— O seu rosto está coberto de pêlos.

A minha mão voou até o rosto, sentindo a penugem sedosa nas bochechas. Eu disse:

— Olhe como eu emagreci.

Ela respondeu, sarcasticamente:

— Sim, querida. Estou vendo como você emagreceu.

Perguntei, orgulhosa:

— Não estou bem?

Ela respondeu:

— Você está parecendo um fantasma. Você está cinza.

Fomos ver *Esperando Godot*, de Beckett, um concerto, uma leitura. Eu a apresentei a todo mundo. Ela ficava olhando para mim de um jeito esquisito. Estava sendo estranhamente querida — não que a minha mãe não seja uma boa pessoa, só que *querida* não é a primeira palavra que vem à mente para descrevê-la. Ela não sabia o que estava acontecendo, mas estava visivelmente pirando de preocupação, embora eu ache que estivesse tentando não me chatear. Nas cerimônias de formatura, cantei no coral, *I took the road less traveled by, and that has made all the difference, all the difference.**

Naquela tarde, com todo mundo se abraçando, acenando e berrando, entrei no carro e fomos até Chicago. Não lembro do primeiro dia, exceto pela lembrança de incomodar a minha mãe para me deixar dirigir. Chapada de fome e estimulantes, eu havia feito as minhas aulas de direção naquele inverno e aprendido a dirigir nas ruas cheias de gelo e neve de Michigan. Talvez exames de drogas e glicose devessem ser obrigatórios para adolescentes de 15 anos na auto-escola. Paramos em Chicago mais tarde naquela noite com a minha avó reclamando, a minha mãe assustada e tensa, e eu zonza e mal-humorada. Estava havendo uma enorme convenção ou festival, e as ruas estavam fechadas, os hotéis, cheios. Acabamos no Hilton ou no Hyatt, numa suíte ridícula com um quarto separado para a banheira, na qual eu afundei prontamente, observando-me de todos os ângulos nas paredes cobertas de espelhos.

Resolvi, muito por acaso, que estava com fome e desci até o restaurante cinco estrelas. Comi *codorna*. Até hoje não faço idéia do que me possuiu, mas lembro daquela refeição como se fosse o meu último pedido antes da execução, a entrada de alguma coisa de milho cuidadosamente arrumada, a sopa fria, a codorna, o forte café preto no final, a balinha de hortelã. Eu li enquanto comia. Assinei a conta, subi para

---

*Peguei a estrada menos percorrida, e isso fez toda diferença, toda diferença. (*N. da T.*)

o quarto, abaixei-me sobre a privada e comecei a vomitar, mas pensei que a refeição era muito cara para simplesmente ir cano abaixo. Parei de vomitar. A coisa toda foi completamente incomum. Deitei na cama e li um pouco, puxei a cordinha pendurada do abajur da cabeceira e caí no sono, satisfeita, afinal.

Na manhã seguinte, sentindo-me culpada e gorda, eu não comi. Sentamos num café na Oak Street. A minha vó ficou beliscando a comida como sempre fazia, mandando que eu tomasse o suco, e a minha mãe ficou olhando para mim. Uma estranha tempestade de poeira na I-94W deu lugar à chuva. Lembro do pára-brisa com uma lâmina de água correndo e do céu verde sombrio de antes dos tornados no Meio-Oeste. Eu resmunguei e reclamei o tempo todo, insistindo que a minha mãe tinha que me deixar *dirigir*. Não me pareceu que fosse ser tão difícil dirigir num tornado. Comecei a brigar com a minha mãe, que estava muito perto de bater em mim. Aproveitei a oportunidade para dizer que ela nunca me deixava fazer nada, que ela achava que eu era uma criança e nunca me levou a sério. Ela ficou em silêncio, inclinada sobre a direção. Eu continuei falando sem parar, lembrando da última vez que estivemos presas num carro durante uma tempestade no verão de 1987. Eu disse:

— Você ME BATEU!

Ela respondeu:

— Eu não bati em você.

Eu disse:

— BATEU! Nós estávamos andando de carro e você estava puta porque não tinha conseguido o emprego que queria e estava de mau humor e ME BATEU! Você me bateu! (Dá para culpá-la?)

Finalmente, ela sibilou:

— *Marya, cale a boca! Eu não posso falar com você agora!*

Quando chegamos a Edina, ela tinha provavelmente se convencido de que eu estava maluca. Eu, no entanto, estivera planejando o meu trabalho de verão, os meus livros de verão. Paramos na casa, e o meu pai correu para me dar um abraço. Na geladeira havia uma grande tigela de uvas com uma plaquinha dizendo: BEM-VINDA, PAPA-UVAS! Quando morava em casa, eu sempre comia as uvas antes de qualquer um. As uvas têm — hmm — um efeito laxante. Tive a boa vontade de forçar uma risada e agradecer ao meu pai. Ele se mexia pela cozinha, hipercinético, preocupado, me abraçando com freqüência, batendo nas minhas costas. Mais tarde eu perceberia que aqueles toques constantes e sem precedentes eram um exame. Aprenderia a diferença entre um abraço e uma contagem de ossos, com as mãos passando pela coluna com um bum-bum-bum, a palma da mão batendo rapidamente numa omoplata.

Durante o jantar, eles me disseram que eu tinha uma consulta na terça-feira. Só queremos ter certeza de que você está bem, eles disseram. Eu estava tranqüila. Não imaginei que alguém *de verdade* ficaria preocupado. Dirigimos até o centro de Minneapolis e nos sentamos na sala de espera da clínica de Serviços Médicos da Adolescência (TAMS).* Tanto o meu pai quanto a minha mãe estavam lá, o que me pareceu esquisito. Antes de eu sair de casa, era sempre o meu pai que me levava ao médico. Sempre íamos ao McDonald's depois. Folheei revistas. Olhei os panfletos na parede: controle de natalidade, DSTs, Você Fuma?, Bom Relacionamento com os Pais, desenhos de meninos e meninas sorrindo. Meu pai pôs o braço sobre os meus ombros e sentiu os meus ossos. Ele bateu de leve no meu braço e virou o rosto, quem... eu? Era uma velha brincadeira nossa. Bati nele de volta.

Ouvi uma voz atrás de mim:

— Marya?

Alguma coisa estava errada. Ela pronunciou o meu nome corretamente. Alguém tinha falado com ela antes.

Ela era baixa, bonita, de cabelos escuros, com um sorriso bonito, mas preocupado. Larguei a revista, fiquei de pé, cruzei os braços e a ouvi com suspeita enquanto cumprimentava os meus pais:

— Oi, Jay. Judy.

Jay e *Judy*? Que história era esse de tratamento pelo primeiro nome?

Ela pôs o braço por cima dos meus ombros. Dei um pulo. Ela tirou a mão e disse:

— Vamos lá. Aliás, o meu nome é Kathi.

— Ahn-rã.

Andamos pelo corredor. Ela me perguntou:

— Então, você sabe o que está acontecendo aqui?

---

*Sigla do original em inglês, "Teen-Age Medical Services". (*N. da T.*)

Respondi em voz alta: "NÃO." Então a vi pegar uma pasta grossa com o meu nome. Eu nunca havia estado ali antes. Que diabos tinha naquela pasta? Ela disse:

— Estamos fazendo uma avaliação de transtornos alimentares. Você...

Interrompi:

— Eu não tenho um transtorno alimentar.

— Está bem — ela disse. — Então isto vai ser rápido. Enquanto isso, você vai ver o médico primeiro e depois subir para falar comigo. Tudo bem?

— Não.

Ela riu.

— Você tem razão. Vou parar com essa atitude Pollyanna — disse.

Eu sorri.

Na sala de exame, os meus pés estavam frios. As minhas mãos estavam frias. Estou convencida de que as salas de médicos estão sempre a 5°C. Até mesmo os meus joelhos estavam frios. O médico entrou. Era jovem, de aparência agradável, ágil. Pôs as mãos na minha garganta e sentiu o inchaço abaixo do maxilar.

— Quanto tempo faz que você vomitou pela última vez? — perguntou.

— Você está partindo do princípio que eu vomitei — respondi.

— Isso.

— Ontem.

— Quantas vezes ontem?

— Uma.

— Quantas vezes ontem?

— Uma.

— Pelo inchaço aqui, acho que foram no mínimo três.

Quase caí da mesa de exame. Ele tinha razão. Veio para diante do meu rosto e acendeu uma luzinha nos meus olhos.

— Você sabia que os seus olhos não fazem foco?

— Hmm, não.

— Pois não fazem.

Fez anotações na minha ficha. Prendeu uma pulseira em torno do meu braço. Ficou grande demais. Tirou outra que dizia, em agradáveis letras grandes, PULSEIRA INFANTIL.

— Isso deixa você contente?

— O quê?

— O fato de uma pulseira adulta ser grande demais?

— Não.

— Você pareceu contente. Fique de pé.

Aferiu a minha pressão. Comecei a entender que a pressão arterial tinha alguma coisa a ver com transtornos alimentares.

Perguntei:

— Está normal?

Ele respondeu:

— Ainda não sei. Deite-se.

Mediu a pressão novamente.

— Não. Não está — disse. — Tudo bem, agora caminhe da porta até aqui.

Fui até a porta. Comecei a caminhar.

— Não olhe para o chão — ele disse.

Olhei para cima, dei um passo, tropecei, recuperei o equilíbrio me segurando na mesa e dei uma risada nervosa.

— Quantas chances eu tenho? — perguntei.

Ele não riu. Disse:

— Feche os olhos, levante os braços ao lado do corpo e toque o nariz com os dedos indicadores.

— Você está brincando — eu disse.

Ele sacudiu a cabeça.

Não consegui.

Ele me sentou na mesa e testou os meus reflexos com o martelo de madeira. Nenhuma reação. Minhas pernas ficaram penduradas, frouxas. Tentou de novo. Nada. Pegou a minha mão, olhou as unhas, lascou o esmalte de um dedo. As unhas estavam azuis. Anotou isso.

Ele me deitou na mesa e apertou o meu estômago um pouco.

— Você tem uma bela camada de pêlos aqui.

— Obrigada.

Ele me pesou, colheu sangue, pegou uma amostra de urina. Enquanto fazia as últimas anotações na minha ficha, perguntei alegremente:

— E então? Detonei?

Ele olhou para mim e disse:

— Bastante.

No andar de cima, na sala da Kathi, eu me enrosquei no canto do sofá e fiz um teste depois do outro: Índice de Transtornos Alimentares, Percepção Corporal, isso e aquilo. Fui relativamente sincera. *Você acha que precisa emagrecer?* Sim. *Qual é o seu peso ideal?* 38. *Você diria que daria qualquer coisa para ser magra?* Sim.

Pergunte a uma mulher da sua vida como ela responderia a essas perguntas e veja que tipo de respostas você vai receber. Nada disso é tão chocante. Estatisticamente falando, isso não é tão diferente do normal. Eu não imaginei que tivesse com o que me preocupar.

Quando terminei, conversei com Kathi, de quem eu tinha gostado bastante. Ela era engraçada e inteligente. Conversamos por mais ou menos uma hora depois que ela conferiu os meus testes e os resultados dos exames de laboratório. Conversamos sobre a vida, comida, peso e outras coisas.

— Então você não tem um transtorno alimentar — ela disse.

— Não.

— Não é o que diz o seu corpo.

— Como assim?

— Você está anêmica. Você tem cetonas[4] na urina, a sua pressão arterial está completamente instável. A sua freqüência cardíaca está lamentável.

— Mas eu não estou muito magra.

— Não tão magra como algumas.

— Então não é nada tão sério.

— É muito sério.

Comecei a rir. Ela sorriu para mim.

— Vou interná-la no Hospital Metodista.

— O QUÊ?

— Sinto muito. Você precisa ser hospitalizada.

Eu pirei. Comecei a gritar. Ela ficou sentada.

E depois eu estava no carro com o meu pai. Eu disse:

---

[4]Cetonas são uma classe de compostos de ácido. Um corpo cetona é "uma substância que contém cetona... que é um produto intermediário do metabolismo de ácidos graxos. Corpos cetona tendem a se acumular no sangue e são excretados pela urina de indivíduos afetados por inanição ou *diabetes mellitus* fora de controle" (*Dicionário American Heritage*).

— Imagino que só precise levar uma camisola, já que vou ficar deitada durante um mês.

Ele riu. Tentou fazer uma piada:

— No que o insone disléxico pensa a noite toda? (Na existência de Dog*) — mas a piada saiu:

— No que o insone anoréxico... ai... ah, merda... — e nós caímos na risada.

Isso foi numa terça-feira. Na segunda-feira seguinte, eu fui até a clínica ambulatorial do Hospital Metodista para uma avaliação final. Fiquei sentada na mesa, congelando na minha camisola de papel, esfregando os pés num barulhento *rasp-rasp*. Tinha um cobertor — eles estavam acostumados conosco —, e eu me cobri com ele. Vesti meu casaco. Deitei. O médico entrou. Disse simplesmente:

— Com frio, cansada ou os dois?

Eu me sentei. Ele me pôs na balança. Ríspido, ele não me olhou nos olhos e fez a bateria de exames. Meus sinais vitais haviam caído significativamente desde a minha consulta da terça-feira anterior. Ele mencionou isso para mim. Ele me internou. Observei meu pai assinar os formulários.

MARYA JUSTINE HORNBACHER. F. DN 04-04-74.

I. EIXO I:

    A. Bulimia nervosa, 307.51 (c/ traços anoréticos)
    B. Uso abusivo de drogas, 305.00
    C. Depressão grave, 296.22

---

*Trocadilho com as palavras cachorro (dog) e Deus (God). (*N. da T.*)

Interlúdio

22 de setembro de 1996

Imagino que se possa chamar de amnésia. Leio as anotações. Eu me sento numa sala da TAMS e leio as minhas fichas. Médicos e terapeutas. Fichas (azuis) sobre uma pessoa (16 anos, sexo feminino, branca) chamada Marya (crônica, negação total) que está obviamente muito doente. Essas não parecem ser as minhas fichas. Eu não tenho fichas. Sou uma pessoa normal. Por que eu teria fichas? Isso nunca aconteceu comigo. Essas coisas se parecem com a minha pesquisa. Estou fazendo anotações como sempre faço, virando páginas, fazendo notas de rodapé, lendo o caso mais à mão. Estou sentada na cadeira, de terninho e batom vermelho, profissional, e dou um sorriso radiante quando o médico — meu antigo médico, o que me viu ficar doente e melhorar e ficar doente e assim por diante durante anos — entra e pergunta:

— Como você está?

— Maravilhosamente bem, obrigada.

Ele me vê lendo as fichas. Ele diz:

— Deve ser difícil.

Eu digo:

— É, um pouco estranho.

A chuva cai no asfalto. Do outro lado da janela, uma sirene passa gritando. O médico sorri para mim. Sou uma mulher. Estou casada. Tenho um emprego e estou recuperada. Estou sentada de terninho, debruçada sobre a mesa, com um sorriso vermelho. Eles têm orgulho de mim. Foi um longo caminho, mas eu consegui.

E eu leio as fichas. Elas me deixam triste. Pela menina e por sua família. Uma família fazendo um esforço tremendo para compreender, uma menina fazendo um esforço tremendo para morrer. As fichas me fazem sacudir a cabeça na descrença de que a família pudesse ser tão obtusa, que a menina pudesse ser tão insensível, tão absorta em seu próprio mundinho, que pudesse ser tão cega às ramificações de seu próprio comportamento. "A característica mais marcante de Marya é o seu desprezo absoluto por quaisquer riscos ou perigos envolvidos em seu... comportamento de transtorno alimentar. Afirma que ele pode ser perigoso para outras pessoas, mas não para ela."

Ainda assim, eu sou essa garota. As ramificações ocupam espaço em cada célula do meu corpo, cada órgão e nervo danificado, cada lembrança corrompida e distorcida pela obsessão que foi e é a minha vida, cada plano para o futuro que seja altamente especulativo, qualificado: Vai haver um futuro? Quanto tempo? Viro as páginas, observo a ascensão e a queda, ouço através de um barulho de anos a voz implorante, chantagista, delirante e mentirosa dessa menina.

Porque, nessas fichas, até eu posso ver que a menina está mentindo. E que ela vai cair de novo.

E de novo.

4 Hospital Metodista, Tomada 1

Verão de 1990

E então, Herr Doktor.
E então, Herr Inimigo.
Sou sua opus,
Seu tesouro,
Seu bebê de ouro puro.
Que se derrete num grito.
Ardo e me viro.
Não pense que subestimei sua imensa consideração.
Cinzas, cinzas —
Você remexe e atiça.
Carne, ossos, não há nada ali —*

— Sylvia Plath, "Lady Lazarus", 1966.

As hospitalizações no Metodista têm uma tendência a se fundirem umas na outra, já que eu estive lá por três vezes em menos de um ano. As hospitalizações em geral são nebulosas. Os dias são iguais, precisamente iguais. Nada muda. A vida se resume a uma simples progressão de refeições. Elas se tornam um modo de vida muito rapidamente. Você costumava ser uma menina normal com uma vida normal. Agora você é uma paciente, um caso, uma pasta cheia de formulários. Você pode saudar essa transição. Pode lhe parecer inevitável. Você foi retirada do mundo. Você foi considerada imperfeita e deficiente. Você poderia ter-lhes dito isso anos antes. Está tudo bem, de certa maneira, porque não há nada tão certo, tão seguro, como a rotina. Não há nada tão saudado pela anorética ou a bulímica, por mais

---

*Tradução de Rodrigo Garcia Lopes e Maurício Arruda Mendonça, *Sylvia Plath: Poemas*, São Paulo: Iluminuras, 1994. (*N. da T.*)

que ela proteste e chie, como um mundo no qual tudo, tudo, gira em torno de comida.

E não há nada que leve tão maravilhosamente a transtornos alimentares como o tratamento.

Há as certezas. Você receberá chinelinhos — meias com pontas de borracha nas solas — e uma camisola de papel. Da porta ao quarto, haverá um banheiro à sua esquerda. Você vai girar a maçaneta, mas ela estará trancada. À direita, embutido na parede, um pequeno armário. Três gavetas abaixo de um espelho pendurado alto demais para que você consiga ver o bumbum ou mesmo a cintura. Você será forçada a se concentrar, em vez disso, nos braços, nos ossos dos ombros, na carne das bochechas ou do pescoço.

À sua frente, do lado esquerdo do quarto, duas camas, uma cortina aberta até a parede entre elas. Você aparentemente irá dividir o quarto com outra paciente. Talvez vocês duas conspirem. Do lado direito do quarto, contra a parede, duas cadeiras forradas de vinil, com estrutura de metal prateado. Uma das camas é para você. Será uma cama dura, mas você está exausta. No hospital você terá um sono mais profundo do que jamais teve, ou jamais voltará a ter. Ao lado da cama haverá uma mesinha com botões. Você pode ligar o rádio, chamar a enfermeira, acender a luz. Nenhuma de vocês jamais usa o botão para chamar a enfermeira, mesmo se estiver tendo um ataque do coração, porque você não está doente de verdade. Chamar uma enfermeira seria expor-se demais, como se você achasse que realmente justificasse a preocupação, como se você fosse tão fraca a ponto de querer melhorar. O seu quarto terá uma janela que dará para telhados e ruas sinuosas. Dependendo da época do ano, as árvores estarão verdes ou nuas.

Haverá um salão principal, que terá uma televisão e uma longa seqüência de janelas dando para a cidade numa das paredes. O resto das paredes terá janelas de acrílico pelas quais você será observada. O salão terá um ou dois sofás, mesas de canto e carpete institucional cobrindo o piso de concreto. Você levará o próprio travesseiro para todos os lugares, em sua áspera fronha branca. Você vai sentar em cima dele, porque o chão vai machucar os ossos que saltam em sua bunda. Ou então você se deitará no chão de barriga para baixo e ficará mexendo o travesseiro o tempo todo, de debaixo das costelas para debaixo dos cotovelos, para debaixo dos ossos pélvicos.

Haverá vários conjuntos de baralhos velhos, jogos de tabuleiro, revistas de notícias. Não haverá revistas de moda, e os seus amigos e parentes serão aconselhados a não trazê-las, porque elas lhe fazem mal. Eles não podem trazer nem comidas nem bebidas. Se você tiver sorte, estará num hospital em que eles têm a permissão de trazer café descafeinado. O café nunca tem cafeína — você pode usar a cafeína para acelerar o metabolismo artificialmente ou, se for experiente, a sua freqüência cardíaca. No Metodista, nem mesmo o café descafeinado será permitido, porque você poderá usá-lo para aumentar o peso, sabendo que estará retendo líquidos.

Haverá enfermeiras, muitas delas, trabalhando em turnos. Elas serão legais, ou não. Haverá a hora de ir ao banheiro, normalmente a cada duas horas. Nesses momentos, algumas enfermeiras, com chaveiros pesados e barulhentos, abrirão a porta para você e ficarão encostadas na porta do armário. Tudo depende da enfermeira: a mais legal de todas vai deixar a porta aberta só uma fresta, simbólica, e conversará com você enquanto você faz xixi para que você mantenha a boca ocupada demais para que consiga se abaixar e vomitar por entre as pernas. A maioria vai ficar ali parada, com a porta escancarada, mas desviará os olhos e conversará com você. Elas sempre cruzam os braços. Agem de modo indiferente. Algumas não são muito mais velhas do que você. Você espera que elas se sintam muito mal. Algumas enfermeiras permitem que se ligue a torneira durante o xixi, para que o barulho do seu xixi no potinho plástico — chamado de "chapéu" — que mede a eliminação de fluidos não seja tão tonitruante. Há também as enfermeiras horríveis, que escancaram a porta e *assistem*. Elas são as que fazem dieta. Você as ouve conversando no posto das enfermeiras quando acham que você não está escutando — idiotas, você está *sempre* escutando — sobre suas coxas gordas. Essas são as que fazem coisas terríveis e cruéis com os próprios cabelos, fazendo permanentes e deixando-os com finas tranças de palha enrolada e tingindo-os de cores que não existem na natureza. E elas encaram você, as suas calcinhas nos joelhos, os braços cruzados na frente da barriga para esconder o que for possível e, quando você pede "Posso por favor ligar a torneira?" elas não dirão simplesmente não, mas "Por quê?" E você dirá "Porque isto é meio constrangedor". E elas dirão "Por quê?" E você vai desistir e vai ficar sentada ali, tentando fazer o corpo ficar em silêncio.

Fazer cocô se tornará uma obsessão. Fazer cocô será tema de conversa, freqüentemente um tema que provocava incríveis comentários desbocados entre as pacientes, enroscadas nos sofás, ou esparramadas, depois das refeições, deitadas no chão com as mãos na barriga, gemendo, inchadas, com uma dor significativa. As enfermeiras acabarão se constrangendo e farão vocês ficarem quietas: Vamos mudar de assunto, dirão, e o silêncio penetrará no salão novamente. O fato é que não se consegue fazer cocô. Nenhuma de nós consegue. Você vai implorar por laxantes, mas eles não podem lhes dar laxantes porque mais da metade de nós já está viciada neles, e eles poderiam levar à morte. Você pessoalmente não é viciada em laxantes àquela altura, e a idéia de usá-los para emagrecer vai parecer absolutamente burra, porque não é peso *de verdade* que se perde cagando o dia todo. É só *líquido*, o que não é tão *bom*.

Claro que você não sabe então que em menos de seis meses você e a sua bunda insolente irão ao banheiro por dias porque sim, você também! estará comendo caixas inteiras de chocolate laxante Ex-Lax três vezes por dia. Os corpos estão em choque. Os intestinos, desacostumados a conterem comida, ou a mantê-la, irão se agarrar às seis refeições diárias, como um torno preso à comida, recusando-se a digeri-la. Você ficará deitada na cama à noite imaginando cada item que comeu preso em algum lugar, arrumados em ordem de consumo: no intestino grosso, as refeições de terça-feira, compactadas, mas ainda inteiras; no intestino delgado, as refeições de quarta-feira e quinta-feira, parte do que comeu na sexta-feira; no estômago, as refeições de sábado e domingo; as de segunda-feira estão presas no esôfago e subindo na direção da garganta. Se você passar muito tempo sem fazer cocô — digamos, de seis a dez dias —, eles levam você para outra parte do hospital e aplicam um enema de bário. É um pesadelo. O bário é um explosivo.

Os seus dias serão assim: Você vai acordar no meio da noite sonhando com uma jibóia se enroscando em seu braço. Será um aparelho de medir a pressão arterial. Num tom indistinto, você perguntará à enfermeira como estão a pressão e o pulso. Ela poderá ou não lhe dizer, dependendo se for uma enfermeira regular da unidade (não dirá) ou uma substituta (dirá). Você afundará de novo no sono. De manhã, se for como eu, acordará muito cedo. Isso vai lhe render um problema, porque vão achar que você está acordando cedo para ter tempo sozinha, para se exercitar. Você simplesmente está acostumada a acordar cedo, mas mesmo assim aproveita a sugestão deles e passa essas primeiras horas ouvindo o barulho das suas pernas levantando e abaixando sob os lençóis.

Quando a luz mudar de azul escuro para cinza claro, uma enfermeira entrará no quarto para acordá-la. "Bom dia", ela dirá. Você resmunga, "Dia". Você vai se levantar rápido demais porque nunca, nunca entra na sua cabeça dura que o seu corpo está fodido. Você vai perder o equilíbrio e às vezes cair, o que a deixará sob observação o resto do maldito dia. Você vai vestir a camisola de papel, tiritando, e voltará para debaixo das cobertas até chegar a sua vez.

Quando chegar a sua vez, uma enfermeira virá até a porta e normalmente segurará o seu cotovelo enquanto vocês caminham pelo corredor. Você vai subir na balança *hi-tech* provavelmente projetada para unidades de transtornos alimentares porque tem os números virados para as suas costas. Quando você espia para olhar para eles, vê o seu peso em uma unidade que você não conhece. E fica furiosa. Você fica num estado de confusão total, como todas as outras pacientes da unidade. A maioria chegou a saber o próprio peso minuto a minuto por um tempo. Ele havia se tornado o centro da sua vida, e esse desconhecimento simplesmente não serve. Você implora para saber qual é o seu peso, porque você é nova. Depois de passar um pouco mais de tempo lá, ouvirá outras pacientes novas implorando com o mesmo desespero e trocará olhares cúmplices com as outras no corredor. Eles nunca dizem. A sua vida se desfaz.

Elas vivem, todas, num estado de ansiedade desvairada e constante. Sabem que vão ganhar peso. Não há como evitar isso. Podem fazer todos os tipos de joguinhos, mas ainda assim vão ganhar peso. Não há como descrever as minúsculas e constantes implosões do peito quando esse pensamento ocorre, como ocorre, freqüentemente, dia após dia.

Você toma banho num boxe sem cortina. Você precisa se sentar no banquinho no chuveiro. Você discute com a enfermeira quanto a isso.

— Por quê? — você pergunta.

A maioria das enfermeiras vai se virar de costas na cadeira em que a vigiam, mas nem todas. Você logo saberá quais enfermeiras odeia e quais não odeia. As que você odeia vão ficar olhando. Como você é uma vaca, vai perguntar para a que mais odeia:

— O que é? Está com inveja?

Ela vai tentar sacudir a cabeça com desprezo.

Mas ela tem inveja. A maioria não tem. A maioria acha que você é patética. Mas muito poucas têm, digamos, seus próprios problemas alimentares.[1] Você tem um trunfo.

As suas coisas proibidas serão mantidas num pequeno cubículo de plástico no posto das enfermeiras: giletes, fósforos, cigarros. A pedido, terá permissão de raspar as pernas. A maioria vai raspar as pernas todos os dias. Também sofrerão diariamente sobre o que vestir e se maquiarão perfeitamente e enrolarão e arrumarão os cabelos, como se tivessem algum lugar para ir, como se não fossem passar todo o dia e o dia seguinte e o seguinte no oitavo andar de um hospital, sem ninguém para vê-las além das enfermeiras e das outras meninas-problema na gaiola. Quase todas passaram pelo menos uma hora por dia refinando a aparência desde a puberdade. Faz parte da sua rotina, e a sua rotina deve ser mantida, ainda que nominalmente.

Você ficará no salão principal jogando paciência no chão. Você gosta das manhãs, porque se sente em paz nesse horário. Você espera ansiosamente pelo dia. Todos os dias, a rotina é assim: café-da-manhã, *check-up* matinal, fisioterapia, lanche, aula da manhã, almoço, terapia ocupacional, lanche, tempo livre, jantar, horário de visita, lanche, *check in* noturno, cama.

É como um acampamento.

Você não irá perceber, até fazer o tratamento, o quão profundo e permanente é realmente o seu amor obsessivo por comida. Não é como a maioria das pessoas gosta de comida — o sentimento de satisfação, de comunhão com os amigos e a família. A comida como um amante. Lembro do dia em que conheci Jane, quando ela se sentou num sofá fazendo algo positivamente erótico com uma maçã na boca. Ela ainda estava muito doente. Perguntei:

— O que você está fazendo com esta maçã?

---

[1] A julgar pelo número de mulheres que passaram por tratamento em hospitais com quem conversei, é bastante comum haver enfermeiras com problemas alimentares. Elas são certamente uma séria fonte de irritação para as pacientes que com freqüência consideram difícil aceitar conselhos de mulheres que dizem uma coisa e fazem outra. Parece razoável que os hospitais tenham de fazer uma filtragem cuidadosa das enfermeiras designadas para trabalhar numa unidade de transtornos alimentares.

Ela me olhou, espantada, a língua na carne branca e úmida da fruta. Riu e disse:

— Estou fazendo amor com ela.

Foi engraçado, mas era verdade. Tanto com a anorexia quanto com a bulimia, a comida se torna o objeto do seu desejo. Ou você prefere a fome desesperada da paixão que não foi alimentada ou o ciclo demolidor da comida entrando e saindo e entrando e saindo do seu corpo num ritmo que você não quer que termine nunca.

O tratamento, da primeira vez, acabou sendo divino. Foi fácil para mim. Fui classificada como bulímica, de modo que não tive de ganhar muito peso. Pude evitar a agonia esquisita que algumas outras mulheres estavam enfrentando, embora mais tarde eu fosse sentir o pânico frenético de ganhar peso com os meus retornos freqüentes. O tratamento, daquela vez, acabou sendo um grande bufê. Eles lhe dão comida normal, e muita. No começo, as unidades de tratamento de transtornos alimentares investiam muito em alimentação à força e grandes quantidades de comidas altamente calóricas, mas logo se percebeu que esse tratamento dava lugar a uma recaída quase que imediata. Agora eles investem numa nutricionista que tenta convencer você de que a comida é simplesmente algo necessário, não é nem o Cristo nem o Anticristo. Depois da primeira semana, quando eu me recusei terminantemente a comer qualquer coisa — foi mais uma forma de marcar posição do que um medo real da comida — passei por fases pelas quais todas passamos, reclamando e lamentando sobre como era horrível ter que comer, hesitando diante da menor gota de gordura em nosso peixe cozido e levando o máximo de tempo que pudéssemos para terminar a comida. A verdade era que eu estava no sétimo céu. A minha vida girava em torno de refeições. Nunca acredite em alguém com transtorno alimentar que diga que odeia comida. É uma mentira. Privados de comida, o seu corpo e o seu cérebro se tornarão obsessivos por ela. É o instinto de sobrevivência, uma lembrança constante para comer, que você tenta ignorar cada vez mais com mais força, embora nunca consiga. Em vez de comer, você simplesmente *pensa* em comida o tempo todo. Você sonha com comida, você encara a comida, mas você não a come. Quando vai para o hospital, você precisa comer, e por mais verdadeiramente apavorante que isso seja, é também bem-vindo. A comida é o sol, a lua e as estrelas, o centro da gravidade, o amor da sua vida. Ser forçado a comer é a punição mais bem-vinda que existe.

No pequeno refeitório, prevalece uma enjoativa estética do final dos anos 1980. Muita cor de malva. Há um relógio na parede, com o mostrador redondo de vidro cintilando na feia luz daquelas feias e zumbidoras lâmpadas fluorescentes. Você fica parada na entrada por um instante, procurando pela sua bandeja. Ela tem o seu cardápio do lado. Você a encontra, como quem encontra o rosto de um amante numa multidão, caminha em sua direção, finge repulsa, puxa a cadeira e se senta. No começo, você fica genuinamente atormentada e realmente não sente fome. O seu estômago encolheu, você simplesmente tem medo de comida e chora de desespero. Mas conforme o corpo começa a ganhar vida de novo, você passa a sentir fome, um tipo de fome arrebatadora, que quase a faz chorar de alegria.

O seu cardápio: você ganhou uma ficha que diz quantas calorias você deve comer por dia. A ficha divide esse número em categorias: proteínas, pães, leites, vegetais, frutas, sobremesas, "saciedades" (gorduras). Esses números dançam como balas na sua cabeça. A compulsão obsessiva[2] que você costumava canalizar para um gerenciamento hiperativo do tempo e do trabalho é redirecionada para um lugar em que pode fazer algum bem *real*, e ela estremece no seu rosto como um tique quando você se senta, todos os dias, com a sua ficha e o seu cardápio. Você passa horas analisando-o, experimentando todas as combinações possíveis de itens que podem preencher as suas cotas. Você adora o *X* certinho dentro do quadradinho, o círculo perfeito em volta dos itens opcionais, manteiga e geléia, francês ou caipira. Você vai esperar ansiosamente por cada refeição, cada lanche, com um nível de empolgação completamente ridículo. Todas vocês fingirão detestá-las. Todas vocês estarão mentindo.

Desta vez, será verão. Durante as refeições e os lanches, alguém ligará o rádio, que fica num dos cantos do ambiente, embaixo dos armários

---

[2]Os comportamentos obsessivo-compulsivos que avançam concomitantemente com sintomas de transtornos alimentares não são necessariamente os mesmos do Transtorno Obsessivo-Compulsivo (TOC). O transtorno alimentar, e as disfunções bioquímicas que ele provoca, também causa pensamentos e comportamento obsessivo-compulsivo que normalmente diminuem ou desaparecem quando o transtorno alimentar está sob controle. O TOC é um transtorno à parte e, embora seja relativamente comum em pacientes com transtornos alimentares, os dois não andam necessariamente lado a lado. Eu mesma não tenho TOC, mas quando estava anorética, certamente parecia ter.

onde guardam o Ensure. Você vai lembrar do Ensure, um líquido nutritivo que vai receber quando não terminar a comida no tempo estipulado: meia hora para refeições, 15 minutos para lanches. Assim que você entrar na sala, uma enfermeira olhará para o relógio e anotará um horário no quadro branco pendurado na parede. Uma enfermeira se sentará na ponta da mesa para observar você. Ela não vai comer. Ela não vai ler uma revista. Ela simplesmente vai ficar observando você. Se for jovem, vai entrar na conversa, se houver alguma conversa. Normalmente não haverá porque todas estarão olhando com ar suspeito para a comida. Se ela for velha, não irá conversar. Quando a conversa se voltar inevitavelmente para comida, peso, exercícios, ela falará. "Isso não é assunto", dirá. Você vai achar isso incrivelmente irônico.

Ela esquadrinhará os seus hábitos alimentares. Se você raspar os dentes do garfo nos dentes, ainda que silenciosamente, se encolher o lábio para longe da comida num desprezo involuntário, se ficar empurrando a comida no prato ou comer as coisas em alguma ordem específica, dia após dia, como eu fazia — líquidos primeiro, seguidos por vegetais, amidos, fruta, entrada e sobremesa. Se você fizer alguma dessas coisas, a enfermeira irá aumentar a voz:

— Marya, isso é um comportamento.

Quando for novata ali, você perguntará:

— Um *comportamento*?

Ficará sentada, tentando manter os lábios o mais longe possível da comida sem ser óbvia, pensando em todas as conotações de um *comportamento*.

Ou então, se cometer um pecado capital — cuspir comida delicadamente no guardanapo e dobrá-lo habilmente sob a mesa, enfiar casualmente as porções obrigatórias de manteiga no bolso, esconder as últimas porções de comida debaixo da língua (esconder na bochecha nunca funciona, elas estão afundadas e esticadas) —, você vai acabar numa merda federal. Se você não terminar a refeição na hora, será mantida lá por mais tempo. Ficará sentada com mais uma ou duas garotas enquanto a enfermeira calcula o número de calorias deixadas no seu prato.

— Como você está calculando isso? — você grita. — Como você sabe quanto Ensure me dar? Isso é demais! Isso é papo furado!

— Olha a boca, Marya — diz ela enquanto serve o líquido branco num copo plástico com medidas no lado. Você terá dez minutos para terminar o Ensure. "Eu iria mais rápido", aconselha ela, vendo você beber o mais lentamente possível. "A escolha é sua", ela dirá. Isso é para fortalecê-la. Se você não terminar, será intubada.

Você vai lembrar do silêncio, do barulho do garfo de metal batendo no prato. Você vai lembrar da rádio, KDWB andando junto. Todo mundo vai acabar sabendo cantar todas as músicas da programação de frente para trás e de trás para frente. Você vai lembrar de uma mesa de mulheres olhando atentamente para a comida diante delas, espiando umas os pratos das outras, balbuciando inconscientemente as letras das músicas entre uma garfada e outra.

Quando fiz tratamento pela primeira vez, eu não era uma das debilitadas. Eu estava definitivamente magra, muito mais magra do que o normal ou atraente, mas por não estar *visivelmente* doente, não ser o *retrato* da doença, por não garantir o cobiçado título de Anorética, eu me sentia constrangida. Ignore-se o fato de que a minha pressão diastólica tinha o hábito de cair até o chão toda vez que eu me levantava, deixando-me em observação de parada cardíaca repentina, ou o fato de que o meu coração falhava, batendo lenta e descompassadamente como o de um velho fazendo uma caminhada solitária pelo parque. Ignore-se o fato de que eu tinha um esôfago perfurado e o pequeno hábito desagradável de tossir sangue por toda a camisa. No tratamento, como no resto do mundo, a bulimia é vista como um passo abaixo da anorexia, tanto em termos de gravidade médica quanto em termos de admirabilidade. A bulimia, é claro, cede às tentações da carne, enquanto a anorexia é abençoada, uma remoção completa do portador do reinado material. A bulimia alude aos hedonistas dias romanos de prazer e fartura, a anorexia, à era medieval da tortura do corpo e da fome voluntária. Na verdade, as bulímicas não costumam carregar o estigma consagrado do corpo esquelético. A auto-tortura delas é privada, muito mais secreta e culpada do que a declaração visível das anoréticas, cujos corpos sofridos são admirados como o epítome da beleza feminina. Não há nada feminino, delicado e elogiável em enfiar o dedo na garganta e vomitar. A negação da carne, no entanto, não é apenas a óbvia culminação de séculos de idéias bizarras sobre a natureza meiga das mulheres como também uma realização ativa de ideais religiosos e culturais.

Ainda assim, esta é uma cultura em que nós nos movimentamos loucamente, com os cabelos esvoaçantes e os olhos acesos, entre o consumo desvairado e constante, em que a fome insaciável é quase universal, assim como a crença fanática na superioridade moral da abnegação e do autocontrole. Culturalmente, seríamos diagnosticadas como bulímicas, não anoréxicas, oscilando diariamente entre dois pontos extremos, comendo compulsivamente e purgando. A adoração frenética do corpo anoréxico, e o ódio violento da gordura, em nós mesmas e nos outros, revela não que a anorexia seja bonita nem que a gordura seja especialmente desprezível, mas que nós mesmas estamos intoleravelmente despedaçadas e precisamos escolher um lado.

> *Você, Doutor Martin, anda*
> *do desjejum à loucura. Fim de agosto,*
> *corro pelo túnel anti-séptico*
> *onde os mortos ambulantes ainda falam*
> *em empurrar os ossos contra o golpe*
> *da cura. E eu sou rainha deste hotel de verão*
> *ou a abelhinha sorridente a caminho*
> *da morte.*

> — ANNE SEXTON, "YOU, DOCTOR MARTIN"
> [VOCÊ, DOUTOR MARTIN], 1960

O médico, um certo Dr. J., havia sido médico do exército antes de entrar no EDI (Eating Disorders Institute)* como patriarca residente de uma família de minúsculas meninas encolhidas. Nós nos perguntávamos em voz alta sobre o que teria provocado essa mudança de carreira, fazendo-o andar entre nós, de jaleco branco e sério, com sua prancheta de perguntas e seus potes de comprimidos.

---

*Instituto de Transtornos Alimentares. (*N. da T.*)

A lembrança que os meus pais têm dele é diferente da minha. Não vale nada o fato de que eu morei na unidade, e eles não. Meus pais ficaram (brevemente) com a impressão, que a maioria das pessoas têm, de que o tratamento iria me consertar. Ainda que inconscientemente, o Dr. J. era visto como meu salvador em potencial. O Dr. J. acabou entrando no negócio de seguro médico, e tenho certeza de que ele é muito bom nisso. Como poderia ter sido previsto, ele não era muito bom como Cristo.

Até onde sabíamos, nós éramos as criaturas mais irritantes que jamais haviam cruzado o caminho do Dr. J. Ele não ria nem sorria, visivelmente não dava a mínima. Em seu favor, ele disse aos meus pais que a única pessoa capaz de me salvar era eu mesma. Na época, eles não acreditaram nele. O Dr. J. não gostava muito de mim. Eu era difícil, desbocada, contestadora, "não receptiva ao tratamento", desagradável, grosseira. Eu também não gostava muito dele. Nós o víamos em suas rondas uma vez por dia. Ele perguntava como estávamos nos sentindo e dava ou negava um passe para sair por uma hora por dia. Ele perguntava se queríamos ameixas e farelo com o café-da-manhã e se você queria pílulas da felicidade. Ele determinava se você teria permissão de dar um passeio com as enfermeiras à tarde. Ele olhava para você, confuso. Depois das rondas, as meninas ficavam tristes, ou chorando em silêncio, ou gritando nos quartos. Em parte, o choro e os gritos vinham das fontes previsíveis: o Dr. J. havia negado um passe de um dia ou tinha revelado o peso delas ou informado que a ingestão de calorias seria aumentada. Os gritos também eram porque ele era um imbecil completo.

Nós, os espécimes, formávamos lentamente uma fila no corredor para a fisioterapia e nos deitávamos no chão nos alongando (observadas muito de perto). Fazíamos um mocassim depois do outro a partir de *kits* com agulhas com pontas grossas. E fazíamos tapetes felpudos de crochê e trançados, bordávamos em ponto cruz e costurávamos e fazíamos colagens com recortes de revistas com o intuito de expressar nossos egos mais profundos. A terapia ocupacional tem o objetivo de dar uma sensação de eficiência, mostrando que você pode realmente fazer outra coisa além de jejuar. Tínhamos grupos de auto-afirmação, nos quais ensaiávamos como pedir aquilo de que precisamos e aulas de nutrição nas quais nos sentávamos, cativas, e aprendíamos que um pedaço de pizza contava como uma entrada (uma proteína, um pão). Fazíamos jogos dramáticos nos quais dizíamos alguma coisa que queríamos muito dizer a algum membro das nossas famílias usando afirmações do tipo "eu me sinto". E fazíamos o nosso *check in* matinal (a minha Meta para o Dia é escrever no meu diário, pedir um passe ao Dr. J. e terminar o meu leite) e nos sentávamos sobre os nossos travesseiros no chão, as pernas estendidas, os tendões se sobressaindo de modo grotesco na parte de trás dos joelhos, colorindo livros ilustrados, fazendo pequenas placas de cartolina para pendurar nos nossos quartos: SINTOMAS NÃO SÃO UMA OPÇÃO, EU TENHO O DIREITO DE CUIDAR DE MIM MESMA, SOU AMADA, HOJE EU ME PERMITO COMER.

Eu me sentava nos grupos, sem participar, em parte porque estava furiosa e em parte porque os assuntos pareciam ter pouco a ver comigo. A passividade não era algo que me mantinha acordada à noite. A minha capacidade de declarar os meus sentimentos me parecia perfeitamente bem desenvolvida, considerando-se o tempo que eu passei naquela unidade, agitada com mais um alerta de que o meu mau gênio, o meu jeito de falar, a minha Atitude estavam tornando a Recuperação mais difícil para todo mundo.

Meus pais vinham visitar à noite. Meu pai e eu jogávamos *gin rummy*, paciência em dupla, oito maluco. Não conversávamos muito. Certamente não conversávamos sobre o que estava acontecendo. Tínhamos brigas periódicas, e eles iam embora. Todo mundo na unidade falava sobre como os meus pais eram legais, sobre como nos dávamos bem. Eu assentia.

Uma noite, a minha mãe foi sozinha. Isso era potencialmente perigoso. Meu pai funcionava como um amortecedor entre nós, eu funcionava como um amortecedor entre eles, a minha mãe, entre mim e meu pai. Uma triangulação clássica. Um castelo de cartas depende da estase de cada carta; tire uma, e pronto, desmoronamos. A minha mãe ficava sentada numa cadeira ao lado da minha cama enquanto eu jogava paciência na bandeja do leito. Na terapia, havia chamado a minha atenção, apesar da minha insistência inflexível de que a minha mãe era imortal e vivia no Monte Olimpo, o fato de que o meu relacionamento com ela estivesse longe de ser perfeito. Fora-me sugerido, na terapia, que eu talvez tivesse adquirido algumas das minhas neuroses sobre comida com ela.

Abordei o assunto com ela casualmente. Mencionei que talvez ela fosse um pouco preocupada demais com o próprio corpo, o seu peso, o quanto ela comia. Ela ficou sentada na cadeira de metal do hospital, de braços cruzados, mexendo os dedos, com um sorriso superior. Eu a pressionei. O sorriso se tornou maldoso, e ela disse que eu não tinha nada que culpá-la pelos meus problemas. Eu disse "Não estou culpando você, só estou dizendo que posso ter adquirido alguns hábitos..."

Ela disse:

— *Querida*, você não pegou nada. Você simplesmente veio assim.

Ela se levantou da cadeira, apanhou a bolsa e saiu. Fiquei deitada na minha cama, olhando para o meu reflexo na janela escurecida pela noite. Virei o rosto para o travesseiro e puxei o travesseiro por cima da cabeça.

Eu tinha simplesmente vindo assim, com uma tendência peculiar à autodestruição.

Eu ia à terapia individual às terças-feiras. A minha família e eu passávamos pela terapia familiar às quintas-feiras. A minha mãe era fria, ficava recostada em sua cadeira de pernas cruzadas, com um braço na cintura, uma mão nervosa, agitada, tocando o colarinho levantado da camisa, a lapela bem definida do terninho. Ela não me olhava nos olhos. Pressionada pelo terapeuta, falava asperamente, os olhos chispantes, um estilete rápido nas costelas. Meu pai era caloroso, preocupado, ficava inclinado para a frente, com os cotovelos nos joelhos. Quando pressionado, ele falava asperamente, levantava a voz, apertava o maxilar e batia constantemente um punho na coxa. Eu me amarrava num estranho nó no canto da minha cadeira. Ia direto para a jugular, dizia palavrões. Sibilava para a minha mãe, esticada, como uma cobra, para gritar com o meu pai, os rostos colados.

No começo entrávamos sorrindo. Eu era a garotinha deles e estava doente. Eles estavam entusiasmados para me deixar bem. Conversávamos bastante, com os braços deles em volta dos meus ombros. Eu fazia piadas inteligentes. Isso acabou rapidamente. Dezesseis anos de um casamento ruim e 16 anos de uma filha-problema estavam inchados e pulsando debaixo da pele, esperando para estourar.

Meus pais estavam com medo, mas também eram novos naquilo. Eles acreditavam, na época, que era simplesmente uma questão de me alimentar. As coisas voltariam ao normal. Essa é a Teoria Ela-Passou-Um-Pouco-do-Limite-na-Dieta. Ela mantém a verdadeira questão à distância — o fato de que você está desenvolvendo interesse por uma doença fatal, de propósito

— e protela qualquer progresso significativo. Você ainda não sabe que monstros maiores do que a dieta e o peso terão de ser trabalhados. A sua família terá de olhar para você sob uma nova luz: não simplesmente como a mininha deles — mesmo os pais e os maridos de mulheres mais velhas com transtornos alimentares costumam exibir essa atitude —, mas como um ser humano com uma história, uma gama de emoções, uma pessoa talvez mais complexa do que eles percebam. E você terá de olhar para eles como seres humanos, falíveis, que amam você, em vez de ou como inimigos ou salvadores. Vocês todos terão de crescer um monte.

Nem a minha família nem eu estávamos prontos para fazer isso ainda. Era fácil não fazer. Eles viam o meu transtorno alimentar como só mais um subproduto esquisito da minha natureza contenciosa, possivelmente maluca, e eu via eles e suas tentativas de me darem apoio como mais um exemplo de seu horror geral. Tanto eles quanto eu estávamos muito errados. Nenhum de nós tinha, a essa altura, qualquer outra forma de ver a situação.

Passamos brigando a terapia familiar. Previsivelmente, a minha mãe disse que era culpa do meu pai, e ele disse que era culpa dela. Então os dois mudaram de direção e criaram uma Aliança Conjugal sem precedentes e concordaram que a culpa era minha. Estranhamente, eu concordei com o terapeuta que não era culpa de ninguém e que estávamos perdendo tempo com a nossa interminável expressão de culpa. Eu gostei, no entanto, de ter a permissão de dizer aos meus pais, sem censura, como eles eram idiotas. Eles também gostaram do oásis acolchoado, da hora por semana que permitia que os dois se rasgassem em pedacinhos, membro por membro. As sessões eram mais do que virulentas. Todos os anos fazendo as coisas funcionarem por minha causa e todos os anos temendo um rompimento caso apenas uma palavra a mais fosse dita caíram por terra. Numa missão camicase, nós voamos na velocidade terminal uns em direção aos outros.

As coisas nunca mais seriam as mesmas. Você não pode ver a sua filha bater na porta da morte e esperar esquecer isso. Você não pode escancarar as feridas familiares e esperar que elas cicatrizem sem deixar uma marca. Tudo muda. Pelo bem e pelo mal, a família desmoronou.

Algumas amigas de Edina me visitaram no hospital. Fiquei sentada na cama, com o cobertor até os joelhos, tentando dar risada. Era o aniversário da minha melhor amiga, e elas levaram balões. Iam sair depois de me visitarem. Trouxeram flores e me botaram a par das fofocas locais. Não falamos sobre onde eu estava. Ficamos suspensas no espaço vazio quando a enfermeira entrou para medir minha pressão, a temperatura e o pulso. Ela voltou com um copo de Ensure. Mordi o lábio. Não podia perguntar por que estava recebendo calorias extras. Eu precisava agir normalmente. Não podia gritar ou chorar. Dei um sorriso débil e, com as mãos tremendo, tomei aquilo enquanto as minhas amigas tentavam não olhar. Elas me abraçaram, tensas, uma por uma, e foram embora.

Eu soube na noite em que elas vieram que não voltariam mais. Eu não queria que elas voltassem. Eu me sentia envergonhada, humilhada, e não queria ter de lidar com qualquer um que me lembrasse o horror que eu estava. Minha ausência de um ano havia criado uma distância intransponível. Minha doença a havia exacerbado. O que me segurava a um passado que eu não queria se rompeu muito rapidamente. Eu estava livre.

Agosto: os sinais vitais se estabilizaram, a cabeça clareou um pouco, eu me sentia forte e inquieta. Comia quando me mandavam comer, dando mordidas normais. Na terapia, confessei um desejo pragmático por saúde. A vida, eu disse, estava acenando para mim. Estou me sentindo muito bem comigo mesma, eu disse. As minhas fichas apontam que eu dei uma reviravolta completa e repentina. O tratamento havia funcionado.

No hospital, eu não melhorei. Eu piorei. Teria piorado de qualquer maneira, de tão mal que eu estava. Mas o hospital se tornou um refúgio para mim, como acontece com muitas de nós. Ele se tornou o Éden que eu desejava quando estava longe. Era o mais perto da morte — aquele lugar parado, silencioso e muito seguro — que eu achei que pudesse chegar. A vida pára. O tempo pára. Você se torna um caso, um estudo, uma curiosidade, um problema, uma doença, uma criança. Você passa os dias fazendo palavras cruzadas. Você lê inúmeros livros, despreocupadamente.

E quando eles finalmente nos deixam sair, o medo é maior do que quando entramos.

Fora do hospital, eu transava com todo mundo. Um cara do AA me achou bonita, então nós fizemos sexo na traseira de um carro. Noite fria, o outono chegando cedo, o vidro embaçado, pensei, que engraçado, a marca dos dedos dos meus pés na janela. Fiquei num restaurante 24 horas, beliscando um *muffin light* e fumando um Camel atrás do outro.

Mais tarde, eu pensaria com orgulho mórbido sobre o trabalho incrível que deve ter sido montar uma mentira tão cuidadosa. Eu pensaria na superfície perfeita e suave que eu devia ter mostrado: o mágico puxa a echarpe interminável da manga, a seda escorregadia saindo e saindo e saindo. Eu havia conseguido, de alguma forma, convencer os meus pais de que estava em perfeitas condições para me mudar para a Califórnia. O ar salgado me faria bem, eu disse. Fizeram-se planos. Eu alugaria um quarto na casa da ex-mulher do meu pai. Eu freqüentaria o colégio em que ela dava aula, em que seu filho estava matriculado no segundo ano. Faria terapia individual todas as semanas e, duas vezes por mês, veria um psiquiatra, um nutricionista e um médico. Tenho um peso a manter. Eles me pesarão. Nada escapará à vigilância deles. Ou não escaparia.

No final de agosto, dou um beijo de adeus em todos e embarco num avião rumo a São Francisco. À sua esquerda, diz o piloto pelo alto-falante, estão as Montanhas Rochosas. Estou bêbada de Bloody Mary. Na noite quente de fim de verão, pego um ônibus para o norte, sento-me ao lado de um homem que me fala sobre a filha dele, o dinheiro dele, o emprego dele. Mão no meu joelho, mão na minha mão, a minha mão puxada até a cueca dele, um pau grosso. Presa na parte traseira de um ônibus sem ter para onde ir e nada a dizer que não fosse ser mal educado, faço sexo silencioso com um homem casado em seu assento amplo e confortável, o meu joelho preso entre o braço da poltrona e a sua coxa dura. Depois, ele lê uma revista à luz da lua cheia. Eu fico observando as encostas cintilantes, as amplas áreas de terra arada onde a neblina baixa se junta e gira, azul e etérea, com as macieiras nativas se arqueando e pairando como predadoras na lateral da estrada.

Respiro fundo e recosto a cabeça na minha poltrona enquanto a Highway 101 passa voando. Sorrio. Eu havia me tornado uma farsante. Tinha um novo jogo.

5 'A Própria Perséfone Não Passa de uma Voz"

Califórnia, 1990-1991

Dê-me uma genciana, dê-me uma tocha!
deixe-me ser guiado pelo azul da tocha desta flor
pelas escadas mais e mais escuras, onde o azul é escurecido por mais azul
mesmo aonde Perséfone vai, agora, do frio setembro
ao reinado cego onde a escuridão desperta no escuro
e a própria Perséfone não passa de uma voz
ou uma escuridão invisível envolta no escuro mais profundo
dos braços de Plutão, e ferida pela intensa paixão da melancolia,
em meio ao esplendor das tochas negras, lançando escuridão sobre a perdida noiva e
seu noivo.

— D. H. Lawrence, "Bavarian Gentians" [Gencianas bávaras], 1932

É uma casa muito escura. Localizada bem longe da rua principal, com uma entrada de terra ladeira acima, cercada de árvores cobertas de musgo espanhol, no final da entrada, passando o galinheiro com o velho galo maluco que canta às duas, três, quatro da madrugada, subindo a entrada de novo. À frente, a imensa casa escura estendendo-se lentamente pelas encostas do Monte Bennett. Atrás, um vale nadando numa lua púrpura. O céu é amplo e fresco. Ao redor, morros e árvores e barulhos silvestres, assovios pela grama seca, folhas sussurrantes e o barulho de patas no chão.

Uma velha varanda percorre a frente da casa. Duas cadeiras, uma mesinha, um cinzeiro cheio de pontas de cigarros com apenas dois terços fumados. Subindo a escada de pedra com o corrimão de ferro forjado, você abre a porta marrom. No *hall* de entrada, há uma escada à frente, uma porta à direita, a cozinha à esquerda. Tudo escuro. Passando a cozinha há uma sala de jantar, então a sala de estar e os quartos em que você nunca entra.

Um fogão à lenha e uma chaminé preta. Quando chegar o inverno, você irá se sentar de casaco sobre o fogão, morrendo de frio, para tentar se aquecer. Você vai derreter o casaco na traseira das calças sem perceber.

Familiarize-se com esta cozinha. De pé, na entrada. À esquerda: balcão, microondas — você vai precisar disso, preste atenção — pia, janela sobre a pia, com vista para as roseiras selvagens, morro abaixo, para o vale. O galinheiro, a velha cabana de ferramentas onde mora um homem raramente visto chamado Ray que faz máscaras de papel. Carros abandonados, cobertos de terra e cercados de mato: um Volvo, um velho *trailer* verde, alguns outros ocasionais, você nunca acompanhará muito bem. Da pia, dá para ver a garagem, o jardim alto demais e os morros.

Sobre o balcão: torradeira, geléia, mel, manteiga de amendoim, manteiga, açúcar num pote azul e branco, sal, temperos, tábua de corte. Tigela de frutas: maçãs, laranjas, bananas, um kiwi nas últimas. Dentro dos armários: potes, panelas, batatas *chips*, bolinhos de arroz, pão, pedaços de pão velho em saquinhos plásticos amassados. Um aquário no canto, com uma piranha dentro. A piranha virá a cometer suicídio durante um jantar, exibindo-se e pulando para fora do tanque para morrer arfando no chão. Uma gaiola com um pássaro verde resmungando. Um gato muito velho que dorme sobre a máquina de lavar roupa num ambiente ao lado da cozinha. Dois cães enormes, Rhodesian Ridgebacks, Tiska e Moe.

Geladeira. Tão cheia e misteriosa que você não irá detalhar agora o que ela contém. Basta dizer que tem manteiga, queijo, leite, todas essas coisas de que você vai precisar. Tem tofu, que você vai comprar e não vai comer. Tem muitas sobras, que você vai comer. Os armários à direita do fogão são para o homem que mora no final do seu corredor. Ele toca blues na guitarra à noite. Come batatas *chips* e aveia direto do pote. "Por que sujar um prato", diz ele. Diretamente à sua direita — esta é a parte importante — estão os armários de biscoitos *cream cracker* e cereais. *Cornflakes*, granola, caixas e caixas de cereais saudáveis, com uma textura áspera que arranha a garganta em seu frenético caminho de volta. Tem *cookies* na última prateleira, como se você fosse uma menininha que não conseguisse subir até lá. Não conseguisse, se a necessidade fosse grande o bastante, levitar. Como se adiantasse.

Suba a escada e note as teias de aranha nos cantos acima da sua cabeça. No topo da escada, à esquerda, fica a porta do seu quarto. A cama fica imediatamente à sua esquerda, a janela na parede oposta. Há um sofá amarelo comprido abaixo da janela, uma escrivaninha à direita do sofá. O abajur na escrivaninha tem uma luz fraca e quente. Você derruba a tela da janela, senta no parapeito e fuma. Às vezes você sobe no telhado largo e plano e se debruça na beirada. Na varanda abaixo, muito tarde, você verá a ponta avermelhada de um cigarro no escuro, movendo-se sozinho para frente e para trás em linhas brilhantes. Ouvirá uma tosse sem corpo. Às vezes subirá a escada até a outra camada de telhado, ficará deitada com um menino que irá conhecer, com quem fará planos grandiosos e impossíveis, um perto do outro, agarrando a ponta de um cobertor na mão. Ficará contando estrelas e veados invisíveis passando correndo.

De volta ao corredor do andar de cima, no topo da escada à esquerda, você encontrará o banheiro. Um balcão comprido, três pias, três espelhos sobre as pias, três armários espelhados debaixo dos espelhos. A sua é a pia da ponta, perto da porta. No seu armário há diuréticos, laxantes e várias pílulas. No espelho, você vê apenas o rosto, o peito, o estômago, a parte de cima dos quadris e do bumbum. Você precisa ficar na ponta dos pés para ver o bumbum direito. Se ficar de pé na privada, consegue ver as coxas. Uma janela ao lado da privada, um ventilador, um aquecedor, cujo zumbido e tique-taque são o suficiente para encobrir o barulho. Um chuveiro. Uma balança. A balança está pesando um quilo a menos. Quando chega, você está pesando 46 quilos. Você observa o ponteiro vacilar em direção a esse número e então voltar, com o passar do tempo, e voltar e voltar, sempre que sobe na balança, todos os dias, dez vezes por dia. Um pouco mais, um pouco menos. Quando você acorda, quando volta da escola, depois de comer compulsivamente, depois de purgar, depois de jantar, depois de vomitar o jantar, antes de fazer xixi, depois de fazer xixi, antes de engolir punhados de laxantes, depois que eles fazem seu efeito repugnante.

Há dois quartos no final do corredor. O seu irmão adotivo, filho da primeira mulher do seu pai, tem um quarto cheio de máscaras e bongs.* O outro quarto é alugado pelo homem que come direto do pote. Espiando: duas janelas, uma cama e uma guitarra dentro do estojo aberto.

---

*Cachimbo semelhante ao narguilé usado para fumar maconha. (*N. da T.*)

Você já tinha estado ali antes. Você ama esta casa. Ela tem uma certa magia, faz certos barulhos com o vento, tem um cheiro de fumaça e maresia. O mar em Bodega Bay fica 50 quilômetros a oeste em linha reta. Em noites paradas, você consegue ouvi-lo de cima do telhado. Você sempre consegue sentir o cheiro dele. Consegue sentir o cheiro de sal e o aroma forte e acentuado de eucalipto que penetra no cérebro. É um cheiro de lar.

A casa é da ex-mulher do seu pai, que você chama de madrasta, e do marido dela. Eles criaram as pessoas que você chama de irmãos. Eles não são tecnicamente irmãos. São os meninos que o seu pai e a primeira mulher dele adotaram há mais de vinte anos, os meninos que o seu pai chama de filhos, os meninos com muitas famílias, muitas exigências de tempo e amor, os meninos que ensinaram você a andar de patins e de patins no gelo e a cuspir. São os meninos atrás de quem você corria quando era pequena gritando "Esperem por mim!", que voltavam correndo, que a levantavam quando caía e amarravam os seus sapatos e faziam sanduíches de doce de maçã (Paul) e sorvete com soda (Tim). Os meninos de poucas palavras que você adora, mas não conhece. São jovens estudando na faculdade que sempre foram uma parte intermitente e nebulosa da sua vida. Eles não estiveram por perto tempo suficiente para ver o que havia acontecido no meio tempo, como a mealininha havia se transformado numa ex-detenta de hospital, curiosamente "curada", mas ainda assim mais magra cada vez que eles vinham da escola, mais magra, pior e mais e mais fechada. Você não consegue olhar no rosto deles quando eles perguntam, como fazem de vez em quando, "Você está bem?" "Claro que estou", você diz. E sorri.

O menino mais novo, dez meses mais novo do que você, ainda mora em casa, no fim do corredor. Você e ele têm uma coisa estranha, amarga e próxima que se pode chamar de amizade. Vocês brigam e se batem. Ou então vocês deitam numa cama, chapados, e ficam passando o tempo ouvindo música, conversando sobre qualquer coisa. Não conversando, especificamente, sobre o que está acontecendo com você. Discutindo quando você rouba todas as camisas dele, quando ele aparece para tomar café-da-manhã vestindo a sua melhor saia vermelha. Vocês compartilham alguns amigos.

Você conhecia a mulher que a recebeu na casa dela e que confiava que você diria a verdade. Ela é mãe de três meninos, e você é uma quase-filha. Você tem uma tendência de se ligar firmemente a qualquer coisa mais velha e feminina, colecionando mães, de certo modo. Ela é uma delas. Vocês são próximas. Ela ama você, e você a ama. Vocês vão juntas ao supermercado. Vão até a beira da praia e caminham.

É final de agosto. Vocês fazem passeios até Bodega e acendem fogueiras nas dunas. Grama da praia e flores selvagens, papoulas, espinhos. Vocês vestem ponchos mexicanos, com os bolsos na frente, levam saquinhos de erva no bolso, papéis, isqueiros. Vocês se sentam em círculos, com os joelhos dobrados no peito e os braços em volta dos joelhos. O mar, negro, sob um céu azul profundo. O mar sobe na praia. O cheiro de fumaça de madeira queimada, penetrante, e de fumaça de maconha, doce. O vento e o rugir do mar.

É final de agosto. Você está grávida. De novo. Sabia disso quando partiu. Você pensa "É uma piadinha de Deus". Deus continuará fazendo essa piada por muitos anos ainda, uma lembrança cruel de que a vida acontece, de que as leis da natureza baterão na sua bunda arrogante por mais que você lute contra ela. Você espera. Quando esperar é demais, você cai da escada quando não tem ninguém em casa. Um mergulho fácil, de barriga para baixo. O corpo ainda está suficientemente fraco para cair num truque velho como esse. Você dá a descarga no material vermelho. Sem lágrimas. A culpa e a pressão perturbadoras em seu peito não são pelo bebê, mas pelos seios que estão sensíveis, com um traço de veias azuis, gordos. Eles vão encolher, você não pára de garantir a si mesma. Vão encolher.

Serão meses estranhos. Este é o único período da sua vida em que se pode dizer com segurança que você está louca. Completamente maluca. Você lembra de coisas em *flashes* aleatórios. Os dias já pareciam um borrão então, não por causa da mão atrevida que passa por cima dos desenhos de giz da memória, mas porque os dias passavam, sem sono e fluidos, um pelo outro, um redemoinho numa fascinante queda vertical, uma espiral de sangue na água, dançando para baixo.

As histórias serão saltadas neste capítulo, porque tem muita coisa de que eu não lembro. Acho que tudo se dispersa como a neblina do amanhecer com os primeiros raios quentes de sol. Isto foi o que sobrou.

Fim de verão, seca. Os morros estão secos, dourados como feno. Cintilantes. As árvores estão paradas. Eu dava de comer às galinhas de manhã, percorria o caminho de cascalho, abaixava-me no ar frio do galinheiro, espalhava um balde de ração no chão. Sei com certeza que, no meu primeiro mês lá, eu estava realmente tentando seguir a minha porra de programa, mastigando o meu lanche da tarde diariamente exatamente às três horas, tomando o meu leite. Sei com certeza que eu estava saindo de novo com garotos porque, claro, eles nunca pedem. Garotos com as barrigas trêmulas, sem fôlego e quentes. Lembro de deitar na cama com eles, ouvindo o escuro. Lembro de pensar enquanto caminhava pelas ladeiras tortuosas, assoviando pelo mato alto nas encostas atrás da casa: *Estou em casa, estou em casa, estou em casa*. Era o cheiro. As folhas de eucalipto de *antes, daquela época*, daquele tempo que parecia tão inteiramente meu, quando as minhas perninhas pareciam suficientemente fortes para irem a qualquer lugar, pelo Walnut Boulevard, descendo a margem coberta de musgos do riacho, sobre milhões de hectares de campos.

Mas as minhas pernas estavam enfraquecidas, e alguma coisa estava errada, embora eu não soubesse o quê. O único momento particularmente revelador foi o seguinte: eu acordei antes da minha madrasta e do meu irmão no primeiro dia de aula. Desci até a cozinha, ainda cinzenta com a pouca luz. Peguei uma banana, botei-a sobre o balcão, peguei os cereais de milho do armário e peguei leite na geladeira. Pensei muito claramente: eu não preciso tomar leite. Eu não preciso comer nada no café-da-manhã. Fechei a porta. Guardei os cereais. Peguei uma faquinha e cortei a banana pela metade. Comi a metade em 120 mordidas: fatiei em quartos e cada pedaço desses em trinta pedaços pequenos. Comi tudo com um garfo.

Foi muito fácil. Muito organizado. Muito parecido com o que eu lembrava. Toda a concentração se reduziu ao mínimo denominador comum, com o cérebro mudando para os padrões simples da lógica numérica, da arrumação perfeita de pedacinhos de banana no prato branco.

Repentinamente cheia de energia, preparei o meu almoço: dois bolinhos de arroz com uma porçãozinha de manteiga de amendoim, uma maçã, uma bolacha *cream cracker*, uma Coca *diet*. O coração inquieto com a compreensão repentina, e eu espantada por aquilo não ter me ocorrido antes. "Que burra!", pensei. "Estou comendo o tempo todo e nem tem alguém aqui para dar a mínima!"

Tive uma repentina mudança de atitude em direção à inanição. Antes, o não-comer sempre soava como um pouco de privação. O corpo humano e a mente se rebelam contra a privação. O fato de eu não ter permissão para comer — eu já estava muito além de pensar que apenas queria fazer dieta, havia desenvolvido a idéia de que *pessoalmente* eu não tinha *permissão* para comer — tinha me assustado, tinha me feito pressionar o punho na barriga, contorcendo-me com dores de fome. Mas, de repente, parecia perfeitamente encantador que eu não precisasse comer nem tivesse vontade. E eu não tinha vontade.

Hoje, claro, vejo que isso fazia parte do jogo. Um teste, para ver se o detector de mentiras realmente funcionava, para ver se o Big Brother está mesmo sempre olhando, ou se ele às vezes cai no sono em sua cadeira. O hospital havia me provocado um desejo infantil de burlar as regras, de observar alegremente os rostos MUITO ATENCIOSOS ficarem tensos e pálidos de irritação diante da própria impotência, de sua capacidade misteriosa de provocá-los, de obrigá-los a agir, de foder com eles. Você não percebe que isso é, pura e simplesmente, um monte de merda, e que você ainda está, como sempre, fodendo com você mesma, não com eles. Você se deixa acreditar que está realmente em guerra com Eles, por que é mais fácil. Você fugiu Deles, é uma fugitiva em movimento, e fica bastante satisfeita com a descoberta de que é uma bela mentirosa.

Eu ainda não sabia que tipo de mentirosa eu iria me tornar.

Percorremos de carro uma estradinha rural estreita e viramos no estacionamento de cascalho da escola. À direita, campos, um riacho, emaranhados de árvores finas. Subimos uma ladeira e nos aproximamos de uma escola pequena, edifícios de um andar separados dispostos num semicírculo através de um amplo gramado. Do jardim de infância à décima segunda série. Eu vou até a sala da décima primeira série, construída entre um pequeno bosque espinhoso, uma mesa de piquenique num pátio minúsculo.

O dia está ensolarado e fresco. Uma menina com uma echarpe enrolada na cabeça dá a volta no prédio, me vê e diz "Você deve ser a Marya". Confirmo com a cabeça. Seu nome é Rebecca. Fiozinhos prateados de sua echarpe rosa refletem a luz. Entramos e nos sentamos. Há 11 alunos na sala. A professora é uma bonita mulher mais velha, falante e dinâmica. Às vezes, quando a sala está em silêncio, dá para ouvir um galo cantando numa fazenda ali perto.

Duas semanas depois, estarei sentada na minha cadeira no fundo da sala. Vou ter uma sensação gozada de formigamento nos pés. Vou estar olhando para a nuca de um garoto. Um garoto diferente. Julian. Julian Daniel Beard. Eu o obriguei a me dizer o seu nome completo um dia, sentada no gramado na hora do almoço. Desengonçado e desajeitado, ele veste uma camiseta branca bem passada todos os dias. Eu tinha ouvido a sua risada. Eu fazia piadas para ouvi-lo rir. Ele ria, olhava para mim rapidamente e com um jeito tímido e depois desviava o olhar. Ele é o tipo de garoto que se quer fazer corar contando terríveis piadas sujas. Você quer provocá-lo e ver a sua boca engraçada se abrir num sorriso. Você abaixa a cabeça para seguir o seu olhar envergonhado. Seus olhos são da cor de casacos muito velhos do exército, um verde desbotado.

Naquele dia na aula, pensei comigo mesma, com uma boa dose de espanto: eu vou me casar com esse garoto. Eu vou me casar com esse garoto *nerd*! E se endireitou na cadeira e se virou apressadamente, como se eu tivesse dito aquilo em voz alta. Encarei-o de volta. Ele se virou novamente para o seu trabalho, curvou-se completamente sobre a mesa, botou a língua para fora à direita e escreveu furiosamente sobre a Revolução Industrial, como se estivesse atrasando o progresso dos Estados Unidos, como se tivesse um império de ferrovias a construir, bem ali, na pequena sala forrada de madeira com ventos de outono entrando lentamente pela porta aberta.

Outono de 1990: Nós nos sentávamos na escada atrás da Livraria & Café Copperfield's, e mini-*hippies* grunges de cabelos compridos e mamilos com *piercing* ficavam tocando guitarra. Fumávamos cigarros enrolados à mão e tomávamos café. Eu andava na traseira de uma picape azul de um lugar para outro, observando estradas de terra estreitas passarem debaixo das rodas. A vida era boa, e eu estava tonta com a liberdade. Naquele outono, sem perceber, eu tinha parado de planejar a minha vida. Eu me tornei boêmia porque não tinha nada melhor a fazer. Eu estava no limbo, e o limbo é legal porque ninguém lhe faz nenhuma pergunta, e ninguém se pergunta aonde você vai ou onde você esteve, e a vida é um grande urso dançante num adesivo do Grateful Dead no vidro de um Volvo. As pessoas falam de carma, e é muito fácil, muito, muito fácil acreditar que tudo é inevitável, e que tudo o que se tem a fazer é se recostar e assistir à vida passar.

Afinal, é só a vida.

Mas uma pessoa como eu, uma pessoa que precisa de um projeto o tempo todo, uma causa, não consegue passar muito tempo sem um. Aquele foi, aparentemente, um ano para eu relaxar um pouco, diminuir o meu controle sobre a necessidade de correr pela minha vida e fazer tudo de uma vez e mais rápido do que qualquer outra pessoa, um ano para eu "explorar" a minha "psique", para eu me "reconectar" com o meu "corpo", fazer as "coisas" um pouco "mais devagar", "pegar leve" com o meu "eu". Aquele foi para mim, eu disse aos meus pais por telefone e por cartas, um período de grande "crescimento", um tempo de simplesmente "ser", de "saúde".

Tudo papo furado. Aquele era, como eu sabia perfeitamente bem, um puro golpe de sorte, uma oportunidade estelar para eu me afastar do mundo de verdade e entrar mais e mais fundo na lúgubre terra de história infantil da minha cabeça.

Comecei de verdade, acho, em outubro. Eu simplesmente não comia. Eu estava obstinada nesta época. Definitivamente não tinha nada a ver com "emagrecer". Essa denominação específica para o que eu estava fazendo parecia absurda, mesmo para mim. Esse termo é externo. O que eu estava fazendo era puramente interno. Eu estava tentando jejuar. Eu estava explorando a extensão da fome. A fome era a coisa, o ataque inebriante. Eu comia cereais no café-da-manhã e bebia água o dia todo. Eu carregava uma garrafa de dois litros de água por tudo, enchendo-a a cada hora. Às vezes, tomava um pouco de suco no almoço. Lembro de ler o rótulo de um suco de cenoura e de beber um terço do conteúdo cor de laranja néon.

Rebecca e eu fomos ao armazém juntas um dia no final do outono. Eu estava usando um vestido azul. Compramos biscoitos recheados Oreos e maçãs secas. Comemos os Oreos e bebemos vinho na cozinha da casa dela naquela tarde. Ela disse:

— Eu jamais diria que você algum dia foi anoréxica.

Eu respondi:

— Ah, mas isso agora já passou.

Atirei os cabelos para trás. Comi Oreos lentamente, lambendo o creme do meio. Voltei caminhando para casa, disse "olá" para a família, para o namorado que tinha ido jantar. "Preciso me refrescar", eu disse. Subi para o banheiro e vomitei pela primeira vez desde que havia sido hospitalizada. Levantei-me e olhei o meu rosto no espelho. Nenhum inchaço, nenhuma marca como havia antigamente. Só os olhos estavam um pouco lacrimejantes. Ri, com uma alegria terrível tomando conta do meu peito. Todos os Oreos haviam saído, todo o vinho. Lavei o rosto e as mãos, pus um pouco de perfume. Eu era uma *expert*. Podia fazer como quisesse. Nada podia me parar. Aquilo era completamente meu. Desci para o jantar, belisquei e empurrei a comida no prato. Piscava os olhos, fazendo-os rir. O pobre menino apaixonado por mim segurou a minha mão.

Nos meus arquivos da TAMS há cartas. Há bilhetes, um maço de correspondência entre Kathi e o médico para a "equipe" de "profissionais" que estava me "observando" na Califórnia. Havia instruções específicas sobre o que cuidar: Pesem-na de camisola, *não em roupas comuns*. Por favor, estejam cientes de que ela teve um transtorno alimentar por muitos anos e precisa ser monitorada de perto. Ela deve ir ao médico a cada duas semanas, um psiquiatra mensalmente, um nutricionista e um psicólogo semanalmente. Confiram as seguintes coisas. Eles haviam tomado todas as precauções. As bases estavam cobertas, a equipe na Califórnia garantiu que era profissional, que todos fariam como fora orientado.

Acho que fui ao psiquiatra uma vez. No começo, fui à terapia semanalmente. Subi na balança com roupas comuns. Eu me sentava e dizia à psicóloga como estava bem, como aquela mudança tinha sido boa para mim, como eu estava definitivamente (eu me inclinava para a frente na poltrona, uma garota de olhos arregalados e cabelos longos gesticulando muito, vertendo lágrimas e as espalhando pelo chão acarpetado) no caminho da saúde. Eu lhe levei poemas sobre a minha saúde. A minha ligação com a terra, o reaprendizado dos ritmos do sangue e da respiração. Blablablá. Eu ria enquanto os escrevia. Ficava, e ainda fico, extremamente entediada com tamanha porcaria. Deuses e úteros e a sensação da terra nova nas mãos, patati, patatá, patati, patatá. Ela ficava profundamente emocionada.

— Você tem vomitado? — perguntava.

— Ah, Deus, não — eu respondia, achando graça da idéia de fazer isso.

Depois da escola eu voltava para casa. Sem a madrasta e o irmão adotivo, a casa estava em silêncio, exceto pelos passos arrastados do marido dela no escritório. Eu abria o armário e pegava uma tigela. Servia cereais, açúcar e passas, botava dois pedaços de pão com queijo no microondas, enfiava os cereais na boca enquanto o queijo derretia, comia o pão com queijo com uma mão enquanto passava manteiga em biscoitos *cream cracker*, comia os biscoitos enquanto servia mais cereais, mais queijo e pão, ia até o *freezer*, tirava o pote de sorvete, enfiava o sorvete na boca enquanto passava manteiga no pão, comia o pão enquanto me esticava para pegar os biscoitos, comia os biscoitos enquanto virava arroz frio numa tigela.

Se o marido entrar enquanto as bochechas estiverem cheias, engula rapidamente, sorria, fale sobre a escola. Fique tagarelando. Diga: "Estou morrendo de fome, nós jogamos futebol hoje." Faça questão de deixar a tigela de lado e pegue o jornal enquanto ele prepara um café. Você não vai conseguir parar de pensar nos cereais matinais, de modo que nem tente fazer isso. Você vai começar a pensar no que mais pode comer. Não entre em pânico. Ele sairá logo, e você poderá continuar. Se ele perguntar: "E aí, você é uma perna de pau?" Só dê risada. Responda: "Acho que sim." Quando ele voltar para o escritório, agarre alguns pedaços de pão, alguns refrigerantes *diet* e corra para o seu quarto, feche a porta, enfie o resto da comida na boca, engula, corra até o banheiro, ligue o ventilador, o chuveiro, a torneira, levante o assento da privada, tome um gole dos refrigerantes e vomite. E vomite mais um pouco, até ficar com os joelhos fracos. Quando você se levantar, eles irão se entortar, e você vai cambaleando até a beirada da pia, segurando-se pela vida.

Pela vida o cacete. Em novembro, você vai estar querendo morrer. Você não vai querer mais nada. Todos os dias, todo maldito dia, você sobe correndo os degraus da entrada da casa, respirando pesadamente, e abre os armários pensando: Sua cadela lamentável. Vaca de merda. Porca gulosa. Durante todo o dia, o seu estômago incomoda e cospe bile. Você balança quando caminha. Começa a sentir frio novamente.

Você se apaixona por um garoto alguns anos mais velho do que você. Uma noite, depois do sexo, vocês dois estão de pé na cozinha, nus. Ele está pegando uma bebida para você, que está se apoiando no balcão. Ele vem abraçá-la. Belisca a pele do seu braço e diz:

— Meu Deus, você literalmente não tem nenhuma gordura no corpo.

Você sorri e pergunta:

— Isso incomoda você?

Ele sorri e diz:

— Não, eu gosto.

Você só vai saber anos mais tarde que ele disse aquilo só para não magoar você. Anos mais tarde, você vai aparecer na casa dele — ele vai estar exatamente onde você o havia deixado, chapado no sofá —, vocês dois vão acabar trepando, e ele vai dizer como você está mais sensual agora, com uma bunda para segurar. Ele vai sorrir. Você quase vai sentir orgulho da sua saúde. Mas, aos 16 anos de idade, você não sabe disso. Durante anos, você irá beliscar a pele do braço só para ver se ainda tem alguma gordura no corpo.

Na cama dele, você vai encolher, rapidamente. A Rebecca vai começar a ficar preocupada.

— As suas calças estão grandes demais — ela vai dizer —, você está magra.

Você vai perguntar:

— Muito magra?

Ela vai olhar para você, que está de pé na frente de um espelho, e dizer:

— É, um pouco magra demais.

Você não vai conseguir esconder o sorriso.

E então, num dia do começo de novembro, você vai estar de pé na cozinha. Os seus irmãos estão em casa, todo mundo está em casa. As pessoas estão comendo. A sua madrasta vai lhe passar alguma coisa, que você agora não lembra o que foi. Ela vai dizer: "Experimente." Você, apavorada — quando diabos eu vou ter chance de vomitar, com esse monte de gente em volta? — vai experimentar. Você vai comer um *pretzel*, um palito de cenoura. Você vai ficar cada vez mais visivelmente agitada. Afinal, você vai sair, vai pegar um ônibus até a cidade com a desculpa de ir à biblioteca. Você vai caminhar, muito rápido, pela rua, e começará a correr. O dia está fresco e ensolarado. Você atravessa a farmácia pensando: Ipeca, Ipeca, Ipeca. É um xarope usado para induzir o vômito, é tudo o que você sabe. Você nunca o usou antes, não sabe como funciona, você está cagando para isso, você precisa encontrá-lo. Você caminha pelos corredores, puxando os punhos da camisa, as mãos ásperas e frias. Não consegue encontrar o xarope. Não está em lugar algum.

Você está usando um macacão. Você arqueia as costas, força a barriga para fora o máximo que pode e põe a mão sobre a falsa barriga de grávida.

200

Você se move pesadamente até o balcão de remédios controlados, faz aquela cara, sorri e pergunta calmamente ao farmacêutico se ele tem Ipeca. Você gostaria de ter um no seu kit de primeiros-socorros em casa, sabe, para o caso de as crianças engolirem alguma coisa. Aos 16 anos, você agradece a Deus pelo processo de envelhecimento do seu rosto. Você parece ter idade suficiente para ter filhos e estar grávida. Ele assente, "Ah, sim", diz ele, "essas crianças engolem qualquer coisa". Vocês dois dão risada. Enquanto ele registra o remédio, você não consegue tirar os olhos do frasquinho marrom sobre o balcão.

— Quantos anos têm os seus filhos? — pergunta ele, num tom amistoso, pegando o seu dinheiro.

— Dois e três — você diz. A resposta sai naturalmente da sua língua. Então você bate na barriga e acrescenta "E zero". Ele ri e lhe cumprimenta. Você põe o troco e o Ipeca no bolso, pega o recibo, agradece a ele, que agradece a você. Você sai caminhando casualmente pela porta, se esconde atrás do edifício e toma o frasco inteiro do xarope nojento e indutor de ânsia de vômito de estômago vazio.

O rótulo diz: Uma colher de chá seguida por 230 ml de água ou leite. *Não tomar o frasco inteiro.* Em caso de dose excessiva, acione o centro de controle de envenenamento IMEDIATAMENTE.

Mais calma, você agora caminha pela calçada. Visualiza mentalmente você mesma chegando ao posto de gasolina, inclinando-se e vomitando, como faz todos os dias. A situação está sob controle. Você vai ficar bem.

Você não consegue ficar de pé. De repente. Você estende o braço até a parede de uma vitrine. O sol está fazendo horríveis círculos malucos no céu. Você pensa: estou morrendo. Estou tendo um ataque do coração. Você tenta caminhar, mas não consegue. Pedestres ficam encarando você. Você tenta não se importar, tenta respirar. Você entra cambaleando num pequeno café e pede uma tigela de sopa, pensando que talvez não tivesse o suficiente no estômago para o remédio fazer efeito. Você se sente pálida, coberta por uma camada de suor frio, e não consegue firmar as mãos. Você se senta com a cabeça sobre a mesa. A sopa chega, você toma um gole. Sai correndo da mesa, com um guardanapo na boca, e empurra as pessoas no caminho para o banheiro. Você nem fecha a porta do cubículo. Vomita em ondas insanas e intensas, com sangue respingando pelo assento da privada. Você vomita um palito de cenoura, um pedaço de alguma coisa, um *pretzel*, quantidades de água e sangue. Quando termina, você fecha a porta e cai de joelhos. As suas mãos não irão responder aos comandos do cérebro, você terá de usar as duas mãos para pegar papel higiênico, limpar o assento, as paredes e o chão. Você fica sentada no chão, tremendo, durante uma hora. Então você finalmente se levanta, lava o rosto e as mãos e caminha lentamente até a biblioteca, onde o seu irmão irá apanhá-la. Você fica deitada num banco. Quando ele chegar, você vai dizer: "Não estou me sentindo muito bem." Ele vai levar você para casa. Você vai para a cama no meio da tarde. Você dorme intermitentemente e é despertada pelo repentino salto do estômago em direção à garganta. Os lençóis estão empapados de suor frio.

É por agora que você enlouquece. Sabe, essas coisas acontecem. A loucura não é sempre o que dizem ser. Não é sempre a velha usando tênis, saia e echarpe andando de um lado para outro com um carrinho de supermercado, gritando com ninguém, com nada, percorrendo os anos na sua cabeça.

Não. Às vezes é uma garota usando botas, calças jeans e um suéter, com os braços cruzados, tiritando, vagando pelas ruas à noite, toda a noite, murmurando com ninguém, com nada, percorrendo as estranhas dimensões irreais em sua cabeça.

Na hora de dormir, a casa fica ainda mais escura. Eu me sento na janela, esperando que os sussurros e o arrastar de pés diminuam e parem. O relógio conta os minutos, pouca coisa. Seguro o encosto da cadeira com uma mão e faço exercícios sem parar, esperando pela uma hora. Depois da uma faltam só quatro horas para a manhã, penso. Até lá, exercícios. Organizo os suéteres, as calças, as roupas nos cabides de arame, por cor, por estampa, por tamanho. Escrevo. Escrevo uma série de poemas sobre uma mulher morrendo. Poemas *voyeur* sobre ver uma mulher morrendo. Escrevo sobre o seu silêncio, o seu rosto virado, a sua espera paciente pela passagem do tempo, uma noiva de guerra esperando pela volta do marido morto. Sobre ela empurrando seu barco a remo para longe da margem, sem remos, flutuando em direção à invisibilidade. Leio: *Depois de dormir — quem sabe se desper-*

taremos novamente?/... Não durma! Seja firme! Ouça, a alternativa é.../o sono eterno. O seu... lar eterno![1]

À uma da madrugada eu vestia o meu casaco e as minhas botas. Saía pela porta até a longa entrada do terreno até a rua. Às vezes, ia até a casa do menino chapado. Ficávamos sentados assistindo à TV. Às vezes fazíamos sexo. Só lembro que o quarto tinha duas janelas pelas quais saía uma luz azul e que tinha um cheiro adocicado. Seu violão ficava encostado na parede. Às vezes, eu só caminhava. Descia e subia ruas, atravessava morros, atravessava bairros, com frio. Contava os quadradinhos de luzes acesas nas casas em que ainda havia alguém acordado. Imaginava quem eram aquelas pessoas e o que elas faziam de pé. Ia até o pequeno *shopping* de rua, com o 7-Eleven 24 horas sendo a única luz ao lado do escuro bar de música *country*, a *delicatessen* escura, o salão de beleza escuro, Unhas de Acrílico Apenas US$ 19. Comprava um copo de café de um litro, preto. Ficava no banco do lado de fora, fumando e segurando o copo com as duas mãos.

Lembro de como eram as minhas mãos: finas como patas de passarinho, parecidas com papel, azuis e dormentes. Elas não tinham mais a mesma força. Quando o copo ficava um pouco mais leve, eu me levantava e continuava caminhando. Ficava esperando do lado de fora do supermercado Safeway do outro lado da rua até que a luz do amanhecer começasse a passar por cima dos morros a leste. Eu caminhava um pouco pelos corredores, passava pela banca de cigarros e enfiava três maços na manga do casaco. Comprava um pacote de chicletes e um maço de cigarros. Caminhava um pouco mais, subindo a rua estreita que percorria uma saliência íngreme do morro. Às vezes pela vala estreita entre a rua e o morro, às vezes pelo outro lado da rua, ao longo da barreira que mantinha os carros dentro, os carros que açoitavam os meus cabelos quando passavam voando, os faróis que passavam deslizando por mim, sem perceber a minha silhueta nas sombras. Às vezes eu ficava de pé na amurada acima da cidadezinha com suas luzes espalhadas, acima da queda íngreme, imaginando se o vento subiria e levantaria os meus pés e me jogaria na neblina flutuante que pairava sobre o vale.

---

[1] Marina Tsvetaeva, de "Insônia", 1916.

Uma noite, de pé ao lado da via, logo depois de um mercadinho de beira de estrada, encontrei comida no chão, cascas de um sanduíche comido e algumas batatinhas *chips* espalhadas. Eu me abaixei e comecei a recolher aquilo, botando tudo nos bolsos. Só lembro de ter feito isso. Não lembro o porquê, nem o que eu estava pensando ou sentindo ou se eu estava mesmo lá. Agachada, um par de faróis virou a curva. O meu rosto se levantou, tenho certeza de que espantado. Eu estava usando roupas finas, e o inverno havia chegado. Tinha esquecido o casaco, e estava só com uma camiseta fina, folgada sobre o meu corpo. Será que os faróis pegaram as costelas sombrias? Será que pegaram os vazios das minhas bochechas, os buracos dos meus olhos? O que o motorista viu? O carro freou cantando os pneus. Um homem saiu. Ele estendeu a mão na minha direção, a mais ou menos dez passos de distância.

— Você está bem? Não fique com medo, eu só quero ajudar. — Deu um passo na minha direção. — Dona, posso ajudar? Dona, eu só...

Dei um salto.

Em algumas noites, eu tentava dormir. Tentava de verdade. Eu me deitava e puxava as cobertas por cima de mim. Olhava para as sombras e os morros pelas minhas janelas. Fechava os olhos e pensava: Durma, durma. Mas, quando me aproximava do sono, juro que sentia alguma coisa no meu peito, alguma coisa muito mais forte do que o meu corpo, afastando-se de mim — como explicar isso sem parecer completamente absurdo? —, alguma coisa se erguendo do meu corpo, se esticando na direção da janela, na direção dos morros. Eu não acredito em Deus, mas acredito em algum centro humano, e acredito que o meu, já sem paciência para mim, estava tentando ir embora. Eu ficava lá deitada, concentrada em puxá-lo de volta. *Não vá!* eu pensava. *Não vá embora, ainda não!*

Mas em algumas noites eu só me concentrava na sensação daquilo se afastando e não pensava em nada.

Eu nunca falei sobre isso com ninguém. Ou sobre qualquer outra coisa. Depois das aulas, em dias frios e claros, eu corria até o estacionamento, pulava no carro de Julian e nós saíamos passeando. Para qualquer lugar. Nós nos sentávamos em pequenos cafés e ficávamos tomando chá com limão, tímidos, de repente. Subíamos no telhado e ficávamos olhando o céu e falando de música e de Deus. Caminhávamos pelos morros ao redor da cidade, às vezes, ao amanhecer. Ele ficava esperando no final da entrada de carros no escuro, e os meus passos, esmagando o gelo e a terra, se projetavam em meio à névoa. Assistíamos ao nascer do sol acima do lago escondido, sentados um perto do outro, mas sem nos tocarmos. Conversávamos, bem baixinho, sobre o tempo. Dizíamos, que incrível, que duas pessoas pudessem ser tão amigas, e ficávamos como amantes sem nos tocarmos, nem uma vez.

Eu estava muito apaixonada por ele, e isso doía demais. Porque era honesto demais e terrivelmente inocente, porque ele era um menino de cidade pequena que vivia corretamente e acreditava no mundo e no seu poder de mudá-lo, acreditava no amor e na eternidade, acreditava nas pessoas. Porque eu não era o que ele via, e porque eu não conseguia lhe mostrar quem eu era. Eu queria contar a ele, mas não conseguia.

Anos depois, já casados, vamos chorar por aquele tempo. Eu devia ter percebido, ele dirá, fui tão idiota, como pude não perceber? Vamos juntar as testas, e eu vou dizer a ele, várias vezes, que ele não tinha como perceber.

Ninguém percebeu. Nem as pessoas com quem eu estava morando, nem os meus professores. Os meus pais, tentando ficar de olho em mim à distância, não tinham como saber como eu estava me saindo. A minha "equipe" médica era incompetente. A minha vida era dia e noite: o dia, a luz, eu passava com o Julian, rindo, de repente humana e cheia de vida, uma garota de 16 anos apaixonada. À noite, eu passava assistindo a alguém que se parecia comigo fazendo sexo com outra pessoa num quarto escuro que cheirava a maconha ou vagando, literalmente enlouquecida de inanição e falta de sono, por ruas que não eram seguras para uma garota.

Mas esse tipo de garota não é exatamente uma garota. A loucura não é o que parece. O tempo pára. Toda a minha vida eu fui obsessiva com o tempo, o seu movimento e a sua velocidade, a forma como ele toma conta da gente, como nos faz correr para a frente, uma pedrinha desviando um riacho. Sempre fui obsessiva quanto a aonde iria e o que faria e como viveria. Eu sempre alimentara uma esperança desesperada de que me tornaria alguém. Não nessa época. O tempo parou de parecer tanto com a coisa que me transformaria em algo que valesse a pena e começou a ficar inseparável da morte. Eu passava o tempo meramente esperando. Mesmo então eu já sabia disso.

No Natal, peguei um trem para Portland para me encontrar com os meus pais em campo neutro. Durante a viagem, eu escrevi, evitando comer e dormir. Saí do trem. Estava começando a ter dificuldade para caminhar, os meus movimentos haviam ficado mais lentos de algum modo. Via as minhas mãos terem problemas para fechar, abrir ou ir da caneta ao papel e à xícara de café. Meus pais estavam esperando na estação, lado a lado. Eles não sorriram. Anos depois, questionada sobre o que estava pensando no momento, a minha mãe diria: "Você parecia uma fugitiva de Auschwitz." Fomos para a casa da minha tia e do meu tio. Jantamos espaguete e pão francês. Lembro de passar manteiga no pão. Comi e depois vomitei. À noite, sentei no colo da minha mãe, recostei-me em seu peito, sonolenta e, finalmente, com calor.

Eu não fiquei sabendo, mas meus pais ligaram em pânico para a TAMS, em Minneapolis, no dia seguinte. A minha mãe disse a Kathi que eu estava um esqueleto. Meu pai estava furioso. Que diabos estava acontecendo ali? Que diabos havia acontecido? Ela tinha perdido pelo menos 12 quilos! Eu continuei, animada. Comecei a me recusar a comer com alguém por perto, jurava que comia melhor sozinha. Eu me inclinava para fora na sacada do apartamento da minha avó, raspava a comida do prato e ficava observando tudo cair da altura de 24 andares até o chão. "Não posso comer pão", eu dizia, "nem carne, nem queijo. Não posso tomar leite. Estou muito bem", eu dizia, "de verdade, tenho me esforçado muito na terapia".

Como diabos isso tinha acontecido? Eu vinha burlando a balança no consultório da terapeuta. Fácil. Chegava lá cedo, era só uma balança de banheiro. Mexia no mostrador, subia. "Muito bem", ela dizia. Eu descia. No consultório da nutricionista, a balança médica dificultava um pouco as coisas. Depois da última aula na escola, eu começava a encher os bolsos enquanto os outros alunos da minha sala riam da minha rotina esquisita. Toda bijuteria que eu tivesse, latas de refrigerante, tudo nos bolsos. Eu usava camisas com bolsos extras, botava pedras nas calcinhas e no sutiã, às vezes um ou dois livros na parte folgada de um moletom. Três ou quatro camadas de roupas, casacos de pescador por cima de agasalhos de moletom, camisetas e um casacão. Várias camadas de calças, ceroulas, meias-calça. E água. Conforme perdia peso, precisava beber cada vez mais água, quatro, seis, oito litros d'água, e segurar até depois da consulta. Ela era uma nutricionista legal. "Eu já fui anorética", disse ela, "então eu compreendo." Na ocasião, assenti, compreensiva. Repassávamos as minhas fichas de comida da semana, as minhas anotações perfeitas, três refeições equilibradas, lanches, multivitaminas. Ela me cumprimentava sobre qualquer "extra" especial, um biscoito, um doce. Eu tinha me especializado em preencher as planilhas. Fazia isso na hora do almoço do dia da minha consulta. Tentava lembrar o que as pessoas normais comiam. Escrevia tudo. Imediatamente depois da nossa sessão, eu ia para o banheiro e fazia xixi como um cavalo de corrida.

Nas cartas da TAMS:

> Pese Marya de camisola, NÃO em roupas comuns, sempre DEPOIS de ir ao banheiro. Confira a gravidade específica da urina de Marya com freqüência. Se cair abaixo de 1.006, ela estará acumulando água.

Tenho certeza de que o Natal foi um feriado encantador. Lembro dele apenas em termos do que comi, quando e onde vomitei. Lembro também do presente de Natal mais macabro que alguém já deu: a minha coleção de trabalhos recentes, presenteada aos meus pais numa fé impressionantemente cega. Era intitulada "Saúde". Poemas suicidas. A série chamada "Alex", a mulher moribunda. No último poema, ela começa. Não são sobre mim, insisti. Você tem certeza? perguntou o meu pai. Ah, sim, eu os inventei.

Viagem de trem de volta à Califórnia. Viagem de carro de volta a Santa Rosa. No dia depois que eu saí de Portland, os canos da casa dos meus parentes estouraram, espalhando os meus jantares não-digeridos, com os espaguetes inteiros, pelo chão do apartamento para todos verem. Meus pais ainda estão lá. Os canos deles já haviam estourado antes. Eles ligam para a TAMS, e Kathi diz "tragam-na de volta para cá, *agora*". Meus pais ligam para as pessoas com quem estou morando. Tenha em mente aqui que eu não sei de absolutamente nada disso. Não estou fazendo nada em especial além de refletir sobre a morte. Espero, andando pelo centro da cidade à noite, desviando das mãos dos vagabundos cheios de ácido de barbas grisalhas. As pessoas com quem estou morando argumentam que eu estou melhor — até onde eles sabiam, eu estava mesmo — e que simplesmente seria perturbador para mim me mandar novamente de volta para Minnesota num momento em que eu estava começando a fixar raízes. Meus pais dizem fodam-se as raízes, ela está morrendo. Não está. Está. Não está. Meus pais ligam para os meus irmãos adotivos. Sento no chão da sala da casa do meu amigo, completamente chapada, subindo em peitoris de três metros de altura porque acho que sou uma gata. Com vontade de comer algo que me reconfortasse, passo três horas tentando cortar um *bagel*, girando-o em círculos e círculos até ele virar uma bagunça esfarelada e eu desistir. Em vez de comer, bebo.

Meus irmãos voltam da escola sem avisar. Eles me informam que estou muito encrencada. A dois dias de ir embora, sou vista por um patrulheiro rodoviário correndo pela Highway 101. "Aonde você está indo, moça? Para o México? Ahn?" "Desculpe, eu preciso ir" — durmo na traseira de uma viatura da polícia, uma viagem confortável. Eles me deixam na entrada do terreno, digo que não quero que eles acordem o meu marido. Eles me dão os números de emergência para ligar se precisar de ajuda. "Podem deixar", digo. De alguma forma cai a ficha que estou voltando para Minneapolis. Digo adeus. Na noite antes de ir embora, como compulsiva e enlouquecidamente na cozinha da casa do meu namorado, *sundaes*, sanduíches de queijo, enganando a mim mesma quanto a poder ganhar peso suficiente para continuar fora do hospital. O meu namorado diz delicadamente "Não coma *muito*". Dou risada. O sexo é um movimento nauseante, a barriga distendida, a cabeça explodindo. De manhã, acordo e vomito a noite anterior. Percebo que não consigo mais digerir comida. Depois do meu último dia na escola, o Julian, a Rebecca e eu vamos até um lugar que vende *croissants*. Tomo café. Juro que vou voltar. "Em breve", digo, "muito em breve. Só preciso aumentar um pouco o meu peso, nada demais. Estarei de volta no mês que vem." No carro, o Julian e eu choramos. Quero contar a ele. Só digo que o amo. Ele, a única parte sã que sobrou na minha vida. Eu o abraço com tanta força que acho que sou capaz de parti-lo ao meio. Ele não sabe o que está acontecendo. Ele fica me observando enquanto subo até a casa lentamente. Paro no meio do caminho para descansar. Ele percebe, pela primeira vez, como eu estou magra. Não me preocupei em esconder naquele dia. Não tinha por quê.

Os irmãos estão na varanda da frente da casa, sérios. Digo "oi". Eles dizem oi. A última coisa de que me lembro é de um deles dizendo, muito simplesmente, que não consegue me ver fazendo isso comigo mesma. Olha para o vale e sacode a cabeça.

Quando me dou conta, estou num avião. Na decolagem, a minha pressão arterial vai parar no chão, e eu — ainda hoje me espanta perceber como eu estava absolutamente inconsciente — me surpreendo. Inclino a cabeça para trás, tentando mandar o coração bater, imaginando o que eles farão comigo se eu tiver um ataque do coração no avião. Um grito constante passa pela minha cabeça, uma voz dizendo: *Eu só tenho 16 anos! Mas eu só tenho 16 anos!* Eu durmo ou desmaio. Estou saindo do avião; mãe, pai, tia, tio e dois primos me esperam na chegada, ficam de pé num nó apertado, tenso. Digo "olá". Meus primos dizem "E aí, Mar". A minha tia diz, brava, "Ficamos sabendo que você anda vomitando de novo". Estou cansada demais para reagir. Só confirmo com um aceno de cabeça.

No dia seguinte, subo a escada da TAMS até o consultório da Kathi segurando o corrimão. Na porta, pergunto de modo radiante:

— E então, como estou?

Ergo os braços, como se estivesse mostrando um vestido novo. Sentada atrás da mesa, ela olha para a avaliação médica que eu tinha acabado de fazer e diz:

— Sente-se.

Eu fico parada ali, inexpressivamente, idiota.

— E então, como estou? — repito.

Ela aponta a cabeça na minha direção e sibila:

— *Sente-se, antes que você caia morta.*

Eu me sento. Ela me encara.

— Meu Deus — diz.

Hospital Metodista, Tomada II. Estou congelando de frio. Estou vestindo um casaco. Largam a minha bolsa e as minhas malas. Escorrego para me sentar no chão enquanto as enfermeiras, que me conhecem bem, me designam um quarto e uma enfermeira principal. Alguém vem até mim, tira o meu braço da manga do casaco, faz o lance pressão arterial "temperatura" pulso, me leva para o salão principal e me senta no sofá. "Você está machucando o meu braço", digo. Minhas mãos estão nos bolsos do casaco. Passo os dedos na caixa de laxantes que levei escondida. Elas não revistam os meus bolsos. Naquela noite, durmo no salão principal, em monitoramento de emergência. A luz do posto das enfermeiras me mantém acordada até quase o amanhecer.

Enquanto fico deitada acordada, penso no Dr. J. No que ele vai dizer quando me vir no dia seguinte. Penso numa coisa que ele me disse da última vez em que estive internada. Numa manhã, sentado em sua cadeira, com um sorriso condescendente no rosto, ele disse:

— Bem, não se pode dizer que você seja uma anorética de 27 quilos.

Sete meses depois eu voltei, sorrindo em triunfo. Não eram 27 quilos, mas mais perto do que eu estava com menos de 35. Fico deitada na cama apertando os ossos dos joelhos, batendo-os num ritmo monótono e constante: cliquecliquecliquecliquecliqueclique.

MARYA JUSTINE HORNBACHER. F. DN 04-04-74.

I. EIXO I:

    A. 1. Anorexia nervosa, 307,10
       2. Subnutrição secundária a inanição grave
    B. Bulimia nervosa, 307.51
    C. Depressão grave, recorrente, 296.33

II. EIXO II:

    A. 1. TRAÇOS DE PERSONALIDADE CONFUSOS.

NOTAS: BRADICARDIA, HIPOTENSÃO, ORTOSTASE, CIANOSE, SOPRO CARDÍACO. ULCERAÇÃO DIGESTIVA GRAVE.

Interlúdio

5 de novembro de 1996

Sabe, às vezes eu canso de escrever isto aqui. Acordo de manhã, fico deitada na cama um tempo, regendo meu coração mentalmente, *um* dois três quatro, *um* dois três quatro. Olho para a luz entrando pelas persianas. O gato fica de pé na minha barriga, olhando para mim. O Julian chafurda nos travesseiros. Todas as coisas estão no lugar: os quadros ainda estão nos pregos, ninguém entrou à noite e roubou as minhas coisas, ninguém me abandonou, não está faltando nada, não há nada errado.

Experimento três camisas e duas calças. Fumo e passo delineador. Olho para o meu rosto de todos os ângulos. Não está certo. Nunca está. Fico de pé e olho para o meu bumbum, os quadris, as coxas, a aparência dos braços quando os aperto com força contra o corpo. Estão maiores? O lado direito do meu traseiro está maior do que há duas semanas? Julian entra com o café. "Parece que eu ganhei peso?" Pergunto. Ele diz que não. É uma rotina desgastada. Eu sempre pergunto, ele sempre diz que não. Eu digo "Você está mentindo". Ele responde "Não estou, não". Olho para o lado direito do meu bumbum no espelho. Ele se senta na minha cadeira. Eu digo "Você sempre diz isso". Ele diz "Bom, amor, eu nunca sei o que dizer". Pergunto "então, falando sério, não parece que eu engordei?" Ele diz: "não, não parece." Eu pergunto: "mas parece que eu emagreci?" Ele diz: "não, não parece."

Isso me parece impossível. Parece biologicamente impossível se manter do mesmo tamanho, embora eu deva fazê-lo. Parece que a pessoa sempre deve estar ou maior ou menor do que estava em algum ponto arbitrário do tempo ao qual todas as coisas são comparadas. As calcinhas que estão provavelmente mais apertadas do que antes. Quando? Não se sabe quando. Mas você tem *certeza absoluta e total* de que é verdade. Isso acaba com o seu dia. Você vai para a cama naquela noite com o seu marido, o seu amante, o seu amigo, o seu chefe, quem quer que seja, e se vira, olhando para a porta, enroscada em você mesma na posição fetal. A mão se arrasta para o seu lado da cama. Você diz: "estou cansada, não toque em mim, estou com dor de cabeça, estou enjoada, pare, vá para lá, me deixe sozinha." Porque você, durante o dia, aumentou até o tamanho de um pequeno hipopótamo. Você tem certeza disso, a sua pele está apertada demais, você gostaria de poder tirá-la, você está com calor.

Esta é a parte mais chata dos transtornos alimentares, o imediatamente depois. Quando você come e detesta o fato de comer. E ainda assim, claro, você precisa comer. Na verdade você não considera a idéia de voltar. Com algum novo nível de clareza espantoso, você percebe que voltar seria muito pior do que simplesmente ser como você é. Isso é óbvio para qualquer pessoa sem um transtorno alimentar. Mas não é sempre óbvio para você. Mas esse estágio, quando estiver completamente acabado, é marcante à sua própria maneira. O seu companheiro mais próximo agora é, como sempre, o espelho. Se alguém perguntasse, você poderia detalhar cada centímetro da sua pele, cada falha ampliada, cada pinta, saliência, ruga, osso, pêlo, espinha, à exceção das suas costas, o que sempre lhe incomodou, o fato de não ser capaz de se ver de costas, de guardar as costas, por assim dizer. Esse é o estágio lamentável em que você não pode ser considerada uma paciente de transtorno alimentar. E você se sente mal por isso. Você sente como se realmente *devesse* ser considerada assim, devesse ainda merecer preocupações, ainda ter o poder de provocar um alvoroço entre as enfermeiras, com o desprezo mal disfarçado, o seu sorriso amarelo esquelético.

Mas você está no tempo presente. O seu marido toma café dizendo:

— Mas, amor, eu realmente não me *importo* se você engordou.

E você, triunfante, lógica como a Rainha de Copas, berra:

— Está vendo? Eu *engordei*! Eu sabia.

E ele suspira. Você pergunta de novo:

— Estou gorda?

— Não.

— Gorducha?

— Não.

— Roliça?

— Bom, você é uma mulher. O que você quer dizer com isso?

— Eu quero dizer... quero dizer...

Imagino maridos do mundo todo, pairando em portas de quartos, presos num terrível nó de linguagem, os pés e as mãos atados por essas palavras escorregadias, lustrosas e insignificantes como as páginas de uma revista.

6 Trancafiada

Minneapolis, 1991

Ah, não há por que amar os moribundos.
Já tentei.
Já tentei, mas não é possível,
simplesmente não se pode proteger os mortos.
Você é o sentinela,
e não pode manter o portão fechado.

— Anne Sexton, "Carta ao Dr. Y", 1964

Janeiro de 1991. Com os meus pais sentados comigo no hospital, segurando os meus ombros, eu chorava. Eu queria sair. Queria voltar para a Califórnia. A televisão no salão principal emitia altos sons de artilharia de uma guerra no Iraque. Eu queria o Julian e seus olhos e a sua risada divertida. As luzes penetrantes dos hospitais me deixam com dor de cabeça. Eu queria o meu mundo de sonhos de volta. À noite, com a escuridão me trazendo a dissolução familiar dos objetos, ângulos e limites por que ansiava, eu escrevia poemas arrebatados e maníacos no escuro, garranchos cruzando a página, completamente sem sentido, uma série de algum tipo aleatório, cem poemas de viagens delirantes. Eu queria morrer, naquele momento. Tinha essa idéia de que morrer seria encantador, um simples afrouxar das correntes de tornozelos que me mantinham no chão. Eu levantaria vôo até o céu, flutuaria sobre as ruas brancas e geladas, sim, essa era a morte, e eu era uma princesa presa numa gaiola, morrendo de coração partido. Essa era a morte.

Eu ainda não entendia que as falhas do meu coração eram a morte. Que o piscar desordenado dos meus olhos e as minhas mãos se esfregando uma na outra, tentando se aquecer, eram a morte. Que a ausência de qualquer compreensão de que o meu corpo estava saindo de mim como umas calças velhas era a morte. Eu não entendia. Não me ocorreu que eu tinha ficado louca. Não me ocorreu que eu acabaria morta ou trancafiada para sempre num futuro próximo. Eu sei que, enquanto estive no hospital, pedi uma tesoura e cortei os meus cabelos que estavam na cintura na altura do queixo. Durante uma visita, o namorado de alguém disse que eu parecia uma modelo. Claro que fiquei emocionada e não consegui registrar as ramificações evidentes e extremamente revoltantes daquele comentário. Eu estava vomitando todas as refeições na minha mala, ou pela janela, durante o tempo livre (e não supervisionado). Sei que, um dia, sentada na minha cama, tive um momento frente a frente com uma enfermeira. Ela me disse, lentamente, que eu não estava falando com clareza, que o que eu dizia não fazia sentido. Ela estava vestindo uma camisa listrada vermelha e branca. Eu estava vestindo um cobertor. Comecei a chorar. Eu disse:

— Você não está entendendo.

Mas um medo terrível tomou conta de mim quando ela disse aquilo. Ocorreu-me que eu podia ter destruído minha vida completamente. Eles não iam me deixar sair desta vez. E a única coisa que restava — a minha mente, para o bem e para o mal — estava indo embora. Ou já tinha ido.

Na última semana de fevereiro, os meus sinais vitais se estabilizaram, e o meu seguro saúde caiu fora. Recebi alta sob a argumentação de incompatibilidade e cobertura insuficiente. Companhias de seguros vêem os transtornos alimentares como temporários e curados assim que o coração acelera um pouco. Fui mandada de volta para a casa dos meus pais, maluca e mais doente do que quando havia sido internada. O pouquinho de peso que havia ganho no hospital me assustou e, assim que fui liberada, parei de comer completamente. Matriculei-me na escola em que a minha mãe era diretora-assistente, caí no segundo dia de aula e fui para a enfermaria. Tentava almoçar na sala da minha mãe, mas não conseguia, não comia. As pessoas me encaravam nos corredores. Levei vários dias para me dar conta de que elas olhavam para mim porque eu estava magra demais. Perceber isso fez com que eu me sentisse melhor, porque significava que pelo menos alguma coisa estava certa, alguma coisa naquela bagunça completa era boa. À noite, eu ficava sentada durante o jantar com os meus pais, olhando fixamente para o prato. Lembro da noite em que eu literalmente, juro por

Deus, não conseguia descobrir o que diabos devia fazer com o garfo. Eu o levantei, segurei e comecei a chorar. "Não consigo comer", disse. Eu me senti péssima. Realmente queria comer, ainda que apenas para apagar o horror medonho dos rostos dos meus pais, ainda que apenas para conseguir fazê-los rir uma ou duas vezes ou gritar ou pelo menos falar um pouco menos baixinho, como se eu não estivesse prestes a quebrar. Eu não estava acostumada com aquela suavidade. Ela lançava uma mortalha sobre a mesa da sala de jantar e pairava sobre os pratos de comida como uma névoa. Não havia brigas, nada, só os meus pais me encarando (concordando, para variar: a nossa filha é maluca) com tristeza e olhando em pânico para o meu prato. Captando o meu reflexo no espelho à minha direita, vendo meu rosto desconstruído em pedaços Picassescos: bochechas e queixo desproporcionais, olhos colados aleatoriamente. Afinal, eu estava completamente sozinha.

Meu pai diz daquele período: "Você estava muito doce. Era quase como se estivesse dizendo adeus." Imagino que a minha doçura e o meu sorriso culpado tenham lhes parecido tão estranhos e assustadores como os deles pareciam para mim. Era quase como se eles também estivessem dizendo adeus.

Meu pai ficava sentado acordado, a noite toda, ao lado da cama do meu quarto de infância, o ar pesado com aquele cheiro que paira nos corredores dos hospitais. Nada de sentir a pulsação nas têmporas ou no pulso. O lençol branco sobre o meu corpo não se mexia. Então ele puxava um fio solto da colcha e o segurava sobre a minha boca. Ficava sentado ali, esperando o fio balançar, ainda que um pouquinho, toda noite, toda noite durante aquele mês interminável. Algumas noites eu me sentia sendo puxada pelas águas do sono, ouvindo a voz distante de um homem, "Marya, acorde. ACORDE, POR FAVOR, querida, vamos lá". Meu corpo se chacoalhava, como uma marionete, com alguém me agitando, a cabeça pesada demais para se segurar. "Marya, diga alguma coisa." (Grogue: O quê?) "Nada." Voltava a dormir. Sua voz baixa e distante, meu quarto escuro, eu afundava de novo, sentia o sono me cobrindo, como uma onda mais pesada do que Deus.

Zonza, saía caminhando lentamente da aula, de volta à enfermaria todos os dias na escola. Pesagem na TAMS. Uma semana depois da liberação, fui internada novamente em caráter de emergência, com cinco quilos e meio a menos do que quando havia entrado. Suspeitaram de laxantes. Tentei explicar que eu não tinha presença de espírito nem para pegar um livro, quanto menos para ir até a farmácia roubar laxantes. Eu só não estava comendo, e o meu corpo havia simplesmente desistido. Lembro de estar sentada no consultório da Kathi com o meu pai segurando meus ombros com tanta força que machucou enquanto ele ligava para a minha mãe no trabalho para lhe dizer que eu estava sendo internada novamente. Lembro da voz dele, repentinamente calma:

— Judy, não chore. Vamos lá, recomponha-se.

Lembro de pensar: é o aniversário dela. Devíamos sair para jantar.

Lembro de pensar: nunca vi a minha mãe chorar.

Nunca na minha vida, antes daquilo ou desde então, senti uma culpa tão grande.

Hospital Metodista, Tomada III. Fui para o jantar, sentei-me diante do meu meio-sanduíche-de-manteiga-de-amendoim, virei o rosto e me aconcheguei em meu casaco. Todas as outras pacientes estavam me encarando, é claro. Eu tinha acabado de sair. Uma menina de quem eu tinha me aproximado veio e disse:

— Marya, coma. Você estava comendo bem na semana passada.

— É, pois é. — Respondi.

Não é muito educado dizer, no jantar, que você só comeu para sair e parar de comer de novo. Não é bom revelar os truques. As internas de unidades de transtornos alimentares notoriamente dão muito apoio à recuperação umas das outras. É menos concorrência.

A próxima coisa de que me lembro é do final da internação. O resto todo sumiu. Estávamos sentados — eu, o Dr. J., a enfermeira principal, a Kathi e os meus pais — na sala de reuniões. Estavam discutindo o que seria feito comigo, como se eu estivesse além do controle deles a essa altura. Eu estava olhando pela janela, batendo o pé com o máximo de força possível e pensando: manteiga, manteiga, manteiga, manteiga, tentando gastar as calorias da manteiga que eu havia comido no café-da-manhã me mexendo sem parar na cadeira. Era um dia cinzento e enevoado, com as ruas oito andares abaixo cobertas de neve suja. Lembro que estavam falando sobre a improbabilidade de qualquer unidade de transtornos alimentares me aceitar, considerando-se o meu histórico de total ausência de respostas ao tratamento. Vozes e mais vozes. O Dr. J. jogando as mãos para o alto, os meus pais sacudindo as cabeças, a minha mãe com o rosto entre as mãos. A voz baixa e calma da Kathi, a voz da razão. Manteiga, manteiga, manteiga, manteiga, manteiga, "Marya?" (MARYA.) Presto atenção. "Ahn?" (Você quer melhorar?) "Eu não estou doente." Zumbido na cabeça. O hábito de sentir o próprio pulso, dedos frios enfiados debaixo do punho do casaco, pousados sobre a pele fina do meu pulso. Ainda está batendo. Perder a conta e recomeçar. Perder a conta. Um sorrisinho amarelo particular. Não consigo contar. O fim do feio inverno, neve cinza e fuligem nas ruas, árvores nuas. (MARYA.) "Ahn?" (Está vendo o que eu quero dizer? Alguém diz, não para mim.)

Willmar.

A palavra se projeta na sala e irrompe pela bruma como uma bala. Eu me endireito na cadeira. Alguém disse Willmar?

Silêncio. Todos estão me encarando.

Começo a gritar.

Willmar. A Instituição Estadual de Minnesota. Para os legalmente loucos. Onde você é deixado para morrer aos cuidados gentis e afáveis de homens educados vestindo casacos brancos.

— Nunca lhe prometi um jardim de rosas! — grita a menininha, virada em olhos e malas de roupas. Fodam-se vocês todos! — ela grita. — Eu não vou, não vou, não vou! Ela se vira histericamente para a mãe. — Você está louca? Você os deixaria me mandar para lá? *Vá se foder!* — Ela sai correndo da sala, atira-se na cama e espera pela onda de soluços. Nada além de torpor. Percebe que não sabe mais chorar. Fascinante. Ninguém está vendo. Salta para o lado da cama, levanta a tampa da mala apodrecida. Vomita a manteiga.

Salta de volta. Agora, *isso* vai ser interessante, pensa. A prisão estadual! Bom, foda-se. Não posso fazer nada a respeito.

Expulsa do hospital, alguns dias andando no banco traseiro do carro, meio dormindo ou meio morta, enquanto os meus pais batem nas portas de centros de tratamento, implorando às companhias de seguro. Há alguns encontros com médicos. Lembro apenas de seus rostos nas sombras. Lembro da luz entrando por uma janela. Não lembro o que me perguntaram ou o que eu respondi, só que recebemos uma recusa todas as vezes.

A Kathi faz alguma mágica para me manter fora de Willmar, e é 19 de março de 1991. Estou do lado de fora da Lowe House, o Centro Residencial de Tratamento Infantil. Parece um edifício de apartamentos dos anos 1950, quadrado e de tijolos a vista, com estranhos painéis azuis em algumas janelas, na parte sul de uma quadra com alto índice de criminalidade e um parque mal cuidado no meio.[1] Está chovendo. Eu estou tremendo de frio. A minha mãe está chorando e vestindo um casaco verde. Como sempre, eu não faço a menor idéia do que está acontecendo. Acho que é só mais um hospital. Penso num jeito de sair dele logo. Uma mulher aparece na porta. Eu a odeio imediatamente. Ela se apresenta com um tom extremamente agradável. Não digo nada. Olho para os arbustos sem folhas em volta do edifício e as grades. Digo "tchau, mãe, pai. Até mais tarde". Os dois choram e me abraçam por muito tempo, dizem que me visitarão em breve. Fico dura contra eles, fecho o meu coração como a uma janela. Não suporto vê-los assim. Não suporto nada daquilo e me fecho. Clique. Sigo a mulher pelas escadas três andares acima, até a Unidade B.

MARYA JUSTINE HORNBACHER. F. DN 04-04-74.

1. Perda de peso crítica, abuso de laxantes. Ortostase, pressão arterial perigosamente baixa. Batimentos cardíacos irregulares. Deterioração grave e rápida dos sinais físicos.

2. Relacionamento pai-filha confuso. Mãe distante. Relacionamento conjugal estressado. Filha triangulada no sistema conjugal.

3. Medo de abandono. Medo de intimidade. Distancia-se através de autocontrole exacerbado e problemas alimentares. Desconforto na companhia de homens.

ADMITIR PARA TRATAMENTO INTERNO DE LONGA DURAÇÃO. CUIDADO: ESTEVE HOSPITALIZADA EM QUATRO OCASIÕES DIFERENTES DEVIDO A TRANSTORNO ALIMENTAR. MANTER RESTRITA AO PRÉDIO ATÉ SEGUNDA ORDEM. VIGILÂNCIA 24 HORAS.

---

[1] Três anos mais tarde, irei me mudar para um edifício de apartamentos (uma cabeça-de-porco) na diagonal da Lowe House. Será onde irei encontrar o meu primeiro indicador de sanidade. Estou convencida de algum modo que a lembrança diária, quando eu olhava pela janela da minha cozinha para o manicômio de onde nenhum som jamais saía, a lembrança da minha própria permanência no sintomático inferno da loucura, funcionava como um ponto de realidade constante para mim, afastava-me da janela para o armário, para uma tigela de cereais, uma maçã, ou para o telefone.

Três portas a prova de som com fechaduras triplas dispararam seus tiros atrás de mim, saudando a minha chegada ao País das Maravilhas. Fiquei olhando inexpressivamente para o corredor. Nada além de um corredor, carpete marrom, quartos dos dois lados, todas as portas abertas. Ao final do corredor, outra porta com uma placa vermelha de SAÍDA. Fico tranqüila apenas pelo alívio de saber que há uma saída.

De repente, invadindo o silêncio, de um dos quartos veio girando um monstrinho, um pequeno tufão, um menininho se batendo pelo corredor numa velocidade absurda. Vi seu rosto de relance: óculos com lentes fundo de garrafa, a boca torcida num desdém animal, braços e pernas se mexendo como pistões. Atirou-se contra a parede, caiu, levantou-se, atirou-se, caiu, levantou-se, atirou-se. De outra porta surgiram dois homens, homens grandes com uma espécie de tapete cinza. Eles paralisaram o pequeno ser, enrolaram-no no tapete e o carregaram, passando por mim e pela porta. De dentro do tapete vinha um gritinho abafado. A porta se fechou. Silêncio novamente.

Virei-me para a mulher.

— Quem era aquele? — perguntei.

— Duane.

— Para onde o estão levando?

Com a mão nas minhas costas, ela me guiou pelo corredor de um modo não exatamente gentil.

— O Quarto do Silêncio.

O Quarto do Silêncio? Maria, mãe de Deus. Que MERDA eu estava fazendo aqui? Não era uma unidade de transtornos alimentares. Não era um hospital. "Centro de tratamento", diriam. A Lowe House era um manicômio. A última parada antes de Willmar. Se você fracassar aqui, o jogo acabou. Entrei no meu quarto enquanto ela vasculhava minhas malas. Duas pequenas pilhas.

— Por favor, sente-se, Mara.

— Marya.

— Por favor, sente-se.

— Por quê?

— Você quer um intervalo?

— UM O QUÊ?

— Vou ter que pedir para você não ser agressiva.

— COMO ASSIM?

Ela ergueu o olhar para mim. Tinha um cabelo feio. Muito, muito feio.

— Mara, você está fazendo uma escolha.

— Para fazer O QUÊ?

— Muito bem, cinco minutos depois do almoço.

Almoço? Ninguém tinha dito nada a respeito de almoço. Virei para a janela, tentei abri-la.

— As janelas são trancadas para manter os clientes seguros — disse a Miss Delicadeza.

Bati na janela. Acrílico inquebrável lacrado nas beiradas. Definitivamente trancada. Olhei para a rua lá embaixo, o parque do outro lado da rua em que cachorros corriam de um lado para outro, sem coleiras. Eu os vi latindo. Percebi que a Lowe House era à prova de som. Encostei a cabeça na janela.

Numa pilha sobre a minha cama — lençóis de hospital, travesseiro baixo de hospital — estavam roupas, livros, sapatos. Ela levou embora os sapatos de salto alto. Eles foram postos na outra pilha, com brincos, fotos em porta-retratos, vários frascos de comprimidos, fósforos, isqueiros, cigarros, canivete, canivete suíço, qualquer coisa com uma borda áspera. Levou os lápis e as canetas. Discuti cada item, dizia: "Mas eu não me corto, não sou suicida, juro por Deus, eu preciso dos lápis e das canetas, leve as chaves, não me importo, mas, pelo amor de deus, deixe os meus brincos, o meu delineador, ME DÊ ESSA FOTO DO JULIAN, *por favor*, não leve o Julian." Comecei a chorar, "MEU DEUS, que LUGAR é este?"

Ela não disse nada. Os cabelos feios caíam sobre o rosto inexpressivo. Virou-se para mim, vasculhou os meus bolsos, pediu que eu tirasse o casaco, e eu me recusei. "Mara, só queremos que você fique em segurança." (Vá se FODER.) "Você não tem o direito de ser agressiva." (Uma MERDA QUE NÃO.) "Dez minutos." (Fazendo O QUÊ?) "Sentada na sua cama, depois do almoço." (COMO SE VOCÊ FOSSE ME DEIXAR FAZER QUALQUER OUTRA COISA, sua VACA.) Ela me revistou e esvaziou os meus bolsos enquanto eu ficava ali, de pé, prestes a explodir.

Ela não conferiu os meus sapatos.

Fiquei lá parada, sorrindo mentalmente. Tinha laxantes nos sapatos. Uns pequenos cor-de-rosa que estavam lá o dia todo. Eu os pusera por baixo do salto durante a sessão de entrada e as reuniões com esse e aquele. Eu os segurara com os dedos dos pés enquanto meus pais me seguravam na hora da despedida. Subi as escadas com eles, xinguei a enfermeira com eles, xinguei o gerente da unidade com eles, e fiquei lá, tiritando nos sapatos, segurando os laxantes com os dedos dos pés, meus santos, meus companheiros, minha tentativa de suicídio, só para garantir.

Ela ficou perto demais e, de repente, alguma coisa se rompeu. Saltei, saindo do meu quarto à esquerda, sacudindo a porta de um jeito maníaco. Ela não se abriu. Corri para o outro lado, até a bendita placa de SAÍDA, voei pelo ar em direção à porta, sem peso e nua como uma ave depenada, atirei-me contra ela, que ficou firme, sacudi a maçaneta. Gritei, joguei todo o meu corpo no ombro e bati na porta, que continuou firme e sólida como uma árvore. Afundei no chão, enroscada em mim mesma, e fiquei olhando fixamente para a parede. A Miss Delicadeza veio e me levou de volta para o quarto. Ela disse: "Eu compreendo." Eu disse: "DUVIDO." Ela disse: "Agora são 15."

— Agora, quanto ao almoço — ela disse. — Você vai almoçar?

Sacudi a cabeça. Ela disse:

— Você entende que, se não almoçar, estará fazendo uma escolha.

Virei o rosto para baixo na cama e esperei pelo almoço.

Pensei: Sem Saída. Pensei: O inferno deve ser assim. Móveis feios e nenhum espelho, mulheres sorridentes idiotas que dizem o tempo todo "Eu Compreendo". Trancada num quarto com outras pessoas para toda a eternidade. Condenada a um inferno de conversas estúpidas, "Eu Sinto Isso" e "Eu Sinto Aquilo", e ninguém sabe pronunciar o seu nome, e os seus dias passam num cronômetro, fazendo tique-taque cinco-dez-quinze minutos de penitência pelos seus pecados.

Minhas primeiras semanas na Lowe House foram principalmente uma série de dias pelos quais eu flutuei, aturdida. Na Unidade B, você acordava de manhã, arrumava a cama, esperava numa fila para tomar banho. A porta do banheiro, claro, ficava trancada, mas por um motivo diferente do que no hospital. Na Lowe House, os clientes corriam um risco muito maior de ferirem a si mesmos do que a paciente típica de transtorno alimentar (não, eu não liguei os fatos de que eu era uma paciente média de transtorno alimentar *e* uma cliente), e os funcionários queriam ficar de olho em você o tempo todo, a menos que você tentasse se afogar no chuveiro. Eu não tinha permissão para entrar no banheiro sozinha, mas pelo menos me deixavam fechar a porta do boxe. E ficavam escutando.

Sentávamos no salão principal, uma placa de Petri, e éramos observados do consultório enquanto esperávamos pelo café-da-manhã. A TV ficava ligada, em desenhos animados. Eu lia o jornal, sentada em cima dos pés no sofá. Havia vários sofás, uma mesa, armários cheios de Legos, lápis de cera, papel, brinquedos. Havia uma rotina: esperava-se que a pessoa acordasse na hora, tomasse banho, se vestisse e arrumasse a cama. Eu me assustava com o fato de que todas essas atividades ostensivamente simples eram um problema para alguns dos meus compadres; quando John e Peter acordavam, eles costumavam bater nos funcionários numa fúria hipoglicêmica, de modo que acordar era um problema. Uma boa metade dos pacientes se recusava terminantemente a sair da cama e começava os dias discutindo com os funcionários sobre o Sentido de Tudo Aquilo. Então havia um problema com o banho, porque havia aqueles entre nós que não gostavam, por seus próprios motivos, de tomar banho. Vestir-se também parecia muito inútil para alguns, considerando-se que não havia nada a fazer o dia todo além de refletir sobre a inutilidade da própria vida, e os pijamas serviriam perfeitamente para isso. Arrumar a cama virava, em muitas manhãs, um campo de batalha por controle, e ouviam-se gritos de fúria pelo corredor enquanto infinitos motivos filosóficos para não arrumar a cama eram lançados e derrubados por funcionários com uma paciência e uma gentileza que eu achava que eram reservadas aos santos.

Enquanto isso, eu já estava começando a ter problemas por manter o meu quarto limpo demais, a minha cama, muito bem-feita, a maquiagem perfeita, mesmo *dormindo* — "Usa batom na cama. Freqüentemente dorme totalmente vestida, inclusive de sapatos." — e me sentava no sofá tentando ignorar o David, que ficava parado na porta de seu quarto de cueca e chapéu de pescador, jogando uma linha de pesca imaginária para um peixe imaginário, rindo terrivelmente e gritando, de vez em quando, "Vaca!".

Quando o caos havia sido moderadamente organizado, nós fazíamos uma fila na porta, descíamos dois lances de escada, atravessávamos um corredor subterrâneo ecoante até o refeitório e nos sentávamos a uma mesa. Um funcionário se sentava conosco, conversando alegremente. Havia duas mesas. Na outra mesa, do outro lado do salão, ficava a Unidade A, que ficava no andar debaixo do nosso e era, até onde eu podia entender, um pouco menos problemática do que a Unidade B. Num dos cantos do salão havia geladeiras industriais e uma pequena área de trabalho para a cozinheira. A cozinheira, uma mulher pequena de voz irritante e barriga pouco discreta, enchia pratos de comida.

Na minha primeira manhã lá, eu me sentei na cadeira e fiquei olhando ao redor. Havia 12 pratos vazios na mesa. Um deles era aparentemente meu. A cozinheira se aproximou, pôs uma tigela de ovos mexidos, um prato de bolinhos ingleses e um prato de *bacon* na mesa. Ao meu redor, os outros garotos conversavam e se serviam de suco de laranja como se nunca tivessem qualquer preocupação no mundo, como se suco de laranja não fosse *calorias* liquefeitas. O Chris, um menino pequeno e temperamental de língua afiada, estava fazendo careta e fez uma observação agressiva para o David. O funcionário disse, sem ser agressivo:

— Chris, por que você não dá um tempo por um minuto até estar pronto para tomar café conosco?

O Chris empurrou a cadeira para trás com mais força do que o necessário. A cadeira caiu, e todo mundo começou a rir. Ele começou a gritar e foi mandado para o corredor, aonde foi sob uma nuvem de obscenidades. Um funcionário saiu e correu atrás dele, e os outros garotos ficaram cochichando que ele enfrentaria um *super*intervalo.

A comida *era podre*. Tinha um cheiro terrível. Passei a tigela de ovos para a minha direita quando chegou a mim e fiquei esfregando as mãos debaixo da mesa. Estavam frias. Olhei fixamente para o *bacon*. Ben teve problemas por se atracar no *bacon*. Tentei imaginar como alguém poderia ser capaz de comer *bacon* voluntariamente, quem dirá muito *bacon*. O meu prato continuou vazio. No dia anterior haviam me explicado que "aqui comemos à moda familiar", e eu não fazia idéia do que isso queria dizer. Um funcionário sugeriu que eu me servisse de alguma coisa. Sacudi a cabeça. Eu ainda estava no limbo, ainda não havia recebido o meu plano de tratamento e estava desconcertada pelo fato de que teria de me servir. Estava absorta tentando calcular quanta gordura havia nos ovos — com o *bacon* absolutamente fora de questão — e quanta manteiga havia nos bolinhos ingleses. Perguntei à cozinheira:

— Este leite é desnatado?

Ela sacudiu a cabeça, respondendo que não. Portanto, o leite estava fora de questão. Eu havia eliminado todos os itens. Ficaria sentada e não comeria nada. Queria tomar chá. Perguntei a um funcionário se eu podia subir e tomar um chá. Ele respondeu, alegremente, que não. Eu gostei dele. Era um sujeito alto de feições rústicas com longos cabelos ruivos presos num rabo-de-cavalo e senso de humor. Ele fazia os outros clientes rirem. Chegou a me ocorrer que ele era o tipo de cara com quem eu tomaria um café e conversaria sobre livros e música, se estivesse do lado de fora. Perguntei-me como ele conseguia se sentar ali e ser alegre com todos aqueles malucos em volta.

De repente, tive a dolorosa consciência de que eu era um desses malucos.

Observei os meninos devorarem a comida e ouvi o funcionário provocá-los por falarem de boca cheia. Observei as meninas comerem, falando umas com as outras. A minha colega de quarto, uma menina alta chamada Joan, tentou puxar conversa, dizendo como seria o dia. Tentei sorrir, tentei falar. Observei a outra anorética do outro lado da mesa se servir e comer devagar, mas comer. Ela me viu não comer com um olhar palpável e ambíguo de inveja e raiva no rosto. Afinal, me disse em voz baixa:

— Eles vão acabar obrigando você a comer, sabe.

Eu não disse nada. O funcionário disse a ela:

— Sarah, você só é responsável por você mesma — e sorriu.

Ela olhou para o prato.

A enfermeira chegou com uma bandeja de copinhos de papel, como aqueles copinhos de prova nas lojas de iogurte, só que esses estavam cheios de comprimidos. Todo mundo disse "Oi, Shawn", e a Shawn, uma mulher de mais ou menos 50 anos e um rosto agradável disse bom dia para todo mundo e distribuiu os remédios. Chegou até mim e pôs um copinho cheio de Prozac e multivitaminas no centro do meu prato vazio. Eu os engoli com o menor gole de leite possível. Tentei imaginar o tamanho do gole: uma colher de chá? Vinte calorias, talvez? Talvez só dez? Um oitavo de grama de gordura? Mais?

Eu gostei dessa história de ter liberdade de me servir. Pareceu-me perfeito. Produzia o efeito desejado de me capacitar para fazer as minhas próprias escolhas, e pensei comigo mesma numa voz grandiosa: eu escolho não comer nada. Hoje, imagino que só uma pessoa bastante perturbada pode considerar uma instituição fechada libertadora, o que eu achei, por apenas menos de um dia. Não estavam me obrigando a comer. Estavam esperando para ver o que eu faria, mas eu não sabia. Descobri isso depois do café-da-manhã, quando a Shawn me levou até a sua sala no andar de cima, me pôs na balança e me viu oscilando em torno de mais ou menos 35 quilos. Então ganhei um plano de tratamento.

O plano determinava o seguinte: Ou comer, e ficar aqui na Lowe House, ou não comer, e voltar para o hospital, onde você será forçada a comer, e então voltar para a Lowe House.

Sem saída.

— Não posso só voltar para o hospital e depois ir para casa?

— Não.

— Mas toda a comida aqui é engordativa!

— Essa não é uma percepção muito precisa.

— É, sim!

— Bom, a comida que temos é a comida que temos.

— Eu não vou comer!

— Então você vai voltar para o hospital.

— Ótimo, pelo menos a comida de lá não está PINGANDO GOR-DURA!

— Tudo bem, mas depois você vai voltar para a Lowe House.

— Você está me dizendo que eu estou PRESA AQUI?

— Sim.

Presa lá, sim. Mas eu ainda tinha os meus laxantes, portanto, ainda tinha o meu transtorno alimentar e, portanto, ainda tinha a mim mesma. Num saquinho de jóia feito de cetim no fundo do meu armário, eu mantinha os laxantes entre dois blusões perfeitamente dobrados na prateleira. Durante a minha estada, eu nunca *consumiria* os laxantes. Eu iria, no entanto, mantê-los num canto da minha mente como eles eram mantidos no canto do armário. Eu os imaginaria lá, imaginaria a mim mesma pegando-os do meio dos blusões, inclinando a cabeça para trás e os engolindo todos, caso surgisse a necessidade. Eu me agarraria a esse pequeno alívio, um cobertor de segurança farmacêutico, acalmando-me com a sua simples presença, o meu módico controle sobre mim mesma.

Lembre-se do fato de que as crianças, nos primeiros anos de vida, ensinam a si mesmas como regular os humores, diminuem a velocidade do trem de ansiedade que tumultua o cérebro. Não é tão incomum que uma pessoa simplesmente ensine a si mesma a coisa errada. Como eu.

Quando eu cheguei à Lowe House, um terrível paradoxo estava comandando a minha vida, e até certo ponto ainda comanda: O meu modo de auto-regulação era a autodestruição. Para abrir mão de um transtorno alimentar muito antigo, que se desenvolveu precisamente no mesmo ritmo da sua personalidade, o seu intelecto, o seu corpo, a sua própria identidade, você precisa abrir mão de todos os seus vestígios; e, ao fazê-lo, você precisa abrir mão de alguns comportamentos tão velhos que já são quase instintos primitivos.[2] Eu tive de abrir mão do único modo consagrado de lidar com o mundo que eu conhecia, voltando-me, em vez disso, para coisas que não haviam sido testadas nem provadas, coisas incertas. Sou uma pessoa desconfiada por natureza. Eu não podia simplesmente assumir como verdade que "algum dia" eu iria aprender a viver sem o transtorno alimentar. Eu

---

[2]"A raiz do conflito masoquista", escreve Zerbe, "provavelmente deriva do período inicial do desenvolvimento quando o estabelecimento de um eu corporal é interrompido" (167). A equação de autoproteção com autodestruição — de prazer com a dor — pode ser vista como uma fissura psicológica no limite psicofísico discutido anteriormente. Já se especulou que muitos transtornos alimentares têm pelo menos alguma base num trauma da primeira infância, por menor que seja, ocorrido normalmente no primeiro ano de vida. É por isso que eu uso o termo "primitivo" para descrever a profundidade do conflito que uma anorética pode sentir e para destacar a profunda dificuldade que ela pode ter para abrir mão de seus comportamentos. É primitivo não no sentido de ser inato, mas no sentido de que pode ser *sentido como inato*. Na ausência da linguagem, um bebê só pode expressar as suas necessidades através do comportamento físico; mais tarde na vida, essa lacuna do desenvolvimento pode se manifestar como um transtorno alimentar, no qual as necessidades e os estados emocionais são tanto expressos quanto regulados por uma "linguagem" física. É notável que bem mais do que a metade de todos os pacientes de transtornos alimentares é considerada "alexitímica", ou seja, incapaz de verbalizar estados emocionais com eficácia, mesmo que sejam freqüentemente excepcionalmente verbais (no meu caso, diagnosticadamente "hiperverbal") para expressar conceitos intelectuais. Eu, por exemplo, informarei intelectualmente a minha terapeuta que cortei os braços com uma lâmina (ver o epílogo) e então citarei textos médicos como explicação sobre por que tal comportamento pode surgir numa pessoa teórica. "Como você se sente em relação a isso?" perguntará a minha terapeuta. "Bom, eu acho que tem sua etiologia principal em blablablá..." "Mas como você se *sente*?" Olho para ela inexpressivamente: "Eu não sei."

absolutamente não tinha certeza de que podia fazer isso: eu não tinha uma vida "normal" para a qual retornar, nenhuma experiência anterior de comer "normalmente", de ser "saudável". Então eu mantinha o transtorno alimentar — pequenos lembretes, os laxantes não tomados, os padrões que organizavam o meu modo de comer cenoura e ervilhas, os pensamentos que me faziam dormir (eu sempre posso voltar, eu sempre posso fazer tudo de novo quando sair) — como uma reserva, só para garantir. Isso foi um erro.

Os funcionários levaram alguns dias para entender que eu não ia me servir sozinha. Eles remontaram o meu plano de tratamento. No café-da-manhã do dia seguinte, havia 11 pratos vazios e um prato cheio de comida, coberto com um celofane. A comida estava morna. O plástico estava cheio de vapor com o que eu tinha certeza que era gordura pura. Ao lado do prato, um copo cheio demais de leite. Fui informada que se escolhesse não terminar a minha comida, eu receberia uma lata de Ensure depois da refeição (uma lata inteira? Sim. Mas isso é MUITO mais calorias do que a comida! Então termine a comida, Marya) e outra lata na hora do lanche da tarde. Eles tentaram isso por um tempo, mas eu ainda estava perdendo peso. As latas de Ensure se tornaram obrigatórias, quer eu terminasse ou não a comida. Nada era justo. Tudo estava desmoronando. Eu não tinha aonde ir.

E então não havia nada mesmo a fazer a não ser tentar melhorar.

Só que eu não sabia exatamente o que havia de errado. Na Lowe House, o foco não era na comida ou na imagem corporal nem em nada do gênero. Eles tratavam você como uma pessoa cuja vida e cujas emoções a tinham deixado de algum modo muito triste, e essa era uma abordagem com que eu não fazia idéia de como lidar. Era uma abordagem que parecia completamente razoável para o resto dos Clientes, cujos problemas eram, em toda realidade objetiva, muito mais sérios do que os meus; alguns haviam sido vítimas de crueldades inomináveis nas mãos de suas próprias famílias, abandonados pelos pais, pulando de casa adotiva para casa adotiva durante anos, como a minha colega de quarto e o Duane. Alguns eram vítimas de estupro ou exploração sexual infantil. Alguns tinham sérios transtornos de personalidade ou de pensamento, depressões tão graves que só eram suavizadas por um batalhão de antidepressivos pesados e múltiplos transtornos de personalidade ou possível esquizofrenia. Alguns tinham transtornos emocionais profundos e provavelmente químicos que haviam fugido completamente do controle, levando-os a múltiplas tentativas de suicídio, intensa promiscuidade sexual e uso de drogas. Poucos eram, até onde dava para perceber, criminosos comuns que haviam de alguma forma caído no tratamento em vez de irem para a cadeia e provavelmente acabariam na cadeia de qualquer maneira mais adiante.[3]

Enquanto eu era um grande ponto de interrogação. Uma vítima, antes de tudo, de mim mesma, o que torna o *status* de vítima muito constrangedor e ridículo no fim das contas. A minha família era complicada, mas dificilmente podia ser considerada psicótica. Os detalhes do meu transtorno diagnosticável, além do evidente transtorno alimentar, não eram claros. Eu parecia ser alguma espécie de depressiva, embora isso mais tarde se revelasse impreciso (sou maníaca). Nas anotações sobre os nossos encontros, meu psiquiatra registrou que eu não demonstrava sinais de um transtorno de pensamento ou de personalidade. Eu parecia, ainda segundo as suas anotações, uma jovem relativamente bem-ajustada, ainda que emocionalmente oca, com um grave transtorno alimentar apresentando "as idéias e os comportamentos de uma pessoa dez anos mais velha do que a sua idade cronológica... Ela é agradável, mas condescendente e intimidadora. Deixa o examinador com a impressão de estar fazendo perguntas idiotas cujas respostas ele deveria saber ou que certas perguntas têm conclusões prévias que qualquer um entenderia".

Eu era condescendente porque me sentia uma verdadeira idiota, completamente problemática, e uma causa totalmente perdida. Tornou-se claro muito rapidamente que eu estava a anos-luz de compreender os meus Problemas. Eu compreendia que o que estava fazendo não era saudável, sob qualquer ponto de vista objetivo, e compreendia que havia motivos pelos quais eu fazia aquilo. Mas eu não acreditava, porém, que esses motivos fossem algo sério, algo remotamente complexo. Eu imaginava, embora tenha dito isso, que havia algo naturalmente errado comigo, que, *a priori*, eu era im-

---

[3] É notável que não havia pacientes negros na Lowe House. Muitos anos depois, trabalhando numa reportagem sobre o desequilíbrio racial em centros de detenção juvenil e centros de tratamento interno, eu voltaria à Lowe House a trabalho e me veria conversando com vários obstáculos administrativos. No final das contas, a reportagem questionaria o padrão judicial de "remeter" jovens criminosos brancos para tratamento enquanto se "remetiam" jovens criminosos negros para o sistema penal.

perfeita de alguma maneira. Eu não era triste, não era revoltada, não era deprimida, não era bipolar ou esquizofrênica, não tinha um transtorno de personalidade, minha vida não tinha eventos excessivamente traumáticos, não havia nada errado externamente. O que estava errado era *eu*, portanto, não havia quantidade possível de terapia que pudesse me fazer melhorar.

Todos temos teorias sobre o mundo e sobre nós mesmos. Somos capazes de fazer de tudo para provar que estamos certos porque isso mantém o mundo coerente e compreensível em nossas cabeças. A minha teoria era simples: eu era uma pessoa perturbada. Vem à mente a expressão "profecia auto-realizada".

De algum modo, os transtornos alimentares são diferentes da maior parte das formas de depressão ou de outras "doenças mentais". É importante notar que muitas pessoas com transtornos alimentares têm uma depressão química preexistente ou outras predisposições biológicas que levam a um comportamento de transtorno alimentar, mas também há muitas pessoas que ficam com transtornos alimentares sem essa predisposição. Eu era, até onde se podia saber, do segundo tipo. Mais ainda, o desequilíbrio químico induzido pela subnutrição pode levar à depressão, que foi provavelmente o que aconteceu no meu caso. Onde estou querendo chegar aqui é que, embora a depressão possa desempenhar um papel nos transtornos alimentares, seja como causa ou como efeito, ela não pode sempre ser localizada diretamente e, portanto, nunca se sabe muito bem com o quê se está lidando. Você está tentando tratar a depressão como uma causa, como aquilo que ferrou com a sua vida e alterou os seus comportamentos ou como um efeito? Ou você está lidando com uma vida ferrada e comportamentos desorganizados que são simplesmente *deprimentes*? A terapia farmacêutica ajudará ou será uma terapia Band-Aid? Qual o tamanho da influência da sua criação e da sua família? A cultura tem alguma coisa a ver com o seu transtorno? A sua personalidade é simplesmente problemática por natureza ou existe, de fato, uma via química defeituosa em seu cérebro? Se é este o caso, ela já existia antes de você começar a jejuar ou foi o jejum que a botou ali?

Todas as anteriores?

No mês anterior ao meu décimo sétimo aniversário, eu não estava tratando de nada disso. Eu estava sentada à mesinha do salão principal, lendo livros escolares. Tínhamos aula todos os dias de depois do café-da-manhã até antes do almoço. Nós nos sentávamos em três salas minúsculas, sem qualquer divisão por séries, e fazíamos as tarefas que três professoras atrapalhadas imaginavam serem adequadas às nossas idades, usando qualquer livro escolar velho que as escolas públicas de Minneapolis nos dispensavam. No começo, só me davam livros. Desenvolvi um plano acadêmico para mim mesma para diminuir a ansiedade maníaca que eu sentia por estar fora da escola, o que era um grande obstáculo para o meu futuro. Eu tinha um livro de trigonometria, um livro de história e vários livros de literatura americana. Li vorazmente o máximo de Whitman, Emerson e Thoreau em que consegui pôr as mãos, passei rapidamente pela trigonometria (que esqueci imediatamente), li tudo sobre história antiga, grega, romana, chinesa, sobre a Idade Média, e então comecei com os primeiros contos norte-americanos, escrevi um trabalho depois do outro para uma professora que só escrevia "Excelente!" ao final de todos. De cabelos presos numa bandana, os óculos apoiados no nariz, sem sapatos, absolutamente confortável, lendo. Sem ninguém para me incomodar, "No deeds to do, no promises to keep",* comecei a anotar compulsivamente as minhas citações preferidas. Tenho quatro gordos arquivos cheios de folhas de caderno espiral cheios de citações de E.E. Cummings. Eu achava Whitman um pouco piegas, muito apreciador da abordagem modernista. Esta era a minha favorita: "O que é a loucura se não a nobreza da alma/Em divergência com a circunstância?"

> O que é a loucura se não a nobreza da alma
> em divergência com a circunstância? O dia está pegando fogo!
> Eu conheço a pureza do desespero puro,
> a minha sombra presa a uma parede suada.
> Aquele lugar entre as pedras — será uma caverna,
> Ou um caminho sinuoso? A margem é o que tenho.

> — THEODORE ROETHKE, "NUM TEMPO SOMBRIO", 1964

---

*"Sem nada para fazer, sem promessas para cumprir", verso da música *Feeling Groovy* (59th St. Bridge Song), de Simon & Garfunkel. (*N. da T.*)

Dá um tempo. Eu tinha 16 anos. Aos 16 anos, trancada numa ala de doentes mentais, quem não iria querer acreditar em algum nível de nobreza? Na verdade, eu achava que *conhecia* a pureza do desespero puro. Eu acreditava piamente que estava *vivendo* o desespero puro, prejudicada pela fé e em conflito com a circunstância, o homem inocente falsamente acusado e encarcerado para o resto da vida, o martírio do incompreendido. Eu me sentia *terrivelmente* incompreendida. Simplesmente não era *justa*, essa punição cruel. Eu não era louca! Certamente não, não como os outros! Não, não! Eu era capaz, bem capaz, de desviar as minhas conversas obrigatórias com os funcionários para longe de qualquer discussão dos meus problemas, até o campo neutro das questões de teatro, da política. Levava as conversas para a guerra na Bósnia, para a tentativa de golpe em Moscou, o formato musical terrivelmente repetitivo dos espetáculos de Lloyd Webber. Dançava feliz pelos meus dias, escrevendo longas cartas esotéricas para Julian cheias de citações e reflexões, nunca mencionando que eu estava escrevendo de uma ala fechada. Até onde ele sabia, eu podia estar escrevendo de Marte. Eu estava lendo sem parar, sentando pacientemente no mundo alternativo da minha cabeça durante toda a terapia em grupo, descascando o meu esmalte, recusando-me a dormir, sentando-me na hora do jantar, ficando de pé e gritando com todo o fôlego para a cozinheira, "*Sua cadela!*" eu gritava, "Você me deu muito LEITE, que merda de problema você tem, você está *tentando me deixar GORDA? Isso aqui tem, PELO MENOS, dois CENTÍMETROS de leite a mais, eu só preciso tomar DUZENTOS E CINQÜENTA MILILITROS, aqui tem PELO MENOS TREZENTOS*", virava a mesa, chutando e gritando todo o caminho até o meu quarto. Mais tarde naquela noite, enquanto eu deveria estar Processando o Incidente, ficava mudando de assunto para uma idéia de *Walden*, falando sem parar. Meus pais iam me visitar. Nós nos sentávamos e tínhamos conversas forçadas no salão principal enquanto um funcionário ficava sentado numa cadeira à nossa frente, observando. Conversávamos sobre livros. Eles me levavam livros. Eu me sentava à mesa, atrás do meu batalhão de livros, espiando por cima, meio que lendo, meio que conversando com eles, falando-lhes sobre os meus livros.

Então o funcionário levava os meus livros embora.

Um dia tentei abrir o meu armário, e ele não abriu. Corri até o salão principal, procurando pela pilha de livros em cima da mesa, a pilha que eu havia deixado no parapeito da janela, a pilha do chão. Meus livros não estavam lá. Haviam levado meus livros. Corri até o consultório — uma mesa, um balcão comprido, armários, uma geladeira, um monte de cadeiras, paredes de acrílico, de olho no nosso mundinho — e disse, tentando ficar calma:

— Por que o meu armário está trancado? Onde estão os meus livros?

A minha principal orientadora, Janet, começou:

— O seu plano de tratamento...

— ONDE ESTÃO OS MEUS LIVROS?

— Marya, você pode abaixar a voz?

— QUE MERDA VOCÊS FIZERAM COM OS MEUS LIVROS? VOCÊS JOGARAM FORA TODOS OS MEUS LIVROS?

Eu havia suspeitado, até os acusado, de tentarem me deixar burra antes. A mim me parecia completamente plausível que eles, absolutamente sem compreender a *necessidade absoluta de livros*, pudessem tê-los jogado fora.

— Não, nós não jogamos os seus livros fora. Nós acreditamos que pode ser uma experiência positiva você lidar com as suas emoções durante um tempo, em vez de se distanciar de nós com os seus livros.

— Quando eu poderei tê-los de volta? — perguntei, torcendo a manga da camisa com a mão.

— Assim que você escolher lidar com os seus Problemas.

— QUANDO? — fechei os punhos.

— Essa vai ser uma escolha sua.

Pirei completamente. Comecei a virar cadeiras, gritando com toda força, berrando que queria os meus livros, como eu conseguiria FAZER QUALQUER COISA sem os meus livros, jogando canecas de café no chão. Berrei que eu não tinha como lidar com todas essas PESSOAS FODIDAS IDIOTAS E MALUCAS se eu não tivesse ALGUMA COISA PARA FAZER, eu estava ficando LOUCA aqui, já era RUIM O BASTANTE sem eles LEVAREM OS MEUS LIVROS, e eu fui levada pelo corredor, berrando e chutando as paredes, chutando o meu armário, chutando o aquecedor e batendo em qualquer coisa sólida, depois me atirei na cama, gritando mais uma vez no travesseiro, respirando fundo e então começando a berrar.

Chorei durante três semanas, mais ou menos sem parar.

Ficaram muito impressionados. Eu estava lidando com os meus Problemas, de um ponto de vista psicológico. Do meu ponto de vista, parecia que eu ia chorar para o resto da vida. Claro que não chorei. No fim, as lágrimas se estancaram. E eu comecei a me sentir um pouco melhor.

Na Lowe House, alguma coisa aconteceu. Tenho tentado descobrir exatamente o que foi. Um manicômio é um lugar razoavelmente tranqüilo de se estar, sem muita coisa acontecendo, um montão de tempo para sentar e pensar. O que eu sei é o seguinte: eu entrei lá sem emoções, sem vontade de viver, sem interesse particular em qualquer outra coisa além de jejuar até a morte. Saí comendo. Quase normalmente.

Desde o começo, eu me esforcei muito para manter tudo aquilo à distância. Ser internado é um imenso golpe para o ego, não importa a sua atitude diante disso. Toda a minha identidade estava concentrada (1) na minha capacidade de jejuar e (2) no meu intelecto. Tive uma crise completa quando percebi que nenhuma dessas duas coisas estava impressionando ninguém. Eu tinha investido muito em não ser um Deles, um daqueles outros garotos ali — era presunçosa, odienta, desbocada, distante como uma maldita rainha em seu trono real. Era impaciente, ansiosa e não queria me ligar a qualquer outro paciente porque isso significaria que eu não era melhor do que eles. E, Deus, como eu precisava acreditar que era melhor do que eles. Precisava acreditar que eles eram errados além de qualquer esperança e eu era simplesmente uma hóspede errada no meio deles. Eles eram crianças, eu era uma adulta; eles eram necessitados, e eu não precisava de nada.

O cabelo levantado em tufos, óculos tão fortes que os olhos pareciam ter cinco centímetros, com as calças sempre caindo, Duane tinha onze anos. Ele era ladrão de carros, gazeteiro, uma criança abandonada, e estava sob a custódia do Estado. Quando cheguei, ele já estava lá havia um ano. Era aquele que eu tinha visto se batendo no corredor no meu primeiro dia.

Ele subiu numa cadeira na mesa onde eu estava lendo, antes de levarem os meus livros. Empurrou os óculos no nariz.

— Oi — disse ele, encarando com seus olhos imensos.

Olhei para ele.

— Olá — disse eu, friamente.

Ficamos sentados um tempo.

— Você quer brincar com os Legos? — perguntou.

— Na verdade, não — respondi.

Ele assentiu.

— O que você quer fazer, então?

— Ler — eu disse.

Continuamos sentados.

— E aí — disse ele. — Por que você está aqui?

— Por nada — respondi.

Ele assentiu demonstrando compreensão.

— Você é magra — ele disse.

— Eu sei — respondi.

— É por isso que você está aqui?

— Mais ou menos.

— Quer jogar *rummy*?

Fiquei balançada. Era viciada em jogos de cartas.

— Qual é? — ele berrou, sorrindo. Adulador, completou: — Podemos jogar com quatro baralhos.

Nós nos esparramamos no corredor e jogamos *rummy* a tarde toda, estendendo a fileira de cartas pelo corredor. Quando os Funcionários nos chamaram para jantar, começamos a tirá-las. Seu corpo minúsculo se inclinou por cima das cartas, e ele disse:

— Ei.

Levantei os olhos. Ele empurrou os óculos no nariz e disse:

— Como se diz o seu nome?

— Ma-rya.

Ele assentiu.

— Tá bem.

Ficamos sentados separando os baralhos, eu com os cambitos abertos e o pezinho de tênis dele batendo distraidamente no meu pé com meia. Sem levantar o olhar, ele disse:

— Marya.

— Diga — respondi.

— Você pode ser minha irmã enquanto estiver aqui? — ele perguntou.

— Claro — sorri. Ele olhou para mim e me deu o sorriso mais bobo e maravilhoso do mundo. Eu me senti como se tivessem me dado o Prêmio Nobel da normalidade.

À noite, antes de irmos para a cama, os funcionários liam para a gente. Levávamos os nossos travesseiros até o salão principal. Diminuíam as luzes, e as crianças, esparramadas no chão, brigavam por lugar nos sofás. Eu me sentava, rigidamente, numa cadeira, ainda vestida. Eram livros infantis. Eu não reclamava. Tentava evitar que os olhos fechassem. Tentava não me deixar dormir. Mas a voz, o silêncio, as crianças que passavam os dias gritando com alguma dor inarticulada que me era real demais, reconhecível demais, todas elas deitadas, cochilando, dando risinhos. O fato de os funcionários darem a mínima por qualquer um de nós era doloroso. Eu olhava pela janela para o topo das árvores começando a florescer, a cidade ao norte, e tentava não chorar. Não fazia idéia de por que doía, de por que a mão de um funcionário no meu ombro fazia com que eu me esquivasse, por que a paz noturna e repentina da leitura disparava minúsculas explosões de desejo no meu peito. Eu não sabia o que desejava.

Pior ainda, depois da leitura, tinha Abraços. Todos pediam, com muita educação, abraços, uns dos outros e dos funcionários. Havia uma sucessão de abraços e, para os que não abraçavam ou estavam brigados com quem oferecia um abraço, apertos de mão. No fundo, eu achava aquilo esquisito. Ao final da leitura, todas as noites, eu saía correndo da minha cadeira, como se tivesse sido catapultada, corria pelo corredor e mergulhava na cama completamente vestida antes que alguém tivesse a chance de me tocar. Não demorou muito para os funcionários começarem a me provocar com isso, berrando atrás de mim, "LÁ VAI ELA! BOA NOITE, MARYA! NÃO DEIXE OS PERCEVEJOS ABRAÇAREM VOCÊ!" Eu berrava em resposta "BOA NOITE!" E enfiava a cabeça debaixo do travesseiro.

Mas na noite depois que Duane e eu jogamos cartas, ele me pegou. Correu atrás de mim no corredor, bloqueou a porta com o seu corpinho pequerrucho e disse, olhando para o chão:

— Sei que você normalmente não dá abraços, mas será que eu podia *dar* um abraço em você? Você nem precisa *me* abraçar de volta, mas pensei que já que você está aqui há um tempo e não deu *nenhum* abraço em várias *semanas*, talvez você precise de um abraço.

Eu me abaixei e lhe dei um abraço duro. Ele apertou o meu pescoço com tanta força, o contato foi tão espantoso, e o euzinho dele era tão caloroso, que respirei fundo e comecei a chorar enquanto ele dizia, dando tapinhas nas minhas costas:

— Abraços fazem muito bem. Eu te darei outro amanhã, se você quiser.

E eu simplesmente me segurei pela vida.

Quando eu era pequena, havia muitos abraços. Meus pais gostam muito de abraços. Meu pai dá abraços de urso, apertados e rápidos. A minha mãe normalmente põe as mãos em volta dos seus ombros e bate nas suas costas, como se estivesse tentando fazer você arrotar. Meus amigos e eu sempre nos abraçávamos, como muitos dos clientes não faziam. Mas, ao mesmo tempo, o contato físico não era natural para mim. Parecia, e ainda parece, carregado de significado, tão carregado que se poderia querer evitá-lo completamente. Dentro de alguns anos, a pessoa pode, na verdade, começar a evitar o contato físico como se fosse uma praga, começar a invocar um domínio tão absoluto sobre o próprio corpo que o próprio contato — mesmo um roçar de mão, quanto mais o número espantoso de terminações nervosas emocionais e físicas contido num abraço — começa a parecer uma ameaça.

O sexo era diferente. No começo, o sexo tinha sido um choque repentino, um solavanco que me trazia, ainda que brevemente, de volta ao meu corpo, e eu inicialmente queria isso. Mas conforme a bulimia cedeu lugar à anorexia, o sexo se tornou um estudo sobre a dissociação, um fechamento físico, o cérebro se dividia e observava os corpos de cima. Como mencionei antes, a bulimia é uma forma mais física de transtorno alimentar, e a anorexia, mais cerebral. Para a bulímica, o sexo é uma tentativa de preencher o vazio com alguma coisa como a paixão, muito embora o depois traga a sensação desorientadora de se estar derramando da própria pele. Mas, para a anorética — para mim, pelo menos —, as guerras-relâmpago prazerosas normais do quarto se tornam uma batalha perdida, um ataque assustador de sinapses berrando num tom terrível, uma sensação de que o seu coração está prestes a explodir, e o seu próprio corpo, a se despedaçar como vidro. E então o seu cérebro deserta. O sexo não é tão sentido como é visto, e essa tradução de experiência física em exercício intelectual havia tornado o sexo tolerável.

Abraços, no entanto, são difíceis. Beijar talvez seja mais íntimo do que o próprio sexo. Igualmente, os abraços indicam intimidade emocional, em vez de sexual. São um gesto de uma pessoa para outra de um gostar não-sexual, e a idéia de ser gostada de uma forma não-sexual era algo que eu tinha dificuldade de compreender. O contato com outra pessoa faz você lembrar que *também* é uma pessoa, e implica que alguém gosta de você assim. Isso me parecia profundamente falso, e eu sentia que, de forma alguma, eu justificasse tal cuidado, tal contato. O contato com outro corpo lembra que você tem um corpo, um fato que você está se esforçando muito por esquecer.

Duane foi o primeiro a tomar o rumo para o meu cérebro. Além do simples fato de que me abraçou, e me fez rir, ele fez algo que eu considero ter sido o mais importante, no final das contas: fez com que eu me preocupasse com alguém além de mim mesma. As tentativas exageradas que eu vinha fazendo para me proteger foram, em grande parte, transformadas num desejo de protegê-lo. A dor extrema que eu sentia entrou em perspectiva pelo fato de que a dor dele era muito, muito pior do que a minha — e que, aos 11 anos de idade, ele estava lidando com ela muito melhor do que eu. Até ele sair da Lowe House no verão seguinte, nós formamos uma duplinha ímpar. Eu ficava sentada ao seu lado quando ele entrava em um de seus longos silêncios, tentando lançar mentalmente um pouco de luz sobre a escuridão que espreitava no fundo daquele cerebrozinho. Ele se sentava ao meu lado no sofá e tentava me fazer rir quando eu estava chorando, depois de um telefonema aos berros com os meus pais ou depois de um dia ruim em casa. Eu sabia, e lhe disse, que as coisas dariam certo, que encontrariam um lar adotivo para ele. Ele achava que ninguém jamais iria aceitá-lo.

— Sou louco demais — dizia. — Nunca vou conseguir uma família porque fico muito LOUCO — gritava até se forçar a ter um ataque.

E eu lhe dizia:

— Não seja louco, você vai encontrar alguém, e você será amado porque é maravilhoso.

E ele dizia:

— Fico contente que você seja minha irmã.

— Eu também — eu dizia.

— E acho que é melhor você comer hoje — ele dizia.

Eu virava o rosto.

Ficharam os meus problemas, a intimidade sendo o maior deles. Eu não queria nada de intimidade; nenhuma ligação, nenhum contato físico, nenhuma demonstração de emoção. Notaram que eu conhecia apenas duas emoções em mim: furiosa e bem.

— Mas bem não é uma emoção — diziam. Eu ficava lá sentada, inexpressiva, absolutamente sem qualquer sentimento, tentando encontrar alguma palavra paralela para descrever como eu me sentia.

Eu me sentia vazia. Eu me sentia bidimensional, frente e verso. Isso também não estava certo. Deram-me uma lista de emoções com expressões faciais correspondentes. Eu as estudei com alguma devoção. Nas reuniões comunitárias (duas vezes por dia), eu grasnava, muito satisfeita comigo mesma: eu me sinto indiferente! Deram-me um programa detalhado para compensar o tempo que havia sobrado com a perda dos meus livros. Eu tinha um período obrigatório de brincadeira todos os dias. Eu tinha que brincar. Achava isso muito confuso. Os funcionários me diziam que eu, como a maioria dos garotos na unidade (eu me enfurecia com a comparação), nunca tinha sido realmente criança, e precisava recuperar o tempo perdido. Eu discordava, e ficava olhando para o jogo de lápis de cera diante de mim, tão confusa sobre o que fazer com ele como havia ficado diante do prato vazio. Mas o que quer dizer *brincar*? Perguntava para as costas da funcionária que desaparecia. Brincar *de quê*? Ela sorria para mim e dizia:

— Tenho certeza de que você vai pensar em alguma coisa.

E lá ficava eu, sentada, desejando um livro apaixonadamente.

No fim, Duane foi escalado para brincar comigo. As coisas melhoraram. Logo estávamos fazendo colagens, montando casas de Lego elaboradas, construindo castelos de cartas, embora esta última atividade tivesse a tendência de entrar em conflito com os nossos problemas de frustração e às vezes levassem Duane a seus acessos de fúria, nos quais ele saía girando pelo corredor, ou me deixavam num estupor catatônico e com o olhar vazio por algumas horas. Fui escalada para períodos frente a frente com meus orientadores duas vezes por dia. Para minha alegria, mandaram que eu fizesse um diário.

Mas o tempo frente a frente, que no começo havia me permitido o contato verbal pelo qual eu ansiava, uma chance de ter a minha versão de conexão humana — cerebral, isolada, um solilóquio de reclamações ou uma forma de puxar briga com os funcionários — logo começou a abrir portas que eu preferiria ter deixado fechadas. Os funcionários não eram burros. Eles pararam de morder a isca e começaram a flagrar os meus blefes mais cedo do que eu imaginava. Eles simplesmente não brigavam. Eu fazia alguma observação marcante e brilhante sobre as infinitas falhas do programa, dos funcionários, da comida, da abordagem carinhosa besta que estavam usando, e eles simplesmente ficavam parados, esperando que eu lidasse com o fato de que estava atormentada pelo fato de ter levado a mim mesma até aquela situação. Puseram um espelho diante de mim e me fizeram olhar para ele.

Eu não queria olhar. O simples fato que eu vinha evitando o tempo todo se tornou, nos momentos mais tranqüilos, na paciente presença de pessoas que se importavam desconcertantemente comigo, inevitável: eu me odiava e não achava que merecia viver.

Também no meu diário, que no começo pareceu uma coisa tão confortável e familiar, logo ficou impossível evitar a mim mesma. Havia um limite de como descrever, em meus rabiscos frenéticos, todas as maneiras como todos estavam me injuriando, todas as formas nas quais eu tinha certeza de estar certa, e eles, errados, antes de se tornar dolorosamente evidente, mesmo para mim, que eu estava mentindo. Toda a minha grandiosidade, a minha arrogância, a minha atitude hipócrita, a minha voz alta, a minha expressão de desdém definida não-me-toque-vá-se-foder, tudo era uma mentira. Tudo relacionado a mim, aliás, era uma mentira. Eu finalmente havia sido apanhada e exposta como a farsa que era.

Eu não sabia o que havia debaixo da pele que eu vestia. Não queria saber. Suspeitava que fosse alguma coisa horrível, alguma coisa frágil e fraca e inútil e burra e infantil e chorosa e carente e gorda.

Comecei a cortar os meus cabelos. Claro, o que mais você faz quando o seu repertório de habilidades emocionais é limitado ao aleatório, o despropositado e o esquisito. Todas as semanas, quando os meus pais iam me visitar, eu estava com menos cabelo. Pedi permissão para usar a tesoura, pedi acesso acompanhado ao banheiro, sentei-me na pia, puxei um punhado de cabelo para longe do rosto e cortei. E cortei. Um dia, vi de relance o meu rosto no espelho: um sorriso cruel de desdém, uma boca torta e branca. Continuei cortando até que a funcionária gentilmente segurou os meus dedos, pegou a tesoura, me levou de volta para o meu quarto e sentou na beirada da cama enquanto eu ficava deitada com o rosto virado para baixo, com os dedos brincando nas pontas duras dos cabelos. Até as orelhas, e depois perto do couro cabeludo. Então um lado raspado, depois o outro, e depois a cabeça inteira. Ficava sentada no jantar vendo David brincar com suas ervilhas, rindo sozinho de modo maníaco. Na noite em que eu raspei tudo, um funcionário chamado Mark, cuja abordagem não-fazer-prisioneiros eu respeitava e temia, me puxou de canto, olhou fixamente para o meu rosto e sussurrou: "Não importa quão magra você fique, quão curto você corte os seus cabelos, por baixo continuará sendo você mesma." Soltou o meu braço e seguiu pelo corredor.

Eu não queria ser eu mesma por baixo. Queria matar o meu eu que havia por baixo. Esse fato assombrava os meus dias e as minhas noites. Quando você percebe que se odeia tanto, quando percebe que não consegue suportar quem é, e que esse desprezo profundo foi a motivação por trás do seu comportamento por muitos anos, o seu cérebro não consegue lidar muito bem com isso. Ele vai se esforçar muito para evitar que você perceba isso; num esforço desesperado de manter as suas partes restantes vivas, ele vai tentar refazer o resto de você. Isso é, acredito, diferente do desejo suicida daqueles que estão sofrendo tanta dor que a morte parece um alívio, diferente do suicídio que eu viria a tentar mais tarde, tentando fugir dessa dor. Esse é um desejo de assassinar a si mesmo; a conotação de *matar* é suave demais. É uma crença de que você merece uma tortura lenta, uma morte violenta. Sem ter consciência total disso, eu havia decidido pela inanição como a minha opção de tortura. Quando as pessoas pensam em se matar, costumam pensar em se matar com o mínimo de dor, o menor período de sofrimento. Isso é diferente.

Havia uma menina na Unidade B, uma menina incrivelmente triste, que se cortava com qualquer coisa que lhe caísse nas mãos. Pedaços de vidros que encontrava na rua ela guardava para seus momentos particulares debaixo dos lençóis. Um canto afiado acidental e despercebido no parapeito de uma janela. Em grupo, os outros pacientes tentavam entender, perguntando-lhe: "Mas, por quê?" Ela dava de ombros e olhava para as mãos. Falei ao meu pai sobre ela. Lembro do rosto dele, preocupado, mortificado; ele disse:

— Meu Deus. Automutilação. — E sacudiu a cabeça. — Não consigo entender isso — ele disse.

Eu entendia.

Eu entendia tão bem, na verdade, que começaria a fazer exatamente isso alguns anos adiante. Depois que o meu transtorno alimentar tinha "acabado", eu iria numa busca cega por outra coisa com que pudesse me destruir. Descobri que uma lâmina de barbear funcionava muito bem. Na Lowe House, o que aquela menina estava fazendo fazia todo sentido para mim. A mim parecia que só os nossos meios eram diferentes; os nossos fins eram muito semelhantes. Entalhar o corpo para — simbólica e literalmente — entalhar uma alma imperfeita.

Eu não falava sobre as revelações torturantes a que chegara nos meus momentos sozinha. Falava, até certo ponto, sobre meu relacionamento com meus pais. Na época, como agora, eu tinha a impressão de que os meus pais eram apenas uma parte de um complexo maior de Problemas. Eu falava cada vez mais, conforme o tempo ia passando, sobre o papel da minha própria personalidade — a necessidade de me sentir poderosa, o desejo de ser bem-sucedida a qualquer custo, os culpados de sempre como perfeccionismo, tristeza inata, raiva. Até na Lowe House eu tinha consciência de que havia algo maior que havia incitado isso em mim. Mesmo na época, as desculpas fáceis de baixa auto-estima, problemas de criação e imagens da mídia não pareciam suficientes. Elas certamente estavam relacionadas. Mas a parte que continuava à espreita, inarticulada, no fundo da minha mente, não era discutida. Porque não há um jeito bom de discuti-la.

Essa parte era eu. A interação da minha formação, familiar e cultural, com o meu próprio caráter não era algo que eu compreendia ou queria compreender. Eu não queria lidar com o fato de que havia alguma coisa a meu respeito que havia tornado aquilo possível. Eu não queria lidar com o fato de que eu podia, se não simplesmente ter "nascido assim", ter vindo com algumas características pessoais, algumas tendências, que me levaram a isso. Havia simplesmente a questão do meu cérebro. Havia simplesmente a questão de que, apesar do amor que os meus pais me deram, do apoio que eu recebi o tempo todo dos amigos e de outras pessoas na minha vida, eu tinha uma curiosidade insaciável quanto aos limites do meu próprio ego. Combinada à minha autodepreciação, essa curiosidade era perigosa. Eu nunca consegui explicar direito para as pessoas que, além de todos os fatores mais óbvios, eu também só queria ver o que iria acontecer.

Essa curiosidade ainda precisava ser saciada.

Enquanto eu estava na Lowe House, algumas coisas mudaram realmente. Eu comecei a juntar os pedaços da minha vida, a costurar lembranças numa colcha de retalhos que faziam um sentido meio caótico. Quando cheguei, não conseguia dizer nada a meu respeito. Longos períodos da minha vida haviam se apagado, os acontecimentos estavam perdidos e fora de ordem. Quando você não sabe dizer quem você é ou onde esteve, quando você reduziu a si mesma a pouco mais do que um esqueleto com uma porção de prêmios surpreendentes, você não consegue sequer ter uma noção de si mesma como uma pessoa. Pedi que os meus pais me levassem todos os velhos álbuns de fotos, perguntei-lhes detalhadamente sobre a vida deles, o casamento deles, a minha infância, o que eles estavam pensando nessa época, e nessa época, o que havia acontecido aqui, aqui e aqui.

Constrangidos, eles começaram a me lembrar das coisas aos poucos, perguntando com freqüência:

— Você não lembra disso? — Minha mãe dizia, com amargura, olhando pela janela: — Como eles esquecem rápido.

Mas eu comecei a lembrar. Para o bem e para o mal.

A melhor parte foi que, enquanto eu estava morando nos limites seguros de uma cela acolchoada muito grande, lembrar me deu alguma percepção dos comos e porquês do que havia acontecido, e eu estava num lugar onde podia me sentir relativamente segura para olhar para os meus problemas, ainda que com olhos hesitantes. Lembrar me deu uma noção de quem era aquela pessoa a quem os outros se referiam quando diziam o meu nome e, embora fosse doloroso — fiquei frente a frente com um ódio profundo e nauseante pela criança que eu havia sido, a criatura subumana que eu suspeitava ser, e compreendi que eu precisaria chegar a algum tipo de reconciliação com ela para ser inteira —, também me dava algo de que eu precisava: o começo da ordem. O cérebro anseia por ordem, e eu saltava sobre as partes que faltavam com uma voracidade que só pode ser creditada a um instinto de sobrevivência ressuscitado. Eu queria compreender, e meio que queria melhorar.

Isso tinha um lado ruim. O autoconhecimento que ganhei me apavorava. A ordem desconhecida da qual estava me aproximando parecia mais perigosa do que a desordem que eu conhecia. E quando saí da Lowe House, e fiquei mais doente do que jamais imaginei ser possível, foi ainda mais triste porque fiz isso sabendo constante e terrivelmente que havia chegado tão perto da saúde e dado para trás.

A neve derreteu, e as folhas surgiram da noite para o dia, como sempre fazem. Deixei de ficar restrita ao prédio e comecei a ir junto com o grupo em passeios, até a piscina do hospital a umas quadras de distância — como a maioria das meninas, nadava de camiseta, com vergonha do meu corpo —, ao cinema ou para andar de carro. Meus pais lembram que comecei a ser mais afetuosa, ria um pouco, comecei a prestar atenção em algumas coisas — uma criança andando de balanço num parque, uma mulher usando um chapéu estranho num café onde agora tínhamos permissão de passar tempo juntos sem supervisão. Comecei a receber permissão para ir para casa, primeiro por algumas horas, depois para passar a noite, e então para passar o fim de semana. Lembro disso apenas vagamente. Lembro principalmente que estava começando a me sentir forte e estava começando a me sentir quase feliz.

A minha colega de quarto, Joan — tentativas de suicídio, mãe violenta, abandonada pelo pai, várias casas adotivas —, e eu, ambas cheias de Problemas de Intimidade, havíamos conseguido vencer alguns deles e havíamos nos tornado amigas. Está anotado nas minhas fichas — sob "Ganhos Positivos" — que nós duas estávamos tendo muito problema por conversar depois de as luzes terem sido apagadas, rindo muito alto, agindo, basicamente, como adolescentes. Ela ria de mim quando eu ficava de pé na cama e gritava "A minha bunda!". Ela dizia:

— É, Mar, você tem uma bunda! Está aí para você poder se sentar! *Psiu* — ela fazia. — Está vindo alguém.

Quando estávamos caindo no sono à noite, as duas enfiadas debaixo de montes de bichos de pelúcia que tínhamos desde bebês, ela dizia:

— Boa noite, Mar.

Eu tirava o meu cobertorzinho do nariz e respondia:

— Boa noite, Joan.

E então o nosso quarto ficava muito tranqüilo. A suave sombra do funcionário da noite se estendia sobre o nosso piso de cerâmica. Ouvia-se um ou outro grito abafado de um pesadelo no corredor.

Eu não estava ganhando muito peso. Fiquei oscilando um pouco abaixo da minha meta de 46 quilos a maior parte do tempo. Quando cheguei mais perto dela, ou nos dias em que subi na balança no consultório da Shawn e realmente *estava* com 46, eu chorei. Mas apesar de todo o "trabalho" emocional que eu estava fazendo, um passo para frente e dois para trás, e de todos os efeitos positivos que estava tendo nos meus relacionamentos, na minha noção de valor pessoal e tudo aquilo, eu não estava completamente convencida de que seria capaz de continuar sem um transtorno alimentar, de modo que não me atirei precipitadamente na recuperação. Acho que eu pensava que se pudesse ficar só um pouquinho *mais feliz*, o meu transtorno alimentar simplesmente não teria mais *importância*. Talvez eu pudesse ter um transtorno alimentar apenas *moderado* quando saísse, mas não ser tão *infeliz*. Só "fazer dieta normalmente" como "todo mundo". Boa sorte. Isso é basicamente o equivalente de um alcoólatra resolver começar a beber socialmente, ou — como eu havia tentado recentemente, de um jeito ridículo — um fumante de três maços de cigarro por dia resolver fumar só em festas. Claro que eu achava totalmente apavorante abrir mão, mesmo que por um curto período de tempo, de alguns comportamentos simbólicos dos transtornos alimentares. E se eu esquecesse *como*? E se, Deus me perdoe, eu perdesse completamente o controle e resolvesse não *querer* ter um transtorno alimentar? Eu me via, como dizemos na nossa culturazinha própria, "me deixando levar", com os cabelos desarrumados, largada e *relaxada* o tempo todo. Ainda levaria muitos anos para perceber que "me deixar levar" podia ter outras conotações: libertar a mim mesma, por exemplo, de uma doença fatal e de uma compulsão de usar delineador o tempo todo.

Levaram um tempo para perceber que, durante muitos meses, eu acordava às cinco da manhã, ia o mais silenciosamente possível até a pia do meu quarto, abria a torneira bem pouquinho, só o necessário para que um fiozinho d'água caísse lentamente pela lateral de um daqueles copos plásticos grandes, um copo do time de beisebol Minnesota Twins. Eu bebia um copo e mais outro e mais outro, olhando para a forma silenciosa de Joan enquanto engolia. Bebia provavelmente mais de três litros e meio de água todas as manhãs, depois deitava na cama e esperava a hora de acordar. Eu segurava aquilo até o final da minha pesagem matinal e depois pedia para ir ao banheiro durante a aula, com a bexiga prestes a explodir.

Um dia, na escola, uma funcionária me chamou durante a aula, me levou até o corredor e me deu um frasco de exame de urina. Discuti. Era uma causa perdida. A minha urina estava tão diluída que quase não se podia qualificar como urina. Foi o fim daquilo. O meu peso naquela tarde caiu magicamente para o peso do dia da minha internação, e eu voltei a ficar em regime restrito ao prédio.

Quando voltei a ter meus privilégios, saí para uma licença e voltei três quilos mais magra do que quando havia saído. Na verdade, não faço idéia do que aconteceu. Imagino que eu simplesmente não estivesse comendo o suficiente e provavelmente tenha caminhado demais. Quando as condições de saúde estão instáveis, costuma-se emagrecer num piscar de olhos, como dirá o meu médico atual. De qualquer modo, suspeitaram de laxantes, diante do que eu gritei e berrei, sinceramente, que eu não havia tomado. Eu lhes disse:

— Façam um exame de sangue, pelamordedeus!

Não fizeram. Revistaram o meu quarto. E encontraram, claro, o meu estoque de laxantes.

A coisa ficou feia.

Chorei. Como os laxantes podiam ter me matado, era como se eu tivesse uma arma carregada entre os meus blusões no armário. Os funcionários me puseram no mais alto nível de restrição, pior do que restrição ao prédio, ao quarto ou qualquer outro. Voltei então ao regime de observação 24 horas. Eu ficava sentada chorando numa cadeira de plástico azul no corredor, do lado de fora da sala dos funcionários. Trouxeram-me um prato de comida. Lembro de tentar comer chorando tanto que não conseguia engolir nada, uma garfada de purê de batatas encharcada de lágrimas caindo no prato numa triste lâmina salgada. Ninguém podia falar comigo. Todos os outros garotos passavam por mim tentando acenar imperceptivelmente, tentando atrair o meu olhar e balbuciar: "Oi." Duane teve vários ataques seguidos. Eu estava furiosa comigo mesma. Sabia perfeitamente que tinha acabado de estender a minha internação em muitos meses.

Quando chegou o verão, eu estava ficando muito inquieta. Foi um bom verão. Eu estava mais saudável, começando a comer bem normalmente, em parte porque queria ir aos passeios de verão que a unidade estava planejando. Fizemos uma caminhada em Taylors Falls, no sul de Minnesota. Tenho fotos minhas de mochila, usando o velho chapéu de pescador do meu pai, quase sorrindo para a câmera. David está fazendo uma careta, a minha colega de quarto Joan parece assustada e Duane sorri loucamente. Os funcionários sorriem satisfeitos, o dia está claro, e nós estamos numa grande pedra. Fomos acampar. Fingi superioridade em relação a tudo aquilo — ah, sim, acampamento —, mas, ainda assim, comi e comi e comi nas semanas antes da ida para poder ir junto. Velejamos, fizemos caminhadas, acendemos fogueiras e comemos panqueca no café-da-manhã. Lembrei então como gostava de panquecas e pus xarope sobre elas com um pequeno ataque de impulsividade. Lembro de, à tarde, entre um jogo de ferradura e um tempo nadando, ficar discutindo longamente com uma funcionária confusa sobre se eu devia tomar um refrigerante normal. "Ele não vai me fazer ganhar peso?" — Preocupei-me. Ela disse que duvidava muito. "Além disso" — ela disse, abrindo uma Coca-Cola e sorrindo para mim — "que importância teria?"

Tomei pequenos goles espumantes de refrigerante de laranja, dizendo sem parar a mim mesma que era só açúcar. Não havia nada de errado com isso.

Tenho fotos desse passeio também. De mim sentada no timão de um barco, os cabelos um pouco crescidos, quase à escovinha, usando um colete salva-vidas e short. As minhas pernas dolorosamente finas aos meus olhos atuais. Estou definitivamente sorrindo nessa foto. Um grande sorriso estou-pilotando-um-barco. Fomos a um Dairy Queen do outro lado do lago, onde tive um pequeno ataque porque não havia *frozen* iogurte sem gordura. Então me recompus, sorri para a funcionária e Joan, que estava beliscando o meu braço, irritada, e pedi um Mr. Freeze em voz alta. E comi tudo. Tenho uma foto de mim mostrando a língua vermelha, para a câmera.

Eu estava melhorando. Isso me assustava demais. Mas eu me sentia segura. Sentia como se talvez pudesse lidar com a vida. Eu realmente tinha feito amizade com pessoas que não tinham por que gostar de mim. Eu realmente havia me apegado aos meus orientadores. Há uma foto de Joan e eu enroscadas na minha cama, parecendo as adolescentes que éramos, um cobertor sobre os meus joelhos, Joan me fazendo chifrinhos, um ursinho de pelúcia no meio de nós duas.

Eu tanto queria ir embora — com aquele mesmo tipo de agitação mal-humorada que se sente quando se está doente de cama por um tempo — quanto queria ficar. Porque eu estava feliz. E porque eu estava com medo de sair. Eu nunca me senti bem em relação a mim mesma antes, não de verdade, e estava começando a me sentir bem. Eu realmente estava trabalhando na terapia, tentando compreender quem eu era e por que aquilo era suficiente. No final do verão, comecei a folhear o catálogo de cursos das aulas de outono da Universidade de Minnesota.[4]

Lembro de um dia, no começo de setembro, estava sentada num peitoril olhando para a rua. Estava escrevendo no diário. Por algum motivo, a idéia simplesmente me atingiu o estômago como uma bola de beisebol: eu ia ter que desistir daquilo. Do transtorno alimentar. Eu ia ter que simplesmente abandoná-lo. Não parte dele, todo ele. Nada de sair da Lowe House e apenas "fazer dieta" aqui e ali, nada de contar unidades de calorias ou gordura. Nada disso. Eu teria que continuar comendo lá fora do mesmo jeito que estava comendo ali dentro: normalmente.

Eu estava claramente consciente de que não acreditava que conseguiria fazer isso.

E então eu fiz uma coisa de que me arrependo desde aquele momento. Um dia, no grupo da noite, uma menina estava falando sobre uma experiência assustadora que havia tido naquele dia: Um homem havia se aproximado dela no parque e a assustado muito. Isso trouxe à tona os Problemas de todos em relação a maus-tratos, medo, comportamento inadequado etc., de modo que a unidade ficou meio que um caos. Eu me levantei e saí da sala, sentei no corredor e comecei a berrar. Um funcionário veio atrás de mim. Depois de alguns minutos, eu lhe disse, em meio a lágrimas e soluços, que havia sido molestada sexualmente por homens no teatro do meu pai quando criança.

Era mentira.

Não foi premeditado. Aquilo veio na minha cabeça, e eu falei. O subconsciente não é sempre um aliado às melhores partes do ego, não é sempre aquela espécie de "intuição" que nos guia magicamente em direção à ensolarada saúde com as cores do arco-íris. Às vezes não passa de puro Id, pura e absoluta necessidade básica. Neste caso, uma necessidade básica de me agarrar ao transtorno alimentar a qualquer custo. Assim que falei aquilo,

---

[4]Tecnicamente, eu nunca me formei no colégio. Adquiri créditos suficientes para me formar em Interlochen, mas fui desviada do meu plano de toda a vida de começar a faculdade aos 15 anos fugindo do hospital durante um ano e passando o ano seguinte trancafiada. Comecei a faculdade aos 17 e recebi um número de créditos pelas leituras compulsivas mencionadas anteriormente. Entrei na universidade por uma opção de Matrícula Pós-Médio, um programa para alunos do ensino médio que não têm mais aulas para assistir e, de alguma forma, simplesmente seguiram com a faculdade.

eu me dei conta do efeito que produziria: o restante do tempo na Lowe House seria passado tratando dessa não-questão. Foi um pesadelo. Meus pais ficaram completamente arrasados — por pouco tempo, até descobrirem que aquilo não poderia ter acontecido. Todos os terapeutas ficaram orgulhosos de mim por lidar com aquela questão difícil. Todos ficaram quase aliviados pelo fato de que havia um motivo bom e observável para meu desligamento completo do corpo, minha amnésia seletiva, meus problemas de sono, minha promiscuidade, meu medo dos homens, meus problemas de intimidade, meus problemas de confiança, tudo aquilo. Tudo se referia ao abuso sexual, que nunca ocorreu. Essencialmente, eu atirei uma bomba incendiária para um lado, e enquanto todo mundo estava cuidando dela, eu desapareci pelo outro. Absolvida. Eu criei um espantalho, e ele levou toda a culpa.

Na verdade, eu realmente tenho todos os sinais de quem sofreu abuso sexual, um caso relativamente clássico de "transtorno de estresse pós-traumático". Na verdade, acho que os terapeutas suspeitavam de abuso e estavam esperando que eu "abrisse" isso quando me sentisse "segura" o bastante. Eles tinham muitas razões para acreditar em mim — eu demonstrava os sinais clínicos — e nenhuma para não acreditar. Os meus pais, por motivos conhecidos apenas por eles, não disseram aos terapeutas que achavam que eu estava mentindo. Mas como era freqüentemente o caso comigo na Lowe House e em outros lugares, as minhas revelações ah-tão-sinceras-e-abertas eram, na melhor das hipóteses, distrações — as minhas tentativas de olhos lacrimejantes de parar com a bulimia em Interlochen que eram puramente uma desculpa para jejuar, o meu interesse "genuíno" na saúde no Metodista com o objetivo de apressar a minha alta, a minha "sincera" exploração da corporificação na Califórnia que visava a manter os terapeutas, a família e os amigos concentrados na minha "jornada para a saúde" em vez da minha deterioração progressiva. Dessa vez, porém, eu elevei a distração a um novo patamar, do âmbito das verdades irrelevantes ao âmbito da miragem.

Nunca me perdoei por ter feito isso, e duvido que algum dia consiga me perdoar. Foi algo puramente egoísta, inacreditavelmente míope, indiscutivelmente mais uma numa série interminável de manipulações que eram criadas para manter a mim, e ao meu transtorno alimentar, longe de olhos intrometidos. E funcionou.

Eu não precisei mais lidar com qualquer um dos meus problemas reais durante o resto da minha internação. Fiz isso para sair. No final de setembro, comecei as aulas na Universidade de Minnesota, o que parecia a coisa mais fantástica que já havia me acontecido. Eu saía da Lowe House todas as manhãs, pegava um ônibus até a Universidade, assistia às aulas e voltava de ônibus. Eram cinco horas de liberdade. Lembrei de como eu adorava pensar, como eu adorava trabalhar. Lembrei que eu era realmente boa em alguma coisa além de jejuar e vomitar. Comecei a acreditar que eu conseguiria viver do lado de fora, que tudo daria certo. Eu estava decolando nas minhas aulas, com barato de adrenalina, orgulhosa dos meus progressos, com esperanças em relação à vida.

Comecei a acreditar que estava "bem". Pelo menos "bem" o suficiente para ir embora. Pelo menos não estava mais louca. Tratei dos meus próprios medos de sair e comecei a fazer pressão para ganhar alta. E consegui.

Ir embora foi difícil. Disse adeus a pessoas de que tinha começado a gostar e em quem confiava, do meu modo. Em 5 de novembro de 1991, depois do jantar, o meu pai chegou na porta e me ajudou a carregar as minhas coisas. Estava escuro lá fora, a neve estava alta, o ar estava penetrante. Entramos no carro. Acendi um cigarro, ele puxou um charuto, e nós dois ficamos sentados soltando fumaça, sorrindo, com uma nuvem azulada em volta das nossas cabeças.

Voltamos para casa.

Na minha ficha de alta, a última anotação é a seguinte:

"Recuperada?"

7 Esperando Godot

Minneapolis, 1991-1992

Vladimir: Estamos esperando Godot.

Estragon: *(Com desespero)* Ah! *(Pausa)* Tem certeza que era aqui?
E se ele não vier?

Vladimir: Voltaremos amanhã.

Estragon: E depois de amanhã.

Vladimir: É possível.

Estragon: E assim por diante.

Vladimir: A questão é...

Estragon: Até ele vir.

Vladimir: Você é cruel.

— Samuel Beckett

Inverno de 1991. Eu adorava a vida. Foi um período muito estranho, e eu adorava a vida. De manhã, morando na casa dos meus pais, eu acordava, vestia o roupão e saía na varanda para fumar. Ainda estava escuro, o céu recém começava a ficar roxo, a respiração saía em nuvens espessas. O silêncio do amanhecer do norte era quebrado apenas pelo bater das asas de um cardeal, o barulho dos meus pés sobre a neve e o raspar das patas de uma raposa correndo na sombra sobre o laguinho congelado. Eu me vestia, subia, tomava café-da-manhã, preparava o meu almoço, caminhava até a Valley View Road, pegava o ônibus número seis até Minneapolis, observando os pedestres suburbanos darem vez ao horizonte da cidade. Lia o jornal e fazia revisão dos assuntos das aulas. Eu amava a faculdade intensamente. Fazia aulas de ciências políticas, envolvia-me em debates acalorados com professores e colegas, fazia trabalhos, passava horas na biblioteca. Comecei a trabalhar no jornal diário da universidade, na área ambiental, que, por pura sorte, estava incrivelmente animada naquele ano. No fim do dia, pegava o ônibus para casa pouco antes de escurecer, jantava com os meus pais e descia para estudar e trabalhar.

E estudar e trabalhar. E estudar e trabalhar mais um pouco. Não houve uma transição repentina dessa vez. Tudo aconteceu lentamente. Tão lentamente, que eu não percebi. Gradualmente, a noite foi ficando mais longa. Gradualmente, parecia que havia mais coisas a fazer. Gradualmente, o café-da-manhã encolheu. E o almoço. E o jantar. Dessa vez, não haveria um momento dramático, pelo menos por um tempo. De certa forma, eu estava recomeçando. Deixando a minha vida mais tranqüila.

À noite, por volta das 11 horas, eu subia para fazer o meu lanche noturno: uma tigela de granola *light* coberta de iogurte *light*, mel e passas. Uma tigelona de mingau que eu misturava bem. Desligava a luz da cozinha, levava a tigela para baixo e me sentava na varanda com meu livro, mantendo-o aberto com a mão esquerda. Com a direita, executava meu minucioso ritual alimentar noturno: pegava as passas primeiro, comendo-as uma por uma. Depois comia o iogurte — evitando um floco de granola sequer — lambendo a colher, sem grandes colheradas, apenas o suficiente para cobrir a colher com uma fina camada de aspartame cor-de-rosa e lamber. Isso levava algum tempo. Quando eu havia tirado todo o iogurte da tigela, comia a granola, completamente empapada a essa altura, em porções minúsculas. Isso levava mais ou menos duas horas e meia, três horas. Quando terminava, fumava meu último cigarro e ia para a cama. Acordaria poucas horas depois para me arrumar para ir à aula.

Na verdade, eu não parei de comer. Só comecei a comer coisas estranhas. Na verdade, não há muitas anoréticas que simplesmente não comem. Esse não é um sistema sustentável, e até nós sabemos isso. É preciso comer o suficiente para subsistir. Dessa vez, eu realmente acreditava que estava comendo o bastante. Na verdade, eu achava que estava comendo tanto que tinha espaço para diminuir. O café-da-manhã diminuiu de cereais, fruta e suco para cereais, ponto. Depois parei de comer os cereais e pegava uma maçã a caminho da porta, berrando para o meu pai que estava atrasada, não tinha tempo para tomar café, como alguma coisa na faculdade. Atirava a maçã na lata de lixo do ponto de ônibus com um *tum* seco. O almoço passou de um sanduíche normal com fruta para um pão de baixas calorias

— tem gosto de ar e satisfaz tanto quanto — com maionese e mostarda *light*, uma fatia de tomate e uma fatia de queijo *light*. Continuei jantando normalmente, já que comia com os meus pais e não tinha como escapar. Comecei, é claro, a emagrecer. Não rapidamente. Só o suficiente para parar de menstruar novamente, só o suficiente para começar a sentir um pouco de frio. E a ficar um pouco mais obcecada com o meu peso.

Aos sábados eu ficava em casa, sentada à mesa da cozinha, olhando fixamente para uma imensa tigela de milhos e ervilhas congeladas no microondas mergulhadas em sal e num pó sabor manteiga que parecia pólen. Comia as ervilhas primeiro, depois o milho. Um por vez. Com um garfo. Às vezes comia uma fatia derretida de queijo *light* num pedaço de pão de baixas calorias. Mas eu estava comendo. Meus pais estavam preocupados e tentavam não dizer nada. Eu dizia "Ei, mas eu estou comendo!" E eles assentiam e sorriam. Eu ficava olhando para a minha tigela de milho e ervilhas, catando as ervilhas, golpeando-as com os dentes do garfo, uma por uma.

Eu certamente comia, estava até "comprometida" em comer. Tinha meio que a impressão de que estava, de fato, tentando ficar bem. Só queria ver se podia diminuir um pouquinho. A comida, a saúde. A dieta que tinham me dado na Lowe House passou por algumas alterações, sendo que a mais notável foi a eliminação completa de gordura. Eu estava disposta, perfeitamente disposta, a comer. Menos gordura. Nunca. Nem um pingo. Isso acontece freqüentemente em transtornos alimentares: você muda de tática, muda de ritmo ou de tipo de obsessão. Eu diminuí o ritmo, parei de me concentrar nas calorias e fiquei obsessiva com gordura.

Eu estava magra quando voltei da Lowe House, e não notei que estava ficando mais magra. Na minha consulta semanal na TAMS, ficava surpresa quando via que tinha perdido mais meio quilo, um quilo. Kathi se preocupava, mas não muito. Ainda não. Eu estava indo bem na terapia, as minhas lágrimas eram verdadeiras, a minha risada surgia mais facilmente, o meu entusiasmo pela vida era mais real, mais duradouro. Fazia planos para o futuro que não eram tão assustadores, agora que estava melhor. No fim do inverno, eu me inscrevi para várias faculdades, nenhuma delas em Minnesota. Todos acreditávamos que eu estaria pronta, no outono seguinte, para ir embora novamente.

Estava saindo com alguns rapazes, a maioria legal, que conhecia na aula ou em cafés perto do *campus*. Estava começando a recuperar algumas sensações no meu corpo. A minha experiência comigo mesma ainda era principalmente visual — como estou?, estou atraente?, qual o poder do meu corpo sobre os outros? —, mas também havia um minúsculo toque de prazer aqui e ali. Lembro, numa noite, num ponto de ônibus com um homem com quem estava saindo, de quando ele me puxou para perto do seu corpo. Lembro de sentir o blusão de lã dele no meu rosto, do barulho do coração dele batendo debaixo das camadas de roupa. Lembro de um calor tomando conta de mim e dos dedos frios do vento passando pelos meus cabelos.

Agora, com todas essas coisas se debatendo na minha memória, eu não entendo, hoje, o que aconteceu. Eu devia saber, devia ter me flagrado em todas as mentiras que estava dizendo a mim mesma — estou comendo o suficiente, estou bem, estou saudável. Eu estava feliz. Tinha aprendido, ou achava que tinha aprendido, que tinha valor. Eu compreendia que precisava comer para viver, e queria viver. Dizia a mim mesma: leva tempo, não é tão fácil assim, não se pode esperar a perfeição tão cedo. Há em geral muitas coisas "capacitadoras" que os profissionais dizem que podem ser distorcidas e se voltarem contra você. Eu tinha ouvido muitas vezes que, se vomitasse, seria só um "escorregão", se parasse de comer durante um tempinho, não queria dizer *realmente* que eu estava tendo uma recaída. Quanto tempo dura um tempinho? Ele se estende, uma semana, duas semanas, três, e você está de volta onde começou. Os profissionais dão às anoréticas e bulímicas muito crédito por terem o cérebro em ordem: "Você precisa ter paciência consigo mesma", dizem, "você precisa cuidar de si mesma, ser boa consigo mesma." Assim, enquanto passava mais um dia sem comida, enquanto percorria a pé a ponte coberta de neve sobre o Mississipi, com as mãos enluvadas no rosto, dizia a mim mesma: preciso ser paciente, estou me cuidando ao não esperar muito de mim mesma, não vou me forçar demais hoje, então acho que só vou tomar um café na hora do almoço. Eu me sentava nas mesas compridas do centro acadêmico e ficava fumando, inclinada sobre o meu café e os meus livros, observando as pessoas ao meu redor rindo e comendo, e pensava, está tudo bem, porque estou me dando um tempo.

Todas fazemos isso. Nunca conheci uma paciente de transtorno alimentar que não fosse capaz de inventar um batalhão impressionante de motivos aparentemente concretos e intelectualizados de por que não podiam comer. Ouço a minha amiga Connie me dizer pelo telefone, indignada:

— Eu simplesmente NÃO POSSO comer tudo o que estão me mandando comer. É ridícula essa história de *três* refeições por dia — bufa ela.

— Quanto você pode comer? — pergunto.

— Uma refeição — ela responde, objetivamente.

No hospital, as mulheres reclamam e berram sobre o quanto estão comendo:

— Mas NINGUÉM come tanto assim!

Infelizmente, há alguma verdade nisso. Há poucas mulheres que comem normalmente. Quando você sai do hospital, olha ao redor para ver o que as outras pessoas estão comendo e percebe que a ótima dieta que você está seguindo — embora necessária para manter a sua saúde — não é a norma. Você começa a cortar coisas. E mais coisas. Você esquece que tem o hábito de cortar coisas até não ter mais nada para cortar. Eu dizia à minha família, à minha terapeuta e aos meus amigos: "eu realmente estou comendo, realmente estou melhor, claro que ainda sou um pouco esquisita em relação a comida, mas estou trabalhando nisso, *droga*."

E eu pensava, às vezes, no dia em que sentei na janela na Lowe House e me dei conta de que teria que desistir de tudo. Eu sabia perfeitamente que não estava desistindo. Eu estava me agarrando, como a maioria de nós faz, a uma pequena parte, a uma parte tão pequena que parece uma simples lembrança, nada perigoso, um talismã de doença mantido no bolso para acariciar com o polegar e o indicador. Disse a mim mesma que não haveria problema me agarrar só a essa partezinha. E eu sabia, no fundo, que haveria.

O ano caiu de costas e morreu. Na metade do inverno, parei de dormir. Depois do jantar, eu voltava de carro até o distrito universitário e me sentava num café 24 horas cujo nome mudava freqüentemente. Escuro e barulhento, com mesas bambas, cadeiras com assentos de vinil rasgado, a madeira das mesas profundamente arranhadas com palavras, poemas, epítetos, sinais, as paredes do banheiro cobertas de pichações de cima a baixo, o espelho coberto de tinta. Um povo estranho entrava e saía: estudantes e vagabundos, traficantes e fugitivos, caras normais e malucos completos. O café custava 75 centavos, e o refil, 25. Eu levava uma pilha de livros e um caderno, um maço de cigarros, e me sentava enroscada numa cadeira no canto, esfregando os olhos, vermelhos com à bruma quase tangível de fumaça, tomando um café tão forte que deixava borra no fundo da xícara. Ficava lendo Bertrand Russell, John Stuart Mill e Marx. Espiava as caixas de *muffins* e biscoitos. Ficando com mais fome conforme a noite passava. A música que tocavam, áspera, barulhenta, pulsante, exagerada, desaparecia no fundo da minha cabeça enquanto eu lia, às vezes levantando os olhos para ver as pessoas gritando umas com as outras por cima da cacofonia ou olhando atentamente para seus tabuleiros de xadrez ou baralhos, acendendo cigarros por trás da mão em concha, corpos se batendo no lugar cheio de gente. Eu dava cigarros para quem pedia, embolsava as moedas que me ofereciam e as usava para pedir mais café. Falava rapidamente com as várias figuras que paravam na minha mesa "O que cê tá lendo? Como você se chama? Você tem belos olhos", virando a página e enroscando o pé na alça da minha bolsa debaixo da mesa.

Quando ficava com fome demais para continuar lendo, com os pensamentos voltando-se repetidamente para comida — "Será que peço um *muffin*? Só um *muffin*, não tem nada demais. Será? Será? De mirtilo ou framboesa? Quanto de gordura tem num *muffin*? São *muffins* grandes, quantas calorias?" —, eu fechava o livro e saía. Saía pela porta e ia até a esquina em que uma pequena multidão observava todos os pedestres da meia-noite passarem, isso no começo do grunge, com roupas esfarrapadas folgadas nos corpos magros de homens de meia-idade e garotas adolescentes, garotos de vinte e poucos anos e mulheres muito jovens com bebês e crianças pequenas que se seguravam nos postes de metal frio das placas de rua, PROIBIDO ESTACIONAR, ROTA DE EMERGÊNCIA PARA NEVE. A minha respiração aparecia, branca contra o escuro da noite, e eu caminhava com passos pequenos pela calçada cheia de neve até o meu carro. Dirigia pela Riverside, seguia pela Cedar e chegava à auto-estrada em direção ao subúrbio, 35 Sul a 62 Oeste, fazendo as curvas rápido demais, as luzes da iluminação da estrada passando como lâminas pelo pára-brisa, sobre as minhas mãos. A estrada praticamente vazia, o monte de casas perto das rampas de saída com as luzes apagadas. Eu dirigia o carro vermelho do meu pai, de transmissão manual, com um copo de café na mão esquerda e um cigarro na boca. Cansada. Um pouco zonza, seis, sete horas depois de ter feito a minha última minirrefeição.

No inverno, as estradas de Minnesota são muito escorregadias. Esse foi um inverno com gelo preto. Gelo preto é o que acontece quando neva muito e depois esquenta um pouco durante a tarde. Ao anoitecer, a temperatura cai, e a neve derretida nas estradas se congela em lâminas grossas. Não dá para ver que é gelo porque é liso demais. Parece com a estrada à sua frente. Preta.

Depois da meia-noite, numa noite com previsão de neve. Céu nublado. Sem lua, sem estrelas, pouca luz. Agitada por causa da cafeína. O que lembro é do seguinte: eu estava debruçada sobre a direção, tentando enxergar. Tinha jogado o cigarro pela janela e estava com as duas mãos apertadas no volante. Tremendo. A cabeça não clareava. Sacudi a cabeça, como se quisesse tirar água dos ouvidos. Diminuí a marcha. Eu estava na pista certa. Subindo uma rampa de acesso, vi um par de faróis vindo na minha direção por trás. Passei para a pista da esquerda. E apaguei.

Ouvi um incrível barulho de arranhão, ensurdecedor, e então fui jogada contra a direção, de novo, de novo e mais uma vez, e alguma coisa estava batendo com força em mim, tudo estava girando, e o canteiro da estrada ficava vindo contra mim. Então tudo parou. Eu fiquei ali sentada. Alguns carros passaram correndo. Vi as luzes de um carro de polícia, um policial me puxou do carro pelo braço, fazendo perguntas que eu não compreendia. Fiquei sentada no carro da polícia, olhando para as ferragens. O carro do meu pai estava completamente destruído, com todos os cantos amassados para dentro. Eu não fazia idéia do que tinha acontecido. Parecia que eu tinha batido no canteiro com um canto, ricocheteado, girado, batido, girado, batido, girado, batido. Fiquei sentada pensando no *muffin*. Eu devia ter comido um *muffin*, pensei. O meu pescoço doía. Subia fumaça do capô amassado do carro, muito branca contra a escuridão da noite. O policial sacudiu a cabeça. "Você é uma garota de sorte", ele me disse. Eu respondi "O meu pai vai me matar."

Um guincho levou a mim e ao carro para casa. Os faróis devem ter acordado o meu pai, porque ele estava de pé na varanda, com uma cara muito furiosa. A conversa que se seguiu viria a nos provocar ataques de riso mais tarde, mas não foi engraçada na ocasião.

Saí do caminhão e fiquei parada. Ele berrou:

— QUE MERDA VOCÊ FEZ COM O MEU CARRO?

Eu berrei:

— Eu estou ÓTIMA, obrigada!

Ele berrou:

— Bom, eu IMAGINEI, já que você está aí de pé, né? Agora QUE MERDA você fez com o meu CARRO?

Ele comprou outro carro. Depois me disse que teve uma impressão profunda de que eu havia batido porque não estava comendo direito, provavelmente porque estava zonza ou havia desmaiado. Nós não discutimos isso. Eu me virei e disse "Saia daqui, me deixe sozinha".

Muito pouco tempo depois disso, tudo desmoronou. De novo. Eu tinha sido capaz de fingir, até aquela altura, que não havia realmente nada de errado, nada de sério, pelo menos. Isso terminou.

Era janeiro. Chegou uma frente fria. Um dos meus irmãos adotivos foi nos visitar com a namorada. Meus pais viajaram para o norte com eles para um fim de semana prolongado. Fiquei em casa porque queria estudar para as aulas que começariam em breve. Começou como se nunca tivesse parado: abri a porta da frente um dia depois de passar a tarde na biblioteca. Fui até a cozinha, larguei as minhas sacolas, abri o armário — o armário perigoso, perto da porta, onde se escondiam as comidas ruins, cereais matinais e biscoitos — peguei uma caixa de cereais, servi uma tigela e comecei a comer.

E comi. Comi até não ter mais espaço, fui ao banheiro, vomitei as tripas para fora, lavei o rosto e as mãos e voltei para a cozinha. O tempo deve ter passado, porque do lado de fora da janela foi ficando mais e mais escuro. Acendi a luz da cozinha, brilhante e clara no ambiente amarelo, o resto da casa ainda escuro, os cães no porão ainda chorando para sair, e eu fiquei parada no balcão, enfiando punhados de cereais na boca no piloto automático. Quando acabaram as caixas de cereais, passei para o pão. Acabou o pão, e eu passei para ovos, sobras, sorvete, biscoitos, parando de vez em quando para vomitar no banheiro escuro, voltando cambaleante para a cozinha, batendo nos batentes das portas e nas paredes que de repente se projetavam para fora em lugares estranhos, passando para a sopa que o meu pai tinha feito para eu comer no fim de semana. Tomei toda a sopa e vomitei. Macarrão, pedaços de cenoura e ervilhas inteiros boiando na privada, respingados pelas paredes, girando depois da descarga.

Por volta da meia-noite, mais ou menos, eu tinha comido tudo o que havia em casa exceto a geléia de lima que estava no fundo da geladeira desde sempre. Também não comi a ração dos cachorros. Mas pensei em comer. Então me ocorreu deixar os cachorros saírem e dar comida a eles. Peguei as chaves, entrei no carro e fui até o mercado, com a intenção de comprar tudo o que eu havia comido para que ninguém percebesse nada.

Sem casaco, sem chapéu, sem luvas. Morrendo de frio e com falta de ar, zonza. Saí do carro e entrei no mercado. As luzes me cegavam. Apertei os olhos e fui de corredor em corredor com a minha cesta, tentando desesperadamente lembrar o que eu havia comido. Eu não tinha qualquer lembrança do ocorrido, exceto que havia aberto a geladeira pela milionésima vez e percebido, horrorizada, que ela estava vazia. Eu não conseguia lembrar o que os meus pais tinham sempre em casa. Branco total. Não conseguia sequer lembrar se eu jamais os vira comer. Fiquei andando de um lado para o outro nos corredores. Ficarei sabendo mais tarde com as minhas leituras que isso se chama "cruzeiro", e é freqüentemente o precursor da ruptura gástrica, que é fatal. De repente, estou no caixa com uma cesta cheia de comida. Estou pagando. Estou pondo as sacolas no carro. Estou saindo do estacionamento.

A pouco mais de um quilômetro de casa, não faço idéia de como voltar.

Entro em pânico. Só consigo pensar na minha necessidade de comer. Agora. Neste instante. Preciso comer, rápido, preciso comer muitas coisas muito rapidamente. A minha boca precisa ficar cheia, preciso mastigar alguma coisa, alguma coisa salgada. Estaciono o carro na rua, mergulho no banco traseiro e começo a fuçar nas sacolas, tirando coisas que não lembrava de ter comprado, finalmente chegando a um saco de batatas *chips*. Volto para o banco da frente, rasgo o saco, enfio uma mão cheia na boca e volto a dirigir sem destino até reconhecer uma rua e segui-la até em casa.

Dentro de casa, largo as sacolas na mesa da cozinha, no chão, no balcão e deixo um espaço livre para mim. Continuo comendo. Misturo *muffins* de mirtilo e os deixo assando enquanto engulo tudo o que estiver ao alcance, corro até o banheiro, querendo desesperadamente me livrar da sensação de saciedade, vomito e volto correndo, aflita por voltar a me sentir satisfeita. Fico ali comendo até toda a comida terminar. Toda ela.

Levanto os olhos da tigela vazia diante de mim e vejo de relance o meu rosto inchado e horroroso refletido na janela escura sobre a pia.

Então me abaixo e vomito.

Ligo o triturador de lixo, lavo a pia. Apago a luz da cozinha, tateio no escuro pelo corrimão da escada. Consigo descer quase todos os degraus antes de sentir aquela falta de peso tomando conta do meu corpo, o escuro ficando mais escuro, antes de me sentir sendo lançada para frente e voando, caindo num buraco negro.

Acordei de manhã, azeda, no pé da escada, toda desgrenhada, de roupa. Sentei, a testa latejando, segurando a cabeça com os punhos fechados. Subi e olhei para o estrago. Havia caixas vazias por tudo, embalagens, plásticos, sacolas e louças. O efeito da manhã seguinte não havia se perdido. Senti como se estivesse com a pior ressaca do mundo e realmente não conseguia me lembrar da noite anterior.

Absolvida pela amnésia, fiz tudo de novo. Pelos três dias seguintes.

Há dois modos de explicar por que, depois de um ano sem bulimia, eu voltei direto para ela quando os meus pais saíram. Talvez tenha sido porque eu precisava deles lá, não estivesse pronta para ficar sozinha, tenha me sentido abandonada. Duvido. Acho que foi outra coisa, algo que tinha sido estabelecido havia tanto tempo que não me ocorreu *não* retomar a bulimia. Até hoje, não consigo ficar na cozinha dos meus pais sem pensar em todas as coisas que eu posso comer. Isso não acontece na minha casa, nem em qualquer outra casa. É só na casa dos meus pais. Acho que o meu transtorno alimentar a essa altura da minha vida era puro hábito, um hábito mais profundamente arraigado do que eu ou qualquer outra pessoa pudesse imaginar. Acho que simplesmente ter ficado sozinha na cozinha dos meus pais acionou um interruptor na minha cabeça, e uma placa brilhante de néon começou a piscar: COMER COMPULSIVAMENTE.

Isso não me assustou até a segunda-feira, o primeiro dia de aula. Fui ao banheiro na hora do intervalo para fazer cocô. Quando me levantei, só havia sangue na privada. Eu não estava menstruada. Eu não menstruava havia anos, exceto por alguns poucos meses na Lowe House. Tentei ignorar aquilo, mas continuou acontecendo o dia inteiro. No fim do dia, assustada, fui a uma cabine telefônica e liguei para uma linha de informações médicas. Não consegui dizer a causa provável. Fui orientada a procurar um médico imediatamente.

Não fui ao médico. Resolvi que o caminho mais seguro era parar de comer. Comer era perigoso demais. Claro que eu não conseguia comer. Eu estava evidentemente fraca demais e alquebrada demais para comer. Fiquei sentada no cubículo do banheiro com a cabeça entre as mãos, mandando o meu corpo parar de sangrar. Saí do cubículo, joguei água no rosto sem me olhar e conferi o tamanho da minha bunda no espelho. Gorda. Eu tinha certeza de que tinha ganhado peso durante o fim de semana. Um monte, toneladas. Parei no telefone público novamente e liguei para o meu pai para avisar que chegaria tarde, tinha muita coisa para estudar.

Ele me disse que o esgoto tinha transbordado. De novo. Tinha alagado todo o porão.

— Marya, você pode explicar isso?

Eu disse:

— Passei todo o fim de semana doente. Muito mal. Preciso ir. Tchau.

Eu nunca havia me sentido tão mortificada em toda a minha vida. Se o meu irmão adotivo e a namorada dele não estivessem lá, não seria tão ruim. A opinião deles sobre mim me importava muito. E ali estava eu, entupindo o esgoto, inundando o banheiro e o porão com o meu vômito, deixando a minha futura cunhada tão completamente enojada que ela pediu, muito gentilmente, toalhas limpas à minha mãe caso as deles tivessem sido atingidas por vômito ao acaso.

Mas nós não falamos sobre isso até eles irem embora. Meus pais me fizeram passar pela inquisição.

— Vamos lá, querida, só nos diga a verdade.

— EU ESTOU FALANDO A VERDADE, juro por DEUS que estava gripada!

— Mas, querida, eu não quero ser nojento, mas aquilo era muito vômito para alguém que estava só gripada. Querida, tinha massa e ervilhas da sopa que eu fiz.

— Bom, CLARO que tinha! Eu achei que talvez a sopa fosse FICAR, mas NÃO FICOU, eu SINTO MUITO, por que ninguém mais CONFIA em mim, porra?

— Bom, se você tem certeza...

Nas minhas fichas da terapia daquela semana:

16/1. Diz que esteve gripada no fim de semana. O esgoto da casa transbordou. Parece mais magra.

Para parecer mais magra num período de uma semana, é preciso perder uma boa quantidade de peso. Aos meus olhos, eu parecia a porca que achava ser. A bulimia me assustava muito. A anorexia é tão separada do corpo, tão imperceptível por tanto tempo, tão sancionada socialmente, que é possível passar um bom tempo agarrada à crença de que não há nada de errado com ela. No instante em que enfia os dedos na garganta, você sabe muito bem que alguma coisa está errada. Você sabe que está fora de controle. Na primeira vez que você come sem parar, na primeira vez que sente aquela repentina onda de necessidade tomar conta de você, que sente o seu rosto tenso de desespero por comida, qualquer comida, *agora*, você sabe que tem alguma coisa errada. E me deixe dizer que a primeira coisa que vem à mente não é "Puxa, eu devo estar realmente chateada com alguma coisa. Deixe-me sentar e pensar no que pode ser". A primeira coisa que vem à mente é: mais comida. E então, a terrível e nauseante percepção de que você é, de fato, tão incontrolável, carente e glutona como sempre suspeitou em segredo.

Depois que você se dá conta disso, não há por que parar. Você diz: Foda-se, então. Sou uma vaca gorda cadela feia fraca lesma porca e posso muito bem continuar comendo.

Mas, como eu disse, a bulimia sempre me assustou muito — exatamente por causa do horror inevitável que lhe atinge no meio de um episódio de comilança compulsiva. Tenho fama de fazer de tudo para evitar qualquer tipo de dor. A dor de sentir que você é, verdadeira e eternamente, uma relaxada suja, irritadiça e glutona é intolerável. A primeira vez que me tornei realmente anorética foi a primeira vez em que não senti medo de mim mesma. Problemática, é claro. Mas, dali em diante, eu sempre faria uma relação da minha capacidade de exercer controle sobre as minhas necessidades e os meus desejos desenfreados com a minha capacidade de jejuar.

No fim de semana seguinte, os meus pais saíram de casa de novo. Eu tinha estado trabalhando a semana toda, tentando me acalmar, tentando garantir a mim mesma que eu ficaria bem, que não comeria compulsivamente, que só comeria alguma coisa se fosse necessário. Parece que foi necessário. Na sexta-feira, depois da aula, fui para casa, deixei os cães saírem e me sentei dura numa cadeira da cozinha. Fiquei lendo o jornal, tentando não pensar em comida.

Há motivos pelos quais as pessoas comem compulsivamente. Um deles é a subnutrição. Era isso que estava acontecendo, e eu sabia. Eu sabia perfeitamente bem que fazia dois meses que eu estava comendo muito pouco e agora estava pagando o preço por isso. Não passou pela minha cabeça que um modo infalível de parar de ter pensamentos obsessivos sobre comida era comer corretamente. Na minha cabeça, a única forma de fazer isso era ficar completamente longe de comida. Saí para passear um pouco com os cachorros e então entrei no carro e saí para o meu café com uma pilha gigantesca de livros, com a intenção de passar a noite toda lá.

O que eu realmente fiz. Pelo menos até perto do amanhecer.

Era uma da manhã, quando ele deu a volta numa coluna, deixando os cabelos longos suspensos sobre a minha mesa, balançando perigosamente perto do meu café. Tirei a xícara do lugar. O barulho estava ensurdecedor. O café sempre lotava nos finais de semana. Como Minneapolis é a terra de dez mil centros de tratamento, as lanchonetes e os cafés da cidade ficam freqüentemente lotados como bares de São Francisco, com lugares para se sentar só até as dez da noite, o baixo batendo no chão tão forte que fazia a mesa pulsar e os livros tremerem. Eu estava lendo *Ensaios impopulares*, de Bertrand Russell. Os cabelos dele eram loiros, e eu o ouvi berrar mais alto do que o barulho do ambiente.

— OI!

Olhei para cima e disse "OI".

— POSSO ME SENTAR? — perguntou.

— NÃO — respondi.

— MEU NOME É DAVE — ele disse.

— QUE BOM — respondi.

Ele se sentou. Inclinou-se na minha direção por cima da mesinha, estendeu a mão e disse:

— Qual o seu nome?

Durante as horas seguintes ele falou. E falou e falou. Resolvi que iria para a cama com ele. Eu fazia isso, tratava de seduzir homens mentalmente só por diversão. O objetivo nunca era o sexo. Eu nunca tinha gostado muito de sexo, e continuaria sem gostar por vários anos. O objetivo era o jogo, e o jogo não era simplesmente levar alguém para a cama. Os homens são constrangedoramente fáceis de seduzir. O jogo era fazê-los se apaixonarem por você primeiro, ou fazê-los acharem que estavam apaixonados por você, acharem que você era a mulher mais incrível que eles já tinham conhecido e, se as coisas corressem conforme o planejado, fodê-los para sempre.

Mais ou menos às quatro da manhã ele tinha resolvido que estava apaixonado por mim. O que, embora fosse um pouco estranho, já que eu mal havia falado, estava ótimo para mim. É sempre bom ter alguém apaixonado por você. Isso lhe dá poder. Eu o levei para casa. Acendemos a lareira e nos deitamos no chão, fazendo planos abstratos, mentindo um para o outro porque podíamos fazer isso. Fomos para a cama e ficamos lá durante todo o fim de semana. Não sei o que aconteceu exatamente, mas aconteceu alguma coisa, mas eu me peguei entre os lençóis com um homem que eu conhecia só como Dave e fazendo, pode-se dizer, o melhor sexo da minha vida. Certamente o sexo mais espantoso, o sexo mais movimentado e barulhento, me deixando chocada nos momentos em que eu me via de fora, irreconhecível, nua, rindo e gritando. Quem diabos era essa mulher que caía num sono muito, muito profundo, satisfeita e deliciosamente doída?

No domingo, eu o deixei no café e lhe disse para não me ligar de novo. Foi divertido, eu disse, mas você sabe como são as coisas. Se cuide, a gente se vê. Saí a caminho do trabalho. Lembro disso agora como um videoclipe, um tipo de lembrança *voyeur*, olhando da porta. Lembro disso como o contorno azulado das costas de uma mulher iluminada pelo luar através da janela, da caixa de camisinhas atirada ao lado da cama, do barulho de uma voz silenciosa se projetando numa casa vazia.

Foi demais para mim. Foi intenso demais. Fez com que eu sentisse muita fome depois, com que eu fosse muito tranquila com o meu corpo, muito descuidada ao me esparramar no chão comendo maçãs e queijo. Fez com que eu quisesse mais, e isso não ia dar certo. Sexo e mulheres com transtornos alimentares são parceiros de cama esquisitos. Nós abordamos a questão de diferentes maneiras. Algumas mulheres evitam o sexo como a peste, muito mais do que eu evitava. Algumas mulheres buscam o sexo como uma forma de intimidade marginal, um oásis de companhia num deserto de isolamento. Outras, como eu, usam o sexo como poder, mas isso é um pouco diferente: o jogo de poder são as preliminares mentais, o sexo em si é quase irrelevante, e quando o sexo toma conta do seu corpo, faz você perder o controle, você perdeu o jogo. Algumas mulheres, como brincávamos no hospital, usam o sexo simplesmente para queimar calorias, mas daí tem a parte chata de ter que ficar nua e ser vista em carne e osso. Algumas usam o prazer limitado que obtêm com o sexo como um lembrete fugaz de que o corpo pode, de fato, sentir alguma coisa, qualquer coisa, além de fome. Mas isso também sai pela culatra, porque o desejo por sexo é uma fome em e de si mesmo. Algumas, e eu também me incluía nesse caso, usam o sexo apenas como outra forma de autodestruição, atirando o corpo como um casaco velho, em qualquer cama, com quem quer que esteja passando. Quando dormi com Dave, tive dificuldade para compreender o que estava acontecendo. Espere um pouquinho, isto aqui não é sexo. Sexo é ficar olhando para o teto dizendo ah-isso, ah-isso e pensando no tamanho das suas coxas. Que diabos é isso? Eu estava acostumada a dormir com outros porque estava sempre me vendo em situações idênticas nas quais era mais fácil simplesmente trepar do que dizer não. Claro que eu acabava em tais situações porque chegar até elas me excitava. Eu nunca realmente me importei com o que vinha depois. O que aconteceu naquele fim de semana foi completamente diferente. Eu não sabia por que tinha feito aquilo. Não me ocorreu apenas sorrir e dizer "Por que não?". Em nenhuma das vezes em que havia dormido com caras com quem eu não me importava e com quem não gostava de ir para cama eu me senti culpada. Desta vez, eu me senti uma vadia. Todos aqueles gemidos e ainda comer nua. Deus do céu.

Meu pai encontrou as camisinhas. Claro que há a questão de o que o meu pai estava fazendo fuçando nas minhas gavetas. Há, além disso, a questão de por que o meu pai estava ficando furioso com o fato de que eu estava fazendo sexo em vez de se sentir pelo menos marginalmente aliviado porque eu tinha tido o cuidado de *usar* camisinhas. Tivemos uma briga realmente incrível. Eu gritei com ele por invadir a minha privacidade, ele gritou comigo por desrespeitar as regras, por trair a sua confiança e fazer sexo na casa dele, simplesmente por fazer sexo. Eu gritei com ele por ser um idiota tão cego que não percebia que eu estava crescendo. Gritei com ele por ser tão superprotetor. Ele gritou que eu era jovem demais para estar fazendo sexo.

Na época, achei que ele estava sendo completamente irracional. Hoje, não sei dizer o que é ser "jovem demais" para fazer sexo. Eu tinha 17 anos. Já fazia sexo há muito tempo, então não parecia algo tão extraordinário para mim. Talvez ele tivesse razão. Ele tentou me deixar de castigo, mas acho que isso pareceu um pouco ridículo àquela altura, até mesmo para ele, considerando-se o fato de que eu era uma estudante com um trabalho de tempo integral. O que foi notável foi a virulência com que ele atacou as minhas escolhas e a medida na qual ficou dolorosamente claro que o problema não era que eu era jovem demais para fazer sexo, mas que ele estava com medo do fato de eu estar crescendo e que ele faria qualquer coisa ao seu alcance para evitar isso. O problema era que eu já havia crescido.

Como era típico dele, meu pai pirou com aquilo. Esse é um assunto que nós dois nunca discutimos mais profundamente — porque é uma questão muito delicada, porque eu não sei se ele chega a compreendê-la mais do que eu —, de modo que o que eu penso a respeito dele não passa de especulação e subjetividade. A parte fácil é compreender o medo que ele parecia sentir de eu deixá-lo sem ninguém para tomar conta. A parte difícil é tentar descobrir por que ele ficou tão incrivelmente furioso por causa do meu envolvimento com os homens e com o sexo. Digamos que tenha sido porque ele não queria que eu crescesse rápido demais. É razoável. Ele não seria o primeiro pai a sentir que ninguém jamais seria bom o suficiente para a sua menininha. Digamos que tenha sido porque ele queria que eu continuasse sendo uma menininha, digamos que ele tenha tido alguns problemas com as mulheres, que ele se sentisse ameaça-do pelas mulheres, digamos que ele tivesse raiva das mulheres, que tivesse problemas com a forma como eram independentes dele, do controle que elas exerciam sobre ele. Digamos que ele não queria que eu me tornasse uma delas. Digamos que ele precisasse que eu precisasse dele. Que ele queria ser o homem mais importante da minha vida. Ele não seria o primeiro pai a se sentir ameaçado pela entrada de outros homens no mundo de uma filha.

E ele não seria o primeiro a se sentir mais do que um pouco ameaçado pelo advento da sexualidade de uma filha. A filha está desenvolvendo um lado dela ao qual ele não tem acesso, e sobre o qual não exerce qualquer controle. Já falei antes do relacionamento altamente idealizado entre algumas mulheres com transtornos alimentares e seus pais. Esse relacionamento se equilibra precariamente na filha desempenhando um papel DUAL: o de criança inocente e o de companheira. Quando a parte da criança inocente desaparece, quando ela se torna uma adolescente rebelde e desbocada que trepa com estranhos no seu porão, o relacionamento termina. A filha que você amava e que o amava desapareceu.

Idealmente, um pai consegue se conformar com o fato de sua filha se tornar uma mulher, consegue aceitar os outros homens na vida dela. No fim, meu pai fez isso. Só levou um tempo. Durante a minha curta temporada em casa — com a crescente histeria do meu pai por causa da perda da filha e suas tentativas de reverter o curso da natureza —, eu fiquei completamente confusa. Isso me levou a um estado igualmente histérico de autodefesa. Também pôs a minha mãe na terrível posição de mediar o que se parecia muito com uma separação ruim. Como sempre aconteceu na minha família, meu pai e eu brigávamos em altos brados na sala de estar, na cozinha, na sala de jantar. A minha mãe e o meu pai brigavam atrás de portas fechadas, e eu sinceramente não fazia idéia do que estava acontecendo. Nem eles, imagino.

Eu me fechei. Meu pai precisava que eu precisasse dele, e eu não podia fazer isso. Eu havia crescido (normal) e resolvido que nunca mais precisaria de nada (nada normal). E eu achava que a última coisa de que precisava era de algum cretino tentando me segurar. Eu odiava o meu eu mais jovem com uma intensidade tão grande que me assusta até hoje. Claro que eu me ressentia e temia profundamente qualquer coisa que ameaçasse as minhas chances de fugir de quem eu havia sido um dia. O meu pai se tornou a minha nêmesis, o foco simbólico da minha fúria em relação a qualquer coisa que eu havia sido e jamais queria voltar a ser. Depois do Incidente da Camisinha, duvido que tenha havido algum outro dia no qual não tenhamos nos batido de frente em relação à minha independência. Nós dois nos tornamos pessoas incrivelmente desesperadas. Ele estava desesperado para me segurar. Eu estava desesperada para ficar longe dele.

A sabedoria convencional afirma que os transtornos alimentares são meios de parar o tempo. Diz-se que interromper o desenvolvimento físico num estágio pré-adolescente dá à pessoa com transtorno alimentar uma sensação simbólica de segurança: segura na infância, segura no seio da família, a salvo na remoção do bicho-papão da maturidade sexual e de sua implicação de vida adulta e responsabilidade. Não acho que isso esteja sempre correto. Observei isso durante muito tempo e com muita atenção, tentando encaixar a minha vida, a minha personalidade, a minha experiência com transtornos alimentares nesta moldura. A minha vida e eu ficamos sempre sobrando. Não nos encaixamos. Talvez, se forçarmos um pouco a barra, podemos dizer que no ano antes de eu sair de casa (de novo), o meu transtorno alimentar reapareceu porque subconscientemente eu queria ficar em casa com o meu pai (que me deixava maluca) e a minha mãe (que mal falava), no seio cálido e confortável da infância (que era uma merda), evitando a maturidade sexual (de que eu não gostava muito, mas de que não tinha medo) e a responsabilidade (por que eu ansiava). Mas isso realmente é forçar a barra.

A única coisa que me vem à cabeça é que, talvez, de algum jeito, o meu corpo anoréxico fosse um pedido de desculpas ao meu pai por ter me tornado uma mulher. Até isso é problemático. Para mim é muito mais plausível que o meu corpo anoréxico tenha sido uma declaração confusa dirigida mais ao mundo do que ao meu pai, tanto um pedido de desculpas por ser mulher quanto uma tentativa distorcida de provar que uma mulher pode ser tão boa quanto um homem. Há muitas mulheres que têm transtornos alimentares principalmente porque têm medo da vida adulta. Tanto medo que são capazes de fazer qualquer coisa para evitá-la. A leitura dos transtornos alimentares precisa ser mais complexa do que a análise bastante freudiana que vê o corpo anoréxico como um símbolo da regressão. É igualmente possível que a anorética esteja tentando demonstrar — de um jeito ruim, ineficiente e narcisista — uma independência total do estado indefeso da infância, das infinitas necessidades que ela reconhece em si mesma e que irá aniquilar da forma que puder.

Até hoje lembro da infância como um período constrangedor, um período de fraqueza e necessidade. Ter sido internada na Lowe House, embora tenha me ajudado muito a reconhecer a aceitabilidade de algumas necessidades humanas básicas, representou um atraso nos meus grandes planos, e ter que morar na casa dos meus pais foi ainda pior. A necessidade do meu pai era palpável, dolorosa e sufocante, e tenho certeza de que a minha corrida resoluta em direção à vida adulta foi igualmente dolorosa para ele. Mas ele não estava numa posição muito boa na ocasião, e teve muita dificuldade para separar a si mesmo e suas necessidades do que esperava de mim. A minha mãe tinha uma tendência a se afastar abanando as mãos quando meu pai e eu entrávamos em conflito. Eu sei que eles brigavam por causa disso. Sei que a minha mãe estava tentando fazê-lo recuar e simplesmente me deixar crescer. E também sei que o meu pai achava que nós estávamos nos unindo contra ele, como sempre achou e continua achando, independentemente de a minha mãe e eu não termos tido uma única conversa sobre o assunto.

Um dia minha mãe disse a uma terapeuta que tinha a impressão de estar vivendo com dois loucos. Tanto o meu pai quanto eu ficamos muito ma-goados. Pensando nisso agora, não a culpo nem um pouco por se sentir assim. E mesmo enquanto escrevo, sei que o meu pai vai ler isto e pensar que estou tomando o partido dela. Sempre pensou. A minha mãe sempre pensa que eu estou tomando o partido dele. Eu me sinto presa no meio, é claro, mas, mais do que isso, sinto pena dos dois. Os dois estavam lambendo feridas de vinte anos de idade, me agarrando, me puxando de um a outro, apontando para a filha debilitada e maníaca e dizendo: "Está vendo?"

Como se eu provasse alguma coisa. Os dois acreditavam na premissa bastante presunçosa de que o mundo girava em torno deles, e que o meu problema era culpa deles. Eu estava bem cansada de pensar sobre o papel deles nos meus problemas. Estava cansada das intermináveis reclamações dos dois, cansada da carência do meu pai, cansada da pacificação medíocre da minha mãe, e queria seguir com a minha vida.

Aqui chegamos a outro momento decisivo. Eu tinha meu transtorno alimentar havia nove anos. As causas eram infinitas, com referências cruzadas, anotadas e remetidas a outras causas. A etiologia principal era, àquela altura, a minha personalidade e o próprio simplíssimo e inescapável transtorno. Já era um hábito nesse ponto. Meus pais podiam ser os pais mais queridos e compreensivos dos pais, a minha cultura, a mais feminista e igualitária das culturas, e eu ainda assim teria piorado porque o meu transtorno alimentar havia se tornado uma parte de mim, da forma como eu lidava com o meu próprio cérebro, as minhas emoções, o mundo em que estava vivendo, a minha vida diária. Tudo era filtrado pelas lentes da anorexia e da bulimia.

Foi a minha família que detonou tudo novamente? A carência do meu pai e o medo que eu tinha dela desencadearam a recaída? A distância da minha mãe? Algum artigo que eu tenha lido? Alguma mulher que eu tenha visto? Pouco provável. O que provavelmente aconteceu foi que, confrontada com um número de coisas na minha vida de que eu não gostava, eu me voltei para o meu transtorno alimentar porque eu nunca, jamais havia descoberto como *lidar*.

Da mesma forma, era difícil dizer se as minhas exigências entredentes e sibilantes de ser deixada sozinha — "SAI dessa", eu berrava, "Estou BEM, dá um TEMPO, eu SÓ quero LEVAR a minha VIDA" — eram uma fase normal para qualquer garota ambiciosa de 17 anos. Talvez fosse apenas um desejo normal de ter um pouco de espaço para respirar depois do exame microscópico do hospital e do manicômio. Talvez o meu desespero fosse mais complexo. O meu desejo de ir embora de Minneapolis, e da minha família, possam na verdade ter sido um desejo de deixar a mim mesma para trás e me tornar outra pessoa.

Suspeito que tenha sido a segunda alternativa. Um padrão havia sido estabelecido a esta altura: eu havia passado os últimos anos planejando rotas de fuga, usando-as mais para fugir de uma personalidade do que de um lugar. Mesmo lá atrás na minha entrevista de internação na TAMS, quando questionada sobre o que eu mudaria na minha vida, eu havia respondido: "Eu me mudaria." Não a resposta normal — fazer novos amigos, ter um *hobby*, me dar melhor com os meus pais, melhorar as notas —, mas só "me mudar". Foi só aos 19 anos que me ocorreu que o que dizem é verdadeiro — Aonde quer que for, você estará lá —, e mesmo então eu não parei de me mudar.

Aos 17, eu tinha a forte impressão de que aonde quer que você vá, você encontrará um novo você, do mesmo modo como se encontra com um amigo num café. A cada novo lugar, eu sempre acabava sendo alguém de quem gostava mais do que do meu antigo eu. Alguém sem um passado a seguindo como papel higiênico preso no salto do sapato. Que não era conhecida nem como aquela-garota-boba nem como a-maluca-doente-incurável; uma mulher que simplesmente não era conhecida.

No ano em que me mudei para casa, algum interruptor foi acionado em mim, apagando as luzes da parte racional da minha mente, desligando o autoconhecimento que eu havia conquistado na Lowe House e me deixando com um desejo cego e desesperado, mais virulento do que nunca, de me livrar do eu que eu odiava e me deixar nova. Eu acreditava piamente que o sucesso era a chave da minha salvação. Ele iria me absolver dos pecados da carne e da alma e me tiraria da vida que eu odiava. "Sucesso" significava uma carreira perfeita, relacionamentos perfeitos, um controle perfeito sobre a minha vida e mim mesma — todos os quais dependiam de um eu perfeito, que dependia, por sua vez, de eu viver dentro de um corpo perfeito. Eu não parei para pensar nas desvantagens de abandonar a juventude e a saúde em nome do sucesso. Não houve contestação. No ano que se aproximava, o fato de que eu não avaliei a ligação que fiz entre o sucesso e a auto-aniquilação iria quase me matar.

Eu passava cada vez menos tempo perto dos meus pais. Parei de comer compulsivamente quase que imediatamente depois de começar e voltei a jejuar. Em fevereiro, eu estava praticamente morando na redação do jornal, pedindo mais trabalho, fazendo o máximo de pautas que podia. Tecnicamente, o meu emprego exigia apenas trinta horas semanais, mas comecei a passar a maior parte do meu tempo na redação, fazendo reportagens, digitando, o telefone preso no ombro, saindo correndo para cobrir alguma pauta, pegando um *frozen* iogurte no caminho de volta para a minha mesa, deixando-o derreter enquanto trabalhava. Eu adorava aquele emprego. Estava cobrindo vários assuntos regionais importantes, ficando conhecida entre os deputados estaduais e os senadores envolvidos, fazendo "fontes", almoçando com esse e aquele, enchendo um bloco depois do outro com as minhas anotações em garranchos, furando os principais jornais das Twin Cities* e rugindo de empolgação com o resto do pessoal de manhã cedo, com os jornais voando,

---

*"Cidades gêmeas" é como são chamadas Saint Paul e Minneapolis, situadas ao longo do rio Mississippi, em Minnesota. (*N. da T.*)

quando conseguíamos nos sair melhor do que os grandões em alguma boa reportagem. Eu ia à terapia e construía muito conscientemente um quadro de mim mesma que convenceria a TAMS de que eu estava melhorando. Começamos a diminuir o Prozac e as minhas consultas em concordância com as minhas garantias verbais de que eu estava no caminho certo.

5/2/92: Quase recuperada. Marya demonstra desejo de parar o monitoramento de peso.

A TAMS recebe um bilhete escrito por mim: "Não tenho qualquer dificuldade em dar continuidade a um estilo de vida saudável e manter o meu peso."

Eu me sentava na escadaria do prédio do jornal, comia o tomate do meu sanduíche, jogava o resto fora, fumava e tomava café enquanto folheava páginas e mais páginas de anotações matinais. Rabiscava perguntas nas margens, conversava com os outros repórteres, dava muita risada. A vida estava me dando barato. Eu tinha acabado de conseguir um ingresso antecipado na Reed, a única faculdade em que havia me inscrito para ingresso antecipado, e as respostas do resto das inscrições estavam começando a chegar. Eu as via formando uma pilha sobre a minha mesa quando chegava tarde da noite e as lia, sorrindo: Está dando certo. Vou conseguir. A vida era boa.

De manhã cedo eu sentava num café, lia os jornais e tomava café. Um dia, lembro claramente: estava vestindo uma saia curta, uma blusa verde, e a primavera estava começando. Atirei o casaco sobre o ombro e dei um passeio tranqüilo na rua ensolarada. As árvores estavam cheias de brotos. Caminhei até o trabalho e me sentei à minha mesa. Havia na equipe um fotógrafo muito bom que às vezes vinha até a minha mesa, espalhava negativos de uma das minhas reportagens, e nós nos abaixávamos para vê-los, as cabeças próximas, gesticulando muito, e então ele voltava correndo para a câmara escura. O nome dele era Mark. Naquela manhã específica ele apareceu na minha mesa e berrou (estava sempre berrando), OI! Eu ri, e ele ficou um tempo ali parado, parecendo desconcertado. Eu disse:

— Sim?

E ele disse:

— Você está muito bonita hoje.

Gaguejei. Ficamos ali nos olhando por um minuto ou mais, deslumbrados.

O encanto se quebrou, e ele voltou a se mover. Eu tinha uma reportagem importante para sair no dia seguinte, o que queria que ele fotografasse? Ele se agachou ao lado da minha cadeira, e nós ficamos conversando, gesticulando, e ele bateu de leve no meu ombro quando saiu, e eu fiquei olhando para a tela branca do meu computador por um tempo e pensando "Ah, não".

Não era uma boa hora para me apaixonar.

As noites ficaram mais e mais compridas. Eu entrava pela porta dos fundos em silêncio, para não acordar os meus pais, sentava na minha escrivaninha e continuava trabalhando. Meu pai e eu tivemos uma explosão final, e eu me mudei para a casa de uma amiga até encontrar algum lugar para morar. Ia cada vez menos à terapia. Mark e eu começamos a nos ver mais, indo um até a mesa do outro e conversando muito rapidamente, ambos maníacos, fugindo para tomar café, só nós dois ou com outros repórteres, voltando para a redação na escuridão que ficava a cada dia mais quente. Saímos para jantar uma noite, sozinhos. Bebemos muito vinho. Ficamos no chão da sala da casa dele. Eu li alguns dos meus trabalhos para ele. Era muito tarde. Quando terminei, ele pegou a minha mão, levantou-a com a palma virada para cima, seguiu cuidadosamente as linhas e enganchou os dedos nos meus.

4/3. Marya se recusa a se pesar. Pressão arterial ortostática, temperatura muito baixa. Porcentual de gordura 14,5% (na Lowe House era 19%). Parece muito magra! Suspeita de transtorno alimentar ressurgindo.

Mark e eu ficamos muito, terrivelmente apaixonados. Eu ficava indo e vindo de casas de amigas para a casa dos meus pais. Meu pai gritava comigo por causa da motocicleta de Mark, por causa de Mark de uma forma geral, dizia que era velho demais para mim (ele tinha 25 anos). Meu pai dizia que ele era insensato, eu estava crescendo rápido demais. Eu passava os meus dias nas aulas, na redação e por toda a cidade. Mark e eu íamos a todo e qualquer lugar falando sobre política, o mundo, jornalismo, fatos, pensamentos e qualquer coisa, parávamos no Motel 6 e ficávamos rindo e conversando até dia claro e depois voltávamos para o trabalho. Eu comia um pote de iogurte enquanto, deitados de barriga para baixo na cama, comentávamos reportagens de revistas dizendo "Ouça, ouça!". E líamos apaixonadamente um para o outro a noite toda, até as revistas serem chutadas para o pé da cama na nossa afobação por movimento e tesão.

O plano era que eu me transferiria para a Reed. Era para onde eu queria ir, tinha sido muito clara quanto a isso, era a minha primeira escolha. Julian e eu vínhamos planejando ir para lá juntos em nossas cartas. A universidade tinha um excelente programa de ciências políticas. Mas então eu recebi uma carta da American University me oferecendo uma bolsa de estudos obscenamente grande, maior do que qualquer outra que eu tivesse recebido. Meus pais disseram: "Só pense nisso. Leve em consideração." Eu pensei e disse que queria ir para a Reed. Os dois disseram que pagariam uma ida minha a Washington D.C. só para conhecer. A universidade era a melhor, o *Post*, inúmeros estágios, fontes. Eu conhecia alguns políticos. Era tentador. Eu disse que iria. Só para conhecer.

A viagem mudou tudo.

Tem alguma coisa errada com Washington D.C. Apesar de todo o tempo que eu passei lá, nunca consegui entender exatamente o que é — tem as coisas óbvias, claro, a ganância palpável, o poder excessivo, o racismo inacreditável, a própria cidade é uma completa confusão política e social. Mas, além disso, há alguma coisa *errada* com Washington D.C. Há um olhar tenso, um olhar furioso e determinado que as pessoas usam quando caminham pelas ruas, empurrando umas às outras no metrô, batendo umas nos joelhos das outras com maletas de couro no empurra-empurra das escadas rolantes, para entrar em táxis, nos restaurantes. Desde então tenho me perguntado se há alguma coisa em relação à cidade em si que dá o estalo em pessoas como eu, que abriga a fome por poder e sucesso de tal modo que as próprias pessoas se tornam ocas, sugadas da simples humanidade. Mas talvez eu só esteja imaginando coisas.

Fiquei surpresa, mas não me incomodei, com a naturalidade com que me adaptei a essa espécie de maldade. Acenei para um táxi do lado de fora do aeroporto, o rosto congelado, a voz enérgica. Observei a cidade do Capitólio se erguer diante de mim enquanto o taxista seguia em direção ao meu hotel. Primavera de 1992, a escuridão caindo, e as luzes se acendendo, refletindo nos restos de chuva sobre o asfalto e os prédios. Fiz o *check in* no hotel, fui para o quarto, comprei um pacote de balas Skittles passadas e uma Coca-Cola de uma máquina — uma Coca normal, não *diet*. Fiquei impressionada comigo mesma, dizendo a mim mesma que precisava de glicose. Eram 11 horas da noite, e eu não tinha comido nada desde o meu café-da-manhã minimalista em Minneapolis.

Olhei para o quarto: a TV de sempre, cama, cadeira e mesinha, cinzeiros, um amplo espelho sobre a cômoda. Liguei na CNN, tirei a roupa diante do espelho e fiquei me admirando de todos os ângulos. Fiquei de pé em cima da cama para dar uma boa olhada nas pernas. Magras. Muito magras. Vesti o roupão e me recostei na cabeceira da cama, fumando e tomando a Coca-Cola. Arrumei minhas balas por cor e comi-as uma a uma, as vermelhas por último. Encarei a mim mesma no espelho, alegre e com uma carga de açúcar tomando conta de mim, e pensei: Sozinha num quarto de hotel em Washington D.C. Assim começou o meu caso de amor com hotéis, que ainda não acabou. O anonimato de tudo aquilo, a idéia de só-mais-uma-mulher-em-Washington, a solidão, o fato de fumar na cama, a TV ligada até a hora que eu quisesse, a proximidade palpável com a velocidade e o poder, muito perto do Mundo Real. Quase dava para esticar a mão e tocar essa coisa desconhecida que eu queria tanto.

Fiquei em pé diante da janela, olhei para um prédio implodido do outro lado da rua e depois para o Monumento a Washington se erguendo à distância, branco e etéreo. Resolvi ficar.

Na manhã seguinte, invisível em meu terninho, desci até o restaurante do hotel para o café-da-manhã. Crise. Era um bufê. Há poucas coisas tão atraentes para uma bulímica quanto um bufê. "Bufê livre" ganha um novo significado quando você sabe que é capaz de comer todo o bufê algumas vezes. Sentei à mesa, abri o *Post*, olhei para o meu relógio e dei a mim mesma dez minutos para me acalmar. Se eu não tivesse me acalmado nesse período, iria embora. Ovos mexidos dançavam na minha cabeça enquanto eu lia sobre as primárias e olhava para a televisão. A primeira entrevista de Larry King com Ross Perot. Fiquei mais calma. Então me levantei, peguei um pão francês, quatro pacotinhos de geléia, dois morangos, uma fatia de melão. Fiquei diante da bandeja de *minimuffins* por um tempo constrangedoramente longo, pensando na quantidade de calorias de um *muffin* do tamanho de uma moeda. Complicado demais. Deixei-os para lá. O melão primeiro, seguido dos morangos, da casca do pão com geléia, o miolo do pão. Levei uma hora nisso. Marquei no relógio. E passei o resto do dia com 160 calorias.

Metrô para o *campus* da American University. Adorei o metrô, o clique-clique do meu bilhete na máquina da roleta, a pressão da multidão correndo até as portas que se abriam. Adorei a escada rolante que saía do subterrâneo, com a luz se ampliando acima de mim. Adorei a caminhada até o *campus* e o *campus* em si. Entrevistas e passeios. Naquela noite, no bar do hotel, comi palitos de cenoura e aipo e tomei um Screwdriver assistindo à CNN e escrevendo de um jeito maníaco no caderno.

O estranho é que os poemas que escrevi enquanto estava lá são todos sobre a tristeza das cidades. Do desespero que senti. Da incrível e terrível velocidade.

Isso parecia estar separado de mim de alguma maneira. Peguei um táxi para ir ao cinema e entrei num café lotado depois da sessão. Tomei café e fiquei observando e ouvindo conversas, escrevendo e escrevendo. Foi tudo muito glamouroso. No dia seguinte, caminhei pela cidade, rua por rua, parando uma vez para comprar um par de tênis quando os meus sapatos cederam. Eu estava absolutamente alta, tentando pensar na cidade como um lugar onde eu pudesse morar. Vaguei pelos corredores abobadados da Union Station, expondo-me ao barulho ensurdecedor, os corpos passando correndo por mim. Fui até a praça de alimentação subterrânea, li cada um dos menus e finalmente me decidi por um saco de balas de laranja sem açúcar numa loja de doces. Sentei-me num banco e fiquei jogando as balas na boca, olhando do jornal — *a lista de chamada* — para as pessoas, pensando em estágios e empregos. Resolvi que poderia morar ali sem problemas. Ninguém nem sequer havia me notado. Eu era invisível. Era perfeito.

Desde então me pergunto se alguma parte do meu cérebro havia decidido que aquele seria um bom lugar para desaparecer completamente. Sair de cena, sem deixar nenhum rastro.

De volta a Minneapolis, eu disse que queria ir para a American. Tenho uma incrível capacidade de apagar todo bom senso da mente quando me decido por alguma coisa. Tudo é feito a qualquer custo. Fico sem noção de moderação, sem qualquer cautela. Basicamente, fico sem noção. Pessoas com transtornos alimentares tendem a ter raciocínios muito opostos — tudo é o fim do mundo, tudo está relacionado a essa *única coisa* e todo mundo diz que você é muito dramática, muito intensa, e vêem isso como uma afetação, mas realmente é assim que você *pensa*. Você realmente acha que o céu irá cair se você não o estiver segurando pessoalmente. Por um lado, isso é pura arrogância; por outro, é um medo muito real. E não é que você *ignore* as repercussões em potencial das suas ações. Você não acha que *haja* alguma repercussão.

Porque você sequer *está* lá.

Quando você chega à maioridade legal, seus pais e sua equipe de tratamento perdem o poder de tomar decisões de tratamento sem a sua permissão. Em outras palavras, você precisa ser uma paciente voluntária, ou é preciso obter uma ordem judicial para o seu tratamento. Três dias antes do meu aniversário de 18 anos, eu entrei — de cabeça erguida, confiante, extremamente magra — na TAMS e encerrei o meu tratamento.

Feito isto, empacotei as minhas coisas e me mudei para um apartamento em Minneapolis com uma amiga do trabalho, Sibyl. Cheia de entusiasmo independente, fui ao mercado fazer compras. Anoréticas fazem listas de compras estranhas:

Muffins light (1 dúzia)
Geléia sem açúcar (Morango)
Pão de baixas calorias (Branco)
Iogurte *light* e *diet* (12 copinhos)
Granola *light*
Cenouras
Mostarda
Aipo
Alface
Molho de salada *light* (francês)

E foi isso que eu comi nos três meses seguintes.

Exceto pelas noites em que chegava tarde em casa, encontrava a Sibyl lendo no sofá e ela dizia casualmente:

— Oi, Mar, pedimos pizza. Você pode comer o resto, se quiser.

Eu comia a pizza. E vomitava. E me pesava na velha balança do banheiro. A Sibyl, um dos seres mais saudáveis da face da Terra, não tem papas na língua. Ela me diz que eu estou sendo ridícula quando fico na frente do espelho de corpo inteiro, como faço todos os dias, preocupada com o tamanho do meu bumbum. Sugere que eu me ajeite antes de ir embora da cidade.

Maio: Mark, trabalho e passeios de carro. 44 quilos. O Departamento de Polícia de Los Angeles é absolvido pelo espancamento de Rodney King. A equipe do jornal se ajeita na frente da televisão no dia do anúncio da absolvição. A redação normalmente barulhenta fica estupefata num silêncio sombrio. Alguém sussurra "Meu Deus". Então empurra a cadeira com força para trás, grita "Puta que o pariu" e sai batendo a porta. A redação explode num caos, com as pessoas dizendo sem parar "Como vamos cobrir isso?", olhando para as telas dos computadores, se virando, gritando "EU NÃO POSSO COBRIR ISSO" e saindo. As pessoas escrevem em fluxos repentinos, com as mãos tremendo sobre os teclados, parando de repente e segurando a cabeça. Três pessoas saem sucessivamente. O editor grita para todos se recomporem. Eu saí e me sentei de costas para uma parede no lado de fora, fiquei olhando para o céu, de um azul inacreditável. Estou trêmula e enjoada, pensando no senso de humor perverso de Deus, ao mandar um céu tão, tão azul num dia em que a razão moral havia se tornado uma charada. Mark e eu não conseguimos dormir naquela noite. Saímos da cama, vamos nos sentar nos balanços de um parque e ficamos conversando, poucas palavras entre longas elipses de respiração ofegante. Penso em voz alta se tenho estômago para ser jornalista, afinal. Mark salta do balanço e diz, "Você precisa ter. Quer tenha ou não. Você finge." Assenti e olhei para o céu.

Junho: Mark, tempo quente, passeios de carro e 42 quilos. Mark e eu estamos na cama, falando de política. Saio do jornal para escrever as minhas próprias coisas em tempo integral. Os meus dias são assim: acordar, sentar, escrever. Resolvo que estou aprendendo a me disciplinar. Não como nada além de iogurte. Fazemos uma viagem com minha família até nossa casa no lago, no norte de Minnesota, vamos a um bar com meu irmão adotivo Tim e os primos, jogamos sinuca e bebemos. Livres das inibições de sempre, chegamos em casa, e eu devoro salada de macarrão direto do pote plástico, sabendo que irei me arrepender disso de manhã. Mark está bebendo demais. Eu estou bebendo demais. Em Minneapolis, vejo meus pais de vez em quando, quase sempre separadamente. A minha mãe e eu tomamos um café. Ela lê os meus poemas, e eu quase morro de orgulho quando ela me olha, sorrindo, e diz:

— Está bom.

Meu pai e eu tomamos café-da-manhã juntos todas as semanas. Eu peço um *muffin light*, que passo uma hora dissecando, compactando pedaços infinitesimais (base, laterais, parte de cima, meio) com os dedos, enfiando-os no meu café e fumando entre uma mordida e outra. Ele diz: "Você está ficando magra demais." Eu digo: "É só porque estou andando de bicicleta por tudo. Sério, estou bem."

Julho: Mark fica com uma depressão séria. Todas as manhãs eu saio da cama, tomo banho, me visto, leio o jornal. Enfio a cabeça para dentro do quarto. Mark está enrolado nos lençóis com a cabeça enfiada nos travesseiros. "Mark, acorda. MARK." "Saia daqui," ele diz. Eu saio. Eu me preocupo. Quando ele finalmente se arrasta para fora da cama, não falamos no fato de que são três ou quatro horas da tarde. Não falamos sobre a depressão dele, não falamos sobre os meus ossos saltados. Talvez não falemos sobre nada disso porque não queremos acreditar que sejam problemas. Talvez não falemos sobre nada disso porque talvez Mark goste deles. Não falamos sobre o fato de que um silêncio havia se instalado entre nós. Nenhum de nós sabe se o silêncio é meu ou dele. Estamos ambos simplesmente nos afastando. Ele tira fotos de mim dormindo na grama, nua em frente à janela, dirigindo. Eu escrevo constantemente, tentando evitar a dor embotada da perda gradual, tentando não pensar no fato de que irei embora logo.

Agosto: volto para Washington para um seminário de jornalismo de duas semanas na American, queimando o asfalto na corrida para o topo da Costa Leste. O calor é opressivo, e há moscas em abundância, o sol chega a cegar de tão brilhante. Visto terninhos e sapatos comportados, dou apertos de mão, faço entrevistas. Numa tarde, ligo para o meu pai de um prédio do Senado e rimos do fato de que eu estou no Capitólio. Numa oficina sobre representações de mulheres na mídia, eu me envolvo numa discussão virulenta com um cretininho nojento sobre publicidade, fico vermelha, nós dois de pé, apoiados nas mesas, berrando epítetos excessivamente articulados um para o outro. Ele grita *Feminista*. A sala explode numa gargalhada. Ele fica vermelho como uma beterraba e sai furioso da sala. Eu me afundo na cadeira e fico olhando fixamente para as minhas anotações, tentando evitar que as mãos tremam, envergonhada com a minha própria fúria descontrolada. Naquela noite, de volta ao alojamento em que os participantes estavam hospedados, três jovens vão até a minha porta para conversar sobre o seminário. Nós discutimos, em termos cerebrais e teóricos, os transtornos alimentares. Uma delas me pergunta à queima-roupa se eu sou anorética. Eu respondo, "Ah, meu Deus, não". Todas rimos e conversamos sobre os candidatos à presidência. Depois que elas saem, fico nua diante do espelho de corpo inteiro, certa de que engordei desde que cheguei, segurando um espelhinho para me ver de costas. Pneus, sou capaz de *vê-los*. Sento no chão e choro. Então apago todas as luzes e fico sentada na escrivaninha jogando paciência no meu *laptop*, o barulho das pessoas indo e vindo, rindo e gritando entra pela janela aberta, minhas mãos ficam azuladas com a luz da tela do computador.

Mark vai me buscar no aeroporto. No carro me ocorre que ele dormiu com outra pessoa enquanto eu estive em Washington. Pergunto, e ele nega. Posso ver que está mentindo. Estamos distantes um do outro. Na cama, naquela noite, decidimos terminar. Fui até o banheiro e subi na beirada da banheira para me ver. Desço e subo na balança. Quarenta quilos. Contando os ossos com as mãos, encaro a mim mesma no espelho e penso: não preciso dele. Sou magra. Sou magra. Para quê preciso dele, afinal?

Vou embora.

No final do mês, meus pais e eu vamos para Oregon com a família do lado da minha mãe — minhas três primas mais novas, a minha tia e o meu tio, a minha avó com Alzheimer (ainda não se sabe, porque ela é educada demais para dizer que não conhece ninguém nem sabe aonde estão indo). No avião, visto um vestido longo cor-de-rosa que era da minha mãe. Acho que estou igualzinha a ela no vestido. Então me dou conta de que estou mais magra do que ela. Fico exultante. Enquanto seguimos do aeroporto até a costa, meu pai me diz que estou magra demais. Ele olha fixamente para a estrada. Eu o ignoro e fico lendo o meu livro. No chalé à beira-mar, as minhas primas e eu jogamos, fazemos caminhadas e nos divertimos muito. Sentada no chão da sala de estar, a minha prima Johanna pega um biscoito água e sal e passa requeijão. A minha avó, que está sentada no sofá olhando para o nada e falando sozinha, agarra o punho de Johanna e diz, em sua voz alta e aguda:

— Ah, *não*, querida, você não deve comer isso! Você come demais, vai acabar ficando gorda!

Ela belisca o braço de Johanna e diz:

— Querida, olhe isto! Você está ficando gorda!

O tempo pára. Ninguém se mexe. Johanna, que tem 12 anos e já é bem magra, começa a chorar. Eu me levanto e saio da sala. Vou para o quarto e choro. A minha mãe vem atrás de mim e me diz que a minha avó não sabe de nada, e eu digo que não estou nem aí se ela não sabe de nada, essa família toda é completamente *fodida* em relação a comida. Mais tarde, as meninas e eu saímos para dar uma caminhada. Converso com elas sobre anorexia, digo que elas precisam ficar longe disso, porque acaba com a vida da pessoa. Elas são gentis e não mencionam o fato de que eu estou grotescamente magra e sou hipócrita até a raiz. Todas assentem e me prometem que continuarão saudáveis. Comemos puxa-puxa juntas. É tudo o que como durante toda a viagem. A minha prima mais velha não come nada além de salada com molho *light*. Ninguém fala sobre isso. Uma foto minha naquela viagem me mostra deitada de barriga para baixo na areia num dia de sol, as pernas e os braços esqueléticos dobrados, pálidos como ossos. Eu pareço um cadáver.

Na semana antes de eu ir embora para Washington D.C., paro na TAMS para falar com a Kathi. Eles não têm poder para me internar no hospital nem para evitar a minha partida. Eu não tenho nada a perder.

Extremamente magra. Diz: "Estou bem agora."

Vou embora de Minneapolis com 38 quilos, aterrisso em Dulles e perco o que ainda me restava de sanidade mental.

Interlúdio

Hoje

Coisa simples: extrair os meus dentes de siso. Vou ao médico, preencho os formulários de histórico médico sentada na sala de espera. *Já esteve hospitalizado por alguma doença grave?* Sim. *Tem problemas cardíacos?* Sim. Como a pergunta não é específica, não entro em detalhes. Devolvo o formulário à loira no balcão. Fico sempre nervosa num estabelecimento em que há agulhas e drogas escondidas em armarinhos esperando para me picar. O cheiro de anti-séptico me deixa enjoada, as mãos rosadas e desinfetadas das enfermeiras parecem aqueles sapos tropicais. Há três pessoas formando uma fila atrás de mim. A enfermeira diz, em voz alta: "Doença grave?" Respondo, sem entender o que ela está perguntando: "Sim." Ela, impaciente, completa: "O quê?" Eu digo: "Ah. Anorexia."

Ela me olha pela primeira vez, séria. A enfermeira ao lado dela também olha para mim. A mulher atrás de mim na fila se inclina para olhar para mim, o suficiente para que eu a veja pelo canto do olho. Estou pensando: Por que você simplesmente não escreveu no formulário? A enfermeira pergunta: "Problema cardíaco?" Respondo: "Sopro. Acho que vocês não devem me dar uma anestesia geral." Ela não responde. Escreve *Anoréxica* no formulário. Mentalmente, imploro para que o médico não diga, quando olhar para os meus dados "Bom, você não *parece* anoréxica."

Ele diz. Eles sempre dizem. A menos que esteja tão esquelética que mal consiga caminhar, as pessoas não acham que você "parece" anoréxica. Você se senta na cadeira, cerrando os dentes. Ele me chama de Mayra. Eu não o corrijo. Digo:

— Acho que vocês não devem me dar uma anestesia geral. Tenho sopro.
Ele diz:

— Ah, não, eu vou lhe dar uma anestesia geral, não vai ter problema.

— Realmente não acho uma boa idéia.

— Ah, não, você não vai querer estar acordada para isso.

Eu digo, confiando como uma idiota:

— Tem certeza?

— Ah, sim. Não vai ter problema.

Volto no dia seguinte, sento na cadeira.

— Use o meu braço direito, não há veias no esquerdo.

— Não, não, precisa ser no esquerdo. — (Por quê? Ninguém explica.) Há muitas pessoas ali dentro, estou ficando cada vez mais em pânico. Alguém amarra um torniquete em volta do meu braço esquerdo.

Digo, mais alto:

— As veias do meu braço esquerdo estão todas contraídas.

— Feche a mão. — Ficam picando o meu braço com a agulha. Eu digo:

— *As veias estão contraídas.*

Uma enfermeira diz:

— Não tem nenhuma veia. (Quem diria, nenhuma veia!)

Tiram o torniquete da parte de cima do meu braço e amarram no antebraço, beliscando forte a cicatriz roxa de 10 centímetros de comprimento e um centímetro de largura que se une no centro. Eles dizem:

— Feche a mão.

— Não usem a minha mão. *Por favor, não usem a minha mão.*

Eles dizem:

— Feche a mão.

Eu fecho a mão como posso, com os músculos do braço esquerdo há muito rasgados por uma lâmina e atrofiados pelo tempo.

— Aperte mais — eles dizem.

A agulha entra na minha mão, e ouço meus protestos diminuírem.

Na metade da semana, o meu coração está inquieto, com uma música esquisita: *Ta-tum tumtumtum... Ta. Ta. Ta-tum. Tumtumtumtum.* Caio com facilidade, estou zonza. Receitaram penicilina para combater a infecção na minha boca, mas ela me faz vomitar. Em dois dias, não há mais comida no meu estômago, e começo a vomitar sangue, ou melhor, pedaços do meu esôfago. A penicilina manda o meu sistema imunológico para o espaço. Duas semanas depois, a minha boca ainda não cicatrizou. Acordo à noite e me inclino sobre a pia do banheiro, cuspindo grandes coágulos de sangue. Estou com infecção urinária, candidíase, um resfriado forte, arranhões comuns no braço que se recusam a cicatrizar e se abrem com qualquer toque, manchas roxas que pintam o meu corpo com um tom estranho de azul matizado: um batida acidental de leve do quadril num portal, de uma canela numa cadeira. Duas semanas mais tarde, perdi sete quilos. Pressiono os dedos no esterno: um velho hábito, um gesto particular, uma tentativa nervosa de responder à conversa nervosa do meu coração.

No espelho, as minhas costelas se esticam para a frente através da pele, orgulhosas. No espelho, as minhas mãos a tocam como a um instrumento oco. As minhas mãos percorrem o caminho das minhas costas, até pressionar os dois ossinhos da base. As minhas mãos, tímidas como as de quem reencontra um antigo amante, tocam levemente, naquela descrença ofegante: Você está mesmo aqui? Você voltou para mim, afinal? A minha aliança de casamento fica frouxa e gira em meu dedo.

Na cama, o meu marido puxa os lençóis ao luar, passa as mãos pelo meu corpo sem dizer nada. Pára nos altos e duros ossos pélvicos; ele os segura, com o polegar descansando no vazio da minha barriga. Espero que ele diga: Você emagreceu. Espero pela crise de orgulho teimoso que a observação irá provocar, a libertação de ser apanhada em flagrante na cama com outro.

Ele não diz nada. Fica deitado ao meu lado e se vira de costas. Sua imobilidade enche o quarto.

8 "Morrer É uma Arte, Como Tudo o Mais"

Washington D.C., 1992-1993

> Morrer
> É uma arte, como tudo o mais.
> Nisso sou excepcional.
>
> Faço isso parecer infernal.
> Faço isso parecer real.
> Digamos que eu tenha vocação.*
>
> — Sylvia Plath, "Lady Lazarus", 1966

Washington foi muito emocionante. Lembro de tudo vagamente, na maior parte, porque eu estava morrendo. Morrer também é muito emocionante. É uma pena que eu não tenha percebido antes. Imagino que teria sido um bom assunto para se pensar, como foi, avaliar o processo da própria morte aos 18 anos. Mas eu não percebi. Eu estava ocupada demais. Muito ocupada de verdade, muito importante, sem tempo algum, os dias medidos direitinho pelo relógio na parede, pelo relógio que usava no pulso, um osso coberto por uma pele translúcida. O tempo todo eu era obrigada a fazer novos furos na pulseira do relógio sempre que ele começava a dançar no braço para cima e para baixo, batendo no ossinho do pulso com o movimento de correr pelas ruas lotadas, os punhos cerrados.

Eu sabia que estava magra quando cheguei lá. Interpretei essa consciência como um progresso. Antes eu nunca tinha sido capaz de ver, consistentemente, que estava magra, e agora, quando me olhava no espelho de corpo inteiro da porta do meu armário, no quinto andar do Hughes Hall

---

*Tradução de Rodrigo Garcia Lopes e Maurício Arruda Mendonça, *Sylvia Plath, Poemas*, Iluminuras, São Paulo, 1994. (*N. da T.*)

da American University, finalmente podia ver, ao vestir as calcinhas que ficavam penduradas nos ossos dos quadris, como se os ossos dos quadris tivessem ficado mais proeminentes com o único objetivo de servirem de ganchos para segurar as calcinhas. Agora podia ver que estava magra. Bem magra, pensava, sorrindo um sorriso orgulhoso para mim mesma no espelho, boa menina! Não me ocorreu que eu estivesse magra demais. Afinal, o que é magra *demais*? Afinal, ninguém pode ser rico demais ou magro demais. Mas eu ficava na frente do espelho, dizendo "Talvez. Talvez magra *o bastante*".

Era um milagre. O truísmo absoluto dos transtornos alimentares é que você nunca acredita estar magra o bastante. Enquanto a maioria das pessoas se dispõe a perder alguns quilos — digamos três, cinco, dez — e pára quando atinge esse objetivo, as anoréticas se dispõem a perder cinco quilos e depois pensam, bom, talvez, sete. Ela perde sete, e pensa em dez, perde os dez, diz 15, perde 15, diz vinte, perde vinte e morre. Oopa. Ela não queria realmente morrer. Só queria ver o que iria acontecer. Queria ver até onde poderia ir. E então não conseguiu se obrigar a interromper a queda.

Não importava nem um pouco se eu estava ou não magra o bastante, e não, eu não tinha certeza, não podia ter certeza, quem pode ter certeza? Quem pode dizer o que é verdade e o que é percepção? Onde está o padrão absoluto? Não importava mesmo assim, porque eu não comia.

A cessação quase total de alimentação aconteceu muito rapidamente. Eu não pretendia necessariamente comer menos; quando parti para Washington, já estava num nível tão baixo de ingestão que não me ocorreu que eu pudesse, ou devesse, diminuí-lo ainda mais. Mas eu diminuí, eliminando o que pareciam algumas porções supérfluas de comida. Na superfície, eu fiz isso como catarse. A comida de repente começou a parecer um fardo, um peso no meu tempo limitado, e eu cortei a minha dieta só um pouco, alguns ajustezinhos aqui e ali. Na realidade, fiz como um teste da minha própria resistência. Queria ver quanto tempo eu agüentaria, quase sem combustível. Queria encontrar o mínimo absoluto necessário para sobreviver.

Lembre-se de que as anoréticas comem. Temos sistemas de alimentação que se desenvolvem quase que inconscientemente. Quando percebemos que estivemos controlando as nossas vidas com um sistema férreo de números e regras, o sistema já começou a nos controlar. São sistemas de Comidas Seguras, comidas que não são imbuídas, ou são menos imbuídas, de monstros, demônios e perigos. Elas são normalmente comidas "puras", que têm menos probabilidades de macular a alma com pecados como gordura, açúcar ou excesso de calorias. Leve-se em consideração os anúncios de comida, o léxico religioso da alimentação: "um pecado de tão bom", entoa a narradora de voz aveludada, "permita-se essa delícia", diz ela, "livre de culpa". Nada de comidas complexas que fariam a mente girar num tornado de possíveis armadilhas contidas em um determinado alimento — um possível cálculo errado de calorias, a perda da certeza do seu controle sobre o caos, o seu controle sobre si mesma. A terrível possibilidade de que você está conseguindo mais do que merece.

Mas os sistemas, assim como os espartilhos, ficam cada vez mais apertados, ajustando-se no corpo, tirando o seu fôlego. Eles se apertam ainda mais, até você sequer conseguir se mexer. Mesmo assim, não param.

Eis como funcionava o meu sistema de alimentação quando eu estava em Minneapolis: a Comida era dividida em unidades. Uma unidade consistia em 80 calorias, o equivalente a uma fatia padrão de pão. Claro que eu inventei esse sistema na minha cabeça, e ainda hoje não compreendo por que ele tinha um significado tão grande para mim. É assim que funcionamos, todas temos os nossos sistemas. Uma amiga minha costumava dividir a comida arbitrariamente em líquidos e sólidos — sólidos incluindo sopas, pão, massa, arroz; líquidos incluindo chocolate, legumes e galinha — e discutiria com qualquer ser racional que tentasse lhe explicar a natureza alternativa de "líquido" ou "sólido".

É apenas um padrão que temos, e de que precisamos violentamente. Eu teria dificuldade para descrever com palavras a paixão que temos pelos nossos sistemas. Eles nos são tão caros e são tão próximos de nós como qualquer Deus salvador. Nós os conhecemos melhor do que o alfabeto, nós os sabemos na parte mais profunda do nosso cérebro, da forma como a mão sabe escrever, mesmo no escuro. Eles são as únicas coisas existentes entre nós e a total desintegração na suavidade caótica e carente, as únicas coisas que mantêm a incerteza das coisas à distância. Temos um certo orgulho doentio no fato de sabermos os teores calóricos e de gordura de qualquer alimento possível no planeta e temos um compreensível desdém por nutricionistas que tentam nos dizer o teor calórico de qualquer coisa, quando somos as deusas do teor calórico e temos delírios de onisciência nutricional quando a referida nutricionista tentar explicar que a mulher comum precisa de uma dieta diária de 2.000 calorias ou mais, quando nós mesmas estamos INDO PERFEITA-MENTE BEM com 500.

Quando saí da Lowe House, eu estava (1) bem magra com 46 quilos e (2) me alimentando com uma consistente dieta de 31,25 unidades, de acordo com os meus cálculos. No inverno daquele ano, em Minneapolis, resolvi que 16 unidades bastariam. Cortei a minha ingestão de calorias pela metade e apaguei completamente a ingestão de gordura. No verão antes de ir embora para Washington, tinha baixado para dez. Quando cheguei a Washington, resolvi cortar imediatamente duas unidades — só duas, que diferença duas miseráveis unidades podem fazer? —, chegando a oito. Em outubro, passei para seis unidades e, em dezembro, estava em quatro.

Quatro unidades. Alinhe quatro maçãs e pense em como você se sentiria depois de passar alguns dias comendo isso e nada além disso. Ou quatro fatias de pão. Ou um pote de iogurte e uma laranja. Ou dois *bagels*. Ou uma porção de palitos de cenoura e uma tigela de cereais. Eu estava comendo 320 calorias por dia.

O termo "dieta de fome" se refere a 900 calorias por dia. Eu estava me alimentando com um terço de uma dieta de fome. Como se chama isso? Uma palavra que me ocorre é "suicídio".

Considere-se, aqui, que a maioria das pessoas tem o curioso hábito de dormir. Eu não tinha esse hábito. Certamente, não em Washington. Tinha medo de perder alguma coisa. Eu estava maníaca e faminta, e a fome explode a mania numa espécie de paixão psicodélica por atividade, um desprezo iludido por necessidades elementares como dormir. A maioria das pessoas dorme sete horas por noite. São sete horas em que seus corpos estão basicamente em repouso e não exigem tanta energia na forma de alimento. A maioria das pessoas saudável consegue passar 17 horas com, digamos, 2.000 calorias ou mais, ingerindo-as num ritmo de mais ou menos 117,64706 calorias por hora desperta.

Deixe a mim, e a muitas outras como eu, digamos, 21 horas acordadas e três horas nos revirando semi-acordadas, com 15,238095 calorias por hora desperta.[1]

Aliás, eu também fiquei um pouco obcecada com números em Washington.

Então, adivinhe o que acontece a seguir.

Era 1992 na cidade do Capitólio, um ano de eleição com candidatos que deixaram a nação pronta para a briga. Eu comecei me aplicando ao máximo porque, quando em Roma, faça como os romanos. Foi um ano fantástico para se estar em Washington, com Clinton prometendo salvar a economia e espalhar juventude e vigor pelo país e Bush parecendo velho e levando a culpa por todas as mazelas nacionais, com a cidade numa confusão com a promessa ou a ameaça, dependendo do lado do corredor em que a pessoa se sentava, de um democrata voltar à Casa Branca. Foi um ano incrível para uma ambiciosa aspirante a repórter sem sinal de vida pessoal para segurá-la, para interferir. Eu estava trabalhando para uma pequena agência de notícias como editora-executiva, o que significava que eu comecei com quarenta horas semanais e logo resolvi que simplesmente não era o bastante, de modo que eu trabalhava mais, e cada vez mais. Eu escrevia uma coluna semanal sobre cultura para o jornal estudantil da American University. Eu trabalhava paralelamente como pesquisadora para alguns jornais. Tinha aulas em período integral, obtendo uma nota média de 4.0 e galopava na velocidade máxima em direção à linha de chegada na minha estranha corrida particular.

Via de regra, eu sou e sempre fui uma pessoa hipercinética. Estou sempre ocupada, não importa se estou com um trabalho ou cinco. Gosto de estar sempre ocupada, pois isso mantém o meu cérebro ágil. Além disso, eu não consigo evitar. Em termos de diagnóstico, sou maníaca. Muito. Até hoje, eu estou inquieta a maior parte do tempo. Se não estou ocupada, começo a pensar no que pode estar errado comigo. Começo a me sentir preguiçosa e a procurar alguma coisa para fazer. Não tenho um botão para

---

[1] Pesquisas médicas constataram que as pessoas que simplesmente fazem uma dieta de pouca gordura, com um número relativamente normal de calorias, apresentam uma taxa mais alta de: depressão, ansiedade, variação de humor, dificuldade de concentração, dificuldade de comunicação e têm maior índice de participação em acidentes de trânsito com causas incertas.

desligar. Mas durante a minha permanência em Washington, isso atingiu um nível extremo. O ritmo de atividades era desesperado. E ainda hoje não sei dizer se foi uma tentativa desesperada de me manter ocupada o bastante para continuar viva ou uma tentativa de me matar de tanto trabalhar. Passei a ter muito medo de dormir e de ficar parada. Como se tivesse medo de não acordar.

O outono em Washington era fresco, com brisa, luminoso, uma espécie de terra prometida de céu azul e ruas movimentadas, com as muitas mansões diplomáticas que se estendiam na rua onde ficava a American, imponentes e com belos jardins. Eu acordava de manhã na cama ao lado da janela do meu quarto no alojamento estudantil que dividia com outra garota. Ia para o café-da-manhã com algumas pessoas que conhecia do meu andar, comia uma tigela de cereais, tomava café, ia para as aulas, corria do *campus* até a estação de metrô Tenleytown, entrava e saía do trem, subia correndo a grande escada rolante, "licença licença", forçando a passagem entre um monte de gente de terno. Eu era só mais uma mulher de terninho e tênis que saltitava como um esquilo em Dupont Circle. Todos percorríamos correndo as ruas, seguindo os nossos caminhos diferentes e anônimos, apertando os olhos com a luz repentina, passando pelos floristas, os fruteiros, as bancas de cachorro-quente e *pretzel*, os cafés, as lojas e o pequeno parque circular onde homens dormiam em bancos de rua cobrindo o rosto com jornal, passando pelos homens que dormiam sobre as grades das calçadas onde o vapor subia como um arroto da barriga da cidade, passando as mulheres que seguravam placas e canecas de lata agachadas apoiadas nas paredes dos prédios abaixo do nível do olhar. Todo mundo estava sempre avaliando a distância entre aqui e ali, evitando contato visual, balançando maletas em arcos precisos, agarrando as bolsas perto dos quadris, caminhando da mesma maneira.

Eu aperfeiçoei rapidamente essa maneira de caminhar. Você caminha o mais rápido possível, mesmo se estiver apenas indo até a lanchonete para tomar um café, mesmo que não esteja indo a nenhum lugar em especial, mesmo se estiver adiantado para o trabalho. Você caminha como se estivesse atrasado para o trabalho. Você *definitivamente* vai chegar atrasado para um compromisso muito importante, e como todos estão tentando parecer importantes, você caminha como se fosse importante você não chegar atrasado, porque há coisas esperando por suas importantes considerações quando você chegar, porque Washington vai parar se você se atrasar um milésimo de segundo que seja. Você mantém o rosto inexpressivo. Não sorri nem faz cara feia. Olha diretamente para a frente, sem diminuir o passo nem quando passa por cima dos mendigos no seu caminho ou quando cruza pelas mulheres que passam na sua frente vestindo inúmeros casacos, resmungando sobre o terrível estado do mundo. Você não nota a vendedora de frutas que usa um chapéu diferente a cada dia e mora na mesma calçada onde fica a banca em que trabalha e ri sem parar a risada mais agradável do mundo e acena sempre que você passa: "Olá, queridinha! Como você está hoje?" Como essencialmente você é apenas uma menina do interior perdida numa cidade grande, isso sempre lhe deixa com vontade de chorar. Você dá um sorriso tímido e diz "Oi", e então arruma a expressão novamente, guarda os seus pensamentos para si mesma, sobe correndo as escadas até o seu trabalho, cumprimenta a equipe, pega o telefone e começa a fazer ligações enquanto vasculha no meio dos papéis sobre a mesa, faz anotações no bloco, desliga o telefone e trabalha até o resto da equipe ter ido embora há muito tempo. Sozinha no escritório, você vai até a cafeteira e prepara mais uma jarra, encosta-se na parede e esfrega os olhos. Liga o rádio. Serve mais café. Volta para a mesa.

É noite. As ruas ainda estão movimentadas com os que trabalharam até mais tarde e estão a caminho de casa. Eu adorava as noites, o metrô à noite, a caminhada noturna até o alojamento. As coisas estavam boas, no começo. Conheci algumas pessoas que, com alguma boa vontade, dava para chamar de amigos. Não lembro exatamente de nenhum nome, mas íamos jantar juntos, e eu comia os meus palitos de cenoura com mostarda e, nas noites em que me sentia especialmente corajosa, comia *frozen* iogurte numa xícara de café. De algum modo, parecia mais controlável comer numa xícara de café do que numa tigela de sobremesa — uma tigela era simplesmente muita coisa. Depois de perturbar o gerente da lanchonete para ter certeza, certeza *absoluta*, de que o *frozen* iogurte era *light*, e não apenas de baixa caloria, depois de ter certeza de que não tinha havido um engano e que ninguém havia posto a placa errada só para foder comigo, eu me sentava à mesa, e todos discutíamos em voz alta sobre política e filosofia, rindo e gritando. Eram pessoas muito legais. Um pouco malucas. Muito ambiciosas. Éramos todos muito intensos, todos passávamos mais tempo trabalhando fora do *campus* do que nas aulas, principalmente com política. Depois que nos separávamos para estudar e trabalhar, nós nos reuníamos tarde da noite no salão de fumantes do quinto andar, ligávamos a televisão no noticiário, sentávamo-nos em volta de uma mesinha e ficávamos jogando pôquer, gritando uns com os outros até o amanhecer.

Nos fins de semana, bebíamos. Muito. O *campus* era tecnicamente um *campus* "seco", mas isso não significava absolutamente nada. Íamos para os bares, bebíamos até ficarmos altos e dançávamos. Uma vez, vesti um vestidinho preto, pegamos o metrô até o Quigley's no centro da cidade, e eu conheci um idiota muito legal chamado Jeff. Quando chegamos lá, eu já estava suficientemente bêbada para achar que o nome "Jeff" era completamente hilário, assim como o fato de que eu estava seduzindo um estudante de contabilidade de Georgetown, por incrível que pareça, e o fato de que o Jeff estava usando uma gravata de seda e um boné de beisebol *ao mesmo tempo*, e o fato de que ele me comprou uma bebida depois da outra porque, claro, eu era menor de idade e não podia comprar a minha própria bebida. Trepamos, eu com o corpo amortecido, num canto escuro do bar, atrás de uma cortina, de pé. Ele me deu o telefone dele anotado num guardanapo. No táxi, a caminho de casa, as meninas com quem eu tinha ido para o bar e eu ríamos tanto que mal conseguimos subir as escadas do alojamento. Os nossos amigos estavam todos no salão de fumantes. Alguém disse "Opa" e me pegou antes de eu cair, morrendo de rir, me carregou até o meu quarto (Caramba, menina, quanto você pesa?) e me pôs na cama. Lembro vagamente de dois caras discutindo no quarto sobre se deveriam ou não tirar a minha roupa e, no fim, tirarem só os meus sapatos, botarem a lata de lixo ao lado da cama e me deixarem lá. Eu me inclinei para o lado e vomitei uma noite inteira de bebida numa golfada só. Não havia um grama de comida no vômito, porque eu não comia fazia um dia ou mais.

Na manhã seguinte, eu acordei, saltei da cama e caminhei lentamente até o salão. Tinha gente lá que sequer havia ido dormir, e todos olharam para mim. Eu ainda estava de vestido e meia-calça, maquiada e com os cabelos arrumados. Um deles perguntou, ironicamente:

— Como você está?

— Bem, por quê? — respondi.

— Você não está de ressaca? — ele perguntou.

— Não — eu disse. — Nós vamos tomar café-da-manhã ou o quê?

Fomos tomar café-da-manhã. No café-da-manhã, eu normalmente servia meia xícara de cereais integrais numa tigela com água quente e misturava com uma colher.

Então as pessoas começaram a me perguntar se eu era anorética. A minha colega de quarto disse ao conselheiro residente que estava preocupada comigo. Uma noite, ele foi até o meu quarto para conversar sobre o assunto, coitado, e eu lhe disse alegremente que já tinha sido anorética, mas que não era mais. Ele se disse satisfeito com isso e acrescentou que o procurasse se algum dia eu quisesse conversar. "Claro", respondi. Começaram a falar sobre mim e sobre a bulímica do quarto ao lado que, diziam, era a causa do banheiro constantemente entupido. Parei de ir para o café-da-manhã e o jantar. "Estou ocupada", dizia. E era verdade. Comecei a passar as noites sozinha no quarto, à minha mesa, na frente do computador, ouvindo a Rádio Pública Nacional e ignorando a minha agitada colega de quarto que estava sempre em crise.

Eu, em contrapartida, certamente não estava em crise. Não eu.

Eu estava, no entanto, tremendamente solitária. As minhas freqüentes cartas para os meus pais dizem o tempo todo que eu estava solitária. Isso hoje me parece muito estranho. Até eu ir embora, o meu relacionamento com a minha família tinha sido hostil, na pior das hipóteses, e artificial, na melhor das hipóteses, e durante anos eu vinha me esforçando ao máximo para mantê-los o mais distante possível, ficando o mais escondida que pudesse. Mas essas cartas são afáveis e íntimas, cheias de questionamentos sobre o mundo em que eu estava vivendo, preocupações sobre o lugar que eu ocupava nele, sobre o que eu queria da vida, sobre o meu medo do ritmo em que as coisas estavam acontecendo comigo. Esta é provavelmente a parte mais estranha, o fato de que essas cartas, escritas quase sempre no meio da noite, sejam tão reveladoras, provavelmente mais do que eu pretendia. Não lembro de ser tão reflexiva como as minhas palavras fazem crer. Na verdade, não lembro de sentir absolutamente nada. Exceto medo. E as cartas não fazem justiça ao imenso medo que eu sentia.

Uma coisa que as cartas efetivamente refletem é a minha tentativa de construir um quadro de saúde para os meus pais. Cada uma delas contém alguma menção a comida: "Agora vou fazer um lanche", "Agora vou jantar", "Estou me sentindo bem depois de um prato de sopa", "Acabei de comer uma pizza com os amigos". O cacete que a bundona aqui tinha ido comer pizza com os amigos. Ha ha. Eu nem tinha bunda. Nem pernas nem braços nem bochechas nem seios. Na verdade, eu não tinha amigos. No começo do primeiro trimestre, a minha colega de quarto se mudou. A linha fina que me ligava ao mundo dos humanos foi completamente rompida. Parei de ir às refeições. Era aula, trabalho, subir a pé cinco lances de escada até o meu quarto no alojamento, algumas vezes segurando o corrimão para ficar de pé, entrar no quarto e trancar a porta. Acendia a luz, ligava o rádio, preparava uma jarra de café, acendia um cigarro, chutava os sapatos para longe e me sentava para trabalhar.

Eu estava tomando entre três e seis jarras de café por dia. As minhas mãos tremiam terrivelmente. Era quase constrangedor; nas aulas, eu as mantinha debaixo da mesa, onde podiam tremer em paz. Quando o outono começou a virar inverno, as minhas mãos ficaram com um estranho tom de roxo matizado, com os tendões sobressaindo sob a pele, uma pequena teia de veias azuis fazendo ziguezague nos ossos. Quando erguia as mãos contra a luz, só os nós dos dedos se tocavam, e a luz brilhava através dos espaços entre os dedos, por mais que eu apertasse uns contra os outros. Comecei a ficar muito preocupada com essas falhas, esses espaços entre os ossos, partes ausentes onde tinha certeza de que houvera carne algum dia, mas não lembrava exatamente quando. Quando a vozinha na minha cabeça não parava de sibilar, eu soltava a caneta, ficava de pé, ia até o espelho, abaixava as calças e olhava para as falhas. Apertava as pernas uma contra a outra o máximo possível e olhava para os espaços entre as panturrilhas e as coxas. Comecei a medir as coisas pela ausência, e não pela presença. Onde antes eu olhara para o meu traseiro, para ver se havia crescido ou diminuído, eu agora olhava para espaço ao redor, para ver se o espaço havia crescido ou diminuído. Olhava para o modo como a lateral da minha bunda afundava na direção do osso do quadril. Eu examinava o ilíaco, cobria-o com a mão, batia nele e ouvia o som oco que isso produzia. Olhava para o espaço entre as minhas coxas, com a parte inferior do meu corpo parecendo um osso da sorte, meus pêlos pubianos indecentes naquela moldura pré-adolescente, as pernas formando um arco, os ossos dos joelhos se tocando e, depois, apenas um espaço, um espaço vazio. Dava para ver o aquecedor atrás de mim pelo meio das pernas, um espacinho oval que ia dos joelhos à virilha. Eu olhava fixamente para onde antes era o meu torso, o espaço entre os ossos. Segurei as minhas costelas com as mãos, cobri as curvas de ossos com as mãos, enfiando os dedos entre uma costela e outra, as palmas para fora, punhos cerrados. Quando me sentia satisfeita pelo fato de que aquele espaço não havia diminuído, que o meu corpo continuava dentro de seus limites espaciais e não os havia invadido, levantava as calças, sentava-me novamente, engolia o café e trabalhava. A noite toda.

No começo do ano, meus pais me pediram para ir ao médico, só para fazer um *check-up*, como um favor para eles. Fui a um médico do *campus*, supondo corretamente que ele não identificaria um transtorno alimentar nem que ele o mordesse na bunda. Comi um *bagel* antes de ir para aumentar o peso. Como os meus pais haviam pedido, eu disse a ele que, um dia, tinha tido um transtorno alimentar. Era um médico muito querido, de cabelos brancos e elegante. Ele me fez subir na balança de calcinha, sutiã e meias: 37 quilos. Fiquei surpresa e escondi o sorriso. Ele disse que eu devia ganhar um pouco de peso e recomendou que eu tomasse *milk-shakes*. Saí do consultório cantarolando, lembrando que um dia o meu peso ideal tinha sido 38 quilos, e agora eu tinha conseguido menos ainda do que isso. Resolvi que 36 era um número melhor, mais legal. Contei aos meus pais, quando eles perguntaram, que o médico me disse que eu estava muito saudável, e que eu estava pesando 47 quilos. Estão vendo? Contei vantagem. Estou mantendo o peso!

Fui até a Virgínia para cobrir os debates presidenciais. Um dia e uma noite frenéticos no centro de imprensa, repórteres correndo enlouquecidamente de um lado para o outro, tigelas de balas em cima das mesas. Eu comi um número impressionante de balas e fiquei muito enjoada. Ofereceram maços de cigarro, bem como um jantar, mas a fila do bufê estava muito longa, e a única coisa que me pareceu segura para comer foram os pãezinhos brancos, de modo que resolvi não jantar. Corri de um lado para outro com os demais, entrevistando e fazendo anotações, sentando na sala de imprensa durante os debates, com o barulho ensurdecedor.

Um velho com uma máquina de escrever Underwood que se sentou ao meu lado com o nó da gravata frouxo e mascando um charuto leu por cima do meu ombro e, a certa altura, virou-se para mim e disse:

— Menina, você vai dar uma boa repórter.

Voltou-se então para a máquina de escrever.

Quando os debates terminaram, Mary Matalin e James Carville entraram na sala, os jornalistas se acotovelaram, e eu, com 1,52m e estreita como um galho, enfiei-me por baixo dos braços de todo mundo, fiquei com o gravador bem perto dos rostos deles gritando perguntas por cima da barulheira e voltei para o hotel, onde digitei a reportagem enquanto mastigava balas de goma separadas por cor e tomava uma Coca-Cola. Peguei um trem de volta para Washington às cinco e meia da manhã e fiquei sentada no meu lugar assistindo às folhas do outono passarem voando. Peguei um caderno, com a intenção de escrever um poema, como sempre fazia quando andava de trem, mas meu cérebro fez um zumbido atordoante e vazio. Apertei a mão fechada no estômago para tentar sufocar a fome incrível que parecia estar comendo as minhas costelas. Tomei um gole de café. E conversei amenidades com o homem ao meu lado, um homem solitário de terno Armani que estava em busca de companhia. Lembro de pensar, num raro instante de clareza, que não podia imaginar quem se sentiria atraído por mim, feia como eu estava.

Eu tinha ficado muito feia. Onde estava o romance de definhar? Onde estava a misteriosa beleza da palidez e dos ossos delicados? Não no meu rosto. A morte por inanição é terrível. Eu tinha uma cor amarelada, e as minhas bochechas afundavam no rosto. De manhã, eu acordava e ficava me olhando no espelho um tempo, pensando em como estava diferente. Com cada vez mais freqüência, eu tinha a mesma sensação de quando era menina, de olhar no espelho e, de repente, não saber exatamente quem era aquela pessoa, não conseguia fazer direito uma ligação entre mim e ela. Então eu me deitava no chão, espalhava o jornal e fazia os meus exercícios, mudando freqüentemente de lado porque o chão pressionava os meus ossos, e isso doía. Eu tinha manchas roxas nos dois ossos dos quadris, nos ossos na base das minhas costas, no cóccix, no final da coluna, que na verdade não deveria saltar para fora, porque era para haver um bumbum ali. Lembro claramente do dia em que vi aquele osso saltando. Parecia que eu tinha ganhado um rabo.

Parei de ir à maioria das minhas aulas para ir trabalhar. Caminhava até o metrô, respondendo para o meu estômago, mandando que ficasse quieto, dizendo que eu não estava realmente com fome, que ele só estava fodendo com a minha cabeça. Vou comer na hora do almoço, eu prometia, apaziguadora. Depois de haverem se passado 12 horas desde que eu tinha comido pela última vez, na noite anterior, eu descia até uma loja de iogurtes que ficava na frente do escritório. O iogurte deles era o máximo. Não era daquele tipo gelado ruim, mas do tipo cremoso, mesmo os sem gordura, e eles tinham iogurte *light* com sabor de manteiga de amendoim, que era o melhor, porque fazia a língua acreditar que estava em contato com comida de verdade. Eu chegava a considerar a idéia de que poderia até ter proteína. Por ser um laticínio e ainda por cima ter sabor de amendoim. Pedia um iogurte pequeno, depois de interrogar a atendente para me certificar de que o sabor que estava pedindo era sem gordura, e então me sentava à mesa que ficava de frente para a rua para que ninguém pudesse assistir ao meu encontro erótico com uma colher de plástico.

Eu abria o jornal diante de mim, punha o iogurte de lado e conferia o relógio. Lia a mesma frase várias vezes, para provar que eu podia me sentar diante de comida sem avançar nela, para provar que não era grande coisa. Depois que haviam se passado cinco minutos, eu começava a comer lentamente o meu iogurte. Tentem isso em casa, crianças, é muito divertido. Você pega a borda da colher e passa por cima do iogurte, com cuidado para pegar só a parte derretida. Depois, deixa o iogurte pingar até haver só uma fina camada sobre a colher. Lamba a colher — espere, cuidado, você só deve lamber um pedacinho minúsculo por vez, deixe a camada durar pelo menos quatro ou cinco lambidas, e você precisa lamber a parte de trás da colher primeiro, depois virá-la e lamber o outro lado, com a ponta da língua. Então você deixa o iogurte de lado novamente. Leia uma página inteira do jornal, mas não olhe para o iogurte para conferir a progressão do derretimento. Repita. Repita. Repita. Não dê uma colherada, não coma nem um pouco do iogurte que não esteja derretido. Não imagine coberturas, biscoitos esmagados ou calda de chocolate. Não imagine um sanduíche. Um sanduíche seria muito *complicado*.

Imagine uma mulher de terninho, lendo o *Post* na hora do almoço. Empurrando os óculos no nariz. Então imagine-a puxando o iogurte para ela, inclinando-se sobre ele como se estivesse examinando a sua maquiagem atômica, observe-a mergulhar uma colher no iogurte, sacudir o iogurte da colher e então lamber uma colher sem nada. Se eu visse uma mulher assim, ficaria muito tentada a me aproximar e enfiar o copo cheio de iogurte na cara dela. Mas eu era ela, e depois de eliminar o café-da-manhã, tudo o que comi durante meses foi aquele pequeno iogurte, à tarde, e um *muffin light* tarde da noite. É impressionante ver como você fica desesperada para fazer essas duas coisas durarem, antes que elas vão embora. Imagine um cachorro morrendo de fome mordendo e lambendo um osso.

Nas aulas a que comparecia, eu trabalhava com um nível absurdo de dedicação. Entrava em debates acalorados e discussões sobre jornalismo e filosofia, ficava acordada em noites alternadas para escrever artigos para as aulas de reportagem e trabalhos sobre filosofia. Foi a filosofia que me conquistou. A filosofia virou minha obsessão, Hume e ontologia materialista em especial. Aderi à doutrina do dualismo mente-corpo com tanta fúria que é estranho eu não ter notado a ligação. Em vez disso, escrevi cartas para Julian, argumentando enlouquecidamente que Hume tinha razão, que a vida não passava de um sonho e que qualquer tipo de ordem na vida era puramente um produto da imaginação e que as nossas mentes não passavam de um palco no qual as nossas percepções atuavam. Os meus trabalhos feitos à base de cafeína e mania eram devolvidos com notas A. Eu os relia e enrugava a testa com argumentos que não lembrava de ter feito. Então a minha mãe foi a Washington para participar de uma conferência.

Eu nem me preocupei em comer. Fiquei no quarto de hotel com ela durante a sua estada na cidade. Ela me levou comida, iogurte e bolinhos da reunião que teve de manhã. Deixei tudo em cima da mesa, sentei-me numa poltrona grande e macia com o *laptop* no colo e digitei uma virulenta contestação a Kierkegaard. Quando terminei, sentei no peitoril da janela com os joelhos dobrados no peito, fumando e querendo que a minha mãe voltasse para o quarto. Eu queria a minha mãe. Queria que ela ficasse em Washington para sempre. Queria que a minha mãe me abraçasse bem apertado e fizesse tudo parar de girar. Ela ficou visivelmente preocupada com o meu estado e tentou falar sobre o assunto — "Nós achávamos que você estava indo tão bem", disse ela, com a voz sumindo. Ela se esforçou muito para simplesmente ficar ali, para encontrar um pedaço de mim debaixo das camadas de alegria falsa, ambição exuberante e medo palpável.

Quando escrevi para perguntar qual era a sua lembrança daquela viagem, ela respondeu que ela não diria que achou que eu estava tendo uma recaída. Ela e o meu pai sabiam que eu estava doente quando saí de Minnesota, mas acharam que seria melhor me dar uma chance para tentar viver sem controles externos, uma decisão pela qual sou grata, no final das contas. Falou sobre como eu estava isolada, sem fazer qualquer esforço para me ligar às pessoas da faculdade ou do trabalho, sem interesse para fazer qualquer coisa (as anoréticas, principalmente quando a doença está grave, tendem a se isolar completamente). Ela me descreve como "deprimida, desligada, absorta em qualquer que fosse a busca mental em que você se encontrava... Foi difícil ir embora. Eu senti você muito pequena, revoltada e determinada a ficar sozinha". Perguntei se ela sentiu como se estivesse me abandonando. Ela respondeu: "Eu não estava deixando você fisicamente, mas estava deixando você sozinha para tomar algumas decisões a respeito de si mesma que sentia que só você poderia fazer."

Acho que essas decisões eram, antes de tudo, sobre se eu queria viver ou morrer, e eu estava fazendo a escolha por falta de opção. Nos últimos anos, a presença da minha mãe mudou para mim. Ela não parecia mais distante e fria, mas tranqüilizadora; e, se não é sempre calorosa, é sempre ligada a mim, sempre segurando os meus pés no chão. Naquele mês de outubro, o choque repentino de estar ligada a outro ser humano deixou um nó na minha garganta que eu não sabia nem expressar nem desfazer. Tivemos dois dias que, para mim, pareceram de paz. E então ela foi embora. Voltei para o meu quarto no alojamento universitário, deitei na cama e chorei.

Só hoje consigo compreender por que a presença dela foi tão dolorosa: embora ela estivesse lá, eu podia sentir a mim mesma escapando, caindo no espaço. Foi uma presença que eu tentei alcançar, mas não consegui segurar. Quando alguém está morrendo, não resta nada a dizer ou dar. Tudo o que se pode fazer é abraçar o seu corpo efêmero, com cuidado, e deixá-lo partir.

Comecei a pirar.

Pouco depois que ela foi embora, fui para o trabalho um dia, e alguma coisa estava errada. Não com o trabalho. Havia alguma coisa errada na minha cabeça. Foi o começo do que acredito ser um colapso nervoso. Eu não conseguia me concentrar na tela do computador. Fiquei caminhando pelo escritório. Isso acontece. A inanição acaba atingindo o cérebro. Primeiro, come a gordura. Depois, come os músculos. Depois, os órgãos internos, um dos quais é o cérebro. Eu não conseguia pensar direito, qualquer coisa me distraía, e eu dizia a mim mesma que não passava de uma pirralha preguiçosa que não tinha o que era preciso para trabalhar como adulta. Então eu respondia a mim mesma. Ei, eu dizia, estou cansada, estou estressada, estou trabalhando muito, isso é natural quando trabalhamos muito. Finalmente fui até a sala do meu chefe e disse que precisava de umas férias. O meu chefe era um sujeito muito legal que havia demonstrado, em particular, uma sincera preocupação com a minha saúde. Em várias ocasiões, ele havia tentado me levar para almoçar e me puxado de lado para dizer "Ei, você realmente não precisa trabalhar tanto. Delegue. Você é a editora-executiva, pode passar parte do trabalho para a equipe." Eu sacudia a cabeça, dizendo que não. Ele me dava uns tapinhas nas costas e dizia, "Bem, fale comigo se precisar dar um tempo." Então eu entrei na sala dele e disse, de maneira abrupta:

— Estou pirando e preciso sair por alguns dias.

Ele disse "Muito bem, muito bem, sem dúvida." Saí do escritório, voltei para o *campus*, arrumei uma mala, fui até a Union Station e peguei um trem para Boston para visitar a Lora.

Embora ela e eu tenhamos terminado meio mal aquele ano em Interlochen, assim que soube que eu estava no hospital naquele verão, ela me ligou e escreveu. As nossas cartas, cheias de desenhos, anexos, poemas e citações, foram e voltaram nos anos seguintes, através de todas as minhas hospitalizações, o manicômio e o ano em que fiquei em casa, em Minneapolis. Na minha cabeça, não interessava onde eu estivesse, eu via uma fina linha vermelha me ligando à Costa Leste — a Lora — e à Costa Oeste — o Julian — e, portanto, mantendo-me suspensa em algum lugar neste mundo. Eles eram a única coisa no mundo que faziam sentido para mim. De repente, eu precisava tremendamente do eu saltitante, alegre e cheio de vida de Lora.

Nós não nos víamos desde a formatura dela no verão anterior. Uma coisa engraçada havia acontecido nesse meio tempo: Ela havia se transformado de uma garota magrinha de cabelos esvoaçantes numa mulher absolutamente linda, cheia de curvas e graciosa. E eu havia me transformado de uma garota magricela num fantasma esquelético vestindo um chapéu cor de ameixa que escondia os meus olhos e as meias-luas roxas sob eles. Ela me pegou na estação de trem, e nós nos abraçamos e dançamos, e ela tentou, durante todo o fim de semana, com seu jeito gentil, fazer com que eu comesse. "Ô, Max", dizia ela, enquanto eu olhava fixamente para os *muffins* dentro de uma caixinha num café como alguém olharia as jóias da coroa em exposição atrás de um vidro. "Max", ela dizia, cutucando as minhas costas, "Pegue alguma coisa para molhar no seu café. Max, qual é. Você está magra demais." Eu sacudia a cabeça. "Não estou com fome."

Foi uma viagem difícil. Nós nos batíamos como elétrons, correndo uma em direção à outra e saltando para longe, num minuto enroscadas de pijamas no seu quarto no alojamento da faculdade, rindo, berrando, vaiando e gritando, com ataques de braveza e irritação, como sempre havia sido conosco. Mas havia uma diferença. Eu estava meio morta, e ela sabia disso, e eu suspeitava disso, e isso havia me mudado, dado uma certa inconstância aos meus olhos e aos meus movimentos, provocando uma estranha respiração pesada quando eu caminhava.

— Ei — eu disse —, podemos parar e sentar um pouco? — Nós nos sentamos na Harvard Square e ficamos olhando para os pombos e as pessoas que passavam. Eu me aconcheguei em meu casaco, com as mãos fechadas dentro dos bolsos, esfregando os dedos uns nos outros. Ela desviou o olhar e falou em frases curtas:

— Max, isto não é legal.

— O que não é legal?

Ela sacudiu a cabeça, furiosa, em silêncio. E então:

— Meu Deus, Max, dá para você simplesmente falar comigo? Pode me dizer que diabos está acontecendo?

— O que você quer dizer? — Olhei para os jardins de Harvard e pensei sobre a pós-graduação. Deixei o pensamento flutuar no céu branco de inverno como um balão.

Escrevi para a Lora, pedindo que me contasse qual era a sua lembrança daquela minha viagem, e esta foi a sua resposta:

Vamos lá. Você saiu do trem parecendo uma boneca de porcelana que se considerava à prova de balas. E você estava o retrato de uma Lois Lane. Quero dizer que você estaria fantástica se estivesse com saúde. Fiquei surpresa com o quanto você tinha ficado pequena ou com o quanto eu havia crescido. Acho que as pessoas que comem crescem mais. E a sua cabeça realmente parecia pesada demais para você carregá-la sobre os ossos daquele jeito. As suas malas, aliás, estavam prestes a fazê-la cair como um brinquedo.

... E então você precisou de uma massagem nas costas, e eu juro que tive a impressão de estar fazendo massagem num passarinho. Era um absurdo fazer massagem num passarinho. E talvez os seus ossos estivessem tão leves e ocos como os de um passarinho e era assim que você conseguia carregá-los para lá e para cá sem os músculos e a gordura que os humanos não-pássaros normais têm. ... Enfim. Puxa. Lembro do meu amigo Ryan achar que você estava com alguma doença terminal e de eu lhe dizer que esperava para cacete que não. Sabia?

Lembro de comer só uma vez durante todo o tempo em que estive lá. Uma noite, a Lora saiu por algumas horas para ir a uma festa a que eu não quis ir. Eu tinha começado a sentir muito medo de gente nova. Vesti o meu pijama e me deitei para ler. Havia um saco de padaria no chão, e eu não conseguia parar de pensar nele. Virava as páginas sem registrar as palavras. Finalmente, mergulhei no saquinho e espiei dentro dele. *Muffins* dormidos, comidos pela metade. Eu estava sofrendo. Tirei os *muffins* da sacola, eram *minimuffins*. Pensei "Só uma mordida. Vou dar uma mordida, só uma mordida." Dei uma mordida. Dei outra mordida em outro *muffin*, e se a Lora visse que eu tinha comido? Muffins de amora, esmigalhando-se nas minhas mãos. Eu mordi e mordi. E depois chorei. Depois de comer menos do que o total de um *muffin* normal, comecei a chorar e me levantei para me olhar no espelho, conferir os ossos, procurar por sinais de carne, o meu cérebro indo e vindo de porca-porca-porca-gorda-porca para pare-com-isso-você-está-bem-está-tudo-bem-tudo-bem-tudo-bem. Quando a Lora voltou para o quarto, eu chorei e confessei. Lembro claramente da expressão no rosto dela, de confusão e horror, da voz dela dizendo "Max, calma, está tudo bem, de verdade, está tudo bem, pare de chorar, Max. Max..."

Uma noite, a Lora e eu nos encontramos com uma amiga minha de infância que ficou me encarando por um minuto e depois passou o resto da conversa curta e constrangedora desviando o olhar. Na minha cabeça, eu disse adeus a ela. Na manhã em que fui embora, a Lora e eu nos sentamos num café. Ela comeu, e eu enrolei o *muffin* que havia pedido num guardanapo e o botei dentro da bolsa. "É para mais tarde", eu disse. "Não há nada para comer no trem." Nós nos sentamos na estação de trem e ficamos conversando só um pouquinho. O trem estava atrasado, e nós duas ficamos olhando para as nossas xícaras de café, esperando a hora da despedida. A dor no meu peito era repentina e tão intensa que eu mal conseguia respirar. Mais do que qualquer outra coisa, eu queria dizer "Lo, estou com medo de verdade." Mas eu não disse isso, só falei sobre as aulas que estava tendo e o trabalho que estava fazendo e não disse coisa alguma. Quando o trem chegou, nós nos abraçamos, e eu embarquei. Sentei-me no meu lugar por um instante, botei a cabeça pela janela, apertando o maxilar e disse a mim mesma: Não chore. Não chore. As pessoas vão embora, acontece, acontece, não chore. O trem começou a andar. Então eu me ajeitei na minha poltrona, escrevi um trabalho muito bom sobre Dostoiévsky e me levantei a certa altura para jogar fora o *muffin* que estava na minha bolsa porque ele estava me distraindo com a sua presença. Voltei a me sentar me sentindo muito melhor, muito mais contida, mais forte, do modo como alguém deve se sentir logo depois de comer uma boa e farta refeição. De volta a Washington, saí do trem, caminhei pela estação e peguei o metrô de volta para casa. Fui trabalhar no dia seguinte me sentindo vazia, e perdida, e leve, como se houvesse me libertado de alguma coisa que estivesse me prendendo.

O inverno se antecipou violentamente e pareceu repentinamente maligno, como se a estação estivesse atrás de mim especificamente, com seus ventos raspando na minha pele. Na realidade, Washington não é uma cidade muito fria, certamente não faz tanto frio quanto em Minnesota. Eu sabia disso, e achava curioso que sentisse tanto frio. Nevou um dia — Washington sempre se surpreende quando neva, a cidade nunca está preparada, de modo que tudo fecha. Um dia, voltando das compras de Natal, resolvi não pegar o ônibus que ia até o *campus* para fazer um pouco de exercício. Caminhei as poucas quadras lacrimejando por causa do frio, as sacolas pesadas demais, os músculos dos braços queimando com o que na verdade não devia ser muito peso. Na metade do caminho, comecei a correr, uma corrida vacilante e trôpega, os cílios se agitando com os flocos de neve, o rosto entorpecido, os cabelos caindo no rosto com o peso da neve molhada. Escorreguei, caí e não consegui me levantar. Fiquei lá sentada na frente da casa do vice-presidente, eu, jovem jornalista promissora, aluna nota dez, maníaca, artista da inanição, maluca invisível, eu. Gritei com uma fúria impotente para as minhas pernas por se recusarem a se levantar quando eu lhes mandei fazer isso, e pensei no meu primo Brian quando as minhas mãos, muito brancas, indiscerníveis na neve branca, esforçavam-se na tentativa de juntar o conteúdo das minhas sacolas, que havia se espalhado. Pensei no meu brilhante e maravilhoso primo, querido amigo e confidente de uma vida inteira, que vivia numa cadeira de rodas desde pequeno. Pensei em como ele devia se sentir todos os dias, com as pernas se recusando a funcionar, por nada que fosse culpa dele, por causa de uma piada infeliz de Deus, e pensei: *Isso é culpa sua, porra. Levante-se. LEVAN-TE-SE.* Odiei a mim mesma com uma força pura e cruel e desejei morrer

De volta ao meu quarto, larguei as sacolas, tirei a roupa, enrolei-me em cobertores, pus uma música de Natal e fiquei olhando a neve cair do lado de fora da minha janela, uma cena perfeita de cartão-postal de inverno, amplos gramados brancos, galhos de árvores finos e pretos apontando para o céu branco. Pensei em escrever. Mas o que eu teria dito? Fazia tempo que tinha parado de escrever, escrever de verdade, o meu próprio texto. As palavras não vinham mais. Eu havia perdido a noção de primeira pessoa, a noção de se estar no mundo que é necessária para escrever. Acho que não tinha nada a dizer por mim mesma. Virei o rosto no travesseiro e dormi.

Chega a semana das provas finais. Estudei dia e noite, conversei rapidamente com os poucos conhecidos com quem eu ainda falava nos corredores ou nas salas de aula. Comi apenas *bagels* e iogurte, da lojinha do *campus*. Um *bagel* e um iogurte por dia. Eu os levava para o meu quarto e os arrumava em cima de um livro no chão, pegava um travesseiro na cama para me sentar e descascava o *bagel*. Tirava a parte de baixo primeiro, molhava pedacinho por pedacinho de um centímetro no café e ficava mastigando devagar enquanto estudava, interrompendo a refeição freqüentemente, como prova de que era capaz de parar de comer, de que eu não precisava comer rapidamente, de que eu não estava realmente com fome. Sublinhava trechos, fazia pequenas anotações no meu caderno, e então descascava mais um pouco do *bagel* e o mordiscava como um coelho. Quando toda a casca havia sido consumida, e eu ficava só com o *bagel* nu diante de mim, eu o comia pedacinho por pedacinho, apertando-o num montinho de sal antes de botá-lo na boca: lambia o pedaço de *bagel*, cobria-o com sal, jogava-o na boca e mastigava. Esse processo levava tanto tempo que eu normalmente não me preocupava com o iogurte. Como o iogurte ficava quente, eu não o queria mais e o jogava fora. Às vezes eu comia uma lata de vagens mergulhadas em sal. Ia até o salão e aquecia a vagem no microondas enquanto preparava mais café, ignorando o silêncio que se instalava quando eu entrava.

Uma noite, quando eu estava saindo com a minha tigela de vagens, ouvi alguém que eu havia conhecido meses antes dizer:

— Meu Deus, por que ela simplesmente não *come*, porra?

Isso me deixou enfurecida, e a minha fúria me surpreendeu. Eu costumava ficar morrendo de orgulho quando as pessoas percebiam que eu não comia, que eu era magra. Desde o começo, parte do objetivo de desaparecer era desaparecer visivelmente, vestir a minha magreza como um distintivo de coragem, um emblema de diferença do resto do mundo. Mas, naquela ocasião, a observação me deixou furiosa. Alguma coisa havia mudado. Eu não queria mais ser vista. Eu queria ser deixada completamente sozinha.

Mas eu não fui deixada sozinha. Pessoas bem-intencionadas começaram a se aproximar de mim. A minha antiga colega de quarto foi me visitar e me disse que estava preocupada. Desconcertada, eu disse que não tinha perdido peso, que estava exatamente como antes, e ela sacudiu a cabeça e disse:

— Não, Marya, você não está como antes.

Outra garota — de quem sempre quis ser amiga — bateu na minha porta um dia, entrou e se sentou na minha cama. Lembro que ela estava comendo um pote de iogurte. Lembro de observar como ela comia o iogurte, dando colheradas normais, não lambendo a colher como algumas pessoas. Lembro de pensar como ela era incrivelmente bonita. Lembro dela conversando comigo, calorosamente, sobre isso e aquilo, antes de afirmar "Você é anorética." E então ela me olhou bem nos olhos.

Eu estava sentada na cadeira em frente à minha escrivaninha com os joelhos encolhidos no peito.

— Não — eu disse. — Não sou mesmo.

Ela ficou me olhando por uns instantes e então disse:

— Você está gravemente anoréxica, e acho que deve procurar ajuda.

Estava nevando do lado de fora, e eu prendi a respiração para não chorar. Eu queria chorar. Queria conversar com ela e ficar sentada no quarto o dia todo com ela, contar-lhe coisas, ter alguém perto de mim, para ir ao cinema, para conversar sobre a vida, para voltar a ser um ser humano. Fiquei olhando fixamente para os meus joelhos.

Ela estendeu a mão, como se fosse tocar o meu braço, mas parou no meio do caminho. Ela disse:

— Quero ajudar, se puder.

Perguntei, diretamente:

— Por quê?

Ela disse:

— Não sei.

Eu disse:

— Você não pode ajudar.

Eu disse:

— Eu vou morrer.

Eu disse:

— Por favor, vá embora.

E ela olhou para o teto. Lembro da forma como os seus cabelos ruivos caíram sobre as suas costas, de como eu pensei na Lora e na minha mãe, de como ela tocou o meu ombro quando se levantou para sair e de que quando a porta se fechou, eu mordi o joelho e pensei:

Sinto muito.

Fui para casa no feriado de Natal, e foi um inferno. Eu estava apenas começando a perceber que, além da mudança visível em mim, eu havia me tornado uma pessoa completamente diferente nos meus poucos meses em Washington. Séria e quieta. Os meus olhos se mexiam muito raramente para cruzar com outros olhos. Meus movimentos eram lentos. Eu estava estranhamente imóvel.

Peguei um táxi do alojamento até o aeroporto, fui olhando as mansões em sua glória iluminada de Natal enquanto o carro se movia lentamente em meio ao tráfego infernal e escrevi uma história mentalmente para a festa que os meus pais fariam naquele fim de semana, uma festa de faz-de-conta. Escrevi uma história sobre a tristeza das cidades e a pequena felicidade solitária de uma mulher na época do Natal. Como sempre, uma história em benefício dos meus pais. Como sempre, uma mentira. Em Dulles, arrastei a minha mala atrás de mim, porque não conseguia levantá-la, e dormi todo o caminho até Minneapolis. Estava absurdamente frio quando cheguei lá. Meus pais haviam me levado um casaco. Fomos a um café, e eu comecei a comer. Do nada. Comi o que me pareceu uma quantidade enorme de comida: dois *muffins* de framboesa. Eu nunca tinha comido nada tão gostoso na minha vida. Conversamos. Eles me ouviram e me olharam de um jeito estranho enquanto eu falava sobre Washington, sobre o meu trabalho, sobre o quanto eu acreditava estar crescendo como pessoa. Isso deve ter parecido uma ironia terrível para eles. Eu estava pesando, no máximo, 34 quilos, e estava comendo feito um gato faminto, desculpando-me por comer tanto, só que eu estava com muita fome, eu não comia desde o almoço, eu disse. De fato, o almoço. Eles me deixaram estar por pouco mais de um dia. Depois as brigas sobre comida começaram.

O pior de tudo é que me parecia que eu estava comendo o suficiente. Parecia, na verdade, que eu estava comendo demais, e eu tinha que pelo menos fingir normalidade para os meus pais. Meu pai e eu gritávamos um com o outro sobre comida. Ele berrava que eu não estava comendo. Eu berrava, indignada, que eu *tinha acabado de comer*.

— Acabei de comer um *muffin* — e buscava apoio com a minha mãe.
— Eu não acabei de comer um *muffin*, Mamãe? Esta tarde?
Ela dizia:
— Sim, querida, mas agora é hora do jantar, você deveria jantar. Você não pode comer apenas um *muffin* e chamar isso de jantar, por favor.

E o meu pai dizia "Inferno" e saía batendo a porta da cozinha.

Meu irmão adotivo Paul estava lá para o Natal. Numa noite, ele me convidou para dar uma caminhada, depois de uma briga por causa de comida com o meu pai. Enquanto caminhávamos lá fora, agasalhados até os olhos, eu disse a ele:

— Paul, eu não estou melhor. — E caminhamos um pouco mais.

— Eu sei.

— Estou pior do que nunca. — E sacudi a cabeça, olhei para o céu e contei as estrelas, imaginando até onde isso poderia ir. Caminhamos uma quadra. Então eu fiquei muito cansada para continuar, e nós voltamos.

Na festa, todo mundo ignorou educadamente o fato de que eu estava repugnantemente magra. Eu dera a mim mesma permissão para comer, durante a festa, para não constranger ninguém, e eu realmente comi, muitos palitos de cenoura e aipo e frutas da bandeja de frutas com molho de frutas *light* que eu havia preparado. Todos contamos histórias e cantamos canções de Natal. Estava muito aconchegante dentro de casa, com a lareira acesa. A minha amiga Sibyl me puxou de lado e disse:

— Você está doente.

— Não, não. Estou ótima.

— Marya, você parece estar à beira da morte.

— Não, não.

E nós duas voltamos para a festa onde havia barulho, risos e cantoria, e tudo era caloroso.

Numa tarde, os meus pais, Paul e eu fomos dar uma caminhada no campo, com os cachorros brincando na neve alta, e eu acho que esse foi o dia em que eu finalmente enlouqueci. Quero dizer, além do que já vinha enlouquecendo. Fazia menos de meia hora que estávamos caminhando quando, de repente, eu quis me deitar na neve e dormir, simplesmente me enterrar na neve. Eu havia lido em algum lugar que você se manteria aquecida se fizesse uma caverna na neve, pois a própria neve manteria o frio da neve do lado de fora, e eu estava tão incrivelmente cansada, queria que as minhas pernas parassem de caminhar. Estávamos fazendo um passeio em família, e eu não queria estragá-lo, mas estava frio *para cacete*. Gostaria de encontrar as palavras para explicar como é esse tipo de frio — o frio que de alguma maneira entrou para baixo da sua pele e está ficando mais e mais frio *dentro de você*. Não é um tipo de frio externo; é um frio que entra nos seus ossos e no seu sangue, e parece que o seu próprio coração está bombeando o frio em rajadas por todo o seu corpo, e de repente você lembra que tem um corpo, porque já não consegue mais ignorá-lo. Você se sente um cubo de gelo. Sente como se estivesse nua, caída dentro de um lago congelado e estivesse se afogando na água sob o gelo. Você não consegue respirar. A certa altura, eu me virei e voltei cambaleando para o carro, gritando com Deus mentalmente por me deixar sentir tanto frio. Por que você não está me salvando? Me salve, seu cretino! Eu gritava mentalmente enquanto seguia caminhando, com a neve profunda e pesada nas minhas pernas, e sentia como se estivesse correndo dentro d'água, naquele ritmo lento de brincadeiras que fazemos na praia quando crianças. Isso é diferente porque você está pensando "Hipotermia, vou ficar com hipotermia." Num silêncio furioso, a minha família voltou de carro para casa enquanto eu não parava de me desculpar por ter estragado o dia deles, mas é que eu estava com muito *frio*.

Em casa, eu me sentei numa cadeira da sala de jantar, ainda de casaco, chapéu e cachecol, com as mãos endurecidas e vermelhas, os dedos em volta de uma xícara de chá que segurei perto do rosto para aquecer a pele com o vapor. Pensei "A primavera vai chegar, vai ficar tudo bem." Liguei o meu *laptop* e comecei a trabalhar.

O feriado terminou, e eu voltei para a faculdade. Quando abri a porta do quarto na minha volta, percebi que havia alguém morando comigo. Havia roupas no outro armário, fotos sobre a cômoda, livros na escrivaninha. Entrei em pânico. Como eu conseguiria trabalhar? Como eu iria fazer os meus exercícios matinais e noturnos? Como eu iria descascar o meu *bagel* em paz? Como eu faria para ir e voltar, do espelho à escrivaninha ao espelho à escrivaninha, o dia todo, a noite toda, como vinha fazendo havia meses? Merda. Merda merda merda.

Infelizmente, ela era uma das pessoas mais queridas, confiáveis e maravilhosas que eu tive o privilégio de conhecer em toda a minha vida, e nós realmente viemos a gostar muito uma da outra, da forma como eu era capaz de gostar de qualquer coisa àquela altura, e isso estragou tudo.

Ter uma pessoa normal por perto deixou extremamente claro para mim que eu estava fora de controle. Não, isso não havia de fato me ocorrido até esse ponto. Ela comia. Ela dormia. Eu a observava fazer as duas coisas, como se estivesse observando algum animal exótico. Nas noites longas e silenciosas, quando ela dormia na sombra do pequeno círculo de luz da luminária sobre a minha escrivaninha, eu observava seus cabelos loiros sobre o travesseiro, a boca levemente aberta e curvada num suave sorriso. Eu a observava quando se servia de manteiga, maravilhada com a existência da manteiga e de todos os seus significados, que pareciam tão distantes de mim: a idéia de comprar manteiga num mercado, a idéia de tocar na manteiga sem medo de os óleos atravessarem a pele dos dedos e formarem uma linha reta de gordura até o bumbum, a idéia de comer alguma coisa que você soubesse, *soubesse*, que continha manteiga, de possuir manteiga e não sentir que ela está lhe perseguindo quando você está dormindo ou acordado, de que ela não tinha um aviso invisível que só você via: COMA-ME. COMA-ME TODA. AGORA.

Na sua presença, voltei a lembrar de por que eu era anorética: por medo. Das minhas necessidades, de comida, de sono, de toque, de conversa simplesmente, de contato humano, de amor. Eu era anorética porque tinha medo de ser humana. Implícita no contato humano está a exposição do eu, a interação de eus. O eu que eu tive, um dia, era demais. Agora não havia eu algum. Eu era um nada.

Mas o mais impressionante para mim era o fato de que ela era perfeitamente linda. Sua pele tinha uma suavidade curiosíssima, e uma espécie de cor-de-rosa dourado iluminava as suas bochechas. Seu cabelo era volumoso e brilhante. E ela tinha peitos e bunda que eram impressionantemente atraentes. Não que tivesse me ocorrido que eu pudesse estar me sentindo atraída por ela. Fazia muito tempo que eu não tinha o menor sentimento sexual. Foi simplesmente o contraste que me pegou. Onde os meus seios haviam estado, balançando insistentemente até a minha maior magreza até então, agora havia apenas pequenos mamilos marrons esticados sobre as costelas, com a pele afundada para dentro entre cada osso. Onde um dia havia estado o meu traseiro, não havia absolutamente nada, uma linha reta da minha nuca até as pernas, terminando num ossinho minúsculo no centro do arco dos ossos pélvicos, que formava uma estranha saliência. O meu rosto estava estranhíssimo, as bochechas tão fundas que era possível ver todos os dentes através da pele, a garganta firme e côncava abaixo do queixo, os olhos parecendo entrar mais na minha cabeça a cada dia.

Eu parecia um monstro, quase sem cabelos, a pele acinzentada como carne podre.

Dobrei a saia duas vezes e fechei com um alfinete de segurança. Pus papel higiênico dentro dos sapatos para amortecer o impacto do chão nos ossos dos pés quando eu caminhasse, fazendo com que eu trepidasse e ficasse tonta. Eu esperava.

Enquanto esperava, eu me inscrevi para estágios em jornais por todo o país, pensando — enquanto organizava as inscrições no escritório quando todo mundo já havia ido embora, juntando as minhas pilhas de recomendações, textos e recortes que pareciam muito distantes de mim — por que eu sequer me dava o trabalho. Fiquei parada na janela do escritório, olhando para Dupont Circle e as formas circulares, lá embaixo, gozando de mim mesma por estar fraca demais para saltar.

Fui atrás de uma balança.

Trinta e dois quilos.

Tirei o cinto e os sapatos.

Trinta.

Foi quando eu comecei a comer compulsivamente. Foi quando tudo acabou. Dali por diante, tudo é um borrão.

Nada no mundo me assusta tanto quanto a bulimia. Era verdade na época e ainda é. Mas, a certa altura, o corpo irá comer basicamente sozinho para se salvar. O meu começou a fazer isso. A passividade com que falo aqui é intencional. É muito forte a sensação de que se está possuída, como se não se tem mais vontade própria e se está perdendo uma constante batalha com o corpo. O corpo quer viver. Você quer morrer. Não dá para os dois saírem vitoriosos. Assim, a bulimia entra escondida pela fenda existente entre você e o seu corpo, e você enlouquece de medo. A inanição é incrivelmente assustadora quando dá início a uma vingança. E quando ela faz isso, você se surpreende. Não era a sua intenção. Você diz: Espere, isso não. E então ela lhe puxa para baixo, e você se afoga.

Vinte e nove.

O borrão, o céu girando acima da minha cabeça enquanto eu vagava por Washington, me perdendo nas ruas e tentando me livrar da necessidade de comida, sugando os cheiros dos restaurantes por que passava, como se só o cheiro pudesse ser suficiente, falando sozinha, agarrando a carteira e tentando combater os pensamentos de comida, comida, comida, tentando cerrar os dentes com bastante força para satisfazer o desejo de ter algo entre os dentes, o desejo de mastigar, de morder, de engolir. E então vinha a compulsão, eu entrava e saía de lanchonetes, meio correndo enquanto tentava esconder o rosto ao encher a boca de comida, e mais comida, e mais comida, e então eu vomitava em um banheiro depois do outro. Comecei a levar lenços de papel no bolso para que quando a tosse começasse, a tosse com sangue, eu pudesse tossir educadamente no lenço e enfiá-lo na manga, despercebido. Comecei a ter problemas para caminhar, com o céu sempre se entortando em ângulos estranhos e apertando um lado da minha cabeça, os cantos da minha visão diminuíam e aumentavam sem aviso, e tudo parecia muito, muito grande, e o sol ficava incrivelmente imenso e brilhante, e isso me assustava, o céu me assustava. Parecia imprevisível.

A minha colega de quarto ficou muito preocupada, tentou me fazer conversar, e eu conversei. Um pouco. Contei a ela quando consegui passar um dia sem comer compulsivamente. Contei como tinha ficado orgulhosa por isso. Eu recusava suas ofertas de comida. Depois que começo a comer compulsivamente, não consigo lidar com a idéia de segurar a comida, qualquer comida. Quanto menos eu como, mais quero comer compulsivamente. Isso faz um certo sentido biológico. Mas na época não fazia sentido para mim. Nada fazia sentido. Eu parei de ir às aulas, guardando energia para o trabalho, onde ficava sentada olhando fixamente para a tela do computador, tentando trabalhar um pouquinho antes de pirar novamente e sair numa procura maníaca por comida.

É possível subsistir por muito tempo comendo só um pouquinho. Dá para se manter viva. É por isso que ficamos vivas o tempo que ficamos: porque comemos, só um pouquinho. Apenas o bastante para imitar a vida. Não dá para se manter viva sem comer nada ou quando se vomita tudo o que se come.

Vinte e oito.

E então o pior aconteceu. Comprei laxantes. Comprei laxantes e passei a tomar uma caixa deles por dia. O problema era que não havia comida no meu organismo. Eu cagava água e sangue. Isso é um transtorno alimentar, e ele deixa você louca desse jeito; e é assim que você irá se matar num acidente. Num acidente? Sim, num acidente, porque corremos pelas ruas da cidade no meio da noite, tentando encontrar uma loja aberta para comprar mais comida. Compramos Ipeca. Perdemos a inauguração presidencial que deveríamos cobrir porque o céu está grande demais e nós nos acotovelamos por entre a multidão na Union Station com a câmera batendo nas costelas enquanto mandamos as pernas caminharem e depois correrem com a energia subnutrida da loucura. Compramos comida e mais comida e vamos comendo no metrô a caminho de casa, com as pessoas encarando, e nos arrastamos até a escada do alojamento, sentamos no chão e enfiamos o resto da comida na boca, engasgando a cada mordida enquanto soluçamos terríveis soluços de choro e então nos levantamos e tomamos todo o frasco de Ipeca, orgulhosas do domínio que temos sobre nós mesmas e pensamos em como escreveremos um texto depois de vomitarmos e então o chão vem voando na direção das nossas cabeças.

Fico lá deitada, rezando com todas as forças, enrolada em mim mesma na posição fetal, com o estômago dilacerado, rezando para vomitar ou morrer, bom Deus, por favor, deixe que eu vomite ou morra, vomite ou morra, e então eu vomitava terrivelmente e desmaiava de novo.

Logo eu não consigo mais sair da cama de manhã. Eu tento. Tento bravamente. Apóio as duas mãos na mesinha ao lado da cama. Faço força. Faço mais força, tentando me erguer para ficar sentada. Perco a firmeza e caio para trás. Pego o telefone e ligo para o trabalho para dizer que estou doente.

Desligo e dou risada de como é engraçado ligar para o trabalho, e dizer que estou doente.

E então ligo para o Mark, que poderia compreender. Eu me escondo debaixo das cobertas com o telefone e sussurro "Mark, estou com medo." E o Mark conversa comigo, mas não consigo ouvir o que ele está dizendo, só ouço o som de uma voz. E digo de novo "Mark, estou com medo."

A minha colega de quarto estava começando a entrar em pânico, e eu não queria que ela ficasse tão preocupada, por isso, arranjei uma terapeuta. Sentei no consultório da terapeuta e tentei conversar. Não lembro de uma palavra do que foi dito. Lembro do consultório: um divã de couro bege no qual afundei, sentindo-me pequena, a mesa e a cadeira dela, as janelas e as plantas. E lembro dela: loira platinada, o rosto muito maquiado, maças do rosto salientes, calças justas pretas e um blusão comprido com uns troços de lamê dourado bordados na frente. Olhei para ela com desconfiança. Ela olhou para mim com pena, o que me incomodou. Depois saí, perdi-me no prédio, fiquei confusa sobre se descer as escadas queimaria calorias, imaginei que sim, escorreguei na descida e quebrei o cóccix num degrau. Eu ia comer compulsivamente, perdida em partes desconhecidas da cidade, freqüentemente erguendo os olhos do prato e me dando conta de que não fazia idéia de onde estava e de como havia chegado lá. Quando conseguia sair da cama, ia trabalhar. Senão, ficava deitada, me revirando desconfortavelmente. A cama estava machucando os meus ossos. A cama estava me deixando com manchas roxas.

Vinte e sete.

Um dia, eu estava sentada num Burger King comendo seis porções de batatinhas e em seguida estava no banheiro vomitando, e então resolvi que definitivamente estava tendo uma crise de nervos. Tinha que ser uma crise de nervos.

Liguei para a minha mãe do trabalho. Era sábado de manhã, e eu estava sozinha no escritório, trabalhando ensandecidamente e ligando para a minha mãe e chorando no telefone que estava tendo uma crise de nervos e agora o que eu vou fazer? O que eu vou fazer? Não lembro o que foi que ela disse. Só lembro do som da sua voz, baixa e tranqüilizadora, perguntando:

— Você quer voltar para casa?

— Não, eu não quero voltar para casa, eu não sei o que eu quero, estou pirando, só queria ouvir a sua voz. — Quando desligamos, apoiei a cabeça no teclado, chorei um pouco mais e voltei a trabalhar.

A minha terapeuta me convenceu a procurar um médico. Então eu fui ao médico, que me examinou. Como passei o dia todo bebendo montes de água, a balança pesou 31, e acho que ele não ficou muito preocupado, porque era um peso bem normal, aparentemente, e eu estava perfeitamente saudável.[2] Saí e comi um saco de balas depois do outro, vomitei e voltei para o alojamento, apertando os olhos sob o céu claro, querendo morrer, querendo e querendo morrer, fazia muito sol e eu queria muito morrer.

---

[2]Um médico que não acha esquisito uma mulher completamente vestida com o peso de uma criança de nove anos de idade é extremamente incomum. Embora a freqüência com que não-especialistas deixem de diagnosticar transtornos alimentares seja alarmante, a maioria dos médicos é capaz de identificar algo assim tão óbvio. Em parte, esse médico não achou estranho porque eu lhe disse de cara que tinha um transtorno alimentar e estava em tratamento; calculo que ele tenha imaginado que outra pessoa estivesse cuidando de mim, de modo que ele sequer fez a bateria habitual de exames que um médico faria normalmente.

Vinte e cinco.

Uma noite, na lanchonete acima da estação Dupont do metrô, sentei para tomar um café e não consegui ler. Eu estava lendo a *Newsweek*, ou tentando ler, de qualquer maneira. Percebi que não conseguia ler as palavras. Fiquei olhando fixamente para elas. Fiquei olhando com muita atenção, tentando ver alguma coerência. Primeiro, elas seguiram numa linha ilegível, depois, se espalharam por toda a página. Fechei a revista com força e pensei, estou louca.

O menino no topo da escada rolante estava acenando com o *Washington Times*, era noite, e nada fazia sentido, agora que eu tinha ficado louca. Eu estava me sentindo bastante calma quanto a tudo aquilo, e o menino acenava com o jornal e todo mundo andava muito rápido e alguém segurou o meu braço a uma certa altura e disse "Opa, fique firme e continue andando." Fiquei imaginando por que ele tinha segurado o meu braço, e o menino então estava nadando na minha frente e dizendo "Senhora? Senhor? Ei, alguém pode ajudar?" e eu estava ficando mais baixa de algum modo, Alice começou a encolher sem aviso e EI, alguém pode AJUDAR? e eu caí na escada rolante em Dupont Circle e, quando cheguei ao pé da escada, pensei:

Acho que estou morta.

Finalmente.

Vinte e três.

E tudo fica branco.

Daqui por diante, as coisas são todas muito confusas. Sentada no alojamento com a minha colega de quarto, que começou a chorar e disse:

— Marya, sinto muito, eu liguei para os seus pais. É que fiquei muito preocupada.

Levei um minuto para registrar a informação. Então peguei o telefone, acho que era de madrugada, liguei para os meus pais e disse:

— Sinto muito, mas preciso ir para casa. Espero que vocês não se importem.

Eles se importaram.

Anos mais tarde, meu pai explica a reação: "Eu vinha lhe dizendo havia tanto tempo 'Você não está comendo o bastante, você está parecendo muito doente de novo'. Nós dizíamos isso e dizíamos isso e dizíamos isso, e você dizia 'Estou bem, estou bem', você mentiu, mentiu, mentiu. Quando você quis ir para casa, alguma coisa dentro de mim disse 'É bom ela estar mesmo doente'."

Compreendo os meus pais se me ponho no lugar deles. Depois de quatro anos vendo a filha brincar com a própria vida, vendo-a à beira de um precipício, balançando e rindo, quase caindo, quase caindo, mas nunca realmente se atirando, consigo entender como uma platéia preocupada pode acabar ficando um pouco cansada dessa brincadeira específica. Consigo entender como as pessoas podem ter que deixar de se preocuparem, por motivos simples e em nome da própria sanidade mental.

E consigo entender, também, como o cérebro de alguém pode se recusar a aceitar que, desta vez, ela realmente saltou no precipício.

Meu pai simplesmente não queria acreditar que era isso. Nem eu. O meu próprio comportamento a esta altura era completamente contraditório: eu sabia que precisava ir para casa, mas não queria admitir que estava realmente doente. Tipo, realmente doente para caralho. Menti sobre o meu peso e disse que só estava estressada, que achava que uma folga da faculdade me faria bem. Meu pai sugeriu que eu trabalhasse menos horas. Fui ficando cada vez mais histérica, apavorada com a possibilidade de que a minha única chance de ser salva estivesse fora de alcance. A menina que gritou lobo. Falei com a minha mãe algumas vezes, incoerente, tentando fazê-la convencer o meu pai a me deixar voltar para casa, só por um tempo, eu dizia. Houve um período de tempo — alguns dias? algumas semanas? o tempo agora se desenrola na minha cabeça — em que meu pai e eu discutimos numa série de telefonemas sobre se eu devia ou não voltar, a minha terapeuta fez um apelo, a minha colega de quarto também. Então, um dia, eu simplesmente larguei a faculdade. Entrei na sala da minha orientadora e disse que era anorética e que precisava de uma licença. Ela foi incrivelmente compreensiva e me deu muito apoio. Ela também ligou para os meus pais e lhes disse que eu — haha — estava visivelmente precisando de um pouco de descanso. Arrumei as minhas coisas e as despachei para casa, pedi demissão e embarquei num avião para Minneapolis.

Digamos que a minha recepção não foi exatamente calorosa.

Posso compreender isso. Acho que deve ser desagradável olhar para a sua filha e perceber que ela estará morta em breve. Meu pai ficou furioso, e a minha mãe, apavorada, num silêncio arrepiante. Na noite em que cheguei em casa, minha mãe se sentou à mesa da cozinha comigo enquanto eu comia várias tigelas de cereais de uma só vez e depois chorava por ter comido demais, e ela só disse:

— Ah, querida, ah, querida, não diga isso. — Levantou a minha cabeça do jogo americano. Então olhei para ela, procurando por uma resposta em seus olhos, e perguntei:

— Mamãe, você acha que eu estou louca?

Houve um silêncio torturante. O relógio batendo. Eu ainda estava de casaco.

Olhando pela janela, ela disse:

— Acho que você está muito doente.

Levei um minuto para perceber que ela tinha acabado de responder: "Sim."

Eu nunca havia estado tão apavorada na minha vida. Até certo ponto eu havia registrado que aquele era o fim, que eu estava verdadeiramente prestes a empurrar o meu barquinho a remo furado para longe da margem e realmente *morrer*. Começou a calar fundo, mais do que nunca, a idéia de que eu pudesse ser louca, no sentido tradicional da palavra. Que eu pudesse ser, por todo o sempre amém, uma Pessoa Louca. Que aquilo de que suspeitamos desde o começo, que eu vinha me esforçando tanto para refutar, podia ser verdade. De longe, eu preferia morrer.

Passei os dias seguintes sentada num sofá debaixo de um cobertor, olhando pela janela e pensando na loucura enquanto os meus pais me imploravam para ir a um médico, só para fazer um *check-up*.

Concordei em ir. Na noite anterior, fui de carro — sim, dirigindo — até o distrito universitário para ler num café. Não consegui ler, é claro. Ficava pensando no fato de que eu tinha acabado de jantar, comido um pouquinho, e o jantar estava fazendo barulho e pulando de um lado para o outro dentro do meu estômago, e eu pensei em vomitar, mas resolvi que, já que ia vomitar, era melhor vomitar algo além dos três pedacinhos de frango sem pele que eu havia comido. Comprei alguns *muffins* e saí caminhando e os comendo, com a velha carga de adrenalina percorrendo o meu corpo, empurrando as minhas pernas para um Burger King, assinei um cheque de uma conta sem dinheiro e fiquei mastigando calmamente. E então saí, correndo pela cidade, parei aqui e ali, comi e vomitei em vielas, comi e desmaiei e me levantei e corri e comi caminhando, impermeável ao frio, da mão para a boca, da mão para a boca. Passei mais ou menos duzentos dólares de cheques sem fundos em algumas horas comendo e correndo e purgando e afinal chegando no carro e parando num Perkins no caminho de casa. A minha última refeição, pensei. Pedi panquecas com *chantilly*, ovos e *bacon* e batatas fritas. Vomitei no banheiro e comprei uma fatia de torta, que comi no carro e vomitei quando cheguei em casa. Caí na cama, cansada demais para fazer os meus exercícios.

Foi a pior noite da minha vida. É a única lembrança lúcida de todo esse período. Sonhava que estava comendo sem parar num restaurante escuro e infernal, e todo mundo ficava me encarando, mas eu não conseguia parar de comer. Então eu acordava num salto e achava que era real e entrava em pânico e então lembrava que não era real. Eu não havia comido realmente, tudo estava bem, e então, terrivelmente desidratada, eu tomava goles enormes direto da garrafa de um refrigerante de laranja *diet* que tinha ao lado da minha cama, caía de novo no sono, voltava ao restaurante e continuava comendo e acordava e entrava em pânico e bebia e dormia e sonhava, horas e horas de comer em sonho e o eco das pessoas rindo enquanto eu comia e comia. Quando chegou a manhã, eu estava basicamente destruída. Mal conseguia falar.

Meu pai me levou ao hospital para o meu *check-up*. Por algum motivo, não registrei o fato de que fui examinada no pronto-socorro. Por algum motivo, quando entrei, a mulher da triagem olhou para mim, pegou o telefone e disse algo que não consegui ouvir. Então ouvi um som parecido com o bater de ferraduras e a voz de alguém nos alto-falantes. Fui levada para uma sala. Deitei numa maca, e puseram um cobertor sobre mim. Alguém veio e me apalpou, depois me ajudou a sentar e me deu uma latinha de suco. Na latinha estava escrito BLUE BIRD APPLE JUICE (Suco de Maçã

Blue Bird). Aparentemente, eu deveria tomar o suco. Quando a pessoa saiu, derramei o suco na pia, pensando, "Por que estou derramando este suco na pia? O que isto prova?"

Esse pensamento foi a minha ruína.

Uma médica entrou na sala. Ela foi rápida. Disse que iria me internar. Eu disse que precisava ir embora, que ia encontrar algumas amigas para o café-da-manhã, o que era verdade — eu tinha me preocupado a manhã toda sobre como iria me livrar de comer no café, imaginando se o restaurante teria iogurte e se seria *light* ou sem gordura —, e perguntei se não podia voltar mais tarde, pensando que nesse meio tempo eu poderia ganhar peso o suficiente para me manter fora do hospital, algo em torno de 23 quilos, e eu estava muito cansada e deitei a cabeça no travesseiro e fechei os olhos por um instante. Ela esperou. Fiz força para sair da cama, sorri e perguntei: "Tudo bem? Posso ir?"

Ela respondeu:

— Você não vai conseguir chegar ao final da quadra.

Pensei no que ela disse por um instante.

Pensei que ela talvez tivesse razão.

Perguntei se eu podia fumar um cigarro enquanto pensava no assunto. Ela permitiu. Saí caminhando, segurando a parede. Como estava muito frio para fumar, apaguei o cigarro com o salto do sapato, dei meia-volta, fiquei tonta, me curvei e esperei. Enquanto esperava, contei os meus ossos. Ainda estavam todos ali. E então pensei "Meu Deus."

Arrumei a postura e fiquei segurando a fria parede de tijolos enquanto a tontura ia e vinha em ondas. Caminhei muito devagar para dentro do hospital, pousando os pés com todo cuidado no chão. Fui até o balcão de atendimento e assinei a minha internação.

Epílogo

Os Destroços: Agora

Voltei para explorar os destroços.
As palavras são propósitos.
As palavras são mapas.
Voltei para ver os estragos feitos
e os tesouros que prevaleceram.
Passei a luz da lanterna
lentamente pelo flanco
de algo mais permanente
do que peixe ou algas

— Adrienne Rich, "Mergulhando
nos Destroços", 1973

Não gostei de escrever este livro. Tornar público o que eu havia mantido em segredo das pessoas mais próximas a mim, e muito freqüentemente de mim mesma, toda a minha vida, não é exatamente a minha idéia de diversão. Este projeto não foi, como muitos sugeriram, "terapêutico" para mim — eu pago muito dinheiro à minha terapeuta para isso. Pelo contrário, foi muito difícil. Escrevi parando e começando, tentando traduzir um objeto material, um corpo, para alguma disposição de palavras. Tentando explicar em vez de desculpar, equilibrar em vez de culpar. As palavras vinham mordendo, em rajadas rápidas e depois em longas elipses. Depois de uma vida inteira de silêncio, é difícil falar.

E mesmo depois de falar, você descobre que o seu léxico é tremendamente insuficiente: falta forma e gosto às palavras, temperatura e peso. *Fome* e *frio*, *carne* e *osso* são palavras comuns. Não consigo articular como essas quatro palavras significam para mim algo diferente do que provavelmente significam para você, como cada uma delas tem, na minha boca, um sabor estranho: o ácido da bile, o travo metálico do sangue.

Você espera um final. Isto é um livro; deve ter um começo, um meio e um fim. Não posso lhe dar um final. Gostaria muito de fazer isso. Gostaria de amarrar todas as pontas soltas num laço e dizer "Está vendo? Agora tudo está melhor." Mas as pontas soltas me encaram no espelho. As pontas soltas são o meu corpo, que não perdoa nem esquece: o aleatório bater frágil do meu coração, enrugado e encolhido como uma maçã apodrecendo no chão. As cicatrizes nos meus braços, os cabelos grisalhos, as rugas, o *barman* simpático que tenta adivinhar a minha idade sorrindo e diz:

— Trinta e seis?

Os ovários e o útero dormindo profundamente. O sistema imunológico destruído. As idas semanais ao médico para mais uma infecção, mais um vírus, mais um resfriado, mais uma torção, mais uma bateria de exames, mais uma receita, mais uma pesagem, mais um alerta. Os comprimidinhos amarelos das manhãs que seguram a agitada ansiedade que vive logo abaixo do meu esterno, agarrada às minhas costelas.

As pontas soltas são os Dias Ruins: quando o meu marido encontra uma tigela de mingau sobre o balcão da cozinha, cereais que eu servi e "esqueci" de comer, quando o meu marido discute comigo por causa do jantar (Não, querida, *não* vamos comer bolinhos de arroz com geléia). As pontas soltas são os pesadelos de fome e afogamento e desertos de gelo, acordar de repente e tremendo, o suor frio em profusão. São as constantes idas ao espelho, os dedos ansiosos lendo o corpo como se fosse Braille, como se uma arrumação de ossos pudesse dar palavras e sentido à minha vida. A busca desesperada para sair das areias movediças da obsessão, agarrar-me um pouco mais do lado de fora e depois voltar a cair. A enlouquecedora ambigüidade do "progresso", a meta intangível da "saúde".

É só depois que a ficha cai. O fato de que esteve basicamente morta não é registrado até você começar a ganhar vida. A geladura só dói depois que começa a derreter. Primeiro é o amortecimento. Depois, um choque de dor rasga o seu corpo. E então, em todos os invernos subseqüentes, você sente a dor.

E todas as estações desde então são inverno, e eu ainda sinto dor.

18 de fevereiro de 1993. Dizem que eu tenho uma semana de vida.

Quatro anos (aproximadamente 169 semanas, 1.183 dias, 23.392 horas) se passam.

11 de março de 1997. Ainda estou viva.

Não haverá nenhuma revelação impressionante. Não haverá nenhuma cena de túneis de luz de quase-morte, nenhuma sessão de terapia reveladora, nenhum feliz encontro de família, nenhuma aparição especial de Cristo, nenhum cavaleiro num cavalo branco entrando na minha vida. Estou viva por motivos muito prosaicos:

1. Ficar doente fica tremendamente chato depois de um tempo.
2. Eu fiquei realmente irritada quando me disseram que eu ia morrer e, com muita petulância, pensei "Então vão se foder, porque eu não vou morrer."
3. Numa rara aparição do meu eu racional, percebi que seria absolutamente burro e covarde da minha parte simplesmente saltar fora da vida só porque ela me contrariava.
4. Ocorreu-me que era completamente clichê morrer de fome. Todo mundo estava fazendo a mesma coisa. Era, como mais tarde uma amiga iria definir, totalmente *passé*. Totalmente anos 1980. Resolvi fazer alguma coisa um pouco menos *Vogue*.
5. Fiquei curiosa: se eu podia ficar doente daquele jeito, então (imaginei) poderia muito bem desficar.

Foi o que fiz. Como quer que você queira descrever. A insubordinação, que como traço de caráter é extremamente explorável na aniquilação completa do próprio corpo e do indivíduo, é também muito útil em outras buscas. Pela vida, por exemplo.

O meu transtorno alimentar não se "curou" no instante em que eu entrei — fui entrada, é melhor dizer, numa cadeira de rodas com soro na veia do braço, a cabeça balançando e o coração falhando no peito — na unidade de transtornos alimentares num dia extremamente frio, 18 de fevereiro de 1993. Não me curei nos três meses que passei lá, nem nos anos que se passaram entre aquele dia e hoje. Estou aqui agora, comendo cereais secos numa tigela porque ir ao mercado comprar leite parece de certa forma complexo. A doença não foi curada. Não será curada. Mas ela mudou. E eu também.

Tenho precisamente o dobro do tamanho que tinha na época, o que significa que ainda estou abaixo do peso. O que também significa que na bagunça dos últimos quatro anos eu fiz algumas coisas certas. Estou oito centímetros mais alta do que naquela época, o que significa, talvez, que o corpo se estenda para cima, na direção da luz, como uma planta em busca de sol. Sou classificada como (Eixo I) 1. Bipolar Atípico II, ciclotímica, hipomaníaca 2. Transtorno Alimentar Atípico, (Eixo II) 1. *Borderline*?, que, basicamente, não quer dizer nada. Tenho nos braços cicatrizes que não existiam em 1993, o que quer dizer que alguma tristeza ganhou vida enquanto o meu corpo ganhava vida e eu, muda, entalhei essa tristeza na minha pele. Também significa que não temos lâminas em casa. Estou casada, o que significa muitas coisas, inclusive, mas não apenas, que aprendi uma ou duas coisas sobre amor, paciência e fé. Significa que eu tenho a responsabilidade de ficar aqui, na terra, na cozinha, na cama, e não me infiltrar lentamente de volta no espelho.

E está tudo certo comigo. Não vamos usar aqui palavras como *bem*, ou *recuperada*, ou *ótima*. Levou muito tempo para tudo ficar certo, e eu gosto bastante de tudo certo. É uma interessante atitude de equilíbrio, deixar tudo certo. É um tipo de lugar copo-meio-cheio-ou-meio-vazio, e eu podia ir para qualquer lado. É um lugar onde se pode ter tanto esperança quanto desespero: esperança de que as coisas continuarão ficando mais fáceis, como têm ficado nos últimos anos, ou desespero pela irritante concentração que o equilíbrio exige, desespero pelo fato de que eu vou morrer jovem, desespero por não poder ser "normal", chafurdando nos aspectos ruins da minha vida.

Blablablá. Estou cansada do desespero. É uma coisa tão modelo-de-revista-parecendo-apática-e-subnutrida-e-chapada-e-exatamente-comotodas-as-outras-modelos-pálidas-e-doentes. Perdão pela animação, mas o desespero é desesperadamente chato.

Então acho que o que aconteceu foi que eu cansei de ser tão chata.

Eis o que aconteceu: eu fui para o hospital e fiquei lá por muito tempo. Saí de lá e me atirei na vida com algumas poucas e preciosas ferramentas, fiz uma bagunça e quebrei um monte de coisas. Aprendi a ser mais cuidadosa. Trabalhei, fiz amizades, tive um romance complicado, me mudei para uma cabeça-de-porco e adotei um gato. Aprendi que, para viver, as plantas precisam de água. Que uma garota não pode viver só comendo cereais, embora eu vá e volte com isso ainda. Que os amigos são uma boa fonte de comida e alma quando ainda não se aprendeu a cozinhar ou a viver (em vez de morrer) sozinha. Que nada — nem bebida, nem amor, nem sexo, nem trabalho, nem ficar mudando de um estado para outro — fará o passado desaparecer. Só o tempo e a paciência curam. Aprendi que cortar os próprios braços numa tentativa de fazer a dor passar de dentro para fora, da alma para a pele, é inútil. Que a morte é uma desculpa. Eu experimentei todas essas coisas. Raspei a cabeça, tentei me suicidar em novembro de 1994, levei 42 pontos no braço esquerdo, que dói como o diabo, e resolvi que chegava. Escrevi e publiquei e li e pesquisei e ensinei e voltei à escola de vez em quando e tomei muito café e tive muitos sonhos realmente macabros e joguei Master e fui à terapia e me descobri extremamente envolvida em toda essa história de viver. Aprendi, gradualmente, a simplesmente *encarar*.

Existe, na verdade, uma incrível liberdade em não se ter nada a perder.

No meu período de limbo depois de sair do hospital da última vez, eu estava me agarrando a qualquer coisa. Se você fizer isso por muito tempo, vai acabar pegando alguma coisa suficiente pelo menos para seguir em frente. Eu não tinha mais nada que compreendia ou em que podia acreditar. A situação em que me encontrava não é absolutamente incomum. Os especialistas perguntam "O que você fazia *antes* do transtorno alimentar? Como você era antes?" E você simplesmente fica olhando para eles, porque você não lembra de nenhum antes, e a palavra *você* não quer dizer absolutamente nada. Você está se referindo à Marya, a constelação de sintomas suicidas? Marya, a inválida? Marya, a paciente, o sujeito, o estudo de caso, a devoradora de comprimidos, a mordiscadora de *muffins*, a assexuada, a enciclopédia, o esboço a lápis do esqueleto humano, a portadora de pesadelos de fome, a própria fome?

É impossível articular suficientemente um processo inarticulado, um período absolutamente sem palavras. Não aprendi a viver por palavras, de modo que me descobri com poucas palavras para descrever o que aconteceu. Eu me sentia mais como se estivesse dublando e colorizando um filme mudo em preto e branco. Esta história é revisionista desta mesma forma: eu acrescentei palavras, cores e cronologia a um período da minha vida que me parece um amontoado de quadros espalhados pelo chão do meu cérebro. Agora, às vezes fico espantada quando me levanto e me viro para a porta para me ver no espelho. Freqüentemente, fico surpresa por existir, pelo fato de o meu corpo ser um corpo material, de o meu rosto ser o meu rosto, de o meu nome estar correlacionado a uma pessoa que consigo identificar como sendo eu mesma. Mas suponho que não seja tão estranho criar uma colagem de lembranças — recortes que substituem uma narrativa linear e lógica. Eu fiz algo muito parecido comigo mesma.

Nunca há uma revelação repentina, uma explicação completa e organizada sobre por que tudo aconteceu, ou por que terminou, ou por que ou quem você é. Você quer uma explicação, e eu quero uma explicação, mas ela não existe. Ela vem aos pedaços, e você os costura juntos, sempre que eles combinam, e quando termina, você se olha, e ainda há buracos, e você ainda é uma boneca de pano, inventada, imperfeita.

Ainda assim, você é tudo o que tem, e deve ser suficiente. Não há outro jeito.

Eu faço tudo parecer tão simples: digo que ficou chato, e então resolvi parar. Digo que tinha outras coisas para fazer, e então resolvi parar. Digo que não tinha outra escolha além de parar. Mas, de certo modo, as escolhas mais importantes que uma pessoa faz na vida são feitas por motivos que não são muito dramáticos, nem um pouco emocionantes — freqüentemente, as escolhas que fazemos são, para o bem e para o mal, feitas espontaneamente. É bem verdade que não houve um momento de revelação. Na maior parte das vezes o que aconteceu foi que a minha vida assumiu o controle — isso quer dizer que o *impulso* pela vida se tornou mais forte em mim do que o impulso pela morte. Os dois impulsos coexistem em mim num equilíbrio perturbador, mas eles estão suficientemente equilibrados agora e eu estou viva.

Olhando para trás, percebo que o que eu fiz na época foi muito básico. Dei um salto de fé. E acredito que isso tenha feito toda a diferença. Agarrei-me à única coisa que me parecia real, que era um princípio ético básico: se eu estava viva, tinha a responsabilidade de continuar viva e fazer alguma coisa com a vida que havia recebido. E ainda que, quando dei aquele salto de fé, não estivesse nem um pouco convencida de que tinha qualquer motivo sensato para fazer aquilo — embora eu não acreditasse completamente que houvesse qualquer coisa que pudesse fazer tanto sentido quanto um transtorno alimentar —, eu o fiz porque comecei a imaginar. Simplesmente comecei a imaginar, da mesma forma como imaginei o que aconteceria se eu começasse a emagrecer, o que aconteceria se eu parasse. Valeu a pena.

Vale a pena. É uma luta. É exaustiva, mas é uma luta em que acredito. Não posso mais acreditar na luta entre o corpo e a alma. Se eu acreditar, ela pode me matar. Mas, mais importante, se eu acreditar, terei escolhido a saída mais fácil. Sei por experiência própria que a doença é mais fácil.

Mas a saúde é mais interessante.

O salto de fé é o seguinte: Você precisa acreditar, ou pelo menos fingir que acredita até *realmente* acreditar, que você é forte o suficiente para encarar a vida. Transtornos alimentares, em qualquer nível, são uma muleta. São também um vício e uma doença, mas não há qualquer dúvida de que são muito simplesmente um meio de evitar a banal, diária e incômoda dor da vida. Os transtornos alimentares proporcionam um draminha particular, eles suprem o desejo de emoção constante, tudo se torna uma questão de vida ou morte, tudo é terrivelmente grandioso e espalhafatoso, muito *tempestade e paixão*. E também é perturbador. Você não precisa pensar em nenhuma minúcia desagradável do mundo real, não fica presa àquela coisa terrivelmente entediante chamada vida normal, com suas contas e separações e louças e roupas e compras e discussões sobre de quem é a vez de botar o lixo na rua e hora de dormir e sexo ruim e tudo aquilo, porque você está vivendo um drama *de verdade*, não uma comédia de costumes, mas um GRANDE ÉPICO, totalmente sozinha, e porque iria se incomodar com aqueles tolos mortais quando pode passar horas e horas com o espelho, onde está tendo um *interessantíssimo* caso sadomasoquista com a própria imagem?

O que toda essa grandiosidade esconde — e não muito bem, devo acrescentar — é um medo muito básico de que o mundo real irá devorá-la no instante em que você puser os pés nele. Obviamente, o medo é incrivelmente grande, ou você não se daria ao trabalho de tentar *deixá-lo*, e certamente não de um modo tão longo e persistente. O medo, também, é um medo de você mesma: um medo completamente dualista e contra-ditório. Por um lado, é um medo de que você não possua o necessário para ter sucesso. Por outro, um medo possivelmente maior de que você *possui* o que é necessário e, por definição, tenha, portanto, a responsabilidade de fazer algo *realmente grande*. É um pouco intimidador entrar no mundo com esse estado de espírito. A maioria das pessoas entra no mundo com uma idéia geral de que fará uma ou outra coisa e que tudo vai dar certo. Você entra no mundo com a certeza de que será um fracasso desde o princípio, ou que terá de fazer alguma coisa completamente fora de série, o que, de qualquer modo, pressupõe o potencial para o fracasso. Durante a minha infância, sempre senti que havia uma expectativa para que eu fizesse uma de duas coisas: ser Grande em algo ou enlouquecer e me tornar um fracasso completo. Não há meio-termo no lugar de onde venho. E só agora estou começando a ter a noção de que há algum tipo de meio-termo.

Tive de decidir que ficaria bem não importando o que acontecesse. Foi a decisão mais difícil que já tomei na vida, a decisão de me proteger não importando o que acontecesse. Durante toda a minha vida, eu me virava contra mim mesma no instante em que alguma coisa dava errado, mesmo uma coisinha minúscula. Não é um hábito muito incomum entre as mulheres. Entre aquelas de nós que vêem a vida em termos de tudo-ou-nada, parece que se tem apenas duas opções: ou atacar o mundo e ser rotulada como eternamente histérica, estridente, instável e de resto imper-feita ou atacar a si mesma. Com os transtornos alimentares, esse ataque a si mesma é, infelizmente, recompensado — temporariamente — pelo mundo e acaba sendo ainda mais tentador. Mas daí tudo azeda.

O meu salto de fé foi mais uma reação negativa contra a idéia de desperdiçar a minha vida do que uma corrida positiva e alegre para os braços do mundo. Ainda hoje sou desconfiada em relação ao mundo. Mas não diria que estou desperdiçando a minha vida.

Há um fator difícil na decisão de encerrar o jogo. É o fato de que a maioria das mulheres está jogando em um ou outro nível de intensidade — e todos esses níveis têm subníveis de perigos, não apenas o tipo de transtorno exagerado-estatística-de-mortalidade. Na sua maioria, as pessoas com transtornos alimentares não conversam umas com as outras. Não é normalmente um pequeno clube de moças no qual tudo é feito de forma muito sociável. Normalmente é algo muito particular. E quando decide que está cansada de ficar sozinha com a sua doença, você sai em busca de amigas, pessoas que você acredita serem capazes de lhe dar o exemplo de como comer, como viver — e descobre que, geralmente, a maioria das mulheres é obsessiva em relação ao próprio peso.

É um pouco desencorajador.

Hoje, sou capaz de pensar em todas as formas pelas quais poderia ter evitado um transtorno alimentar e, assim, evitado a jornada incrivelmente esquisita pelas partes mais sombrias da mente humana que, basicamente, foi a minha vida. Se eu tivesse nascido num outro momento, em que morrer de fome não parecesse um meio tão óbvio e *recompensador* — Ah, como você emagreceu! Está fantástica! — de lidar com o mundo, de evitar a inevitável dor da vida. Se eu tivesse sido um tipo de pessoa diferente, talvez menos impressionável, menos intensa, menos medrosa, menos completamente dependente da percepção dos outros — talvez eu não tivesse comprado a concepção cultural de que a magreza é o objetivo dos objetivos. Talvez se a minha família não estivesse no mais completo caos na maior parte do tempo; talvez se os meus pais soubessem lidar um pouco melhor com as próprias vidas. Talvez se eu tivesse procurado ajuda mais cedo, ou se tivesse recebido um outro tipo de ajuda, talvez se eu não tivesse guardado o meu segredo tão ferozmente, ou se não soubesse mentir tão bem, ou não fosse tão vazia por dentro, talvez talvez talvez.

Mas tudo isso é especulação. Às vezes as coisas simplesmente dão errado. E, quando, depois de 15 anos de comer compulsivamente, vomitar, jejuar, agulhas e tubos e terror e raiva, e crises médicas e fracasso pessoal e derrota após derrota — quando, depois de tudo isso, você está com vinte e poucos anos e encarando uma expectativa de vida bastante abreviada e o transtorno alimentar ainda ocupa metade do seu corpo, metade do seu cérebro, que sua força consumidora invisível, quando você passou a maior parte da sua vida doente, quando ainda não sabe o que significa estar "bem" ou ser "normal", quando duvida que essas palavras sequer ainda *tenham* um significado, ainda não há respostas. Você vai morrer jovem e não tem como compreender esse fato.

Você tem o seguinte: Você é magra.

Oba-viva-porra-eba.

Mas quando você decide largar as cartas, empurrar a cadeira e sair do jogo, é um momento muito solitário. As mulheres usam suas obsessões com peso e comida como um ponto de conexão umas com as outras, uma associação mesmo entre estranhas. Em vez de conversar sobre *por que* usamos a comida e o controle do peso como formas de lidar com estresse emocional, conversamos *ad nauseam* sobre o fato de que não gostamos dos nossos corpos. Quando você decide não fazer isso, começa a notar como essa conversa é constante. Vou à academia, e as mulheres formam rodinhas vestindo calcinha e sutiã e reclamando das barrigas. Vou a um restaurante, e ouço as mulheres conversando alegremente sobre a mais recente dieta, vou a uma loja de roupas, e a mulher que está me ajudando, quase sempre, dará início a um monólogo sobre como aquelas calças emagrecem, como eu tenho sorte de ter os problemas de nunca encontrar roupas que me sirvam "Porque você é *minúscula*!", dirá ela, num gritinho. Tenho de lembrar a mim mesma de que não é numa conversa na qual eu quero entrar. Eu me recuso a dizer, "Puxa, obrigada". Eu não *quero* necessariamente calças que emagreçam. Eu não quero ficar parecida com as modelos esqueléticas nas paredes. Querer ser saudável é visto como algo muito *esquisito*.

Então eu sou esquisita. E daí?

Quero passar uma receita para a cultura, de algum tipo de tranqüilizante que a tornará menos compelida de forma maníaca a ficar subindo no StairMaster até lugar nenhum, e eu não posso fazer isso. É um projeto pessoa-a-pessoa. Eu faço isso, você faz isso, e eu mantenho a talvez ridícula noção de que, se bastante gente fizer isso, todos conseguiremos compreender. Quero escrever como Curar-Se, mas também não posso fazer isso.

Queria fazer um box aqui com pequenos gráficos em formato de pizza fatiando a saúde em fatias estatísticas, mostrando os porcentuais necessários de terapia, comida, livros, banhos, trabalho, sono, lágrimas, ataques, experiências e erros, mas não consigo. Acho isso enlouquecedor. Se eu tivesse de descrever o caminho entre o ponto A e o ponto B, teria de detalhar uma travessia intricada, em ziguezague e quase cega por um caminho espinhoso: as voltas atrás, as quedas em tocas de coelhos diferentes e menores, as imobilidades repentinas e os gritos de raiva. No final, teria de destacar que a minha travessia é específica para mim. A sua será diferente. Você desviará de buracos em que eu caí de cabeça, mas cairá em areias movediças das quais escapei.

Não é um salto repentino de doente para curada. É um meandro lento e estranho de doente até quase totalmente curada. O conceito errado de que os transtornos alimentares são uma doença médica no sentido tradicional não ajuda. Não há uma "cura". Um remédio não irá consertar tudo, embora possa ajudar. O mesmo com a terapia, o mesmo com a comida, o mesmo com o apoio infinito da família e dos amigos. Você irá consertar a si mesma. Foi a coisa mais difícil que eu já fiz, e acabei me vendo mais forte ao fazê-lo. Muito mais forte.

Nunca, nunca subestime o poder do desejo. Se você quiser muito viver, poderá viver. A questão maior, pelo menos para mim, era: Como decidir que quero viver?

Esta é uma questão em que ainda estou trabalhando. Dei à vida um período de experiência, de seis meses, e disse que quando os seis meses tivessem terminado, eu poderia ficar doente de novo se realmente quisesse. Nesses seis meses, aconteceu tanta coisa, que a morte pareceu, antes de tudo, inconveniente. O período de experiência foi prorrogado. Parece que o estou sempre prorrogando. Há muitas coisas a fazer. Livros para escrever e cochilos para tirar. Filmes para ver e ovos mexidos para comer. A vida é basicamente trivial. Ou você decide aceitar o negócio banal da vida e dar a si mesma a opção de fazer alguma coisa realmente bacana, ou decide optar pelo Grande Épico dos transtornos alimentares e dedica a sua vida a ser *tremendamente* trivial. Eu meio que vou e volto, um pouco de Grande Épico aqui e um pouco de coisa trivial bacana ali. Conforme o tempo passa, tenho cada vez mais prazer com as coisas triviais e acho o Grande Épico cada vez mais deprimente. É um bom sinal. Ainda assim, a cada maldito dia eu preciso pensar num motivo para viver.

Claro que consegui alguma coisa.

Não tenho um final feliz para este livro. Talvez pudesse terminá-lo com o meu casamento — Ex-Anorética Arranja um Homem! Ex-Bulímica É Salva de Ruptura Gástrica por um Belo Vestido Branco! —, mas isso seria ridículo. Poderia terminá-lo com o relacionamento sólido que tenho com os meus pais, mas isso parece menos do que relevante. Não posso terminá-lo com garantias do meu próprio Triunfo Sobre a Adversidade, porque (1) ainda estamos muito distante do Triunfo e (2) a Adversidade era, hm, eu. Não posso terminá-lo com a minha saúde florescente ou o peso estável porque nenhum deles existe. Não posso recapitular tudo e dizer: "Mas agora terminou. Felizes Para Sempre."

Nunca termina. Não de verdade. Não quando se fica lá embaixo tanto tempo quanto eu fiquei, não quando se viveu no inferno mais tempo do que no mundo material, onde as coisas são muito claras e grandes e fazem barulhos tão estranhos. Você nunca volta, não completamente. Há sempre alguma distância entre você e as pessoas que você ama e as pessoas que conhece, uma barreira, fina como o vidro de um espelho. Você nunca sai completamente do espelho; você passa o resto da vida com um pé neste mundo e outro no outro, onde tudo está de cabeça para baixo, ao contrário e triste.

É a distância da memória danificada, de um passado distorcido e modificado. Quando as pessoas falam de suas infâncias, suas adolescências, seus dias de faculdade, dou risada junto e tento não pensar: isso foi quando eu vomitava no banheiro da escola fundamental, isso foi quando eu dormia com estranhos para exibir as pontas dos meus ossos, isso foi quando perdi a minha alma de vista e morri.

E é a distância do presente também — a distância que existe entre as pessoas em geral por causa das vidas diferentes que vivemos. Não sei quem eu seria agora se não tivesse tido a vida que tive. Assim, não posso mudar a minha necessidade de distância — nem posso diminuir a dor discreta e onipresente que a distância cria. A totalidade da minha vida é ofuscada por uma obsessão singular e quase fatal. Agora percorro grandes distâncias para compensar por uma vida de tristeza e loucura e por uma dança lenta com a morte. Quando saio de casa, visto um rosto e um vestido e um sorriso e aceno e converso alegremente e sou incrivelmente aberta e pareço ter vencido os meus monstros com grande autoconfiança.

Talvez, de algum modo, isso seja verdade. Mas eu freqüentemente tenho a impressão de que foram eles que me venceram. Enquanto escrevo isto, tenho apenas 23 anos. Eu não me sinto com 23. Eu me sinto velha.

Não perdi o meu fascínio pela morte. Não me tornei uma pessoa notavelmente menos intensa. Não perdi completamente, nem jamais perderei, o desejo por aquela *alguma coisa*, aquilo que acredito que preencherá um vazio dentro de mim. Mas acredito que o vazio ficou maior por causa das coisas que fiz comigo mesma.

Porém, até certo ponto — o ponto que me mantém viva, comendo e vivendo os meus dias — aprendi a compreender o vazio em vez de temê-lo e combatê-lo e continuar a tentativa inútil de preenchê-lo. Ele está lá quando acordo de manhã e quando vou para a cama à noite. Às vezes está maior do que em outras, às vezes até esqueço que ele está lá. Hoje, há dias em que não penso muito sobre o meu peso. Há dias em que pelo menos vejo corretamente, em que olho no espelho e me vejo como sou — uma mulher — em vez de como um pedaço de carne indesejado, sempre beirando o excesso.

Este é o resultado esquisito, quando a coisa não terminou exatamente, mas você ainda não desistiu. A idéia de desistir vai e vem freqüentemente na sua cabeça. É difícil compreender, quando se está sentada na sua cadeira tomando café-da-manhã ou fazendo qualquer outra coisa, que desistir é mais forte do que continuar, que "deixar estar" poderia significar que você venceu, e não que fracassou. Você come os seus malditos Cheerios e xinga a cadela na sua cabeça que fica dizendo que você é gorda e fraca: "Cale a *boca*," você diz, "estou *ocupada*, deixe-me em paz." Quando ela deixa você em paz, vem um silêncio e uma solidão aos quais você terá de se acostumar. Às vezes, você vai sentir falta dela.

Tenha em mente que ela está tentando matar você. Tenha em mente que você tem uma vida para viver.

Há uma perda incrível. Há uma dor profunda. E há, no final, depois de um longo tempo e de mais trabalho do que você jamais pensou ser possível, uma hora em que as coisas ficam mais fáceis.

Esta é a hora do chumbo —
Lembrada (se não sucumbo)
Como os enregelados lembram a neve —
Primeiro — arrepio — depois — estupor
Depois — seja o que for

— EMILY DICKINSON*

No fim, seja o que for.

---

*Tradução de Aíla de Oliveira Gomes, *Emily Dickinson, uma centena de poemas*, T. A. Queiroz, editor, São Paulo, 1985. (*N. da T.*)

Hoje

De manhã, durmo depois que o despertador tocou. Durante o sono, meu pulso fica em torno de 39; é difícil voltar para o corpo quando se entra numa meia-vida durante a noite, um cadáver pálido rolando para dentro de águas escuras sem respingos. Acordo quando Julian me sacode.

— Mar. MAR. MARYA ACORDA CAFÉ ALÔ.

Abro um olho para ele.

— Saia daqui — eu digo.

— NÃO, DE PÉ, ACORDA. VOCÊ ESTÁ ACORDADA?

— Sim. Vá embora.

— VOCÊ NÃO ESTÁ ACORDADA.

Ponho as mãos para baixo das cobertas e meço o meu pulso: dia bom ou ruim? Em torno de cinqüenta, uma manhã boa e alegre, saio da cama sem cair. Dia ruim, em torno de quarenta ou menos: pés no chão. Sento devagar. A cabeça girando. É melhor do que ácido. Tontura e náusea. Mão apoiada na parede, eu me levanto. Equilibrando-me. Olho no espelho, confiro o bumbum. Ainda está lá. Desalento. No banheiro, encosto a cabeça na parede. Faço xixi. Levanto-me devagar.

Vou para a academia. Subo na balança. Subo? Sim, eu confesso. Todo mundo me diz para não fazer isso. Eu faço mesmo assim. Só para ter certeza de que não ultrapassei os meus limites. Limites? Quem os determina? Uma pergunta que ainda precisamos responder. Ultimamente eu perdi peso. Fico assustada com como isso me agrada — Estou bem! Estou melhor! Está tudo certo! Estou viva! Eu emagreci e subo na esteira e corro por uma hora e meia, até o meu joelho ruim dar a impressão de que vai explodir a cada passo, mas eu emagreci! Mais, emagrecer mais — desço da esteira e fico tonta. Opa. Firme, garota. Eu me acostumei a falar comigo mesma como se eu fosse um cavalo. Firme. Para o chuveiro.

Desmaio no chuveiro.

Não conto a Julian.

Porque acho que o Julian teme, mais do que qualquer outra coisa, que eu morra.

Tentei dizer a ele. Eu disse:

— Vou morrer primeiro. Você vai ter que se casar de novo, depois de mim, e ter um adorável romance de terceira idade, e que pitoresco, e, querido, não pense nisso agora, tenha um romance agora comigo. Está vendo? Eu estou aqui. Está vendo? Está vendo? Está vendo? Olhe para mim. *Olhe para mim.*

— Quanto tempo?

— Meu amor, eu não sei. Só posso supor, mas suponho sozinha.

Sabemos que eu estou aqui. Está vendo? Não sabemos por quanto tempo. Sabemos que na noite passada, como em muitas noites, eu acordei: o coração dançando, maníaco, tropeçando com um chapéu de bobo da corte e sapatos com sininhos, balançando para lá e para cá, frenético coração taquicardíaco, tentando sair, com o meu peito batendo para fora como num desenho animado, um grande coração de cartão de Dia dos Namorados fazendo força para fora das costelas, sapateando, calma, CALMA, MARYA, talvez você só esteja ouvindo o coração do Julian, talvez você esteja tendo um ataque cardíaco, PARE, talvez você esteja com calor, talvez você esteja morrendo, NÃO DIGA ISSO, talvez você esteja prendendo a respiração durante o sono, talvez talvez talvez — você se senta rápido demais, a cabeça gira. Você sai cambaleando da cama, bate a cabeça na pia, pousa o rosto na porcelana fria como uma bêbada, liga a água, põe a boca debaixo da pia, tenta respirar com calma e devagar. Devagar. Devagar.

Em algumas noites, muitas noites, volto me arrastando para a cama e me encosto apertada em Julian, que dorme com um coração batendo suave, quente, a pele fervendo, a boca levemente aberta, como num espanto com os próprios sonhos, as mãos fazendo pequenos gestos abstratos de sono. Encaixo-me em seu peito e ficou ouvindo o coração dele. E tento decorar o coração dele. E falo seriamente com o meu coração: "Ouça", digo. "Assim. Firme. Forte." Julian resmunga. O meu coração afunda novamente. Eu me sento e ouço o sapateado, os olhos arregalados, mais uma vez: o último tremor do gozo, o último soluço de uma criança que chorou por muito tempo. Conto 38 batidas à luz verde do rádio-relógio. Conto 35. E então ele cai de novo no sono, agarrando-me pelos cabelos e me puxando de volta para esses sonos aquáticos que são tão terrivelmente profundos e frios.

Bibliografia

Como os artigos em publicações acadêmicas, médicas e psiquiátricas consultados para este livro seriam muito numerosos para citar, e como são de graus muito variados de relevância e especialização, optei por incluir apenas textos de livros nesta bibliografia. Indico o *International Journal of Eating Disorders* (Jornal Internacional de Transtornos Alimentares) para perspectivas de pesquisa abrangentes e profundas tanto nos aspectos médicos quanto psicológicos dos transtornos alimentares.

ANDERSON, A. E. *Males with Eating Disorders*. Nova York: Brunner/Mazel, 1990.

BANNER, Lois. *American Beauty*. Chicago: University of Chicago Press, 1983.

BARTKY, Sandra. *Femininity and Domination*. Nova York: Routledge, 1990.

BELL, Rudolph. *Holy Anorexia*. Chicago: University of Chicago Press, 1985.

BEMPORAD, J. R.; HERZOG, D. B. (ed.). *Psychoanalysis and Eating Disorders*. Nova York: Guilford, 1989.

BLINDER, B. J.; CHAITING, B. F.; GOLDSTEIN R., (ed.). *The Eating Disorders: Medical and Psychological Basis of Diagnosis and Treatment*. Nova York: PMA Publishing Group, 1988.

BORDIEU, Pierre. *Outline of a Theory of Practice*. Cambridge: Cambridge University Press, 1977.

BORDO, Susan. *The Flight to Objectivity: Essays on Cartesianism and Culture*. Albany: State University of New York Press, 1987.

BORDO, Susan. *Unbearable Weight: Feminism, Western Culture, and the Body*. Berkeley e Los Angeles: University of California Press, 1993.

BROWN, C.; JASPER K., (ed.). *Consuming Passions: Feminist Approaches to Weight Preoccupation and Eating Disorders*. Ontário, Canadá: Second Story Press, 1993.

BROWNELL, Kelly; FOREYT, John, (ed.). *Handbook of Eating Disorders*. Nova York: Basic Books, 1986.

BROWNMILLER, Susan. *Femininity*. Nova York: Linden Press, 1984.

BRUMBERG, Joan Jacobs. *Fasting Girls: The History of Anorexia Nervosa*. Nova York: 1989.

BRUNCH, Hilde. *Eating Disorders: Obesity, Anorexia Nervosa and the Person Within*. Nova York: Basic Books, 1973.

— *Eating Disorders*. Londres: Routledge & Kegan Paul, 1974.

— *The Golden Cage: The Enigma of Anorexia Nervosa*. Cambridge, Massachussets: Harvard University Press, 1978.

— *Conversations with Anorexics*. (Póstumo). Editado por D. Czyzewski e M. Suhr. Nova York: Basic Books, 1988.

BUTLER, Judith. *Problemas de Gênero*. Rio de Janeiro: Civilização Brasileira, 2003.

BYNUM, Caroline Walker. *Holy Feast and Holy Fast: The Religious Significance of Food to Medieval Women*. Berkeley e Los Angeles: University of California Press, 1987.

CASH, Thomas; PRUZINSKY, Thomas, (ed.) *Body Images: Development, Deviance, and Change*. Nova York: Guilford Press, 1990.

CHERNIN, Kim. *The Obsession: Reflections on the Tyranny of Slenderness*. Nova York: Harper & Row, 1985.

— *The Hungry Self: Women, Eating and Identity*. Nova York: Harper & Row, 1985.

— *Reinventing Eve: Modern Woman in Search of Herself*. Nova York: Harper & Row, 1987.

CHESLER, Phyllis. *Women and Madness*. San Diego: Harvest, 1972.

CROWTHER, J. H., TENNENBAUM D. L., HOBFOLL, S. E. e STEPHENS, M. A. P. *The Etiology of Bulimia Nervosa: The Individual and Familial Context*. Londres: Hemisphere Publishing Corporation, 1992.

CURRIE, Dawn; RAOUL, Valerie. *The Anatomy of Gender: Women's Struggle for the Body*. Ottawa, Canadá: Carleton University Press, 1992.

DERIENCOURT, Amaury. *Sex and Power in History*. Nova York: David McKay, 1974.

DIJKSTRA, Bram. *Idols of Perversity*. Nova York: Oxford University Press, 1986.

DINNERSTEIN, Dorothy. *The Mermaid and the Minotaur: Sexual Arrangements and the Human Malaise*. Nova York: Harper & Row, 1976.

EICHENBAUM, Luise; ORBACH Susie. *Understanding Women: A Feminist Psychoanalytic Perspective*. Nova York: Basic Books, 1983.

EWEN, Stuart; EWEN, Elizabeth. *Channels of Desire: Mass Images and the Shaping of American Consciousness*. Nova York: McGraw-Hill, 1982.

FALLON, Patricia; KATZMAH, Melanie A.; WOOLEY, Susan C., editores. *Feminist Perspectives on Eating Disorders*. Nova York: Guilford Press, 1994.

FALUDI, Susan. *Backlash: O contra-ataque na guerra não declarada às mulheres*. Rio de Janeiro: Rocco, 2001.

FEATHERSTONE, Mike; HEPWORTH, Mike; TURNER, Brian S., (ed.) *The Body: Social Process and Cultural Theory.* Newbury Park, Califórnia: Sage Publications, 1991.

FINDLEN, Barbara (ed.). *Listen Up: Voices from the Next Feminist Generation.* Seattle: Seal Press, 1995.

FISKE, John. *Television Culture.* Nova York: Methuen, 1987.

FOSTER, Patricia (ed.). *Minding the Body: Women Writers on Body and Soul.* Nova York: Anchor Books, 1994.

FOUCAULT, Michel. *Madness and Civilization: A History of Insanity in the Age of Reason.* Nova York: Vintage, 1965.

— *Discipline and Punish.* Nova York: Vintage, 1979.

FOUCAULT, Michel. *História da Sexualidade 1: A Vontade de Saber.* Graal, 2003, 15ª edição.

— *História da Sexualidade 2: O Uso dos Prazeres.* Graal, 2003, 13ª edição.

FURST, Lilian R.; GRAHAM, Peter W., (ed.). *Disorderly Eaters: Texts in Self-Empowerment.* University Park, Pensilvânia: The Pennsylvania State University Press, 1992.

GARFINKEL, Paul; GARNER, David. *Anorexia Nervosa: A Multidimensional Perspective.* Nova York: Brunner/Mazel, 1982.

GARNER, Shirley; KAHANE Claire; PRESNGNETHER Madelon, (ed.) *The M(O)ther Tongue.* Ítaca, NY: Cornell University Press, 1985.

GILLIGAN, Carol. *In a Different Voice: Psychological Theory and Women's Development.* Cambridge, Massachussetts: Harvard University Press, 1982.

GOFFMAN, Erving. *Gender Advertisements.* Nova York: Harper & Row, 1976.

GORDON, Richard. *Anorexia and Bulimia: Anatomy of a Social Epidemic.* Cambridge, Massachusetts: Basil Blackwell, 1990.

GRIMSHAW, Jean. *Philosophy and Feminist Thinking.* Minneapolis: University of Minnesota Press, 1986.

HARVEY, Elizabeth; OKRUHLIK, Kathleen, (ed.) *Women and Reason.* Ann Arbor: University of Michigan Press, 1992.

HATFIELD, E.; SPRECHE, S. *Mirror, Mirror: The Importance of Looks in Everyday Life.* Albany: State University of New York Press, 1986.

HENRY, Jules. *Culture Against Man.* Nova York: Alfred A. Knopf, 1963.

HESSE-BIBER, Sharlene. *Am I Thin Enough Yet?: The Cult of Thinness and the Commercialization of Identity.* Nova York: Oxford University Press, 1996.

HOOKS, Bell. *Yearning: Race, Gender, and Cultural Politics.* Boston: South End Press, 1990.

HORNYAK, L. M.; BAKER, E. K., (ed.) *Experiential Therapies for Eating Disorders.* Nova York: Guilford, 1989.

IGGERS, Jeremy. *Garden of Eating: Food, Sex and the Hunger for Meaning.* Nova York: Basic Books, 1996.

IRIGARAY, Luce. *Speculum of the Other Woman.* Ítaca, NY: Cornell University Press, 1985.

JACKSON, Linda. *Physical Appearance and Gender: Sociobiological and Sociocultural Perspectives.* Albany: State University of New York Press, 1992.

JACOBUS, Mary; KELLER, Evelyn Fox; SHUTTLEWORTH, Sally (ed.). *Body/Politics: Women and de Discourses of Science.* Nova York: Routledge, 1990.

JAGGAR, Alison; BORDO, Susan, (ed.) *Gênero, corpo, conhecimento.* Rio de Janeiro: Rosa dos Tempos, 1ª edição, 1997.

JOHNSON, C. L. *Psychodynamic Treatment of Anorexia Nervosa and Bulimia.* Nova York: Guilford, 1989.

JOHNSON, Craig; CONNERS Mary. *The Etiology and Treatment of Bulimia Nervosa: A Biopsychosocial Perspective.* Nova York: Basic Books, 1987.

KAPLAN, Louise J. *Female Perversions.* Nova York: Anchor Books, 1991.

KRISTEVA, Julia. *Sol Negro: Depressão e melancolia.* Rio de Janeiro: Rocco, 2ª edição, 1989.

LAQUEUR, Thomas. *Inventando o sexo: corpo e gênero dos gregos a Freud.* Relume Dumará, 2001.

LASCH, Christopher. *The Culture of Narcissism: American Life in an Age of Diminishing Expectations.* Nova York: Warner Books, 1979.

LAWRENCE, M. L. *Fed Up and Hungry: Women, Oppression and Food.* Nova York: Peter Bedrick Books, 1987.

LLOYD, G. *The Man of Reason: The Male and Female in Western Philosophy.* Londres: Methuen, 1984.

MEAD, George Herbert. *Mind, Self, and Society.* Chicago: Chicago University Press, 1934.

MILES, Margaret. *Carnal Knowing: Female Nakedness and Religious Meaning in the Christian West.* Boston: Beacon Press, 1989.

MILLMAN, Marcia. *Such a Pretty Face: Being Fat in America.* Nova York: W. W. Norton, 1980.

MINUCHIN, Salvador; ROSMAN, Bernice L.; BAKER, Lester. *Psychosomatic Families: Anorexia Nervosa in Context.* Cambridge Massachussetts: Harvard University Press, 1978.

MITCHIE, Helena. *The Flesh Made Word.* Nova York: Oxford University Press, 1987.

NIETZSCHE, Friedrich. *Vontade de Potência.* Ediouro Paradidático.

NICHOLSON, Linda, (ed.). *Feminism/Postmodernism.* Nova York: Routledge, 1989.

ORBACH, Susie. *Hunger Strike: The Anoretic's Struggle as a Metaphor for Our Age.* Nova York: W.W. Norton, 1986.

ROBERTSON, M. *Starving in the Silences: An Exploration of Anorexia Nervosa*. Nova York: New York University Press, 1992.

RODIN, Judith; STREIGEL-MOORE, Ruth. *Body Traps: Breaking the Binds That Keep You From Feeling Good About Your Body*. Nova York: William Morrow and Co., 1992.

ROGERS, A. G., (ed.). *Women, Girls, and Psychotherapy: Reframing Resistance*. Nova York: Haworth, 1991.

ROSALDO, Michelle Zimbalist; LAMPHERE Louise, (ed.). *A mulher, a cultura e a sociedade*. Paz e Terra, 1ª edição, 1979.

ROSEN, Marjorie. *Popcorn Venus*. Nova York: Avon, 1973.

SAULT, Nicole, editora. *Many Mirrors: Body Image and Social Relations*. New Brunswick, NJ: Rutgers University Press, 1994.

SCHAEF, Ann Wilson. *When Society Becomes an Addict*. São Francisco: Harper & Row, 1987.

SCHWARTZ, Hillel. *Never Satisfied: A Cultural History of Diets, Fantasies and Fat*. Nova York: Free Press, 1986.

SEID, Roberta Pollack. *Never Too Thin: Why Women Are at War With Their Bodies*. Nova York: Prentice Hall Press, 1989.

SHOWALTER, Elaine. *The Female Malady: Women, Madness and English Culture, 1830-1980*. Nova York: Pantheon, 1985.

STEELE, Valerie. *Fashion and Eroticism: Ideals of Feminine Beauty from the Victorian Era to the Jazz Age*. Nova York: Oxfor University Press, 1985.

STEINER-ADAIR, Catherine. *The Body Politic: Normal Female Adolescent Development and Eating Disorders*, Tese de Doutorado, Escola de Educação da Universidade de Harvard, 1987.

SULEIMAN, Susan (ed.) *The Female Body in Western Culture*. Cambridge, Massachusetts: Harvard University Press, 1986.

SYNNOT, Anthony (ed.) *The Body Social: Symbolism, Self and Society*. Nova York: Routledge, 1993.

THOMPSON, Becky W. *A Hunger So Wide and So Deep: American Women Speak Out on Eating Problems*. Minneapolis: University of Minnesota Press, 1994.

TURNER, Bryan. *The Body and Society: Explorations in Social Theory*. Nova York: Oxford University Press, 1984.

WEIBEL, Kathryn. *Mirror, Mirror: Images of Women Reflected in Popular Culture*. Nova York: Anchor Books, 1977.

WHITE, Michael; EPSTON, David. *Narrative Means to Therapeutic Ends*. Nova York: W. W. Norton, 1990.

WOODMAN, Marion. *A coruja era filha do padeiro: obesidade, anorexia nervosa e o feminino reprimido*. Cultrix, 2ª edição, 2000.

YAGER, J., GWIRTSMAN, H. E.; EDELSTEIN, C. K. *Special Problems in Eating Disorders*. Washington, D.C.: American Psychiatric Press, 1992.

ZERBE, Kathryn J. *The Body Betrayed: A Deeper Understanding of Women, Eating Disorders, and Treatment*. Carlsbad, Califórnia: Gurze Books, 1993.

Agradecimentos

Obrigada à minha agente, Sydelle (Santa da Perpétua Paciência) Kramer, e a Frances Goldin e a Lilian Lent, pelo trabalho incrível que dedicaram a este livro e ao apoio inabalável que me deram. Também por não rirem ao responderem perguntas esquisitas e me tranqüilizarem o tempo todo. Mas, principalmente, por terem se arriscado. Não há meios suficientes de agradecer por isso.

Obrigada à minha editora, Terry Karten, por sempre dizer as coisas certas nas horas certas, por aguardar o resto da história pacientemente e por explicar com muita, muita paciência cada passo do caminho. Obrigada também por me apoiar o tempo todo e, novamente, o meu eterno agradecimento por assumir um grande, grande risco. Muito, muito obrigada a Kera Bolonik, que deu a este livro a ultra-edição, pela qual sou extremamente grata.

Obrigada aos leitores cujas observações foram valiosas para cortar as sobras e aparar as arestas, por fazerem perguntas e ajudarem o tempo todo; vocês são todos ótimos, e eu agradecerei mais depois.

A Paul Trachtman, que disse que dava para fazer, o que quer que fosse. Sem ele este livro jamais existiria, já que a idéia foi sua. Também por sua amizade, seu *insight* editorial e seus exemplos gerais de Como Viver em todos esses anos, muito obrigada. A Michele Hodgson, por me impulsionar e me apoiar o tempo todo, sou eternamente grata. A Britt Robson, por sugerir o título do artigo original. A Terry Cazatt e a Jack Driscoll, que me ensinaram a escrever antes de mais nada.

A todas as mulheres que generosamente permitiram que eu as entrevistasse e usasse suas percepções imensuráveis neste livro. Um agradecimento especial à Megan, não apenas pelas histórias, mas também por sua amizade e sua genialidade de um modo geral.

Aos meus pais, por me criarem corretamente, por não terem um ataque com a lavação de roupa pública, por me manterem viva em várias ocasiões, por me apoiarem através de todos os tipos de esquisitices, entre as quais está a feitura deste livro, por se manterem lúcida e acreditarem em mim apesar de todas as evidências em contrário, com a obstinação característica dos pais e dos norte-americanos do Meio-Oeste.

A todas as pessoas a quem eu devo literalmente a minha vida, especialmente a Kathi Jacobsen, Dave Augen, Jan Johnson, a Ruth Davini e aos funcionários da Lowe House, especialmente a Kim, a Janet, a Tara e o John. Obrigada é muito pouco para o que eu gostaria de dizer, mas, apesar disso, obrigada.

A todas as pessoas que me agüentaram e também as que não me agüentaram: Ruth Gila Berger, Daniel Casper, Jeremiah Chamberlain, Lora Kolodny, Jeremy Norton, Josie Raney, Kari Smalkoski, Mark Trockman, Kristen van Loon, Craig Welsh e Arwen Wilder, por muitas, muitas coisas, incluindo, mas não apenas, a amizade canina, a inspiração constante e o exemplo, as conversas altamente cheias de cafeína, os conselhos prolíficos e o apoio enquanto eu escrevia este livro, *et al.*

A Brian Nelson, especialmente por me ensinar a viver direito, pelas piadas estúpidas, por me ligar no meio do dia e da noite para ver se eu ainda estou viva, por uma vida de amizade, por tudo.

Finalmente, principalmente, a meu marido, Julian, por ser você etc., por me fazer rir, por ficar comigo todos esses anos, pela paciência inefável enquanto eu escrevia este livro, por ser quem você impressionantemente é, e aqui, como sempre, as palavras me faltam, obrigada, amor.

Este livro foi composto na tipologia Minion,
em corpo 11,5/15,5, e impresso em papel
off-white 80g/m² no Sistema Cameron da
Divisão Gráfica da Distribuidora Record.

Seja um Leitor Preferencial Record
e receba informações sobre nossos lançamentos.
Escreva para
RP Record
Caixa Postal 23.052
Rio de Janeiro, RJ – CEP 20922-970
dando seu nome e endereço
e tenha acesso a nossas ofertas especiais.

Válido somente no Brasil.

Ou visite a nossa *home page*:
http://www.record.com.br